災害情報と避難
その理論と実際

中村 功 著

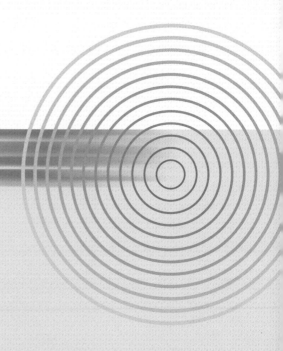

晃洋書房

は　じ　め　に

　災害時に情報が役に立つ場面はいろいろあるが，その中でももっとも重要なのは，人々の避難を促進し，人的な被害を軽減することである。そうした要請に応えるべく，最近ではつぎつぎに新たな情報が生まれ，またメディアも整備されてきた。ところが被災地で調査をしてみると，いまだにさまざまな問題があることに気づかされる。本書は，そうした避難を中心にした災害情報の課題について，できるだけ体系的に論じたものである。

　本書は基本的には災害の過程に沿って記述されており，3つの部分から成っている。第一の部分では災害や防災の全体をとらえ，その中に災害情報を位置づけようとしている。すなわち1章では，災害とは，自然現象やその被害そのものを指す概念ではなく，被害に伴う社会的な混乱を意味しており，極めて社会的な現象であることを論じた。つづく2章では防災のためにするべきことを広く検討したうえで，災害の各段階で災害情報がするべきことを整理している。

　第二の部分は本書のメインで，予防段階から避難に至るまでの災害情報の実態と課題について扱っている。すなわち3章では，予防・準備段階においては，リスク評価情報の活用・防災教育の拡大・災害文化の作用などにおいて，さまざまな問題があることを論じた。4章では災害直前の段階における，情報発出過程について扱った。そこでは，近年いろいろな災害予測情報が出てきたこと，しかし自治体がそれを活用するにはさまざまな難しさがあること，などを論じている。5章では各種情報伝達メディアの特徴を述べたうえで，それには一長一短があり，多重的かつ，利用の様態をふまえた多元的な方策が必要であることを論じた。また6章では伝達時のメッセージ内容について，どのような表現が効果的なのかを検討している。そして7章では伝達メディアの1つであるマスメディアについて論じた。災害報道には避難を促進する防災的な役割とジャーナリズム的な役割があり，各側面における課題と対応策について考えた。さらに8章と9章では，避難情報を受けてもなかなか避難しない，住民側の問題を扱っている。そのうち8章では避難についての，社会学的・心理学的・実践的理論について検討した。また9章では実際の災害例から避難の難しさとその対策について論じている。

　そして第三の部分では災害が起きた後のパニック・流言・安否情報について述べている。すなわち10章では，①パニックには発生条件があり，災害時に発生

することは稀であること，②それに対して流言は災害時に頻繁に発生し，その主な原因は住民が知りたい情報を手に入れられないためであること，③大災害時には安否情報の伝達が困難になるが，円滑な避難や被災者の安心のために，その伝達が重要であること，などを論じた。

　以上の検討から，災害情報を伝達して避難を促すといっても，各段階にはそれぞれの理由があって，なかなか容易ではないということがわかる。その背景には，災害情報の発信・伝達・利用の各過程に人間的・社会的な要因が関係していることがある。したがって災害の予測や伝達に関する科学技術を，社会的にうまく使いこなしていく工夫が求められているのである。

　本書は，執筆する際にいくつかの点を重視した。第一は学問的な基本を重視したことである。災害研究は災害が起きるたびに盛んになるが，議論はその時々の話題に引きずられる傾向がある。しかし災害は昔からあり，社会とのかかわりでも似たようなことが繰り返し起きている。本書では所々でアメリカの災害社会学研究を参考にしたが，1950年代に始まったそれらの研究は，改めて読み返してみても現代に通じるところが少なくない。一度基本に返って考えてみることは，新たな発展のきっかけとなるに違いない。第二に，この分野の研究を1冊でカバーするように，網羅的な記述を心がけた。災害は社会的な現象であるために，人々はすでに災害についてのある種の「見識」を持っている。それは研究者にもあてはまることかもしれない。しかし災害には多様な側面があり，それを総合的に考えることが重要である。本書ではバランスのとれた多様な見方を重視した。そして第三に発展性をこころがけた。本書では多くの研究を取り上げたが，それぞれのエッセンスを大幅に凝縮して紹介している。各章末にはURLを付けた文献目録があるので，興味のあるところはぜひ原文を読んでいただきたい（リンク切れの場合，Wayback Machineなどのアーカイブから閲覧可能）。第四に各テーマでは理論と実例の両方を扱うようにした。それは理解を容易にするためでもあるが，社会的事実は具体の中にのみ存在し，具体がなければ理論も存在しえないからである。単に出来合いの理論を確かめるのではなく，具体的事実から出発してそこにおける問題を理解しようとする問題意識を忘れてはならない。第五に，本書は災害情報学を学び始めた初学者を念頭に書かれたものだが，災害に関心のある一般の読者や，行政・報道関係者など防災の実務にかかわる人にも役立つように，具体的な事例・課題・対応策などについてもできるだけ記すようにした。

　まだまだ足りないところも少なくないが，本書が災害情報を考える1つのきっかけとなれば，幸いである。

目　　次

は じ め に

1章 災害と社会 ……………………………………………… 1

1.1　社会における災害 (1)
（1）リスク社会　（2）災害の危険性

1.2　災害とは何か (4)
（1）被害としての災害　（2）社会的混乱としての災害
（3）規模による災害の定義　（4）規模による災害類型
（5）ハザードの種類と災害の範囲　（6）災害と価値判断

1.3　災害因の特徴 (11)
（1）自然災害　（2）技術的・人為的災害　（3）紛争災害

1.4　災害への視角 (16)
（1）リスクと災害　（2）災害の社会性と防災

2章 防災と情報 …………………………………………… 21

2.1　防災の概念 (21)

2.2　各段階の防災対策 (22)
（1）災害の段階　（2）防災対策の戦略と戦術

2.3　災害神話 (26)
（1）略奪神話　（2）避難先神話　（3）物価高騰神話　（4）被災者受動性神話

2.4　防災の哲学 (32)
（1）EU 洪水指令　（2）洪水リスク管理（FRM）　（3）日本の災害対策の思想

2.5　災害対策と防災情報 (38)
（1）予防段階　（2）準備段階　（3）応急対応段階　（4）復旧・復興段階
（5）情報の役割

3章　予防・準備段階の情報 ·· 46

3.1　リスク評価と情報　(46)
（1）地震　（2）火山噴火　（3）洪水
3.2　防 災 教 育　(59)
（1）防災教育のねらい　（2）学校教育　（3）社会教育
（4）実践共同体による防災学習
3.3　災 害 文 化　(77)
（1）災害文化の概念　（2）水害の災害文化　（3）地震・津波の災害文化
（4）土砂災害の災害文化　（5）災害観

4章　災害予測情報と避難情報の発出 ································· 96

4.1　避難にかかわる情報　(96)
（1）災害予測情報と避難情報　（2）予警報・避難情報が機能する条件
4.2　災害予測情報と避難情報の発出　(99)
（1）発出のタイミングとレベル化　（2）洪水時の避難情報
（3）土砂災害時の避難情報　（4）地震・津波時の避難情報
（5）高潮時の避難情報　（6）噴火の予測情報　（7）レベル化の課題
（8）予測情報の変更と連続する知識ギャップ
4.3　避難情報発出の実際　(115)
（1）2004年新潟・福島豪雨災害——三条市の例　（2）2014年広島土砂災害
（3）2017年九州北部豪雨災害　（4）西日本豪雨時のダム情報
（5）避難情報発令対策

5章　避難情報の伝達メディア ····································· 139

5.1　防災メディアの全体像　(139)
（1）各段階で必要な情報と伝達メディア　（2）各種防災メディアの特徴
5.2　避難情報伝達メディアの理論　(149)

（1）避難情報伝達の流れとメディア

（2）統合された警報エコシステムの考え方

（3）避難情報伝達メディアに求められる特性

5.3　避難情報伝達メディアと災害事例　（160）

（1）東日本大震災と同報無線　（2）戸別受信機の使用例

（3）モバイルメディアの活用例

5.4　課題と対策　（165）

6章　避難情報の内容と表現……………………………………………171

6.1　内容・表現様式の既存研究　（171）

（1）警報研究の知見　（2）説得研究

6.2　メッセージ内容・表現の実例　（176）

（1）メッセージ内容について　（2）メッセージスタイルについて

（3）外国人に対応したメッセージ　（4）防災気象情報のメッセージ

（5）メッセージの改善とその限界

7章　災 害 報 道………………………………………………………193

7.1　災害報道の役割　（193）

7.2　マスメディアの防災機能　（194）

（1）警報・避難指示の伝達　（2）呼びかけ放送　（3）情報ニーズと伝達内容

（4）停電時に役立つラジオ　（5）安心情報（安否放送・流言打ち消し・ラジオ）

7.3　災害報道のジャーナリズム的側面　（204）

（1）災害報道のパタン　（2）被害報道の課題　（3）わかりやすい伝え方

7.4　災害報道と組織　（208）

7.5　行政とマスメディア　（210）

（1）行政とマスメディアとの関係性　（2）報道被害　（3）報道対策

8章 避難の理論 ··218

8.1 避難の問題 (218)
（1）避難の定義 （2）住民側の問題
8.2 警報研究における避難 (221)
（1）警報の過程 （2）警報対応の諸問題 （3）避難のオーバーフロー・モデル
8.3 警報研究の理論的拡張 (226)
（1）社会・人文科学の諸概念と防災行動 （2）防護行為決定モデル
（3）創発規範理論と避難
8.4 避難の社会心理学 (231)
（1）認知心理学的モデル （2）スキーマと防災行動 （3）防護動機理論
（4）計画的行動理論
8.5 避難の現実的課題 (237)
（1）正常化の偏見 （2）経験の逆機能 （3）オオカミ少年効果
（4）行政情報への依存

9章 避難の実際 ··256

9.1 東日本大震災 (256)
（1）避難の前提条件 （2）避難の実態 （3）避難のメカニズム
（4）避難の特性と対策
9.2 西日本豪雨とダム情報 (271)
（1）避難の前提条件 （2）避難の実態 （3）避難のメカニズム
（4）課題と対策
9.3 西日本豪雨時の広島市土砂災害 (279)
（1）避難の前提条件 （2）避難の実態 （3）避難のメカニズム
（4）課題と対策
9.4 2019年台風19号 (286)
（1）避難の前提条件 （2）避難の実態 （3）避難のメカニズム
（4）経験の逆機能の背景と対策

9.5　避難のむずかしさと多様な原因　(294)

10章　パニック・流言・安否情報 ……………………300

10.1　パ ニ ッ ク　(300)
　(1) パニックとは　(2) パニックの理論　(3) パニックの実例
　(4) パニック対策
10.2　流　　　言　(314)
　(1) 流言とは　(2) 流言の理論　(3) 災害流言の実例　(4) 流言対策
10.3　安 否 情 報　(326)
　(1) 安否情報の重要性　(2) 安否情報の実例　(3) 安否情報対策

お わ り に　(343)
索　　　引　(345)

1章 災害と社会

1.1 社会における災害

（1）リスク社会

　安全の確保は，現代における主要な社会問題の1つである。新型コロナウイルスなど疾病にかかわる問題，食品汚染など食にかかわる問題，大気汚染など環境にかかわる問題，飲酒運転やあおり運転など自動車事故にかかわる問題など，事象が発生するたびにマスコミで大きく取り上げられ，社会的議論の対象となっている。災害はそうした安全にかかわる問題の1つである。2011年の東日本大震災，2016年の熊本地震，2018年の西日本豪雨，2019年の台風19号など，近年では毎年のように災害が発生し，大きな問題となっている。

　災害がどれほど社会で注目されているかを新聞の記事からみてみると，たとえば2017年から2019年の3年間では，「災害」という言葉は全国紙（読売新聞・朝日新聞）の全記事の2-3％に出現していた（表1-1）。一見これはそれほど多くないように感じられるが，「政治」という語の出現率は4-7％，「経済」という語は9-11％程度なので，新聞において災害は，政治や経済といった主要キーワードに次ぐようなキーワードになっているといえる。

　社会学の領域では「リスク社会」という語が現代社会を解くキーワードとなっ

表1-1 「災害」「政治」「経済」を含む記事の割合

（単位：％）

	「災害」		「政治」		「経済」	
	読売	朝日	読売	朝日	読売	朝日
2019年	2.8	2.7	4.1	7.3	9.9	11.6
2018年	3.2	2.7	3.7	6.5	9.5	10.9
2017年	2.2	1.9	4.3	7.3	9.3	10.8

注：各社記事データベースを利用して集計。記事総数はほぼすべての記事で含まれる「日」という字で検索した。検索範囲は全国版。

ている。たとえば Beck（1986）は著書『危険社会』の中で，以前の産業社会では富の生産と分配が主要な社会問題だったが，現代社会はリスクの生産と分配が重要な社会的論争のテーマとなる「リスク社会」である，という。彼は，現代のリスクの特徴として，リスクがグローバルに作用し，その影響は階級や先進国・途上国の差を乗り越えること，リスクが人の五感ではとらえられない不可知的なものであること，リスクは近代化の進展ともに生まれ深刻化していくことなどを指摘している。ここで念頭に置かれているのは，従来の自然災害ではなく，チェルノブイリ原発事故や環境問題など人為的なリスクであるが，危険が現代社会の重要な論点であるという指摘は重要である。

　いずれにしても今日，危険にかかわる問題は社会の大きなテーマであり，社会的・個人的に対応を迫られている。どのようなことがリスクでそれにどのように対処すべきなのかは，社会によって異なっている。しかしその対応が実際に効果を上げるためには，リアルな危険性をベースにした合理的な判断が必要になってくる。

（２）災害の危険性

　では客観的にみて，災害は我々にとってどれほど危険なものなのだろうか。厚生労働省では，人口動態調査において，死亡診断書をもとに日本人のすべての死因について統計を取っている。それによると，たとえば2018年に死亡した日本人は全部で136万2470人であったが，主要死因の内訳をみると，もっとも多いのは27.4％を占めるガン（悪性新生物）で，ついで心疾患（15.3％），老衰（8.0％），脳血管疾患（7.9％）などの病気が多くなっている（図1‒1）。災害による死因は，全体の3.0％（4万1238人）を占める「不慮の事故」の中に含まれている。

　「不慮の事故」のなかでは，「転倒・転落」（9645人），「窒息」（8876人），「溺死」

図1‒1　主要死因（2018年）

出所：厚生労働省（2019）。

（8021人）など高齢者の家庭内事故が多く，ついで「交通事故」（4595人）となり，災害が含まれる「自然の力への曝露」は3131人であった（表1-2）。さらに「自然の力への曝露」の中では，熱中症（「過度の高温への曝露」）や低体温症（「過度の低温への曝露」）がそれぞれ1581人，1278人と多く，肝心の災害となると，地震が47人，噴火が1人，土砂崩れなどの地面の変動が103人，暴風雨が59人，洪水が58人となっている。この年は北海道胆振東部地震，西日本豪雨，草津白根山噴火など，災害が多発した年であったが，その犠牲者数は疾病や他の日常的な事故に比べると，意外と少ないものであった。

　もちろん阪神淡路大震災や東日本大震災などの大災害が起きたときには数千，数万規模の大きな人的被害が出るが，それでも全体的にみれば，その被害は疾病

表1-2　不慮の事故の内訳（2018年）（カッコ内は内数）

（単位：人）

不慮の事故　総数	41,238
交通事故	4,595
転倒・転落	9,645
生物によらない機械的な力への曝露	455
生物による機械的な力への曝露	9
不慮の溺死及び溺水	8,021
その他の不慮の窒息	8,876
電流，放射線並びに極端な気温及び気圧への曝露	107
煙，火及び火炎への曝露	1,017
熱及び高温物質との接触	81
有毒動植物との接触	14
自然の力への曝露	3,131
自然の過度の高温への曝露	(1,581)
自然の過度の低温への曝露	(1,278)
日光への曝露	(0)
落雷による受傷者	(0)
地震による受傷者	(47)
火山の噴火による受傷者	(1)
なだれ，地すべり及びその他の地面の運動による受傷者	(103)
暴風雨による受傷者	(59)
洪水による受傷者	(58)
その他及び詳細不明の自然の力への曝露	(4)
有害物質による不慮の中毒及び有害物質への曝露	548
無理ながんばり，旅行及び欠乏状態	23
その他及び詳細不明の要因への不慮の曝露	4,716

出所：厚生労働省，人口動態調査（2018年，確定数，死亡）より作成。

や事故と比べて，それほど大きくないといえる。

1.2　災害とは何か

　災害による死者の数が意外と少ないということであれば，災害はそれほど大きな問題ではないのかというと，もちろんそうではない。それは，災害が社会的な事象だからであり，そもそも災害とは何か，という問題とかかわっている。そこで次に災害の定義とその多様性について述べる。

（1）被害としての災害

　我々は災害というと，まず大地震，津波，台風などの自然現象を思い浮かべるが，これらはそれ自体では災害ではない。それが人的・物的被害を引き起こした結果が災害と呼びうるものとなる。たとえばこれらの自然現象が，人が誰も住んでいないような地域で起き，何の被害もない場合，それは単なる異常な自然現象であり，災害ではない。災害を引き起こす原因となる現象は，災害因（agent）またはハザード（hazard）と呼ばれ，災害とは区別される（Drabek, 1996）。たとえば，「東日本大震災」の原因となった地震は「東北地方太平洋沖地震」であり，「阪神淡路大震災」の原因は「兵庫県南部地震」と名称も異なっている。

　こうした考え方は社会一般に定着しており，災害因またはハザードによってもたらされた被害を災害と呼ぶ，という定義づけは各所で見られる。たとえば広辞苑（第6版）では，災害は「異常な自然現象や人為的原因によって，人間の社会生活や人命に受ける被害」としている。あるいは日本の災害対策基本法では，異常な自然現象または大規模火災・爆発その他これらに類する原因による被害のことを災害と定義している（表1-3）。

（2）社会的混乱としての災害

　では地震など災害因による被害がすべて災害かというと，必ずしもそうとはいえない。被害が軽微であればそれは災害ではなく，被害が甚大で社会的混乱が起

表1-3　災害対策基本法による災害の定義

暴風，竜巻，豪雨，豪雪，洪水，崖崩れ，土石流，高潮，地震，津波，噴火，地滑りその他の異常な自然現象又は大規模な火事若しくは爆発その他その及ぼす被害の程度においてこれらに類する政令で定める原因により生ずる被害をいう。

きたとき，はじめて災害となる。災害の定義で重要なのは，災害因や被害ではなく，それらに対する社会的反応なのである。こうした考え方はアメリカの災害社会学の中でよく論じられてきた。たとえば Fritz（1961, p. 655）は，災害とは，「社会（あるいは社会の比較的自律的な下位部分）が過酷な危機を体験して人的・物的損害を被り，社会構造が崩壊し，社会のすべてあるいは一部の機能の遂行が妨げられるような，時間的・空間的に集中された，出来事である」という定義を示している。あるいは Dynes（1998）は「災害」という語には，① 災害因の記述，② 物理的被害，③ 社会的混乱，④ 否定的な評価，といった４つの用法があるが，もっとも中心的な意味は③の社会的混乱であるという。さらに Quarantelli（1998）によると，災害因に焦点をあてる見方と，それへの反応に焦点をあてる見方があるが，初期の研究ではハザードと災害を混同しており，そこから自然災害と人為的災害を区別する考え方が生まれたという。しかし社会科学者は，災害をある状況下で現れる社会的行動として概念化すべきである，という。

　このように災害は物理的被害ではなく，被害から起きる社会的混乱であるがゆえに，社会的に大きな問題となるのである。

（３）規模による災害の定義

　では，どのような状態が社会的混乱で，災害となるのか。この問題は意外と奥が深い。もっともプリミティブな方法は物理的被害の大きさからそれを推定することである（Dynes, 1998）。たとえば気象庁では，顕著な災害が起きたときにそのもととなった自然現象に名称を付けているが，名称を付ける基準を決めている。地震の場合は，「マグニチュード7.0以上かつ最大震度５強以上」（内陸地震の場合）と，災害因そのものを基準にしているが，気象災害では「損壊家屋1,000棟以上または浸水家屋10,000棟以上，相当の人的被害」，噴火災害では「相当の人的被害または長期間にわたる避難生活」など，被害の大きさを基準にしている（表1－4）。

表1－4　気象庁における災害名称をつける基準

気象災害		損壊家屋1,000棟以上または浸水家屋10,000棟以上，相当の人的被害
地震	陸域	M7.0以上かつ最大震度５強以上
	海域	M7.5以上かつ最大震度５強以上または津波高さ２m以上
		全壊家屋100棟程度以上，相当の人的被害
噴火		相当の人的被害または長期間にわたる避難生活

出所：気象庁（2018）。

　しかし同じ50世帯の家屋が損壊したとしても，小さな村での50世帯と，大都市部の50世帯では地域社会に与えるインパクトは全く異なる。そこで次に考えられるのは，社会の大きさごとに被害の大きさの基準を作って社会的混乱，すなわち災害状態を規定する方法である。わが国の災害救助法は，被災者への衣食住の提供などについて規定する法律であるが，その発動基準は表1-5のように，まさに自治体の人口規模ごとの全壊家屋数によって規定している。このように自治体の規模に従って被害をあてはめていく方法は，単に被害の大きさを基準とするよりも，社会的混乱を反映しやすい。

　Quarantelli（1985）は，災害とはそれを行う能力に対して，なされなければならないことが超過しているような危機的な場である，とするが，災害の性格に重要なのは被害者の絶対数よりその人口比率である，とこれと似たような考え方をしている。

　しかし，物理的・人的被害にせよ，その社会における比率にせよ，それだけで社会的混乱を推定し，災害か否かを決めることは難しい。第一にどの程度の人的被害と物的被害が社会インパクトとして等価であるかは決められないし，同じ数の人的被害でも社会的インパクトが大きい場合と少ない場合があるだろう。たとえば児童の被害は訴訟になることもあるし，社会的に重要な役割を果たす人の犠牲はより大きな社会的混乱を招く可能性がある。第二に人的被害，家屋への被害のほかにも，インフラの障害（停電・断水・通信障害・交通途絶），医療キャパシティーの問題，行政の被害など，社会の混乱に関係する要素は他にもある。

　したがってここでは，どこまでの被害があれば災害となるのかは，社会的に決められることで，社会の能力を超えるような事態が災害となる，ということまでを確認しておきたい。

　こうした文脈の中で，Dynes（1998）は，災害時の組織対応に注目している。緊急時には多くの非日常的活動が必要となるが，それが通常のキャパシティーを超えるということは，組織の各成員からすると，通常時には要求されていない役割をボランティア的に果たすことになる。災害時における組織の在り方は，社会

表1-5　災害救助法が適用される被害の基準

市町村内の人口	5,000人未満	5,000人〜15,000人未満	15,000人〜30,000人未満	30,000人〜50,000人未満	50,000人〜100,000人未満	100,000人〜300,000人未満	300,000人以上
全壊世帯数	30	40	50	60	80	100	150

出所：災害救助法施行令　別表第1より作成。

におけるキャパシティー超過を要約的に表しているというのだ。その際に使われるのが DRC（Disaster Research Center）[1]が作った，災害時の組織類型である。これは，① 災害時に行うタスク（業務）が通常的なのか非通常的なのか，② 活動する組織の構造が以前と同じなのか，新しいのか，といった2つの軸で，諸組織を4つに分けるものである（表1-6）。ここでタイプⅠの「既存集団」は，災害時のタスクが通常と同じで，組織構造も以前と同じである組織だ。地域の警察や消防などがそれで，災害時は休日出勤や残業過多もあるだろうが，いつもと同じ組織でいつもと同じ業務を行う。対応のレベルがここで収まっていれば，災害というより，事故のレベルといえる。タイプⅡの「拡大集団」は，タスクは通常時と同じであるが，応援要員を活用して組織構造を拡大して活動を行うものである。市の災害対策本部や避難所を運営する赤十字などがそれに相当する。タイプⅢの「拡張集団」は，組織構造は変わらないが非日常的業務を行う集団である。たとえばがれき撤去や人命捜索に建設会社がかかわるなどがそれにあたる。そしてタイプⅣの「創発集団」は，災害以前に組織は存在せず，災害時に新たに現れる組織で，非日常的業務を行うものである。緊急的な被害調査グループなどがそれである（Quarantelli, et al., 1966）。

　ここで，Dynes（1998）は緊急的組織が参与するとき，それは緊急事態と定義できると述べている。具体的にはタイプⅡ，Ⅲ，Ⅳが現れた場合に，災害状態であると考えられる。このように，組織の面から緊急事態を同定し，災害を定義する方法は，かなり有効であるといえよう。

（4）規模による災害類型

　一方 Drabek（1996）は，被害の規模によって災害の類型を考えている。すなわち，もっとも被害の少ない事象からいうと，第一に事故（accident）がある。こ

表1-6　DRC による災害時の組織類型

		タスク	
		通常	非通常
構造	古い	タイプⅠ　既存集団 （消防・警察）	タイプⅢ　拡張集団 （建設会社の救出活動）
	新しい	タイプⅡ　拡大集団 （災害対策本部・赤十字）	タイプⅣ　創発集団 （緊急的被害調査グループ）

出所：Quarantelli, et al.（1966, p.12）より作成，ただし括弧内は筆者追加。

れは少数の人間のけがや，ある程度の物損を引き起こす，予期されない，望まれない出来事である。第二に緊急事態（emergency）がある。これは生命や財産を危険に陥れ，コミュニティーの通常の資源や手続きによる即時の対応を必要とする出来事である。例としては多重自動車事故や大規模な火災を引き起こす落雷などがある。第三に大規模緊急事態（mass emergency）がある。これはほとんど全ての行政機関の部署の資源，および限定的な外部機関の協力が必要とされる，予期されぬ，あるいは欲せざる出来事である。そして第四に災害（disaster）がある。これはあるコミュニティーが深刻な危機を体験したり，あるいはコミュニティー内の資源では足りないような人的・物的損失を被る（あるいは被る危険性にさらされる）出来事である。そのため州や国レベルの資源が必要とされる。例としては数人の死者が出るようなハリケーンがある。第五にカタストロフィー（catastrophe＝大災害）がある。これはある社会全体が影響を受け，莫大な資源および技能（その一部は外国から来なくてはならない）が必要とされるような人的・物的被害を被る（あるいは被る危険性にさらされる）出来事である。例としては1985年のメキシコ地震（死者9500人）が挙げられる。第六にカラミティー（calamity＝惨禍）がある。これは時間，空間的に大きな，甚大で極度のカタストロフィックな災害である。例として1346年から1350年に発生したヨーロッパのペストの大流行（数十万人が死亡）や19世紀のアイルランドのジャガイモ飢饉（人口の1/4が死亡）などがある。

　このタイポロジーでは，第四の「災害」より大きな被害に，災害と異なる名称を与えているが，それらは災害と呼ばれる条件を満たしているので，いずれも災害と言ってよいだろう。その条件とは，市の役所，消防，警察などコミュニティーの資源では足りないような被害により社会の混乱が発生しているということである。

（5）ハザードの種類と災害の範囲

　災害とは何かを考える際に，被害のレベルと並んで議論となるのがハザードの種類である。地震・台風・噴火などの自然災害は，災害因とするのに違和感はないが，火災，工場事故，交通事故，テロ，戦争，飢饉，伝染病，大停電，通信障害などはどうなのだろうか。以上のように，そのインパクトが社会の能力を超え，社会に混乱を与える出来事が災害であると考えると，いずれの出来事も災害となりうる。しかし実際に何を災害とみなすかは論者によってさまざまである。

　たとえば，先に挙げた災害対策基本法の災害の定義では，自然災害のほかに「大規模な火事若しくは爆発その他その及ぼす被害の程度においてこれらに類す

る政令で定める原因により生ずる被害」という記述がみられ，また政令に定める原因として「放射性物質の大量の放出，多数の者の遭難を伴う船舶の沈没その他の大規模な事故」（災害対策基本法施行令第 1 条）と規定されている。ここでは火災，爆発事故，放射能事故，船舶遭難などの大規模事故も災害に含まれることになる。

　あるいは Drabek（1996）は，災害の種類を，①「自然災害」（地震・洪水・噴火・ハリケーン・竜巻・山火事など），②「技術的・人為的災害」（原発事故・工場爆発・航空機事故・ダム決壊・鉱山事故・パイプライン爆発・危険物事故・海難事故など），③「紛争に基づく出来事」（戦争・テロ・内乱・暴動・革命など）の 3 つに分けている。

　災害対策基本法や Drabek（1996）の分類の両者とも，大規模火災や工場事故といった人為的災害を含んでいる。いずれの場合でも，救助や復旧などでコミュニティーの資源では間に合わないタスクが生まれ，社会的混乱が生じうる。したがってこれらを災害に含むことに問題はないと思われる。

　一方，Drabek が挙げる「紛争に基づく出来事」については，災害とみなすべきか，難しいところがある。たとえば Quarantelli（1998）は，紛争的状況を災害とみなすことに否定的である。その理由としては，災害と紛争状況は異なる部分が多いことや，紛争状況を災害とみなすことにより，研究者の視点が限定されてしまうことを挙げている。すなわち，紛争状況と災害との違いとして，暴動時と災害時では警察や消防の対応が異なること，病院も救急搬送の状況が両者間で異なること，略奪も災害時にはめったに起きないが暴動時には高頻度で起きること，などの例を挙げている。また原理的にも，災害は合意的な現象で，紛争は対立的現象である点が異なる。すなわち災害では，戦争・革命・テロなどのように，状況をより悪化させたいと考える集団が存在しない，という違いがあるという（Quarantelli, 1998）。

　そのほか，飢饉・感染症・干ばつ・公害・環境問題などが災害に含まれるかという論点もある。Quarantelli（1998）はこれらについても懐疑的である。それは，災害には突発性の特徴があるが，これらは時間的・空間的に拡散した現象で，災害についての知見の多くがこうした拡散した現象にはあてはまらないからだという。

　どの種類の現象までを災害とするかは，災害の定義によるわけだが，それは研究上の有用性にかかっている。すなわち，自然災害における諸現象と当該の現象のどの部分がどこまで類似していて，従来の研究の枠組みで分析できるのかという点にかかわっているのである。そこで基本となるのは，コミュニティーの資源では足りない社会的混乱が発生しているかという点と，現象の緊急性・突発性で

あろう。事象の緊急性・突発性がない場合，それは他の社会問題と同様のものとなる。

　では2019年から世界的に問題となった新型コロナウイルス（COVID-19）感染は災害だろうか。この感染については国や時期によって状況が異なるので，個別の事象に分けて考えた方がわかりやすい。たとえば2020年の中国武漢の状況だが，2020年1月12日から4月8日まで都市封鎖が宣言され，厳しい外出制限が課せられ，社会活動・経済活動が全面的にストップした。病院には多くの感染者が詰めかけ，医療崩壊が発生し，対策として急遽市内16か所に臨時病院（1万3467床）が設置された（人民網日本語版2020.3.12）。武漢市の発表によれば，感染により市内で3869人が犠牲になったという（読売新聞夕刊2020.4.17）。ここではコミュニティー内の人的・物的資源では対応できず，また事態の進展も急速であったために緊急的な事態といえる。これは十分に災害事態といえるだろう。同様の事態は当時イタリアやアメリカなど世界各国で見られた。

　一方，日本の状況はどうだったか。2020年には全国の小中高校の休校措置や緊急事態宣言の発出がなされた。あるいはマスク，トイレットペーパーなど一部商品の欠品騒動が起きたり，自衛隊の医官などの派遣が行われたりした。問題は，コミュニティーの人的・物的資源で賄えないような事態が生じていたかどうかだが，たとえば保健所では，感染者への対応で過大な業務に対して超過勤務と，若干の職員の増員で対応していたようである。あるいは2021年にワクチンの大規模接種が行われたが，各地で医師会や自治体が協力して接種が行われている。このようにみると，本来の業務組織が本来の業務を行うというDRC類型でいうタイプⅠ「既存集団」がオーバーワーク気味に活動し，それに市役所などのタイプⅡ「拡大集団」が加わる形が多かったようである。さらに2021年度には感染者が増加して，入院のキャパシティーを大幅に超える事態となった。このようにみると，新型コロナウイルス感染症をめぐる日本の状況も災害的様相を呈していたといえるだろう。

（6）災害と価値判断

　災害やDisasterという語には，語そのものに「悪い出来事」という意味がある。すなわち日本語で「災」（わざはい）とは，鬼神のなす業（わざ）の状（さま）を指し，「害」は，悪い影響をもたらす出来事である（広辞苑第六版）。しかしQuarantelli（1998）は，災害のネガティブな結果は，経験的知見ではあっても「災害は悪である」という暗黙の価値判断は災害の概念の前提とすべきではない

という。たとえば，紛争も災害に含むと考える場合，暴動や革命を悪と言えるか，決めつけることはできない。災害が有効需要を喚起して結果的に経済にプラスの影響を持つとき，それがどのくらい悪なのか判断に迷う場合もあるだろう。逆に古代のナイル川の氾濫は地域に豊かさをもたらし，「エジプトはナイルの賜物」と言われ，増水の開始を祝う祭りすら行われていたという（大貫他，1998）。

　もちろん基本的に災害は，理不尽な形で人々の生命や財産を奪い，社会に過大な負荷をもたらすのであるから，避けるべき現象である。しかしこの判断には，暗黙の価値判断が含まれていることを留意しておかなければならない。

1.3　災害因の特徴

　次に災害の原因となる災害因について，その特徴と事例を概観する。

（1）自然災害
① 地震・津波
　地震は地面の急な動きであるが，内陸部で発生する活断層型の地震と，海洋部で起きる海溝型地震がある。地震の大きさを計る尺度には，ある地点での揺れの大きさを表す震度と，地震そのものの規模を表すマグニチュードがある。海溝部で大な地震が起きると，しばしば津波が発生する。経験上，震源の深さが80 km以上では津波は発生せず，震源がそれより浅く，マグニチュードが7.5以上であると被害をもたらす津波が発生しうるとされる（秋田気象台 HP）。
日本で起きた主な地震・津波の被害をみると，1923年に起きた関東地震による被害（関東大震災）がもっとも大きく，次いで1896年の明治三陸地震津波，2011年の東北地方太平洋沖地震の被害（東日本大震災），兵庫県南部地震の被害（阪神淡路大震災）などが大きくなっている（表1‐7）。関東大震災では火災，東日本大震災では津波，阪神淡路大震災では倒壊家屋による被害が大きかった。大地震の発生頻度は多くないが，ひとたび発生するとその被害は莫大なものになるという特徴がある。

　政府の地震調査研究推進本部では，これから発生が予想される活断層型地震・海溝型地震について，その規模と発生確率を「地震発生可能性の長期評価」として発表している（https://www.jishin.go.jp/evaluation/）。それによれば海溝型の巨大地震としては，千島海溝や南海トラフでの発生確率が高く，活断層型では糸魚川―静岡構造線断層や上町断層（大阪府）などの確率が高くなっている（詳細は3章

表1-7　主な地震災害

年	地震名	規模	犠牲者	年	地震名	規模	犠牲者
1891	濃尾地震	M8.0	7,273	1964	新潟地震	M7.5	26
1896	明治三陸地震津波	M8 1	約22,000	1978	伊豆大島近海地震	M7.0	25
1923	関東地震	M7.9	約105,000	1978	宮城県沖地震	M7.4	28
1927	北丹後地震	M7.3	2,925	1983	日本海中部地震	M7.7	104
1933	昭和三陸地震津波	M8.1	3,064	1984	長野県西部地震	M6.8	29
1943	鳥取地震	M7.2	1,083	1993	北海道南西沖地震	M7.8	230
1944	東南海地震	M7.9	1,251	1995	兵庫県南部地震	M7.3	5,515*
1945	三河地震	M6.8	2,306	2004	新潟県中越地震	M6.8	68
1946	南海地震	M8.0	1,443	2008	岩手・宮城内陸地震	M7.2	23
1948	福井地震	M7.1	3,769	2011	東北地方太平洋沖地震	Mw9.0	18,428*
1952	十勝沖地震	M8.2	33	2016	熊本地震	M7.3	50*
1960	チリ地震津波	Mw9.5	142	2018	北海道胆振東部地震	M6.7	42

注：表中「犠牲者」は死者行方不明者数；*関連死除く　警察庁資料。
出所：令和元年防災白書より作成。

参照）。

②台風・大雨

　台風は太平洋西部で発生した熱帯性低気圧のうち，最大風速が17.2m/秒のものをさす。台風は大雨・強風・高潮・高波・竜巻・落雷などのさまざまな現象をもたらす。大雨は台風以外の低気圧や前線によってももたらされ，洪水や土砂崩れを発生させることで被害を引き起こす。

　台風の段階には，風の強さによる「表現無し」「強い」「非常に強い」「猛烈な」といった強さの段階と，強風域の大きさによる「表現無し」「大型」「超大型」といった段階がある。もちろん「超大型」の台風は危険だが，大きさの表現がない（つまり小型）の台風も，短い距離で気圧が低下するので風速が強く危険な場合がある。

　洪水には排水不良によって生じる内水氾濫と，川の氾濫水による外水氾濫がある。一般に外水氾濫のほうが水量が多く，水深が深くなりやすい。また外水氾濫には高潮による水害も含まれる。

　一方土砂災害には，「がけ崩れ」「土石流」「地すべり」の3種類がある。がけ崩れは30度以上の急斜面における急激な土砂移動現象で，被害の範囲はそれほど広くない。土石流は土砂や岩石が大量の水とともに谷沿いを流下する現象で，影響の範囲が広く大被害をもたらすことがある。地すべりは地下水の増加が誘因となって斜面全体が比較的ゆっくりと流下する現象である。土砂災害の被害は意外

表 1 - 8 　主な台風・大雨災害

年	災害名	犠牲者	年	災害名	犠牲者
1945	枕崎台風	3,756	1976	台風17，9月豪雨	171
1947	カスリーン台風	1,930	1979	台風20号	115
1953	南紀豪雨	1,124	1982	7，8月豪雨台風10号	439
1954	洞爺丸台風	1761	1983	梅雨前線豪雨	117
1957	諫早豪雨	722	1993	8月豪雨	79
1958	狩野川台風	1,269	2004	台風23号	98
1959	伊勢湾台風	5,098	2011	台風12号	98
1965	台風23，24，25号	181	2014	広島土砂災害	77
1966	台風24，26	317	2017	九州北部豪雨	42
1967	7，8月豪雨	256	2018	西日本豪雨	245
1972	台風6，7，9号，7月豪雨	447	2019	令和元年東日本台風	94

出所：令和元年防災白書より作成。

表 1 - 9 　主な噴火災害

年	火山名	犠牲者	年	災害名	犠牲者
1888	磐梯山	461-477	1986	伊豆大島噴火	0
1926	十勝岳	144	1990	普賢岳噴火	43
1947	浅間山噴火	11	2000	有珠山噴火	0
1958	阿蘇山噴火	12	2000	三宅島噴火	0
1977	有珠山噴火	3	2014	御岳山噴火	58
1983	三宅島噴火	0	2018	草津白根山	1

出所：令和元年防災白書より作成。

と大きく，1967年から2013年の46年間における死者行方不明者は3511人に達し，これは阪神淡路大震災と東日本大震災を除く自然災害の犠牲者8767人の40.0％を占めていた（吉村，2017）。

　台風・大雨の被害では，1959年の伊勢湾台風の被害がもっとも大きい。これは主に高潮による被害であった（表1-8）。また1982年には長崎豪雨（長崎市内の死者・行方不明299人）があり，そこでは土砂災害による被害が大きかった。

　③ 噴火

　火山の噴火では，火山灰・溶岩流・噴石・爆風・火砕流・融雪火山泥流・山体崩壊・岩屑なだれ・土石流・火山津波など，さまざまな現象によって被害を生じる。たとえば，1888年の磐梯山の噴火では，噴火により山体崩壊が生じ，それが岩屑なだれとなり，多くの犠牲者を出した（表1-9）。あるいは1926年の十勝岳噴火では，積雪期の水蒸気噴火が融雪火山泥流を引き起こし，大きな被害となった。

また1990年の雲仙普賢岳の噴火では火砕流による被害が大きく，1947年の浅間山や2014年の御嶽山の噴火では，登山者が噴石の犠牲となった。噴火は数か月から数年間続くことがあり，他の災害より長い経過をとる特徴がある。

④　その他の自然災害

雪害による人的被害は毎年100人前後発生しているが，その多くが，雪下ろし中の転落や除雪機の雪詰まり解消時の巻き込み事故など，除雪作業時に生じている（首相官邸HP）。こうした事例では全国で集計した数は多いものの，1つひとつは個発の事例であり，社会学的には事故レベルのことも多い。しかし場合によっては雪崩，列車や大量の車両の立ち往生，地域の孤立などが発生し，災害救助法が適応されることもある。有名な雪害としては1963（昭和38）年の三八豪雪や2006（平成18）年の一八豪雪などがある。近年では2018年に福井県内の国道8号線で約1500台の車両が3日間立ち往生している。

竜巻は積乱雲に伴う渦巻き状の強風で，飛来した物にあたったり，転倒したり，家屋が倒壊することで被害が生じる。犠牲者が出た事例としては，2006年の延岡市，2006年の佐呂間町，2011年の徳之島町，2012年のつくば市の竜巻がある。

自然災害の災害因としてはその他，落雷，少雨，長雨，日照不足，高温，低温などがある。

近年の各種の自然災害発生状況を比較すると，毎年のように数十〜数百人単位で風水害の被害があるのに対して，地震災害はそれより稀ではあるものの一度の犠牲者が数十人から数万人と多くなっていることがわかる。また東日本大震災以降，大きな被害を出す災害の頻度が多くなる傾向があるようである（表1-10）。

（2）技術的・人為的災害

技術や人が関連して引き起こされる災害は「技術的・人為的災害」という。そのうち大規模火災の例には，千日前デパート・川治プリンスホテル・歌舞伎町雑居ビルなどのビル火災や，酒田大火や糸魚川大火などの都市大火，そして阪神淡路大震災時の長田区の大火などの地震火災などがある（表1-11）。また大規模事故には，京都大正池決壊といったダムの決壊事故，夕張新炭鉱などの炭鉱事故，世田谷ケーブル火災などの通信インフラ事故，日本航空機墜落事故・JR福知山線脱線事故といった交通事故，JCO臨界事故・福島第一原子力発電所事故といった原子力事故など，多様なものがある。健康被害に関する事例では，雪印集団食中毒事件・中国冷凍餃子中毒事件などの食品事故，O-157・新型インフルエンザ・新型コロナウイルス・BSEなどの感染症，ダイオキシンなどの環境汚染

表 1 - 10　近年の自然災害による死者数

年	風水害	地震	火山	雪害	その他	主な災害
1995	19	6,437	4	14	8	阪神淡路大震災
1996	21	0	0	28	35	
1997	51	0	0	16	4	
1998	80	0	0	28	1	
1999	109	0	0	29	3	広島豪雨
2000	19	1	0	52	6	
2001	27	2	0	59	2	
2002	20	0	0	26	2	
2003	48	2	0	12	0	
2004	240	68	0	16	3	新潟福島豪雨，台風23号，中越地震
2005	43	1	0	98	6	
2006	87	0	0	88	2	
2007	14	16	0	5	4	
2008	22	24	0	48	7	
2009	76	1	0	35	3	
2010	31	0	0	57	1	
2011	136	22,252	0	125	2	東日本大震災
2012	52	0	0	138	0	
2013	75	0	0	92	6	
2014	112	0	63	108	0	広島豪雨，御嶽山噴火
2015	28	0	0	49	0	
2016	45	267	0	32	0	熊本地震
2017	60	0	0	68	1	
2018	285	49	1	103	6	西日本豪雨
2019	114	0	0	0	0	台風19号

注：関連死含む。
出所：令和2年防災白書より。

などがある。なお感染症は自然災害ともいえるが，災害因が見えにくい健康被害であるという共通点から，暫定的にここに分類した。

（3）紛争災害

　紛争（conflict）を原因とする社会的混乱が紛争災害だが，それには戦争・内戦・テロ・暴動・デモなどが含まれる。先述のように，混乱事態を悪化させたい意図を持つ勢力により発生する点が，他の災害とは異なり，これらを災害とみなすのかには異論もある。

　紛争災害は海外では例が多いが，日本では1970年代以降，テロや暴動はまれに

表 1 - 11　近年の技術的・人為的災害の例

年	火災	年	事故	年	健康被害
1972	大阪千日前デパート	1953	京都大正池決壊	1996	O157 集団感染
1976	酒田大火	1981	北炭夕張新炭鉱事故	1997	ダイオキシン問題
1980	川治プリンスホテル	1984	世田谷局ケーブル火災	2000	雪印集団食中毒事件
1982	ホテルニュージャパン	1985	日本航空123便墜落事故	2003	BSE 牛肉問題
1995	阪神淡路大震災	1999	東海村 JCO 臨界事故	2008	中国製冷凍餃子中毒事件
2001	歌舞伎町雑居ビル	2005	JR 福知山線脱線事故	2009	新型インフルエンザ
2016	糸魚川大火	2011	福島第一原子力発電所事故	2020	新型コロナウイルス

表 1 - 12　近年の紛争事態の例

年	戦争・内戦	年	テロ	年	暴動・デモ
2001〜	アフガニスタン紛争	1974	三菱重工爆破事件	1969	東大紛争
2003〜11	イラク戦争	1995	地下鉄サリン事件	1989	天安門事件
2003〜	ダルフール紛争	2001	アメリカ同時多発テロ	1992	ロサンゼルス暴動
2011〜	シリア内戦	2002	モスクワ劇場占拠事件	2008	仏・黄色いベスト運動
2014〜	ウクライナ東部紛争	2004	マドリード列車爆破テロ	2012	中国・反日デモ
2015〜	イエメン内戦	2015	パリ同時多発テロ	2019	香港民主化デモ
2017	北朝鮮ミサイル J アラート			2020	ミネアポリス抗議デモ

なってきた。その中で1995年オウム真理教による地下鉄サリン事件は14人の犠牲者を出し，化学兵器を用いたテロとして注目された（表1-12）。また2017年には北朝鮮のミサイルが日本の上空に飛来し，Jアラートによる注意喚起が行われた。日本と関連する暴動としては，尖閣諸島国有化に伴い2012年に中国各地で発生した反日デモがある。

1.4　災害への視角

（1）リスクと災害

　災害はリスクの1つである。リスクという言葉は研究者や，その使われる場面によってさまざまな意味を持っている（Renn, 2008）。たとえば自然科学者の多くは，リスクはハザードと脆弱性の関数であると考えている（e.g. Tilling, 1989）。ハザードとは，すでに述べたように，地震や洪水といった災害の原因となる危険な現象のことだが，脆弱性とは「危険の影響に対する個人，コミュニティー，資産またはシステムの影響の受けやすさを高める，物理的・社会的・経済的・環境

的な要因とプロセスによって決定される条件」のことである（UNDRR, 2017）。また「ハザード」と「脆弱性」のほかに「暴露」をリスク構成要素に加える考え方（e. g. Lastorie, et al., 2006）や，脆弱性のなかに「暴露」，「知識」，「リスク管理」などを含める考え方もある（e. g. Llasat, et al., 2009）。ここで暴露（exposure）とは，人や社会がハザードにさらされ，その影響を受ける可能性があることを意味する（UNISDR, 2009）。自然科学者は，気象現象や地象現象といった災害因であるハザードそのものを研究対象としており，それを出発点として災害を考えているために，ハザードとそれを受け止める条件である脆弱性との組み合わせが理解しやすいのであろう。

　それに対して人文社会科学者は，事象がもたらす負の結果（すなわちインパクト）と事象の生起確率の組み合わせをリスクと考えている。たとえばリスクコミュニケーションの心理学では，リスクはイベントの確率とその負の結果の組み合わせであるとしている（National Research Council, 1989）。防災の分野でもたとえば国連の UNISDR（2009）は，リスクを「イベントの確率とその負の結果の組み合わせ」と定義している。

　自然科学者と人文社会学者の定義は一見異なるようだが，自然科学者の考えるハザードには現象そのものの危険性とともに生起確率が内包されている（Llasat, et al., 2009）。その一方で人文社会科学者の考える負の結果（インパクト）には事象の危険度とともにそれを受け止める側の脆弱性が内包されている。したがってこれを展開して合体させると，リスクは，現象の危険度，社会的脆弱性，生起確率の関数であると考えることができよう（表1‑13）。これは言い換えれば，両者の定義とも同じ「被害の期待値」を表そうとしているといえる（小山, 2005）。本書では災害におけるリスクを考えるにあたり，こうした考え方をとる。

　その他のリスクに対する考え方としては，たとえば risk という英語には「冒険」という意味もあり，経営学では場合によっては肯定的な不確実性を含むこともある（ISO3100 など）。あるいは Beck（1986）は，リスクは人間の意志で回避できる点が danger と異なるとし，遺伝子組み換え食品，化学物質汚染などのリスクなどを扱う中で，リスクは近代社会により社会的に構築されるものと考えてい

表1‑13　リスクの考え方

① 自然科学的リスク	Risk＝f（ハザード，脆弱性）
② 人文社会科学的リスク	Risk＝f（インパクト，生起確率）
① ＋ ②	Risk＝f（事象の危険度，社会的脆弱性，生起確率）

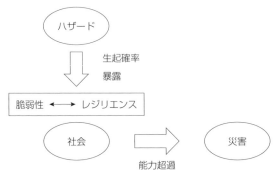

図1‑2　ハザードと災害の関係

る。また防災の実務においては，生起確率は関係なく，想定される被害額や犠牲者数そのものをリスクととらえることもある。しかしいずれにしてもリスクという語を使う場合には，その定義を明らかにすることが必要である。

　以上のことをまとめると，図1‑2のようになる。第一に地震や洪水といった自然現象はハザード（災害因）であって，災害そのものではない。その被害が社会に通常の仕方では対処できないときに（能力超過），災害となる。第二にハザードはある生起確率（頻度）をもって，発生し，社会はそれにさらされ（暴露され），被害をもたらす。第三に社会は脆弱性やレジリエンスを持っており，ハザードはそれと関係しながら災害となる。ここでレジリエンス（回復力）とは，ハザードにさらされた社会が，ハザードの悪影響に対して，効果的に抵抗し，吸収・受容し，復興する能力のことで（UNISDR, 2009），脆弱性とは逆方向の性質のことである。[3]

（2）災害の社会性と防災

　近年，災害は社会における大きな問題となっているが，その人的被害は，日々の事故などに比べると，それほど多いものではなかった。災害が大きな問題となるのは，それが単に被害の大きさを意味するのではなく，社会の混乱を意味するからである。災害は極めて社会的な現象なのである。災害の定義が，物理的ではなく，社会的側面からなされることにもそれは表れている。

　各災害因の特徴をみると，地震・津波や高潮など生起確率は少ないが一度に大きな被害をもたらすものと，土砂災害など一度の被害は少ないが生起確率が多いものがあった。リスクの概念からすると，災害のリスクは，事象の危険度だけで

なく，生起確率や社会の脆弱性によって決定されていた。それゆえ災害の被害を
減らすためには，事象の危険度や生起確率を基にリアルな危険度を把握したうえ
で，それに対する脆弱性を減らすことが求められる。ここで脆弱性とは，まさに
社会的な側面のことである。防災活動はこの脆弱性を低減させる試みで，災害情
報の活用はその一部を構成しているのである。

注

1）　DRC（Disaster Research Center）は災害の社会科学的研究を専門に行うアメリカの研究機関
　　である。Quarantelli らによって1963年にオハイオ州立大学に設立され，1985年からデラウェア大
　　学に移転し，現在に至っている。
2）　期待値とは，1回の試行で得られる値の平均値のことで，得られうるすべての値とそれが起こ
　　る確率の積を足し合わせたものである。
3）　国連国際防災戦略（UNISDR, 2009）や国連国際防災戦略（ISDR, 2020）では災害，ハザード，
　　防災（災害リスク管理），被害防止（mitigation）など各種用語について防災用語集をまとめてい
　　る。

参 考 文 献

秋田気象台 HP, Q&A. https://www.jma-net.go.jp/akita/Q&A/qandanew_tunami.htm（2020.7.6閲
　　覧）
Beck, U., 1986, Risikogesellschaft. Auf dem Weg in eine andere Moderne, Suhrkamp Verlag
　　（東廉・伊藤美登里訳，1998，危険社会――新しい近代への道――，法政大学出版局）
Beck, U., 1992, Risk Society: Towards a New Modernity, Sage（東廉他訳，1998，危険社会――
　　新しい近代への道――，法政大学出版局）
Drabek, T. E., 1996, Social Dimension of Disaster. Instructor Guide, FEMA. https://ntrl.ntis.
　　gov/NTRL/dashboard/searchResults/titleDetail/PB99105488.xhtml（2021.9.18閲覧）
Dynes R. R., 1998, Coming to Terms with Community Disaster, Quarantelli E. L., ed., What
　　is a disaster?, Routledge, 109-145.
Fritz C. E., 1961, Disaster, Merton R. K. and Nisbet R. A., eds., Contemporary Social Prob-
　　lems, Harcourt, Brace and world, 651-694.
ISO31000, 2009, 'Risk management – Principles and guidelines' standard, November 2009
気象庁，2018，「顕著な災害を起こした自然現象の名称について」．https://www.jma.go.jp/jma/
　　kishou/know/meishou/meishou.html（2021.8.10閲覧）
国土交通省，2019，報道発表資料，平成30年の土砂災害．https://www.mlit.go.jp/common/
　　001287382.pdf（2021.8.10閲覧）
国連国際防災戦略（ISDR）防災用語集（2009年版）．https://www.preventionweb.net/publications/
　　view/11586（2021.8.10閲覧）
小山真人，2005，火山に関する知識・情報の伝達と普及――減災の視点でみた現状と課題――，火山，
　　50巻特別号「火山学50年間の発展と将来」，S289-S317，2005．https://sakuya.vulcania.jp/koya
　　ma/public_html/etc/onlinepaper/K2005b.html（2021.8.10閲覧）

厚生労働省，人口動態調査，（2018年，確定数，死亡）表番号：上巻5-30，下巻1.1(2)，e-stat. https://www.e-atat.go.jp/（2021.10.10閲覧）

厚生労働省，2019，平成30年（2018）人口動態統計（確定数）の概況

Lastoria, B., Simonetti, M. R., Casaioli, M., Mariani, S., and Monacelli, G., 2006, Socio-economic impacts of major floods in Italy from 1951 to 2003, Adv. Geosci., 7, 223-229. http://www.adv-geosci.net/7/223/2006/（2021.8.10閲覧）

Llasat, M. C., Llasat-Botija, M., and López, L., 2009, A press database on natural risks and its application in the study of floods in Northeastern Spain, Natural Hazard and Earth System Science, 9(6), 2049-2061, doi: 10.5194/nhess-9-2049-2009.

National Research Council, 1989, Improving risk communication, National Academy Press.

大貫良夫，渡辺和子，前川和也，屋形禎亮，1998，人類の起原と古代オリエント，世界の歴史1，中央公論社

Quarantelli, E. L., Dynes, R. R., and Haas, J. E., 1966, Organizational Functioning in Disaster, A Preliminary Report, University of Disaster Research Center. https://udspace.udel.edu/bitstream/handle/19716/1154/WP7.pdf?sequence=1（2021.8.10閲覧）

Quarantelli, E. L., 1985, What Is Disaster? The Need For Clarification In Definition And Conceptualization In Research, Sowder, B., ed., Disasters and Mental Health Selected Contemporary Perspectives, US Government Printing Office, 41-73. http://udspace.udel.edu/handle/19716/1119（2021.8.10閲覧）

Quarantelli, E. L., 1998, Where we have been and where we might go, Quarantelli, E. L., ed., What is a disaster?, Routledge, 234-273.

Renn, O., 2008, Concepts of Risk: An Interdisciplinary Review, GAIA Ecological Perspectives for Science and Society, 17(1), 50-66.

首相官邸HP，雪害では，どのような災害が起こるのか. https://www.kantei.go.jp/jp/headline/bousai/setsugai.html（2021.8.10閲覧）

Tilling, R. I., 1989, Introduction and Overview, in Tilling, R. I., ed., Volcanic Hazards., American Geophysical Union, 1-8.

United Nations International Strategy for Disaster Reduction (UNISDR), 2009, Terminology on Disaster Risk Reduction. https://www.undrr.org/publication/2009-unisdr-terminology-disaster-risk-reduction（2021.8.10閲覧）

United Nations Office for Disaster Risk Reduction (UNDRR), 2017, Terminology. https://www.undrr.org/terminology（2021.8.10閲覧）

吉村元吾，2017，資料，近年の土砂災害を振り返って――その特徴と対策――. https://www-1.kkr.mlit.go.jp/kiisankei/center/img/symposium03.pdf（2021.8.10閲覧）

2章 防災と情報

　本章では，防災の概念やどのような防災対策が必要なのかを論じた後に，各防災対策の中に災害情報はどのように位置づけられるのかを確認する。

2.1　防災の概念

　防災とは，一般用語としては「災害を防ぐこと」だが，実務的および学術的な意味では，災害を防ぐばかりでなく，災害の発生を前提として，その被害を軽減する行為も含まれている。たとえば災害対策基本法では，防災とは「災害を未然に防止し，災害が発生した場合における被害の拡大を防ぎ，及び災害の復旧を図ることをいう」とある。防災とは，災害の予防対策から応急対策・復旧対策まで，災害の全過程を通じた被害軽減行為を意味している。

　防災と似た言葉に「危機管理」がある。その対象には自然災害だけでなく防犯・テロ・戦争・企業経営上の危機なども含まれるが，この言葉は多義的で次の3つの意味がある。第一は，災害などの緊急事態が発生した後に適切な組織的対応をとることを意味しており，英語ではクライシス・マネジメント "crisis（危機）management" のことである（e.g. 小林, 2006; 秦, 2016）。これは事が起きたときの緊急対策を意味し，対象とするタイムスパンは短い。もともと食品への毒物混入事件など企業の対応を念頭に使われた言葉で，災害にはあまり使われない。第二はリスク・マネジメント（risk management）の意味で，リスクの発生の前にそれを防ぐ対策のことである（e.g. 日本学術会議, 2000; 小林, 2006; 河田, 2006; 秦, 2016; 福田, 2017）。もとは経営学の用語で，具体的には，損害保険や，為替リスクのための為替ヘッジなどがその例である。災害のリスク・マネジメントは「不確実性を管理し，生じうる危害・損失を最小化する体系的な手法及び取り組み」（UNISDR, 2009）である，というように，事前から事後までを含む使い方をすることもあるが，「狭義には事前の対応を検討することをリスク・マネジメントと呼ぶ」（岡田, 2006, p. 39）と理解できる。第三は緊急事態管理（emergency management）のことである（e.g. 日本学術会議, 2000, 河田, 2006）。日本学術会議

（2000）によれば，emergency management は災害前のリスク・マネジメントと災害後のクライシス・マネジメントの両方の意味を含んでいる。国連の UNIS-DR も「緊急事態のあらゆる側面，特に事前準備，応急対応および初期復旧の各段階に対処するため，資源および責任を組織化し管理すること」（UNISDR, 2009, p. 23）としており，Drabek（1996, pp. 5-3）も「避難可能性のある状況に存在する不確定性を最小にして公共の安全を最大にすることを可能にするプロセス。その目標は災害の全過程（すなわち事前準備，応急対応，復旧，予防）を考慮しながら，一連の戦略と戦術を実行することにより災害の損害を制限することである」とする。危機管理としては第三の緊急事態管理の概念が災害のライフサイクル全体にわたる対策を含むため，防災の考え方に近い。その他「災害リスク軽減」（disaster risk reduction）（UNISDR, 2009）や "disaster management" も防災とほぼ同じ意味の言葉である。[1]

2.2　各段階の防災対策

（1）災害の段階

　防災対策は災害の段階によりさまざまなものがある。災害の段階としては，アメリカの FEMA（危機管理庁）が提唱する災害対応の4局面が有名である。すなわち災害対応には，予防（mitigation）→ 準備（preparedness）→ 対応（response）→ 復旧（recovery）の4段階があり，復旧が終わるとまた予防に戻るという循環過程があるという（FEMA, 2015；Drabek, 1996）。ここで「予防」には，mitigation（緩和）という聞きなれない言葉を使っているが，これは災害そのものの防止，あるいは軽減を目指す対策である。具体的には堤防・ダム・地震に強い建築物の建設などのハード面の対策と，社会教育・水害保険・土地の利用規制などソフト面の対策がある。これらは平常時に行われる対策なので，災害前の局面といえるが，現実には災害が起きた後にこれらの対策が強化されることが多く，この局面は始まりであると同時に最後の局面でもある。続く「準備」段階は，災害発生を想定した準備で，災害前に行われる活動である。これは防災計画の作成，災害対策のための装備や物資の備蓄，避難広報のための体制整備などを含んでいる。第三の「対応」局面は，災害がインパクトを与えている間に行われる活動で，救助活動や財産のさらなる損失を防ぐ活動を含んでいる。第四の「復旧」は，はじめのインパクトの後に行われる活動で，通常に戻ることを目指す活動を含んでいる。この4段階は災害の時系列的段階であるとともに，各段階で行うべき対策の目的

や機能を指し示すものとなっている。

　日本の災害対策基本法でも，予防，災害応急対策，災害復旧といった段階ごとに対策が記述されている。すなわち「予防」対策には，防災教育，防災訓練，備蓄，避難場所の指定，要支援者名簿の作成などがあり，「応急」対策には，警報の発令，避難指示，消防・水防・救助活動，応援，避難所運営，仮設住宅，臨時診療所，埋葬，廃棄物処理などがあり，「復旧」対策には，補助金の給付，災害融資，罹災（りさい）証明，被災者台帳などがある。ただし災害対策基本法の「予防」はFEMA の「準備」段階に相当し，この法律では予防（mitigation）についての記述は薄い。それについては「気象業務法」「河川法」「砂防法」「建築基準法」「活動火山対策特措法」など，分野ごとの法律で規定されているようだ。

　また東日本大震災を経験した自治体の立場からは，応急対応の中に「初動」が追加され，予防 → 初動 → 応急対策 → 復旧・復興 → 予防といったサイクルが提案されている（千葉，2019）。ここで予防には，防災計画，防災教育・訓練，防災施設の整備，県土の強靱化が含まれている。初動には，避難，被害の把握と体制整備，捜索，救出，避難所，炊き出し，生活物資の供給などが含まれ，応急対応には仮設住宅，廃棄物処理，施設・産業の応急復旧などが含まれている。そして復旧・復興には，まちづくり，住宅再建・復興住宅，生活再建，産業復興などが含まれている。

　一方，災害情報に焦点をあてた廣井（1991）は，警戒期（住民に警戒を呼びかける時期），発災期（災害が発生し被害が生じつつある時期），避難救助期（災害の衝撃が一段落し避難や救援が行われる時期）の 3 つに分けている。ただし実際には発災期と避難救援期の区分は難しいとしている。

　以上のように災害段階の区分にはさまざまなものがあるが，ここでは，防災の全過程を扱っている FEMA の 4 段階を採用して，防災機関を中心に各段階で行うべき対策を整理する。

（2）防災対策の戦略と戦術

　Drabek（1996）は各段階における対策の機能と，それに対応する戦略と戦術についてまとめているが，表 2－1 はそれにならって，日本の対策を段階ごとに整理したものである。ここで戦略とは，災害のある段階で対策に必要とされる機能の一般的な項目で，戦術とは当該の戦略を実現するための具体的な方策のことである。

　まず「予防」段階では，戦略として，第一に「リスク評価」が必要である。今

表2-1　防災機関の各段階の災害対策

段階	戦略	戦術（例）
予防	リスクの評価 防災施設の整備 耐震建築 暴露の減少（土地利用規制による）	被害想定　ハザードマップ 堤防・ダムなどの建設 建築基準法 土砂災害警戒区域　都市計画法 災害危険区域　津波防災地域づくり法
準備	行政の継続性確保 警報システム 備蓄 避難所 避難体制の整備 防災教育	防災計画　災害対策本部 庁舎の強化　通信手段の整備 観測・警報システムの整備 避難勧告基準の設定　防災無線 防災倉庫　防災用品の配布 避難所・避難場所の指定 避難路　要支援者名簿の作成 学校教育　講演会　防災訓練
応急 対応	避難 体制整備 被害の把握・報告 捜索・救助 被災者救援 医療 埋葬・遺体捜索 施設の応急復旧 ボランティアの活動 広報	避難指示等の発出・伝達，誘導 要員参集　対策本部　救援要請 119番通報　消防団　情報システム 消防　警察　自衛隊　道路啓開 避難所・食料・生活物資の提供 プッシュ型支援　ごみ・し尿処理 DMAT　トリアージ　ヘリ輸送 安置場所の確保　火葬許可証 道路の啓開　仮庁舎設置 通信手段・エネルギーの確保 ボランティアセンター マスコミ対応　記者会見
復旧・ 復興	被害調査 罹災証明 住宅の提供 がれき処理 生活再建， 産業復興 まちづくり	専門家の育成　応援職員の組織 被災証明書発行システム 仮設住宅　復興住宅 仮置場　分別　最終処分先確保 義援金　生活再建支援金 農地・漁港の復旧　仮店舗・仮事務所 復興計画　区画整理　集団移転

後どのような被害が起こりうるのかを評価することは，すべての防災対策の基本となる。そのための戦術としては各種「被害想定」やそれを基にした「ハザードマップ」の作成などがある。第二に「防災施設の整備」や「耐震建築」の促進といったハード面の戦略がある。耐震建築の促進には建築基準法の整備といったソフト面の戦術も含まれる。第三に，そもそも危険な地域に人が住まないようにす

るといった土地の利用規制などによる「暴露の減少」（住民がハザードにさらされないようにする）の戦略がある。たとえば土砂災害防止法の「土砂災害特別警戒区域」や建築基準法の「災害危険区域」では，新たな住宅を建てることは事実上困難になっている。

　災害の発生を前提とした「準備」の段階では，まず「行政の継続性」を確保する戦略が必要である。これには，庁舎の耐震性を強化することや，災害時も通信ができる機器を整備するなどハード面の戦術と，要員を確保し，だれが何をするかをあらかじめ決めておく防災計画や関連する法律やマニュアルの整備，災害対策本部設置訓練など，ソフト面の戦術がある。第二に「警報システム」を整備して避難を促す体制を作る戦略がある。これには気象警報などをうまく利用して的確に避難指示等を出し，それを住民に伝達するための対策を整備するといった戦術が含まれている。第三に災害に備え，各種の物資を「備蓄」しておく戦略がある。第四に避難所を用意しておくといった戦略がある。第五に避難行動を円滑にする戦略があり，そのためには要避難者名簿を作っておくなどの戦術がある。第六に住民に災害時における適切な行動を学んでもらって被害を軽減しようとする「防災教育」の戦略がある。

　第三の「応急対応」の段階では，まずは「避難」を促進する戦略がある。そのためには避難指示を伝達したり，消防・警察が避難を誘導したりする戦術がある。第二に行政の体制を整える戦略がある。そのためには必要な要員を招集し，災害対策本部を立ち上げ，情報を共有し，自衛隊など外部組織に応援を要請するといった戦術がある。第三に被害状況の収集と伝達がある。具体的には自治体は119番通報や消防団などを通じて被害情報を集めたり，災害情報システムを使って県などの上部機関に状況を報告する。第四に被災住民の捜索・救助が必要である。その作業は近隣住民のほか，消防・警察・自衛隊などが担うことになる。第五に被災者の救援がある。そのためには避難所や食料などの生活物資の提供が必要となる。必要そうなものをあらかじめ発送するプッシュ型の支援は，そのための戦術の1つである。第六に応急「医療」がある。それには地域の医療機関とともにDMAT（災害派遣医療チーム）など，外部の医療チームも救急医療にあたる。第七に多くの犠牲者が出る災害の場合，遺体の取り扱いが問題となる。その場合，安置場所の確保や火葬許可証の発行などは自治体の業務となる。第八に市役所など自治体施設の応急復旧も必要である。具体的には建物被害・停電・断水・通信途絶などの影響で庁舎を移転したり，仮庁舎を作ることもある。第九に「ボランティア活動」の戦略がある。具体的には自治体の社会福祉協議会がボランティア

センターを立ち上げ NPO などと協力しながら仕事の調整を行う。第十に広報がある。応急対応段階には役所に殺到するマスコミへの対応も必要で，記者会見をするなどの戦術がある。

最後の「復旧・復興」の段階としては，第一に住宅の「被害調査」と「罹災証明」の発行がある。全壊とか半壊などの住宅の被害度によって罹災の程度が決まり，それがその後の援助の基本になるので，正確性と迅速性が要求される。第二に「住宅の提供」がある。そのために，仮設住宅や賃貸住宅の借り上げなどの手段がある。第三に「がれきの処理」も大きな仕事である。がれきは救助・輸送・衛生・復興の支障になる。その処理には，総量の推計，仮置き場の確保，分別，最終処分地の確保などが必要になる。第四に「生活再建」には当座の費用が必要となり，そのための義援金の配分や，生活再建支援金の支給などが必要となる。第五に生業を失った人の産業復興も重要で，そのためには農地の復旧や仮店舗の設定などが必要になる。そして第六に災害に強く住みやすい街を復興するための「まちづくり」があり，そのためには復興計画や区画整理が必要となる。

以上のように災害時に防災機関の災害対応にはやるべきことが膨大にあり，優先順位に戸惑うこともあろう。そこで優先されるべきなのは，住民の生命と健康の確保である。

2.3 災害神話

以上のようなさまざまな災害対策は，事実ベースで計画・実行するべきである。しかし実際には人口に膾炙した，さまざまなイメージを基に行われることがある（Dynes, et al., 1972）。そうした誤ったイメージは「災害神話」と呼ばれているが，災害対策は災害神話を排して行われなくてはならない。

Quarantelli（2008）によれば，災害神話には「災害時にはパニックが起きやすい」，「災害時には略奪などの反社会的行動が起きる」「被災者は災害時にショックを受け，受動的になる」，「医療関係者などは家族を優先して自らの役割を放棄する」「災害時にトラウマのようなメンタルヘルス的問題が広がる」，「大災害時の諸問題の解決には，指揮・命令過程を徹底できるトップダウン式の集権的な体制こそが有効である」などがあるという。さらに Drabek（1996）によれば，「警報を受けると人々はすぐ避難する」「避難するときはたいていの人は公的避難場所に避難する」「災害時には恐怖と非合理的行動が伝染する」「被災者は心理的に傷つき救援団体に心理的に依存する」「多くの災害がコミュニティーを人的・物

的に壊滅させ，コミュニティーの回復力がなくなる」「被災地では物価が高騰する」「肉体的・精神的ダメージのため被災者のモラルは低下する」「略奪を防ぐために戒厳令が宣言される」「災害担当者の最善の訓練は軍隊の経験である」なども災害神話であるという。

　ここでは上記のうち，「災害時には略奪（火事場泥棒）が起きやすい」「避難時たいていの人が公的避難所に避難する」「被災地では物価が高騰する」「被災者はショックのあまり受動的になる」の4つの神話について具体的にみてみたい。

（1）略奪神話

　災害時には火事場泥棒に注意しろ，とはよく聞く話である。たしかに被災地での窃盗はしばしば報道されている。たとえば1995年の阪神淡路大震災のときには，「そごう百貨店」や宝石店「ジュエリーマキ」から大量の貴金属が盗まれている（朝日新聞1995.3.6，同1995.3.28）。あるいは2011年の東日本大震災の時には，コンビニや金融機関のATMから現金が盗まれ，被災3県合計で56件，金額にして6億8400万円の被害があったという（読売新聞2011.7.15）。しかし警察の統計によれば，被災地で窃盗などの犯罪が増加しているとはいえない。たとえば阪神淡路大震災の際には，被災地域（神戸市内，芦屋署，西宮署，甲子園署）においては，刑法犯・窃盗犯・侵入盗のいずれの認知件数も前年に比べて減少している（表2-2）。警察自身，「被災地の犯罪情勢は，オートバイ盗，乗物盗が増加した一方，侵入盗が激減し，全体としては例年に比較して平穏に推移した」（平成7年警察白書 p.58）としている。さらに当時，被災地域の自治会長747人に対して行われたアンケート調査でも，「阪神淡路大震災では，震災後にもかかわらず比較的犯罪が少なかった」と答えた人が74.5％に達していた（斎藤他，2001）。犯罪が少なかった理由としては，生活物資の不足が深刻でなかったこと，住民の見回りがあったこと，被災者同士の連帯感が高まったことなどが考えられ，乗り物盗が多かったのは，住民たちが，交通困難な非常時なのでそれはやむをえないことだ，と認識していたためと考えられている（松原，2013）。岡本（2001）によると，阪神淡路大

表2-2　阪神淡路大震災時の犯罪認知件数

	刑法犯件数	窃盗犯	侵入盗	オートバイ盗
1994.1-6月（震災前）	11,038	10,121	1,580	2,281
1995.1-6月（震災時）	9,251	8,464	903	3,041

出所：斎藤他（2001）より作成。

　震災後，拘置所に収容されている何人かの犯罪者にインタビューしたところ，震災時，物を盗みやすいと思ったが，盗まなかった。その理由は，「自分もその壊れた建物の持ち主も被災者であるから，そのようなことをしたら，済まないと感じるから」ということであった（岡本，2001，p. 125）。

　東日本大震災時も同様の傾向があり，侵入盗についてみると，岩手県と宮城県では前年より減少している。ただし福島県は原発避難の無人地域が狙われて前年比33.1％増えている（表2-3）。当時，宮城県内の161人の住民を対象に「震災時，ふだんと違うと感じた体験」をたずねたアンケートによると「買い占め」が18件，「盗み」が10件，「電気泥棒」が8件と，盗難は比較的少なかった（阿部，2013）。ここで盗みには，ガソリンの抜き取り，自販機荒らし，コンビニからの盗み，お湯を沸かすために学校の椅子を切って燃やしていた，などがあったという。ここで「電気泥棒」とは，電気が部分的に開通した地域で，携帯電話を充電するために自販機のコンセントなどから盗電したものである。電気泥棒の時には行列ができ，時間を決めて交代するなど，不思議な秩序が守られていたという（阿部，2013）。

　いずれにしても，わが国の災害時には，集合的な略奪というのはこれまでほとんど発生してこなかった。Dynes らによれば，アメリカでも，市民暴動の際には略奪がよく発生するが，自然災害では略奪はまれだという。そして市民暴動での略奪は，家族やグループぐるみといった集合的な性格を持ち，公然と人前で行われ，規範からの逸脱というよりも新しい規範への同調である。それに対して自然災害での略奪は，単独犯による私的な行為で，他人に見つからないように隠れて行われる。災害時には，すべての物が一時的にコミュニティー全体の財産となり，公共の福祉のために使われうる，というコンセンサスが生まれるが，それを個人的に使おうとすると厳しい目がそそがれるという（Dynes, et al., 1968）。

　この議論を日本にあてはめると，私利私欲のために空き巣に入るのは厳しい非難の対象になるが，みんなのために学校の椅子を燃やしたり，交代しながら盗電したり，移動のために乗り物を盗むというのは，こうした状況では許されるとい

表2-3　東日本大震災時の侵入盗認知件数

年1-12月	岩手	宮城	福島
2010（震災前）	761	2,892	2,045
2011（震災時）	619	2,539	2,721

出所：警察庁（2016）より作成。

う，一時的な創発規範ができていた可能性がある。

　また被災地で泥棒への警戒が強まる背景には，災害後の不安心理と，災害の一撃はもう去っているという現実の間に「認知的不協和」（Festinger, 1957）（8章 p. 239参照）が生じ，それを埋め合わせるために，窃盗という恐ろしいことが起きているに違いない，という認識が生まれるのかもしれない。

（2）避難先神話

　「避難時たいていの人は公的避難所に避難する」という，イメージがある。2020年7月豪雨では，新型コロナウイルス対策として親類などへの分散避難が呼びかけられたが，その際ひょっとしたらこうした思い込みがあったのかもしれない。アメリカでは，住民にとって公的避難所は最後の選択肢で，避難者の8割は親類・友人またはホテルなどに避難するという（Drabek, 1996）。日本では表2-4にみるように，避難者のうち大体5割前後が指定避難場所に避難している。東海水害のような都市部（名古屋市・西枇杷島町）では指定避難場所が選択されやすく，地方ではそれ以外が選択されやすい傾向があるようだ。これは，地方では人間関係が親密で，親しい親類・知人も近くに住んでいることが多いからであろう。また「その他」への避難には車，職場，病院，他の公共施設などが含まれる。いずれにしても避難所以外に避難する住民は少なくなく，そうした人達へも物資や情報などの支援体制を維持する必要がある。一方最近では避難所に想定以上の避難者が詰めかけ収容しきれない問題が起きている。たとえば2019年の台風19号のときには各地で避難所が満員となった。都内では計約360万人に避難勧告が出され，約18万人が避難所に避難した。避難所への避難率は，避難勧告対象住民数の5％に過ぎないが，都内15自治体で避難所が満員になったのである（読売新聞 2019.11.12）。

表2-4　災害当日の避難先（MA）

	指定避難所	親戚知人の家	その他避難所	高台屋内	高台屋外	その他
2000年東海水害	59.2	38.3				2.4
2006年川内川水害	42.1	52.1	5.5			4.9
2017年九州北部豪雨	37.0	37.0	－	7.4	7.4	18.5
2019年台風19号長野	48.4	27.8	－	5.6	11.1	7.1
2019年台風19号本宮	44.2	34.9	－	0	14.0	4.7

出所：廣井他（2003），吉井他（2007），中村（2020），中村他（2020）より作成。

表 2‐5　東日本大震災前後のガソリン価格

（単位：円）

	全国	東北
2011年3月7日（震災前）	145.5	145.7
2011年3月26日（震災後）	151.7	154.8

出所：資源エネルギー庁 HP より作成。

（3）物価高騰神話

　「災害時には物価が高騰する」という話もよく聞くことである。たしかに阪神淡路大震災や東日本大震災などの後には，屋根の修理で高額な請求をされたなどの悪徳商法が報告されている（国民生活センター HP）。しかし物価一般については基本的に安定している。たとえば，東日本大震災後の消費者物価指数（平成23年度）は，全国で0.3ポイント減，東北地方も前年度と変化がなかった（総務省，2015）。阪神淡路大震災でも傾向は同様であった（内閣府，2011）。また東日本大震災時に不足したガソリンの価格（レギュラー1L あたり）は，東北地域で震災前の3月7日は145.7円だったものが震災後の3月22日には154.8円に値上がりしているが，これは原油価格の上昇によるもので，全国価格との差は大きくなかった（表2‐5）。同様に東日本大震災後に不足したブルーシートの全国価格も，震災前の3月上旬に1枚あたり1300円だったが，7月6日は1400円とわずかな上昇にとどまっている（橋本，2013）。このように災害後に物価が上昇しないのは，災害時には全国的な需要が減少する一方，供給は減少しないことや，被災地では共同体精神から価格上昇に心理的抵抗があるからだと考えられている（永松，2006）。

（4）被災者受動性神話

　あるいは，被災者は精神的に打ちひしがれ，受動的である，という見方がある。しかし，たとえば，阪神淡路大震災で倒壊家屋から救出された人の約8割は家族や近隣の住民によるもので，消防・警察・自衛隊によって助け出された人は2割に過ぎなかった（平成26年版 防災白書）。被災者は救出を待つだけの受動的な存在ではなく，救助にも積極的にかかわる存在なのである。他方，被災によるメンタルヘルスへの影響はたしかに大きいものがある。とりわけ「心的外傷後ストレス障害」（PTSD, Post-Traumatic Stress Disorder）はよく問題となる。PTSD は，災害などの強い恐怖を体験することによる，① フラッシュバックや反復的悪夢のような「侵入症状」（再体験症状），② 恐怖に関連する刺激の持続的「回避」，③ 想起不能や自他に対する過剰に否定的な信念などの「否定的感情と認知」，④ 激しい怒りや睡眠困難などの「覚醒亢進」などの症状のすべてが1か月以上続く場合に診断される（アメリカ精神医学会，2014）。金ら（2003）によると，こうした症状が部分的に生ずる「部分的 PTSD」まで含めると，PTSD 的症状は激甚被災地で

は半年以内に30-40％の人にみられ，その半数程度が慢性化し，阪神淡路大震災の仮設住宅などでは1年後のPTSD発症率が10-20％であったという。あるいは東日本大震災後約半年の間に，気仙沼市立元吉病院のストレス外来に来た患者のうち12.7％がPTSDであったとされている（福士他，2012）。しかし北海道南西沖地震では，住民健診におけるPTSDは高率ではなく（七田，1996），地震に遭遇した住民には大変な状態の人もいたが，「それなりに自分の生活を歩み始めている人の方がはるかに多い」（若林，2003, p. 66）との見方もある。

　他方被災後，一時的ではあるが，被災者の間にむしろ幸福感が生まれるという議論もある。オーストラリアの精神医学者 Raphael（1986）は，被災者の心理的反応を情動・覚醒・行動の観点から見た場合，災害の衝撃の段階では恐怖の情動が支配的で覚醒状態にあるが，被災直後には他愛的・相互扶助的な反応による一種の「ハネムーン状態」が出現すると論じている（図2-1）。ここでは生き残ったことの幸福感や被災体験の共有によって連帯感が強まり，「ユートピア現象」が生まれるという。しかしその後，災害が新聞の一面から消えるころ，現実を直視しなければならなくなる幻滅的な局面が現れるという。この災害直後に現れるユートピア現象を Solnit（2009）は「災害ユートピア」と呼んでいる。

　こうした他愛的な連帯意識は，日本人の美徳として東日本大震災の直後にもよく語られた。被災地では困難な中にあっても暴動は発生せず，辛抱強く行列をつくり，お互いに助け合い，ボランティアも盛んに行われた。当時流行した「絆」という言葉は，それを象徴している。ただこうした現象は日本独自のものではなく，災害時に一般的にみられる現象であるようだ。

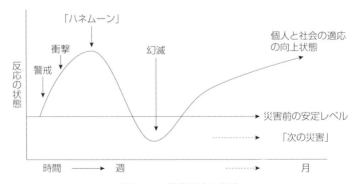

図2-1　災害反応の経過
出所：Raphael（1986. 訳書, p. 21）。

2.4　防災の哲学

　防災対策には，戦略と戦術のレベルの奥に，災害対策の何を重視し，どう立ち向かうべきか，という思想や哲学があるように思われる。それは時代や国によって異なっており，災害対策の奥に見え隠れしながら，災害対策全体を覆っている（中村，2016）。本節では防災についてのそうした基本的な考え方について日欧を比較しながら考える[2]。

（1）EU 洪水指令

　21世紀の初頭，ヨーロッパ各国では500年に一度といわれる大規模な水害にたびたび襲われ，洪水対策が見直された。そうした中で EU 議会は2007年に，加盟各国に方針に従った法律の制定を求める，ある「指令」を決定した。それが2007年洪水指令（Floods Directive）と呼ばれるものである（European Parliament, 2007）。

　その特徴は，第一に，予防対策に重点が置かれていることである。その象徴が「川により多くの空間をあたえる」（giving rivers more space）という表現で，これまでの堤防やダムなどによって水を川の中に押しとどめるという方向性ではなく，遊水地や洪水危険地区での建築規制などにより，氾濫原全体を整備しようという考え方である。第二に，リスクを査定しそれに基づく対策を重視することがある。リスクの査定は予備調査，ハザードマップ，リスクマップによりなされる。ハザードマップは，高頻度・中頻度（100年以上の再現周期）・低頻度の３種のシナリオを想定し，各シナリオについて，洪水の範囲・水深・水流の速度が描かれる。一方リスクマップには，影響を受ける可能性のある人の数，影響を受ける可能性のある地域の経済活動タイプ，環境保護と関係する施設などが図示される（3章図3-7参照）。2015年の時点で，３つの加盟国以外の EU 各国がこれらのマップを作成している（European Commission, 2015）。第三に，リスク査定に基づいて洪水リスク管理計画が作られることになった。それは特に予防・防御・準備（洪水予報，早期警報システム）に注目し，洪水リスク管理のすべての面についてカバーしている。第四に長期間の持続可能性が考えられている。すなわち対策にはサステナブルな土地利用の実践や遊水地などの保水の改善なども含んでいる。また洪水シナリオは中頻度が100年以上で，低頻度の水害は具体的年数が記されていないが，スペインのハザードマップでは500年，イギリスでは1000年周期のものが作られている。第五にコスト・ベネフィットが考えられている。すなわち，洪水

リスクは，人口過疎地域や経済的・環境的に重要でない地域などではそれほど大きくなく，流域ごとに洪水リスクやそれに対する対策が査定されるべきであるとする。そして洪水リスク管理マップでは，コスト・ベネフィット，洪水範囲，洪水伝播経路などの側面に注意する必要があるという（European Parliament, 2007）。

（2）洪水リスク管理（FRM）

　こうした政策の背景にあるのが，リスク・ベースな洪水管理の考え方である。たとえば Faulkner ら（2011）によれば，リスク・ベースな「洪水リスク管理」（Flood Risk Management＝FRM）では，洪水を物理的に防ぐという考えから，専門家と社会がより広範に事前に参加するという方向に，大きな変化を遂げてきたという。すなわち政策は，居住地域に「水のための空間を作る」（Making Space for Water）（Defra, 2004）ことを求めるアプローチに変化してきた。ここでは，リスクは空間計画と開発規制によって管理され，洪水リスク・エリアの資産におけるレジスタンスとレジリエンス（抵抗力と回復力）が「ビルドイン」され，コミュニティーにおけるレジリエンスの強化促進が図られるという（Faulkner, et al., 2011）。

　さらに Hall ら（2011）は，従来は洪水管理・都市排水政策・警報・土地利用計画はそれぞれ場あたり的に行われ，統合されていなかったが，リスク・ベースの洪水管理（洪水リスク管理）は，諸技術の断片化されたセットではなく，体系的であるという。彼らはこの考えはまだ青写真段階であるとしながらも，「洪水リスク管理」は次のような特徴を持つという。第一にリスクベース・アプローチは，名前の通り，リスク・ベースで，リスクの根拠となるインパクトと生起確率には，洪水警報の効果なども加味されている。リスクを基本とすると，どの対策がどの程度リスクを下げるのか，対策の結果を比較することができるので，コストとベネフィットを評価し，何をまずなすべきかということがわかる。第二にこれはシステム・ベースである。水害の大きさは，物理的防御の強さ・流域の保水力・人々の準備などの組み合わせの結果であり，負荷と対応のランダムな組み合わせを考慮する必要がある。第三にここではハードからソフトまでの対策の一覧表（ポートフォリオ）を適材適所で活用している。そのためには各省庁や関係者の集合的な調整を要するが，各対策がどの程度リスク低減効果をもたらすのかが共通の評価基準となる。第四にこのアプローチは高次の政治判断から，より詳細な分析を要する各種の対策を含むマルチレベルのものである。第五に今まで起きたことのないシナリオを扱う場合があるが，それは統計的・物理的モデリングに基づ

いている。第六にここでは頑健性（Robust）が重視される。従来の洪水防御から洪水リスク管理に移行したことにより，警報に住民が反応しないことや，洪水保険に加入しないことなど，政策の結果がより不確かなものとなっているためだ。第七に水害のリスク管理は時間経過やシステム的変化があるためそれらに順応的でなくてはならない。第八にこのアプローチは市民ベースで民主的でなくてはならない。行政は公衆に政策決定への関与を求め，かかわる人々の熱意が必要とされているが，人々の防災意識は冷めやすく，土地利用規制や復興計画は反対されやすいという問題があるからだ。第九に洪水は長い時間を超えたダイナミズムを持っているために，洪水リスク管理は社会のサステナブルな発展に統合されている（Hall, et al., 2011）。

　こうした EU の洪水指令や Faulkner や Hall などの考えから，欧州の災害対策の思想を抽出するとすれば，① ハード対策の限界から災害の発生を前提とした対策を講じること，② リスク評価をベースにしたコスト・ベネフィットのある統合的な対策を講じること，③ 社会にビルドインされた頑健でサステナブルな対策を講じること，などの思想が見出される。

（3）日本の災害対策の思想
　では日本の災害対策の裏にある思想とは何だろうか。上にあげた 3 つのポイントを中心に欧米の思想と比較しながら検討する。
　①「減災」の発想
　ハード面の限界から災害発生を前提とした対策をとっているかという点については，日本も似たような考え方をしているといえる。第一に，災害対策基本法の防災の考え方では，災害の段階に合わせてソフト面の対応についても考慮しており，そもそもハード対策で災害を防ぐとは考えられていない。第二に，水害については日本でも「総合治水対策」が講じられている。すなわち1980年に「総合治水対策の推進について」という建設事務次官通達がなされ，流域における保水・遊水機能の確保，適正な土地利用の誘導，緊急時の水防，避難などのために浸水実績を公表することなど，ソフト面の対策を含んだ幅広い対策が図られている（国土交通省，2003）。第三に，阪神淡路大震災以降，「減災」の考え方が浸透した。減災とは「被害の出るのは避けられないが，できるだけ被害を少なく，かつ長期化しないようにする試みである」（河田，2001, p. 20）とされる。「減災」は実質的には「防災」と同じ意味だが，防災は「災害を防止すること」と解釈されがちなので，震災後の人々の感覚に合致した新たな考えとされた。

　そして東日本大震災後，災害の発生を前提として被害を最小限にする，という精神は本格的に国の政策に取り入れられた。災害災策基本法には「減災」の語はないが，「基本理念」を述べる部分で「災害の発生を常に想定するとともに，災害が発生した場合における被害の最小化及びその迅速な回復を図ること」（2条の2）という文言が，東日本大震災後に付加された。

　災害対策基本法と並んでわが国の基本となる防災基本計画（中央防災会議，2015）でも第2章において「災害の発生を完全に防ぐことは不可能であることから，災害時の被害を最小化し，被害の迅速な回復を図る『減災』の考え方を防災の基本理念とし，たとえ被災したとしても人命が失われないことを最重視し，また経済的被害ができるだけ少なくなるよう，さまざまな対策を組み合わせて災害に備え，災害時の社会経済活動への影響を最小限にとどめなければならない」と減災の発想を災害対策の基本理念として述べている。

　社会が巨大な災害にみまわれたとき，構造物による災害防止効果の限界を痛感し，そこからの転換を図ろうとする発想は日欧に共通している。「減災」という言葉はその思いを象徴している。ただヨーロッパの "Making Space for Water" や洪水リスク管理の考えと異なるのは，減災の方向性が「さまざまな対策を組み合わせる」といった，総合化・付加化にとどまり，リスクを中心として各要素を体系的に関連させる「統合化」の観点が弱い点であろう。

　さらに減災に特徴的な考え方に，「自助・共助・公助」の重視がある。たとえば国土交通省のある資料（国土交通省九州圏広域地方計画推進室，2007）には，減災に向けて新たに加わった視点として「被害の想定を知っておく」（知識・意識を育てる）「多くの主体で分担する」（投入資源を増やす）「被害規模最小化に向けて意思決定する」（逃げさせる・優先事項を決めさせる）の3点を挙げている。この第二の点で，自助・共助の役割が重視されている。ここには公的機関の能力（公助）には限界があり，減災を目指すなら，自助・共助で補う方がよいという発想があるように思える。Hall らの洪水リスク管理では，個人は防災対策のステークホルダーであり，民主主義的に政策決定に関与する主体であった。この官と民の協働を強調する立場と「自助・共助・公助」はややニュアンスが異なっているように思える。そもそも公助は自助やその拡張としての共助が間に合わないときの最終的な補完手段である（千葉，2019）。公助は，すべての人をきめ細かく助けることはできないが，人材・資金・権限を利用した，個人にはできない大がかりな対策をすることができる。住民参加という点では日欧とも変わらないのかもしれないが，公助が間に合わないために，本来の公助の役割を自助や共助に押し付ける，

ということにならないようにする注意が必要であろう。

　②リスク・ベースによる統合化

　次にリスク・ベースの防災思想についてである。わが国の災害対策も基本的には想定される災害のリスクを基に行われている。たとえば各自治体の「地域防災計画」における被害想定・「地震調査推進本部」の地震の長期予測・内閣府の巨大地震についての被害予測などがあり，それらを基に各種のハザードマップも作られている。ただ，リスクをベースにした統合的な対策となっているか，という点には疑問がある。

　第一に，日本では危険な場所を示すハザードマップはあるが，リスクマップは作られていない。それがあればリスクが高い地域に重点的に対策ができ，コスト・ベネフィットが高い政策につながりやすい。第二に，リスク評価と各種対策（ポートフォリオ）との連動が十分ではない。これはどの対策をどれだけすればどれだけリスク（被害）が減るかという，リスクによって各対策の有効性を吟味することである。たとえば砂防ダムを作るのと危険地域住民の転居と，どちらがコスト・ベネフィットが高いのか，という検討はほとんどなされていない。

　第三に，各種防災対策がリスク評価と連動していないことがある。アメリカではハザードマップのゾーニングは水害保険料と連動し，危険地域では保険料を高くして危険地区での住宅建築を抑制している。そしてもし行政による洪水対策が行われればゾーニングが緩和され，住宅が建てやすくなるなど，防災街づくりを促進するようになっている。日本でも最近はリスクと政策の連動がなされるようにはなってきた。たとえば滋賀県の「流域治水条例」では，浸水想定区域を建築基準法の災害危険区域として建築制限をかけ，浸水地域では近くに適切な避難場所がある場合に限って建築を認め，ハザードマップと建築規制や避難施設が結びつけられている。あるいは「津波防災地域づくりに関する法律」でも危険区域と防災政策が連動している。しかし他の地域ではハザードマップは主に住民の避難に使われ，建築規制・保険料率の決定・住宅ローンの査定などとは連動していない。また住民の啓発事業も被害想定と乖離している場合がある。たとえば東京都が作成した『東京防災』というパンフレット（ブック）の内容は災害時の生活技術的な知恵が主で，被害想定でもっとも危険とされる火災から逃れる方法はほとんど書かれていない。

　そして第四が低頻度大災害への対応である。EUでは500年や1000年に一度といった低頻度の大水害についてもリスク評価がなされ，それに基づいた防災計画が立てられている。日本でも東日本大震災後，想定される最大の津波や水害につ

いてリスク評価がされ，避難を軸にさまざまな対策を組み合わせて「多重防御」するとされている（表2-6）。水害でも2015年に水防法が改正され，1000年に一回程度の想定最大降雨時の洪水浸水想定区域図が作られるようになった。その対策のために国は河川などの管理者だけでなく流域全員が協働して取り組む「流域治水」を進めるとし，① 氾濫をなるべく妨げる治水施設の整備，② まちづくりや住まい方の工夫により被害対象（暴露）を減らす対策，③ 氾濫時に適切に避難するなど被害の軽減・早期復旧のための対策，といった要素を含む「多層的」な対策をとろうとしている（社会資本整備審議会，2020）。このように日本でも低頻度大災害には「多重防御」や「多層的」な対策を行おうとしている。しかし低頻度の大災害では，たとえば巨大な堤防を何百年にもわたって維持していくような，大きなコストは払えない。それゆえここには，リスク・ベースを基にしたコスト・ベネフィットを考えた「統合的」な対策をとる必要があるといえる。

③ サステナビリティー

　大災害の場合，災害が繰り返される周期が長いので，対策を社会にビルドインし，持続可能性（サステナビリティー）を高めることが求められる。たとえば建築基準法の耐震基準はビルドインされたサステナブルな対策である。1981年に定められた新耐震基準は1995年の阪神淡路大震災時にも有効で，新基準の建物で大破以上の被害を受けたのは1割以下であった（建築震災調査委員会，1995）。住宅の耐震化率は2018年現在，全国で87％であり（国土交通省，2020a），10年前と比べると8％の上昇と，進展は緩やかだが，100％に近づきつつある。

　他方，災害対策としての土地の利用規制はなかなか進んでいない。災害危険地域の建築を制限する法律には，都市計画法の「市街化調整区域」，建築基準法の「災害危険区域」，宅地造成等規制法の「宅地造成工事規制区域」などがあるが（八木，2007），いずれも実効的な効果はみられていない。最近では「都市再生特別措置法」の「居住誘導区域」，「土砂災害防止法」の「特別警戒区域」，「津波

表2-6　低頻度大津波対策

○最大クラスの津波に対しては，住民等の生命を守ることを最優先として，住民等の避難を軸に，そのための住民の防災意識の向上及び海岸保全施設等の整備，浸水を防止する機能を有する交通インフラ等の活用，土地のかさ上げ，避難場所（津波避難ビル等を含む。）や避難路・避難階段等の整備・確保等の警戒避難体制の整備，津波浸水想定を踏まえた土地利用・建築制限等ハード・ソフトの施策を柔軟に組み合わせて総動員する「多重防御」による地域づくりを推進するとともに，臨海部の産業・物流機能への被害軽減など，地域の状況に応じた総合的な対策を講じるものとする。

出所：中央防災会議（2015, p. 102）。

防災地域づくり法」の「津波災害特別警戒区域」などがあるが，効果はまだこれからである。土砂災害では，2020年現在，全国で土砂災害警戒区域が62万2036か所，うち特別警戒区域が49万363か所指定されており（国土交通省，2020b），そこにおける建築規制が進めば大きな期待ができる。他方津波については2020年現在，津波災害警戒区域を指定したことのある道府県は17で，津波災害特別警戒区域の指定をしたことのある県は1県にとどまっており，指定は進んでいない（国土交通省，2020c）。

2.5 災害対策と防災情報

　災害情報は，災害にかかわる情報全体を指し，防災にとってポジティブなもの（防災情報），ネガティブなもの（流言や誤報など），ニュートラルなものがある。災害の各段階で必要とされる対策には，それぞれ防災情報が必要とされている。たとえば耐震建築では，計画・ノウハウ・規制などにおいて情報が関係しているし，避難のための警報では情報の活用そのものが対策となっている。災害情報は防災目的の達成のための要素の1つであり，表2-1で示したような各段階における防災機能が十分達成されることがもっとも大事なことである。そこで，ここでは災害の段階ごとにどのような情報が必要なのかを概観する。

（1）予防段階
　予防の段階では，リスクの評価がもっとも基本となる。どこで，どのような災害がどのような確率で起きうるのかについての情報は，ダムや堤防などの構築物整備にも基本となる情報である。リスク評価の情報は災害因の生起に関するものと，それにより生じうる被害想定の2種類がある。災害因の生起については，たとえば文部科学省の「地震調査研究推進本部」が，活断層型の地震や海溝型の地震について長期評価を行っている（https://www.jishin.go.jp/）。あるいは河川管理では，地域によって200年から100年に一度に降るような「計画雨量」（降雨量，降雨時間・降雨空間）を定めそれに基づき防災施設が作られている。また計画雨量に加え，既往最大降雨・想定最大規模降雨（1000年に一度程度）などを基にした浸水想定もなされている。一方，災害因の想定を基に各行政機関は被害の想定を行っている。たとえば南海トラフ巨大地震については，最大23万1000人の犠牲者が想定され（表2-7），首都直下地震については最大2万3000人の犠牲者が想定されている（表2-8）。防災組織にとっては，こうしたリスク評価や被害想定が，

表2-7　南海トラフ巨大地震の被害想定

地震動ケース（陸側）　津波ケース（ケース①）

項　　目		冬・深夜	夏・昼	冬・夕
建物倒壊による死者 （うち屋内収容物移動・転倒，屋内落下物）		約65,000人 （約4,400人）	約28,000人 （約2,100人）	約45,000人 （約2,800人）
津波による死者		約160,000人	約112,000人	約111,000人
急傾斜地崩壊による死者		約600人	約200人	約400人
地震火災による死者	平均風速	約4,800人	約2,600人	約13,000人
	風速8m/s	約5,800人	約3,100人	約14,000人
ブロック塀・自動販売機の転倒，屋外落下物 による死者		約20人	約300人	約800人
死者数合計	平均風速	約230,000人	約143,000人	約170,000人
	風速8m/s	約231,000人	約144,000人	約171,000人
負傷者数		約523,000人 〜約525,000人	約477,000人 〜約479,000人	約462,000人 〜約466,000人
揺れによる建物被害に伴う要救助者 （自力脱出困難者）		約240,000人	約153,000人	約190,000人
津波被害に伴う要救助者		約33,000人	約37,000人	約35,000人

注：東海地方が大きく被災するケース。
出所：内閣府（2019）。

表2-8　首都直下地震の被害想定

都心南部直下地震における人的被害

項　　目		冬・深夜	夏・昼	冬・夕
建物倒壊等による死者 （うち屋内収容物移動・転倒，屋内落下物）		約11,000人 （約1,100人）	約4,400人 （約500人）	約6,400人 （約600人）
急傾斜地崩壊による死者		約100人	約30人	約60人
地震火災による死者	風速3m/s	約2,100人 〜約3,800人	約500人 〜約900人	約5,700人 〜約10,000人
	風速8m/s	約3,800人 〜約7,000人	約900人 〜約1,700人	約8,900人 〜約16,000人
ブロック塀・自動販売機の転倒，屋外落下物 による死者		約10人	約200人	約500人
死者数合計	風速3m/s	約13,000人 〜約15,000人	約5,000人 〜約5,400人	約13,000人 〜約17,000人
	風速8m/s	約15,000人 〜約18,000人	約5,500人 〜約6,200人	約16,000人 〜約23,000人
負傷者数		約109,000人 〜約113,000人	約87,000人 〜約90,000人	約112,000人〜 約123,000人
揺れによる建物被害に伴う要救助者 （自力脱出困難者）		約72,000人	約54,000人	約58,000人

出所：中央防災会議（2013）。

ハード・ソフト対策の出発点となる。

　他方，住民にとっても，被害想定は，住宅の立地や構造を検討するなど，防災対策の基本となる。

（2）準備段階

　準備段階の災害情報としては，防災機関が防災対応に備える防災計画や住民が備えるための防災教育が重要である。防災計画には，国の「防災基本計画」や地方自治体の「地域防災計画」のほかに，近年では地域コミュニティーの共助のための「地区防災計画」などがある。防災計画は基本的に抽象的な記述が多いが，災害を経験するたびに事項が付け加えられるので肥大化する傾向がある。たとえば東京都の地域防災計画（令和元年）は地震編が840ページ，風水害編が533ページ，火山編が376ページ，大規模事故編が225ページ，原子力災害編が21ページと，合計1995ページもある。実際の業務はその時にならないとわからないことも多く（千葉，2019），詳細すぎる規定が実務を妨げることのないように注意することが必要である。たとえばDynesらは防災計画の原理を8つ挙げているが[3]，その1つに，計画は具体的な詳細ではなく一般原則に焦点をあてるべきで，すべてを計画することはできないし，多すぎる詳細の記述は何が重要かを見えなくする，と述べている（Dynes, et al., 1972, p. 3）。

（3）応急対応段階

　応急対応段階の情報としては，避難を促進する情報，救命・救援のための被害情報，安否に関する情報，救助[4]（避難所運営・物資など）に関する情報などが重要になる。

　廣井（1991）は応急対応段階の情報について，いくつかの分類軸を設定している。第一は期間の細分化で，発災を境に「警戒期」と「発災・避難救助期」の2つに分けている。第二は内容の種類による分類で，災害因についての情報や被害情報といった「認知情報」と，住民がとるべき対応行動の指示といった「行動指示情報」の分類がある。第三が伝達の範囲による分類で，市町村から伝えられる「狭域情報」とマス・メディアの「広域情報」の分類がある。前者は避難指示など住民の対応に関する具体的な情報が多く，後者は認知情報および一般的な行動指示情報が多い。第四は組織面の分類で，「組織内伝達」「組織間伝達」「組織―住民伝達」の分類があり，その種類によって伝達のしやすさが異なっているという。廣井は情報内容をそれぞれの分類軸で整理しているが，主なものを抜粋する

と次のようになる。

すなわち「警戒期」に必要なのは，要員招集情報（組織内伝達），予報警報・被害予想（組織間伝達），事前避難情報（組織―住民），防災機関の対応情報（組織―住民），ライフライン情報（組織間・組織―住民），問い合わせ（組織―住民）などである。

他方「発災・避難救助期」に必要なのは，要員招集情報（組織内），地震情報・津波警報・呼びかけ情報などの災害情報（組織間・組織―住民），被害情報（組織内・組織間・組織―住民），防災機関の対応情報（組織―住民），避難指示・避難場所・避難経路などの緊急避難情報（組織―住民），他機関への応援要請や119番通報などの救援情報（組織間・組織―住民），ライフライン情報などの社会情報（組織間・組織―住民），住民からの問い合わせ（組織―住民），安否情報（組織―住民）といった情報である（廣井，1991）。

（4）復旧・復興段階

復旧・復興期段階では，住民にとっては，罹災証明・仮設住宅・がれき処理・生活再建・復興計画など，行政対応に関する情報が必要となる。なかでも復興計画については，単に広報だけでなく，住民参加のまちづくりがいかにできるかが課題となる。防災機関としては，さまざまな復旧・復興業務において他機関との活動調整を行い，活動状況について住民の問い合わせに答えたり，広報を行う必要がある。

（5）情報の役割

以上をふまえ，FEMA の災害段階ごとに重要な情報を住民と防災組織に分けて整理すると，表2‐9のようになる。

各段階，各防災機能において，情報は必要なのだが，情報の果たす重要度は場

表2‐9　災害の段階ごとに必要な主な情報

		予防	準備	応急対応	復旧・復興
必要な情報	住民	ハザードマップ，耐震診断	防災教育	災害因，警報，避難指示，救援要請，ライフライン情報，情報行動指示，安否情報，救援情報，ボランティア情報	行政の災害対応（罹災証明，仮設住宅，がれき処理，生活再建，復興計画）
	防災組織	リスク評価，被害想定	防災計画	災害因，要員招集，警報，避難指示，被害情報，医療情報，他機関との活動調整，報道対応	他機関との活動調整，広報

合によって異なるし，情報さえあれば機能が達成されるわけではない。計画や情報があっても実行が伴わなければ機能は果たせないし，そもそも情報に限界があることもある。各段階の情報にどのようなものがあり，どのような課題があるかは，3章以下で具体的に述べていくことになる。

注
1）　ちなみにアメリカの危機管理庁 FEMA は "Federal Emergency Management Agency"，内閣府の防災担当は "Disaster Management, Cabinet Office"，静岡県の危機管理部は "Emergency Management Department"，埼玉県の危機管理課は "Crisis Management Division"，日本大学の危機管理学部は "College of Risk Management" と防災・危機管理にかかわる言葉はさまざまなものが使われている。
2）　本節は中村（2016）をもとに加筆修正したものである。
3）　防災計画の原理として Dynes ら（1972）は次のようなことを挙げている。①防災計画は常に最新の状態に保つ必要がある。②防災計画は事象の発生を防止することはできないが予測することができる。③計画は対応の迅速性ではなく適切さを目的としている。④計画は起こりそうなことに基づく必要がある。災害時に人々が行動を劇的に変えることを期待するより，人々が通常の状況で通常何をするか，そして彼らがおそらく緊急時に何をするかを基に計画するほうがはるかに良い。⑤計画は災害神話に基づくのではなく知識に基づくべきである。⑥計画は具体的な詳細ではなく一般原則に焦点をあてるべきである。すべてを計画することはできないし，多すぎる詳細の記述は何が重要かを見えなくする。⑦計画は書類を作るだけではなく関係者に教育していく必要がある。⑧計画はさまざまな理由から関係者の抵抗を受けるために，彼らに「セールス」していく必要がある。
4）　災害救助法によれば，救助は，人命の救助だけでなく，被災者の居食住全般を含んでいる。すなわち救助の種類には，避難所及び応急仮設住宅の供与，炊き出しその他による食品の給与及び飲料水の供給，被服・寝具その他生活必需品の給与又は貸与，医療及び助産，被災者の救出，被災した住宅の応急修理，生業に必要な資金・器具又は資料の給与又は貸与，学用品の給与，埋葬などがある（災害救助法第四条）。

参 考 文 献
阿部恒之，2013，東日本大震災における助け合いと犯罪，斎藤豊治編，大災害と犯罪，法律文化社
アメリカ精神医学会 American Psychiatric Association 編，2014，髙橋三郎，大野裕監訳，DSM–5 精神疾患の分類と診断の手引，医学書院
千葉実，2019，自治体災害対策の基礎，有斐閣
中央防災会議，2013，首都直下地震の被害想定と対策について（最終報告），別添資料1，人的・物的被害（定量的な被害）．http://www.bousai.go.jp/jishin/syuto/taisaku_wg/pdf/syuto_wg_siryo01.pdf（2021.8.10閲覧）
中央防災会議，2015，災害基本計画
中小企業庁 HP，4　リスクマネジメントの必要性，2016年中小企業白書．https://www.chusho.meti.go.jp/pamflet/hakusyo/H28/h28/html/b2_4_1_4.html（2021.8.10閲覧）

Defra/Department for Environment, Flood and Rural Affairs, 2004, Making space for water : developing a new Government strategy for flood and coastal erosion risk management in England, Environmental Agency.

Drabek, T. E., 1996, Social Dimension of Disaster. Instructor Guide, FEMA. https://ntrl.ntis. gov/NTRL/dashboard/searchResults/titleDetail/PB99105488.xhtml#（2021.10.10閲覧）

Dynes R. R., and Quarantelli, E. L., 1968, Patterns of Looting and Property Norms : Conflict and Consensus in Community Emergencies : paper presented at the 1968 Annual Meeting of the American Sociological Association at Boston, Massachusetts. http://udspace.udel. edu/bitstream/handle/19716/19505/PP%201b.pdf?sequence=1&isAllowed=y（2021.8.10閲覧）

Dynes, R. R., Quarantelli, E. L., and Kreps, G. A., 1972, A Perspective on Disaster Planning, DRC Report Series No. 11. https://apps.dtic.mil/dtic/tr/fulltext/u2/750293.pdf（2021.8.10閲覧）

European Commission, 2015, Communication from the Commission to the European Parliament and the Council. https://ec.europa.eu/transparency/regdoc/rep/1/2015/EN/COM-2015-120-F1-EN-MAIN-PART-1.PDF（2021.8.10閲覧）

European Parliament, 2007, DIRECTIVE 2007/60/EC OF THE EUROPEAN PARLIAMENT AND OF THE COUNCIL of 23 October 2007 on the assessment and management of flood risks, Official Journal of the European Union L 288/27‐ L 288/34.

Faulkner, H., McCarthy, S. and Tunstall, S., 2011, Flood Risk Communication, Pender G, Faulkner, H., eds., Flood Risk Science and Management, Blackwell Publishing, 386‐406.

FEMA, 2015, Independent Study Program（IS）IS‐111. A : Livestock in Disasters, Livestock in Disasters/Unit 4 Emergency Management in the United States. https://training.fema.gov/ emiweb/downloads/is111_unit%204.pdf（2021.8.10閲覧）

Festinger, L., 1957, A Theory of Cognitive Dissonance, Stanford University Press, CA（末永俊郎監訳，1965，認知的不協和の理論——社会心理学序説——，誠信書房）

福田充，2017，危機の時代における「危機管理学」の確立——日本大学危機管理学部危機管理学研究所の設置に際して——，危機管理学研究，創刊号，4‐17.

福士審，庄司知隆，遠藤由香，鹿野理子，田村太作，森下城，佐藤康弘，町田貴胤，町田知美，野田智子，橋田かなえ，田中山佳里，金澤素，2012，大災害のストレスと心身医学——仙台・宮城からの速報——，心身医学，52巻5号，388‐395. https://www.jstage.jst.go.jp/article/jjpm/52/5/ 52_KJ00008045858/_pdf/-char/ja（2021.8.10閲覧）

秦康範，2016，プレビュー　被害軽減，日本災害情報学会編，災害情報学事典，朝倉書店，216‐217.

Hall, J. W. and Penning-Rowsell, E. C., 2011, Setting the Scene for Flood Risk Management, In : Pender, G., Faulkner, H., eds., Flood Risk Science and Management, Blackwell Publishing, 3‐16.

橋本真一，2013，復興2年間の建設資材・工事費単価の推移と今後の動向，建築コスト研究　No. 81, 34‐41. https://www.ribc.or.jp/info/pdf/sprep/sprep81_05.pdf（2021.8.10閲覧）

廣井脩，1991，災害情報論，恒星社厚生閣

廣井脩，市澤成介，村中明，桜井美奈子，松尾一郎，柏木才介，花原英徳，中森広道，中村功，関谷直也，宇田川真之，田中淳，辻本篤，2003，2000年東海豪雨災害における災害情報の伝達と住民の対応，東京大学社会情報研究所　調査研究紀要，19号，1‐229.

Kato, H., Asukai, N., Miyake, Y., Minakawa, K., Nishiyama, A., 1996, Post-traumatic symptoms among younger and elderly evacuees in the early stages following the 1995 Hanshin -Awaji earthquake in Japan, Acta Psychiatrica Scandinavica, 93(6), 477–81.

河田惠昭，2001，自然災害の変遷，京都大学防災研究所編，防災学ハンドブック，朝倉書店

河田惠昭，2006，巨大な自然災害と防災工学，日本リスク研究学会編，リスク学事典，阪急コミュニケーションズ，129–131.

警察庁，2016，平成23年1〜12月犯罪統計【確定値】訂正版．https://www.e-stat.go.jp/stat-search/file-download?statInfId=000031358996&fileKind=0（2021.8.10閲覧）

建築震災調査委員会，1995，平成7年　阪神・淡路大震災　建築震災調査委員会中間報告．http://www.lib.kobe-u.ac.jp/directory/eqb/book/11-43/index.html（2021.8.10閲覧）

金吉晴，2003，災害時地域精神保健医療活動ガイドライン．https://www.mhlw.go.jp/houdou/2003/01/dl/h0117-2a.pdf（2021.8.10閲覧）

小林定喜，2006，リスク学の基礎額と関連学問領域，日本リスク研究学会編，リスク学事典，阪急コミュニケーションズ，34–35.

国民生活センターHP，震災に関する消費生活情報（東日本大震災）．http://www.kokusen.go.jp/soudan_now/data/sn-20110314.html（2021.8.10閲覧）

国土交通省，2003，総合治水対策の現状について，総合治水対策のプログラム評価に関する検討会資料　第1回検討会資料．http://www.mlit.go.jp/river/shinngikai_blog/past_shinngikai/gaiyou/seisaku/sougouchisui/pdf/2_1haikei_keii.pdf（2021.10.10閲覧）

国土交通省，2020a，住宅・建築物の耐震化率の推計方法及び目標について，住宅・建築物の耐震化率のフォローアップのあり方に関する研究会とりまとめ参考資料．https://www.mlit.go.jp/common/001345338.pdf（2021.8.10閲覧）

国土交通省，2020b，全国における土砂災害警戒区域等の指定状況．https://www.mlit.go.jp/common/001334532.pdf（2021.10.10閲覧）

国土交通省，2020c，津波浸水想定の設定，津波災害警戒区域の指定及び推進計画の作成状況．https://www.mlit.go.jp/sogoseisaku/point/content/001346819.pdf（2021.10.10閲覧）

国土交通省九州圏広域地方計画推進室，2007，生活の安全と豊かな環境を目指す検討小委員会　H19.5.9会議資料3-2「ご検討頂きたい事項について」．http://www.qsr.mlit.go.jp/suishin/02torikumi/img016/02/05data3-2.pdf（2021.10.10閲覧）

松原英世，2013，阪神・淡路大震災後の犯罪防止活動，斉藤豊治編，大災害と犯罪，法律文化社

永松伸吾，2006，阪神・淡路大震災からの経済復興と復興財政，減災　Vol. 1，阪神・淡路大震災記念人と防災未来センター（2006/4），108–109．http://www.disasterpolicy.com/ronbun/ronbun_3.html（2021.8.10閲覧）

中村功，2016，防災の哲学──EU洪水指令と日本の防災対策の背景にあるもの──，東洋大学社会学部紀要，第53-2号，47–61．https://toyo.repo.nii.ac.jp/?action=repository_action_common_download&item_id=8490&item_no=1&attribute_id=22&file_no=1（2021.10.10閲覧）

中村功，2020，中山間地の豪雨災害における避難と情報──2017年九州北部豪雨災害朝倉市住民調査より──，災害情報調査研究レポート，No. 17，117–144.

中村功，中森広道，保科俊，2020，2019年10月台風19号豪雨災害における災害情報の伝達と住民の対応，災害情報調査研究レポート，No. 17，255–352.

内閣府，2011，平成23年版経済財政白書．https://www5.cao.go.jp/keizai3/keizaiwp/（2021.10.10閲覧）

内閣府，2019，南海トラフ巨大地震の被害想定について（建物被害・人的被害）．http://www.bousai.go.jp/jishin/nankai/taisaku_wg/pdf/1_sanko2.pdf（2021.8.10閲覧）

日本学術会議　社会環境工学研究連絡委員会・自然災害工学専門委員会，2000，災害に強い社会をつくるために．http://www.scj.go.jp/ja/info/kohyo/17htm/17_36.html（2021.8.10閲覧）

岡田憲夫，2006，自然災害のリスクマネジメント，日本リスク研究学会編，リスク学事典，阪急コミュニケーションズ，94-99.

岡本英生，2001，震災と犯罪の事例研究，斉藤豊治他，2001，阪神大震災後の犯罪問題，甲南大学総合研究所，63，122-125.

Quarantelli, E. L., 2008, Conventional Beliefs and Counterintuitive Realities, Social Research: An International Quarterly of the Social Sciences, Volume 75, No. 3, 873-904. http://udspace.udel.edu/handle/19716/4242（2021.8.10閲覧）

Raphael, B., 1986, When Disaster strikes How Individuals and Communities Cope with Catastrophe, Basic Books.（石丸正訳，1989，災害の襲うとき　カタストロフィの精神医学，みすず書房）

斉藤豊治他，2001，阪神大震災後の犯罪問題，甲南大学総合研究所，63.

七田博文，1996，北海道における災害精神保健活動の現状と問題点――北海道南西沖地震の経験から――，精神神経学雑誌，98巻10号，793-798.

資源エネルギー庁HP，石油製品価格調査．https://www.enecho.meti.go.jp/statistics/petroleum_and_lpgas/pl007/results.html#headline1（2021.8.10閲覧）

Solnit, R., 2009, A Paradise Built in Hell The Extraordinary Communities That Arise in Disaster.（高月園子訳，2010，災害ユートピア　なぜそのとき特別な共同体が立ち上がるのか，亜紀書房）

総務省，2015，消費者物価指数年報　平成23年．https://www.stat.go.jp/data/cpi/report/2011np/index.html（2021.8.10閲覧）

社会資本整備審議会，2020，気候変動を踏まえた水災害対策のあり方について――あらゆる関係者が流域全体で行う持続可能な「流域治水」への転換――答申．https://www.mlit.go.jp/river/shingikai_blog/shaseishin/kasenbunkakai/shouiinkai/kikouhendou_suigai/pdf/03_honbun.pdf（2021.10.10閲覧）

舘健一郎，2003，国総研資料，第106号，アメリカの氾濫原管理のいま，2003年5月

Tapsell, S. M., Penning-Rowsell, E. C., Tunstall, S. M. and Wilson, T. L. 2002, Vulnerability to flooding: health and social dimensions. Flood risk in a changing climate. Philosophical Transactions of the Royal Society Mathematical, Physical and Engineering Sciences, 360, 1511-1525.

United Nations International Strategy for Disaster Reduction（UNISDR），2009, Terminology on Disaster Risk Reduction. https://www.undrr.org/publication/2009-unisdr-terminology-disaster-risk-reduction（2021.10.10閲覧）

若林佳史，2003，災害の心理学とその周辺――北海道南西沖地震の被災地へのコミュニティー・アプローチ――，多賀出版

八木寿明，2007，土砂災害の防止と土地利用規制，レファレンス，平成19年7月号，21-38.

吉井博明，田中淳，中村功，福田充，関谷直也，地引泰人，森岡千穂，千田容嗣，2007，2006年7月豪雨災害における災害情報の伝達と住民の対応，災害情報調査研究レポート12，1-164. http://nakamuraisao.a.la9.jp/report12.pdf（2021.8.10閲覧）

段階の情報

本章では，予防・準備段階の災害情報のうち，避難や防災行動ととくに関係が深い，リスク評価，防災教育，そして防災文化について，それぞれどのようなものがあり，どのような課題があるのかを具体的に述べていく。

3.1 リスク評価と情報

本節では地震・噴火・水害を例に，どのようなリスク評価情報があり，その活用にはどのような課題があるのかを検討する。

（1）地震

まずは地震である。文部科学省の地震調査研究推進本部では，1997年以来，東日本大震災のような海溝型と阪神淡路大震災のような活断層型の地震について，今後どこでどのくらいの規模の地震がどのくらいの確率で起きるかを，評価し，公表している。表現の形式にはさまざまなものがあるが，たとえば図3-1は，海溝型，活断層型にかかわらず全タイプの地震について，30年以内に震度6強以上の地震が発生する確率を地図上に表した「確率論的地震動予測地図」である。

これによれば，北海道東部，南関東，東海から四国にかけての太平洋岸で26%以上の確率が高い地域があることがわかる。それらは主に北海道の千島海溝，関東沖の相模トラフ，東海沖から四国沖の南海トラフなどの海溝型地震に関係する地域である。また長野県中部や関西地方にもやや色の濃い部分（6-26%）がみられる。これらはいずれも活断層型の地震に関係する地域である。こうした「確率論的地震動予測地図」はこのほか，震度別，各地震別にさまざまなパターンが作られている。

こうした地図の基本になるのは各地震の長期評価である。同推進本部では全国115の主要断層と39の海溝型地震について長期評価を行っている（2021年現在）。表3-1は海溝型地震の長期評価一覧の一部である。たとえば現在もっとも警戒

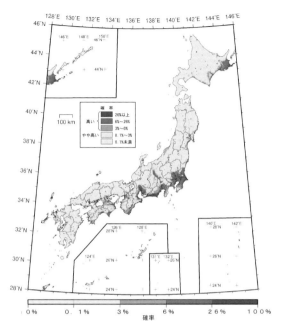

図 3 - 1　　確率論的地震動予測地図（全地震）2020年改訂版
（震度 6 強以上）
出所：地震調査研究推進本部 HP ａ。

されている地震の 1 つである南海トラフの地震では，マグニチュード 8 - 9 規模
の地震が予想され，発生確率の相対的評価ではもっとも高い「Ⅲランク」で，30
年以内の発生確率は70-80％，地震後経過率（直近の地震発生からの年数を平均地震発
生間隔で割った数字）は0.85などとなっている。

　また表 3 - 2 は活断層型地震の長期評価一覧表の一部である。これによれば
「糸魚川―静岡構造線断層帯（中北部区間）」における地震規模はマグニチュード
7.6，発生確率の相対的評価は最高の「Ｓランク」で，30年以内の発生確率は14-
30％，地震後経過率は1.0-2.0などとなっている。こうした長期評価は，毎年修
正がなされる。

　これらの長期評価は災害因に対する理学的研究の成果だが，問題はこれをどの
ように活かすのかということである。まず考えられるのは，これをもとに行政が
さまざまな被害想定を作り，地震に備えることである。これについては 2 章で挙
げた南海トラフ地震の被害想定（表 2 - 7）のように，かなり進んでいる。だが，

表3-1　海溝型地震の長期評価一覧（一部）　2021年1月現在

領域または地震名		長期評価で予想した地震規模（マグニチュード）	我が国の海溝型地震の相対的評価		地震発生確率			地震後経過率	平均発生間隔（ポアソン過程を適用したものを除く）
			ランク	色	10年以内	30年以内	50年以内		最新発生時期
相模トラフ沿いの地震	次の相模トラフ沿いのM8クラスの地震	8クラス（7.9～8.6）	IIランク		ほぼ0%～2%	ほぼ0%～6%	ほぼ0%～10%	0.16-0.54	180～590年
									97.3年前
	プレートの沈み込みに伴うM7程度の地震	7程度（6.7～7.3）	IIIランク		30%程度	70%程度	80%程度	—	27.5年
									—
南海トラフ（第二版）の地震	南海トラフ	8～9クラス	III＊ランク		30%程度	70%～80%	90%程度もしくはそれ以上	0.85	次回までの標準的な値 88.2年
									75.0年前
日向灘および南西諸島海溝周辺の地震	安芸灘～伊予灘～豊後水道のプレート内地震	6.7～7.4	IIIランク		10%程度	40%程度	50%程度	—	約67年
									—
	日向灘のプレート間地震	7.6前後	IIランク		5%程度	10%程度	20%程度	—	約200年
									—
	日向灘のひとまわり小さいプレート間地震	7.1前後	IIIランク		30%～40%	70%～80%	80%～90%	—	約20～27年
									—
	南西諸島周辺の浅発地震	—	Xランク		—	—	—	—	—
									—
	九州から南西諸島周辺のやや深発地震	—	Xランク		—	—	—	—	—
									—
	与那国島周辺の地震	7.8程度	IIIランク		10%程度	30%程度	40%程度	—	約100年
									—

出所：地震調査研究推進本部HP b。

表3-2　活断層型地震の長期評価一覧（一部）　2021年1月現在

断層帯名（起震断層/活動区間）	長期評価で予想した地震規模（マグニチュード）	我が国の主な活断層における相対的評価		地震発生確率			地震後経過率	平均活動間隔
		ランク	色	30年以内	50年以内	100年以内		最新活動時期
糸魚川－静岡構造線断層帯（中北部区間）	7.6程度	S＊ランク		14%～30%	20%～50%	40%～70%	1.0-2.0	600年～800年程度
								約1,200年以後～約800年前以前
糸魚川－静岡構造線断層帯（北部区間）	7.7程度	S＊ランク		0.009%～16%	0.02%～20%	0.05%～40%	0.4-1.3	1,000年-2,400年程度
								約1,300年以後～約1,000年前以前
日奈久断層帯（八代海区間）	7.3程度	S＊ランク		ほぼ0%～16%	ほぼ0%～30%	ほぼ0%～50%	0.1-1.6	1,100年-6,400年程度
								約1,700年以後～約900年前以前
境峠・神谷断層帯（主部）	7.6程度	S＊ランク		0.02%～13%	0.04%～20%	0.09%～40%	0.5-2より大	約1,800年～5,200年
								約4,900年前～2,500年前
中央構造線断層帯（石鎚山脈北縁西部区間）	7.5程度	S＊ランク		ほぼ0%～12%	ほぼ0%～20%	ほぼ0%～40%	0.2-0.9	約700年～1,300年
								15世紀以後～18世紀以前
阿寺断層帯（主部/北部）	6.9程度	S＊ランク		6%～11%	10%～20%	20%～30%	1.2-1.9	約1,800年～2,500年
								約3,400年前～3,000年前
三浦半島断層群（主部/武山断層帯）	6.6程度もしくはそれ以上	S＊ランク		6%～11%	10%～20%	20%～30%	1.0-1.4	約1,600年～1,900年程度
								約2,300年前～1,900年前以前
安芸灘断層帯	7.2程度	S＊ランク		0.1%～10%	0.2%～20%	0.4%～30%	0.6-2.4	2,300年～6,400年程度
								約5,600年前以後～3,600年前以前
糸魚川－静岡構造線断層帯（中南部区間）	7.4程度	S＊ランク		0.9%～8%	2%～10%	4%～30%	0.6-1.0	1,300年～1,500年程度
								約1,300年以後～約900年前以前
森本・富樫断層帯	7.2程度	S＊ランク		2%～8%	3%～10%	7%～30%	0.7-1.2	1,700年～2,200年程度
								約2,000年前-4世紀

出所：地震調査研究推進本部HP b。

これを住民の防災行動に活かす点では，課題がある。

　まずわかりやすさだが，「確率論的地震動予測地図」については，ある程度理解されやすいと思われる。たとえば筆者らが名古屋市と松本市で行った調査では，地図を見て「自分の住む地域が他の地域と比べどの程度危険かよく分かる」とした人は名古屋市で68.4%，松本市で59.1%いた（田中他，2007）（表3‐3）。あるいは文部科学省が全国で行った調査でも確率論的地震動予測地図が「とても分かりやすい」とした人は19.0%，「まあ分かりやすい」とした人は58.1%であった

表3‐3　確率論的地震動予測地図のわかりやすさ

	松本	名古屋
自分の住む地域が他の地域と比べどの程度危険かよく分かる	59.1	68.4
図が大まかで自分の住む地域がどの程度危険かよく分からない	24.6	17.2
確率なので，そもそも危険の程度を把握することは難しい	12.8	14.0
その他	3.4	0.5

出所：田中他（2007）。

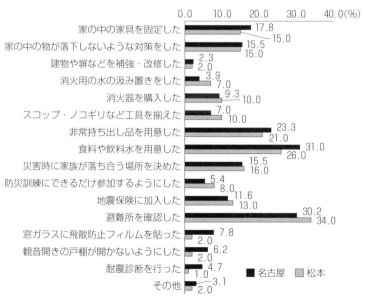

図3‐2　地震の確率評価を聞いて新たに行った防災行動
出所：田中他（2007）。

（文部科学省研究開発局，2015）。

　それに対して，防災行動の促進についてはやや劣っている。筆者らの名古屋市と松本市における住民調査では，当地で起きる地震の確率評価が行われたことを知っていた住民はそれぞれ60.5％，54.1％だった。それを知っていた住民に，確率評価を聞いて新たに行った防災行動を尋ねたところ，3割程度の住民が避難場所の確認や食料や水の確保を行っていたが，家具の固定は15-18％と低くなり，さらに耐震診断は1-5％と低かった（図3-2）。

　2006年当時，名古屋市の関係している東南海地震の30年発生確率は60％，松本市が関係している糸魚川―静岡構造線断層帯の発生確率は14％とされていた。こうした確率評価についての感想をたずねたところ，「対策が必要だと実感できる」という人は両市とも高率で，危機感は醸成したようである（表3-4）。しかし，「30年以内」ではなく，「もっと短い期間で確率値が示されれば，判断に役立つ」とした人も「やや賛成」まで入れると9割以上に達し，発表の仕方には改善の余地があるようだ（表3-4）。

　こうした地震動の確率評価は，インパクトの大きさと生起確率を示すもので，まさにリスクを表しているが，確率の表現はわかりにくい所がある。とくに活断層の地震など生起確率が低いものについては，実感がわきにくいようだ。

　一方，どのくらいの地震発生確率であれば人々が防災行動を起こすのか，という点については多くの研究がある。たとえば吉井（1999）は，静岡市と小田原市の住民に対して，今後30年間に大地震が起きる可能性として，何％であれば可能性が高いと感じるかを聞いている。その結果，10％では「起きる可能性は少しある」との回答が多く，50％では「起きる可能性は高い」と答えた人が多かった。

表3-4　地震の確率評価についての考え

（単位：％）

		賛成	やや賛成	やや反対	反対	NA
発生確率と言われてもよくわからないから対策のとりようがない	名古屋	21.9	41.9	20.5	15.8	
	松本	27.6	45.3	16.7	10.3	
確率は60％（名古屋）／14％（松本）であるので，対策が必要だと実感できる	名古屋	43.3	50.2	5.1	1.4	
	松本	40.4	46.3	10.3	3.0	
今後30年以内というのは長すぎるから対策のとりようがない	名古屋	12.6	39.5	27.4	20.5	
	松本	14.8	38.4	36.5	10.3	
もっと短い期間で確率値が示されれば，判断に役立つ	名古屋	60.5	33.5	4.2	1.9	
	松本	52.2	39.9	3.9	3.4	0.5

出所：田中他（2007）。

あるいは藤本ら（2007）は，大学生を対象に「今後○年以内に震度6弱以上の揺れに見舞われる確率は△％です」と伝えられたときにどの程度の危険性を感じるか，を調査している。その結果，期間10年で確率が30％から50％に上がると危機感が急に高くなること，期間が100年と長くなると，確率が高くなっても危機感を感じにくくなることがわかった。あるいは齋藤ら（2017）は，全国の成人を対象にネット調査を行い，発生確率の期間を30年から5年，1年と短くしたら，個人的な対策の必要性をより感じるようになるか，を調査した。ここではポアソン分布を使い30年確率を5年確率，1年確率に換算した確率を使っている。たとえば30年確率の3％は5年確率にすると0.4％，1年確率にすると0.1％と期間が短くなれば生起確率は低下するように設定されている。30年確率で3％，26％，50％の3種類が用意され，各確率に5年確率と1年確率合計9種類の確率が設定された。その結果，いずれの場合でも30年確率より5年確率・1年確率とすると，見かけの％が下がるために，対策の必要性を感じる人が少なくなってしまった。つまり，生起確率を表現する期間は，短すぎても，長すぎても危機感は高まらない，ということになる。

　活断層のように生起確率が低い場合，長期評価を活かすことは容易ではないが，実際に長期評価が危機感を高めた例がある。2016年の熊本地震で震度7を記録した西原村の事例がそれである。そこでは付近にある断層の長期評価が防災対策に役立っていた。すなわち布田川・日奈久断層帯（中部）の30年発生確率は当時「ほぼ0％から6％」と想定されていた。この確率は低いと受け取られても不思議のない値だが，筆者が村役場へ聞き取りをしたところ，当時の村長はこの確率は阪神淡路大震災が起きた時と同じ程度なので，いつ起きても不思議はないと，警戒を強め，それに備えた実践的防災訓練もしていたという。たしかに兵庫県南部地震発生直前の発生確率の値は0.02‑8％であった（地震調査研究推進本部HP）。したがって発生確率が低い場合は，阪神淡路大震災や熊本地震の例を出して，それと比較することで警戒を促す可能性はある。しかしいずれにしても表現の工夫だけで防災行動を喚起することは難しく，地元自治体などによる翻訳作業が必要になってくるといえる。

（2）火山噴火

　火山噴火は，地震（とくに海溝型）に比べても再現周期が長いものが多く，また被害の規模も火口付近の限定的なものから，いくつもの大都市を巻き込むような壊滅的なものまであり，事前のリスク評価をすることやそれを活かすことが難し

い。

　火山噴火のリスク評価の基本は，火山ハザードマップである。火山ハザードマップは，過去に起きた噴火を１つまたは複合的に設定したうえで，各災害要因（噴石，火砕流，融雪型火山泥流など）の影響が及ぶおそれのある範囲を地図上に特定し，視覚的にわかりやすく描画したものである（内閣府他，2013）。火山ハザードマップには，学術的マップ，行政資料のためのマップ，住民啓発用の防災マップの３種類がある（国土庁，1992；田島，2017）。日本には活火山が110あるが，2016年現在，42の火山でハザードマップが作られている（防災科研データベースより）。図３‐３は1983年に日本で初めて作られた火山ハザードマップ（北海道駒ヶ岳）だが，これは行政資料用である。図３‐４は富士山の御殿場市におけるハザードマップ（一部）だが，各現象の危険区域のほかに避難所なども記入されており，これは住民啓発用の「防災マップ」である。

　田島（2017）は，これまでの火山ハザードマップ作製の流れを，１期（1970年代〜），２期（1990年代前半〜），３期（1990年代後半〜），４期（2000年代後半〜）と分類しているが，岩手山・三宅島・富士山などのマップが作られた３期がマップ作成の最盛期であったという。そして４期では「噴火警戒レベル」に合わせた改訂版マップが作られた。さらに３期の後半からマップと並んで「噴火シナリオ」が対策の基本に位置づけられるようになった。噴火シナリオには，噴火活動の推移や時期ごとの防災対応に注目した「時系列噴火シナリオ」と，ある現象が起きた時に次に起きうる現象を樹形図のように分岐して示す「系統樹形噴火シナリオ」がある（田島，2017）。

図３‐３　行政資料型ハザードマップの例
　　　　　北海道駒ヶ岳（1983）
出所：防災科研HP。

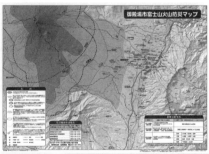

図３‐４　民啓発型ハザードマップの例
　　　　　富士山（2012）
出所：防災科研HP。

　たとえば富士山ハザードマップ検討委員会（2004）では，起こりうる噴火について，組み合わせを示す樹形図（イベントツリー）を作成している。そこでは，①前兆現象，②噴火場所（高所／低所），③噴火様式（プリニー式／ストロンボリ式），④噴出物（噴石／火砕流／溶岩噴泉／火山灰／溶岩流），⑤噴火規模（大／中／小），⑥噴火に関連する現象（土石流／融雪型火山泥流／水蒸気爆発）などを組み合わせることで，噴火のイメージを作ろうとしている。噴火シナリオは，行政機関に時系列的な対応や多様な火山現象について理解を促し，防災計画などの準備に役立つ情報といえる。

　こうしたイベントツリーをつかった火山現象の理解は，Newhall ら（2002）の研究をヒントにしているという（富士山ハザードマップ検討委員会，2004）。Newhall ら（2002）は噴火のステップを 9 段階設定し，各段階について分岐を策定し，各分岐の発生確率を求めることで，最終的にある場所にいる人の致死率（リスク）を算出する枠組みを提出している。すなわち，①噴火の兆候（兆候が発生する長期確率）→②マグマ貫入の有無→③噴火の有無→④噴火の規模（4 段階）→⑤火山現象の種類（テフラ・火砕流・泥流・溶岩）→⑥流下の方角（45 度ずつの 8 方向）→⑦流下の距離（5 段階）→⑧被災者の暴露の確率（警報・避難の有無／住民・通勤者・観光客）→⑨脆弱性・死亡確率の算出（火砕流・泥流の直撃は死亡≒1.0，溶岩流≒0 など），というステップが想定されている。各段階における各分岐の生起確率は火山ごとに異なるが Newhall らはその算出のためにこれまでの火山学の知見からその考え方を示そうとしている。そして求められた 1 年間の死亡確率を他の病気や危険な職業と比較して受け入れ可能なレベルか否かを判別しようとしている。

　この Newhall らの研究は，イベントツリーという点では前述の富士山の例と同じだが，もう 1 つのポイントは各噴火現象および被害といったリスクの確率を算出しようとしていることである。どのような被害がどのような確率で起きやすいのかというリスク評価は，火山ハザードマップ，噴火シナリオに次ぐ第三のツールといえる。もしそれができれば他のリスクと比較して，各火山の噴火対策の重要性を確認することもできるだろう。

　とはいえ，「噴火の発生前に，どれほどの規模の噴火が，どの様式で発生するのかを正確に予測することは，現在の科学技術では困難」であるという（内閣府他，2013, p. 10）。

　もっともプリミティブな噴火のリスク評価方法は，これまでどのような現象がどのくらいの犠牲者を出してきたかを調べる方法である。たとえば中村ら

（2013）によれば，過去2000年の間に日本で起きた火山災害の犠牲者は約2万人で，そのうち犠牲者がもっとも多い現象は意外にも火山性津波であった。津波による犠牲者は北海道駒ヶ岳，渡島大島，雲仙岳の噴火によるもので，全犠牲者の8割強を占めるという。火山性津波を除いて計算しなおすと，次に多いのは土石流（火山泥流）の47％で，降下火砕物が27％，岩屑なだれが13％，火砕流が7.5％，溶岩流が0.06％であった（中村他，2013）。

　火山のリスク評価の活用を難しくしている原因の1つに，低頻度巨大噴火の存在がある。一般に噴火の規模は，噴出物の量で測られる火山爆発指数（VEI）で表されるが，VEI-6（噴出物10 km³以上）の噴火はカルデラを伴う巨大噴火となる。日本における直近のカルデラ噴火は7300年前に起きた薩摩硫黄島を含む「喜界カルデラ」の噴火（VEI-7）だが，その火砕流は海を越え九州に達し，南九州の縄文文化を壊滅させたといわれている（前野，2014）。あるいは8万9000年前の阿蘇噴火（VEI-7）では火砕流が福岡市，北九州市まで広く九州を覆い，一部は海を越えて山口県まで達している（小野，1984）。こうした巨大噴火は日本では1万年に一回の頻度で繰り返しており，今後100年以内にVEI-7レベルの噴火が日本で起きる確率は1％であるという（前野，2014）。

　こうした巨大噴火は頻度は少ないのだが，そうした情報の活用には工夫が必要である。たとえば小山（2014）は，被災人口を発生間隔で割り，1年あたりの被災人口を算出することで，巨大噴火のリスクを他の災害と比較できるという。たとえば南海トラフ地震は，100年に一度のレベル（L1）の規模の地震では，最大想定死者数2.5万人，1000年に一度のレベル（L2）だと最大被災者数は32万人と想定されている。するとリスクは前者（L1）が2.5万人÷100年＝250人／年，後者（L2）は32万人÷1000年＝320人／年と計算できる。一方，阿蘇山の巨大噴火は平均発生間隔を6.5万年，被災人口を1100万人とすると，リスクは1100万人÷6.5万年＝169人／年となるという。こうした計算は，さまざまな不確定的な想定を前提とする点に注意が必要だが，このようにするとたしかに低頻度災害のリスクも比較することができる。そのうえで小山（2014）は，低頻度巨大災害はハード対策の優先順位は低いが，ソフト対策はリスク値に応じて平等に整備するべきだと主張している（小山，2014）。

（3）洪水
　洪水のリスク評価も，被害の想定とそれが生起する確率によってなされる。日本では国や都道府県が，洪水が想定される地域やその浸水深を示した「洪水浸水

想定区域図」を作り，それを基に市町村が避難場所などの防災情報を加えた「洪水ハザードマップ」を作っている。「浸水想定図」は，実際に洪水が発生した地点で比較すると，想定はかなりあてはまっていることが多い。たとえば2019年の台風19号時の長野市における千曲川の氾濫で，浸水想定区域図（図3-5）と実際の浸水区域図（図3-6）を比べると，両者はほぼ重なり合っている。ただ現在のところ浸水想定区域図やハザードマップは，比較的大きな河川でのみ作られているので，洪水の被害をカバーしきれていない面がある。たとえば牛山（2020）によれば1999-2018年の間の水関連犠牲者のうち位置が推定できた265人では，浸水想定区域付近での犠牲者は41％程度であったという。

　他方「洪水リスクマップ」は，生起確率ごとの浸水危険区域と，想定される各種の被害を地図上に示したものである。図3-7はリスクマップの例である。イギリスでは2013年から河川・海，内水氾濫などの水害について，環境省によりリスクマップが作成され，2019年から公開されている。マップは流域ごとに「人へのリスク」「経済活動へのリスク」「自然・歴史面へのリスク」の3種類が作られ，各図には，リスクの段階ごと，地域ごとに，どれだけの人や施設が含まれているかの一覧表が添付されている。図3-7はイギリス最長の川であるセヴァーン川の「人へのリスク」のマップの一部である。ここではまず洪水リスクが4段階で

図3-5　千曲川浸水想定区域図
（計画規模）
出所：国土交通省 HP「重ねるハザードマップ」。

図3-6　台風19号千曲川浸水図
出所：国土地理院 HP。

示される。すなわち浸水確率が，30年に一回が「高リスク」，30-100年に一回が「中リスク」，100-1000年に一回が「低リスク」，1000年に一回以下が「超低リスク」と設定され，図内に青色のグラデーションで着色されている。そして浸水可能性がある地域で危険にさらされている人の数が○で表されている。○の色は黄色が1000人以下，オレンジが1001-5000人，赤が5001人以上を表している。さらに浸水可能性のある地域に立地している重要施設（学校，病院，介護施設，老人ホーム，警察署，消防署，刑務所，下水処理施設，電力施設）が紫色の点で示されている。

　日本では避難や水防活動のために浸水想定被害図が作成され，それを基に避難のための洪水ハザードマップが市町村により作られてきた。しかしリスクマップは，ほとんど作られてこなかった。洪水の被害想定については，治水設備の整備

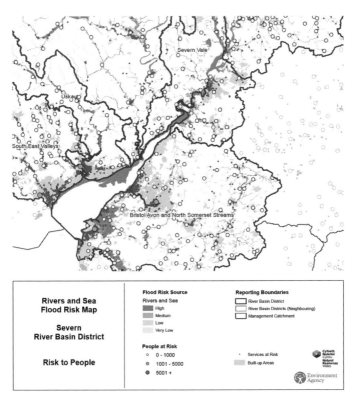

図3-7　洪水リスクマップの例（イギリス　セヴァーン川）
出所：Environment Agency (2013)。

効果を検討するための経済的被害の推定はなされてきたものの，人的被害の想定は従来ほとんどなされてこなかった（池内，2013）。

しかし，ハリケーン・カトリーナ（2005年）をきっかけにして，2006年より政府の中央防災会議は「大規模水害対策に関する専門調査会」を立ち上げ，荒川・利根川の洪水および東京湾の高潮について被害想定や被害シナリオについて検討

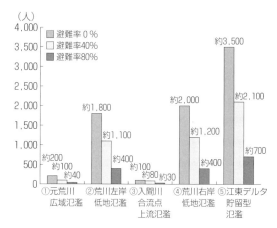

図3-8　荒川氾濫時の想定死者数　避難率別・決壊場所別
出所：中央防災会議（2010）。

している。それによれば200年に一度の水害のケースでは荒川で最大3500人，利根川では最大6300人の死者が想定されている（図3-8）。以上の想定は1000年に一度の大洪水についてもなされており，その場合は荒川の最大死者数は1.9倍の約6600人になるという（池内他，2011）。

この想定はハリケーン・カトリーナの際の被害状況調査から開発された「LIFESimモデル」に沿ってなされている。これは，ある人が垂直避難したときの床からの最大浸水深を3段階に分け，それぞれに死亡率を設定したうえで，住居の階数と居住者の年齢から各段階の滞留人数を計算し，それに死亡率をかけて死者数が計算される。ここで，65歳以下の人は屋根の上（最上階の天井の高さ）まで避難し，65歳以上の人は最上階までしか避難しないと想定している。建物の床の高さは1階が0.6m，2階は3.3m（0.6+2.7），3階（2階屋根）が6m（0.6+2.7+2.7）とされ，それぞれの床の高さまでの浸水が安全水位帯，床上1.2mまでが準危険水位帯，床上1.8m以上か危険水位帯とされた。死亡率は，安全水位帯が0.023％，準危険水位帯が12.0％，危険水位帯が91.75％とされた（池内他，2011）。たとえば65歳以上の人が2階屋に住んでいる場合，2階の床の高さは3.3m（0.6+2.7）なので，その人にとって4.5m（3.3+1.2）までの浸水が準危険水位，5.1m（3.3+1.8）以上が危険水位となる。

そして，この検討の際にはさまざまなケースについて想定死者数の分布図が描かれている（図3-9）。これはリスクマップそのものとはいえないが，いくつか

死者数（500mメッシュ換算）
- ■ 死者50人以上
- ■ 死者50人以上50人未満
- ▨ 死者5人以上10人未満
- □ 死者1人以上5人未満
- ▨ 死者1人未満
- ▨ 死者なし
　（浸水は残存しているが，
　死者はないと見込まれる地域）
- ── 河川
- ── JR

**図3-9　荒川氾濫時の死者数の
　　　　分布（1／200年）**
注：江東デルタ貯留型／避難率0／
　ポンプ運転無のケース。
出所：中央防災会議（2008）。

の図を組み合わせるとリスクマップと同様の
データを提示することとなる。

　この検討（池内他，2011）で興味深いのは，ど
のようにしたら被害が低減されるかということ
である。第一にあげられるのは避難率の向上で
ある。これは図3-8にも示されているように
避難率が0％，40％，80％と向上すれば犠牲者
の数は大幅に低下する。この時の避難は安全地
域への水平避難を想定している。第二に水門や
排水ポンプといった排水設備の稼働がある。こ
れらがすべて完全に稼働した場合には江東デル
タ貯留型では浸水5m以上の区域が大幅に減
少し，想定死者数が8割減少するという。第三
に，これは検討では明示されていないが，住居
の高さの改善が考えられる。江東デルタ貯留型
の場合，40％避難の場合の想定死者数は2100人
で，そのうち65歳以上が2000人だが，3階以上
の建物における65歳以上の推定死者数はゼロで
あるという（池内他，2011）。この想定によれば
65歳以上の人が全員3階建て以上の建物に住ん
でいれば，地域の死者数が大幅に減ることになる。だとすれば，たとえば，想定
浸水深が5m以上の地域では，平屋や2階建ての住居の建設を禁止する，と
いった建築規制をすれば，長期的には状況が改善していくことになる。

　いずれにしても，浸水想定図をもとにした被害想定は，リスク評価としては必
須である。首都圏でなされたこうした検討は，全国的になされる必要がある。そ
の基礎となるデータは，まずは浸水想定区域内に居住する住民の数である。たと
えば秦ら（2018）は，計画規模降雨（200年に一度の降雨）の浸水想定区域内に住ん
でいる人の数を，国勢調査のデータを使って推計している。その結果，2015年の
時点で全国の28.0％の人口が浸水想定区域内に住んでおり，その割合は1995年
から一貫して増加しているという（秦他，2018）。さらに秦（2019）は，市町村別，
浸水深別に浸水地域内の人口（2015年現在）を推計している。それによると，た
とえば水深5m以上の区域内人口を多い方から挙げると，高槻市（8万1138人），
足立区（5万3305人），取手市（2万7930人），西淀川区（2万8065人），我孫子市（2

万3600人）などとなっている。

　こうしたデータを基に，生起確率（200年または1000年）ごとに，想定およびリスクマップが作られ，防災計画に活かされることが望まれる。浸水想定図や洪水ハザードマップでは避難が重視されたが，被害想定やリスクマップでは土地の利用計画などのより長期的な政策が重視されるべきだろう。

　浸水地域の建築を抑制する政策には，① 浸水想定区域を市街化地域（都市計画法）や居住誘導区域（都市再生特別措置法）から極力外して住宅の建設を抑制すること，②「災害危険区域」（建築基準法）を設定して想定浸水深以下の居室を認めないこと，③ 自宅または近所に安全な避難場所がない住宅の建築を認めないこと（滋賀県流域治水の推進に関する条例），④ 不動産取引の際に，水害ハザードマップ情報の説明を義務化すること（宅地建物取引法），などがある。しかしこれらの抑制策は，いまだ十分に機能していないのが現実である。

　以上，地震・噴火・洪水を例にリスク評価の現状とその活用についてみてきた。それによれば科学技術の進歩により，リスク評価はかなり充実していることがわかる。しかしその活用となるとさまざまな課題があった。すなわち住民にとって確率的評価は実感することが難しく，なかなか防災行動につながっていなかった。あるいは行政にとってハザードマップはリスクマップにつながっておらず，土地の利用制限や避難計画といった統合的な政策につながっていないところがある。リスク評価をどのように防災対応に結びつけるか，科学的知識をいかに社会が受けて止めていくかが課題となっているのである。

3.2　防 災 教 育

（1）防災教育のねらい

　リスク評価を活かす方法としては，住民の適切な防災行動を促進するための防災教育も重要である。防災教育の目的には，第一に災害から身を守るためのノウハウ的な知識をもち，それを実践できるようにすることがある。「地震があったら机の下などに身を隠す」「海沿いで地震にあったら急いで高台に避難する」などがそれである。第二に災害現象についての科学的理解の促進がある。どのように災害が発生するのか，それに伴ってどのような現象が発生し，どのようなことが被害を大きくするのか，といった知識である。現代は社会的流動性が高く，人々は引っ越しや旅行で移動するので，ある地域に限定した防災ノウハウだけを知っていたのでは応用が利かないからである。そして第三に自分だけではなく，

表 3-5　防災教育のねらい

ア　自然災害等の現状，原因及び減災等について理解を深め，現在及び将来に直面する災害に対して，的確な思考・判断に基づく適切な意志決定や行動選択ができるようにする。 イ　地震，台風の発生等に伴う危険を理解・予測し，自らの安全を確保するための行動ができるようにするとともに，日常的な備えができるようにする。 ウ　自他の生命を尊重し，安全で安心な社会づくりの重要性を認識して，学校，家庭及び地域社会の安全活動に進んで参加・協力し，貢献できるようにする。

出所：文部科学省（2013, p. 8）。

他人や地域社会の安全に役立つようにできることがある。救命救急の仕方やボランティアの重要性の理解などがここに含まれる。文部科学省の学校における防災教育のねらいもほぼこのようなところにある（表3-5）。しかし変化する状況に対応するためには，単にこれらの知識や技能を一方的に教えるだけ（内化）でなく，教えられる者と教える者の役割が再編成されるような，アイデンティティーの再形成が必要であるという議論もある（矢守，2009）。

（2）学校教育
① 学習指導要領
　防災教育が行われる場には，学校教育・社会教育・組織内研修などがあるが，まず学校教育からその内容について述べていく。義務教育では全ての教育内容は，文部科学省が決めた学習指導要領によって厳格に規定されている。大きな災害があるごとに防災教育の必要性は語られるものの，防災という独立した教科はなく，防災教育の内容は，社会や理科といった各教科に分散して組み入れられているのが現状である。その内容を学習指導要領から抜粋すると表3-6，表3-7のようになる。

　これを見ると，小学校では，4年生の社会に，消防署，警察署，市役所，自衛隊などの行政機関の仕組みを県内で起きた災害と関係させて学習する内容がある。5年生の社会でも自然災害についての国や県の対策が取り上げられている。さらに6年生の社会でも国民主権や社会保障を扱う中で災害を取り上げることとなっている。さらに理科では5年生で水流について学ぶ中で気象災害が取り上げられ，6年生では噴火や地震が土地を変化させることが扱われている。

　一方，中学校の学習指導要領では，社会（地理）で国土の特徴を理解する中で災害への取り組みが扱われており，社会（公民）では情報化の中で防災情報の利活用について取り上げられている（表3-7）。あるいは理科（第2分野）では火

表 3‑6　小学校学習指導要領（2020年実施）における災害に関する記述

教科 （学年）	記述
社会 （4年）	ア　次のような知識及び技能を身に付けること。 　㋐　地域の関係機関や人々は，自然災害に対し，様々な協力をして対処してきたことや，今後想定される災害に対し，様々な備えをしていることを理解すること。 　㋑　聞き取り調査をしたり地図や年表などの資料で調べたりして，まとめること。 イ　次のような思考力，判断力，表現力等を身に付けること。 　㋐　過去に発生した地域の自然災害，関係機関の協力などに着目して，災害から人々を守る活動を捉え，その働きを考え，表現すること。 内容の取扱い アの㋐については，地震災害，津波災害，風水害，火山災害，雪害などの中から，過去に県内で発生したものを選択して取り上げること。 アの㋐及びイの㋐の「関係機関」については，県庁や市役所の働きなどを中心に取り上げ，防災情報の発信，避難体制の確保などの働き，自衛隊など国の機関との関わりを取り上げること。 イの㋐については，地域で起こり得る災害を想定し，日頃から必要な備えをするなど，自分たちにできることなどを考えたり選択・判断したりできるよう配慮すること。
社会 （5年）	ア　次のような知識及び技能を身に付けること。 　㋐　自然災害は国土の自然条件などと関連して発生していることや，自然災害から国土を保全し国民生活を守るために国や県などが様々な対策や事業を進めていることを理解すること。 イ　次のような思考力，判断力，表現力等を身に付けること。 　㋐　災害の種類や発生の位置や時期，防災対策などに着目して，国土の自然災害の状況を捉え，自然条件との関連を考え，表現すること。 内容の取扱い アの㋐については，地震災害，津波災害，風水害，火山災害，雪害などを取り上げること。
社会 （6年）	㋑　国や地方公共団体の政治は，国民主権の考え方の下，国民生活の安定と向上を図る大切な働きをしていることを理解すること。 内容の取扱い ㋑の「国や地方公共団体の政治」については，社会保障，自然災害からの復旧や復興，地域の開発や活性化などの取組の中から選択して取り上げること。
理科 （5年）	⑶ア　次のことを理解するとともに，観察，実験などに関する技能を身に付けること。 　㋒　雨の降り方によって，流れる水の速さや量は変わり，増水により土地の様子が大きく変化する場合があること。 ⑷ア　次のことを理解するとともに，観察，実験などに関する技能を身に付けること。 　㋑　天気の変化は，映像などの気象情報を用いて予想できること。 内容の取扱い ⑶アの㋒については，自然災害についても触れること。 ⑷アの㋑については，台風の進路による天気の変化や台風と降雨との関係及びそれに伴う自然災害についても触れること。
理科 （6年）	⑸ア　次のことを理解するとともに，観察，実験などに関する技能を身に付けること。 　㋒　土地は，火山の噴火や地震によって変化すること。 内容の取扱い アの㋒については，自然災害についても触れること。
特別 活動	ウ　心身ともに健康で安全な生活態度の形成 　現在及び生涯にわたって心身の健康を保持増進することや，事件や事故，災害等から身を守り安全に行動すること。

出所：文部科学省（2017a）より抜粋。

表 3 - 7　中学校学習指導要領（2021年実施）における災害関連の記述

教科 （学年）	記述
社会 地理的分野	ア　次のような知識及び技能を身に付けること。 　(ア)　日本の地形や気候の特色，海洋に囲まれた日本の国土の特色，自然災害と防災への取組などを基に，日本の自然環境に関する特色を理解すること。
社会 公民的分野	イ　次のような思考力，判断力，表現力等を身に付けること。 　(ア)　少子高齢化，情報化，グローバル化などが現在と将来の政治，経済，国際関係に与える影響について多面的・多角的に考察し，表現すること。 内容の取扱い ア）「情報化」については，人工知能の急速な進化などによる産業や社会の構造的な変化などと関連付けたり，災害時における防災情報の発信・活用などの具体的事例を取り上げたりすること。
理科 第2分野	(2)ア　自然の恵みと火山災害・地震災害 　　自然がもたらす恵み及び火山災害と地震災害について調べ，これらを火山活動や地震発生の仕組みと関連付けて理解すること。 　　自然の恵みと気象災害 (4)ア　自然の恵みと気象災害 　　気象現象がもたらす恵みと気象災害について調べ，これらを天気の変化や日本の気象と関連付けて理解すること。 (7)　ウ　地域の自然災害 　　地域の自然災害について，総合的に調べ，自然と人間との関わり方について認識すること。 内容の取扱い (2)アの「火山災害と地震災害」については，記録や資料などを用いて調べること。 (4)アの「気象災害」については，記録や資料などを用いて調べること。 (7)ウについては，地域の自然災害を調べたり，記録や資料を基に調べたりするなどの活動を行うこと。
保健体育	(3)　傷害の防止について，課題を発見し，その解決を目指した活動を通して，次の事項を身に付けることができるよう指導する。 　ア　傷害の防止について理解を深めるとともに，応急手当をすること。 　(ア)　交通事故や自然災害などによる傷害は，人的要因や環境要因などが関わって発生すること。 　(ウ)　自然災害による傷害は，災害発生時だけでなく，二次災害によっても生じること。また，自然災害による傷害の多くは，災害に備えておくこと，安全に避難することによって防止できること。
技術・家庭 家庭分野	(6)　住居の機能と安全な住まい方 　ア　次のような知識を身に付けること。 　(イ)　家庭内の事故の防ぎ方など家族の安全を考えた住空間の整え方について理解すること。 　イ　家族の安全を考えた住空間の整え方について考え，工夫すること。 内容の取扱い 　(6)(イ)及びイについては，自然災害に備えた住空間の整え方についても扱うこと。
特別活動	エ　心身ともに健康で安全な生活態度の形成 　　節度ある生活を送るなど現在及び生涯にわたって心身の健康を保持増進することや，事件や事故，災害等から身を守り安全に行動すること。

出所：文部科学省（2017b）より抜粋。

山・地震・気象の各災害について取り扱われ，保健・体育で傷害の防止について扱われる中で災害時の避難について触れられている。さらに技術・家庭では住居の安全性の確保の中で，災害時への備えが扱われている。

②教科書

この学習指導要領を反映しているのが教科書である。**表3-8**，**表3-9**は愛知県教育委員会が2017年にまとめた資料から災害について直接扱っているものを抜

表3-8　小学校教科書の災害関連の記述

教科	学年	単元　ページ	出版社
社会	4	火事からくらしを守る（下 4〜19）/ 地震からくらしを守る（下 20〜33）/ 風水害からくらしを守る（下34〜37）	東京書籍
		地しんにそなえて（下 94〜103）	日本文教
地図	4-6	地震・火山の災害と防災（82）	帝国書院
		日本の自然災害（89〜91）	東京書籍
国語	5	百年のふるさとを守る（158〜167）	光村図書
社会	5	低地に住む岐阜県海津市の人々のくらし（上 28〜35）/ 災害時の情報のはたらきと発信（下 72〜73）自然災害から人々を守る（下 98〜115）	日本文教
理科	5	台風と天気の変化（62〜69）/ 流れる水のはたらき（77〜82）わたしたちのくらしと災害（83〜89）	東京書籍
		台風と天気の変化（84〜91）/ 流れる水と変化する土地（104〜107）川とわたしたちの生活（108〜111）	大日本図書
		雲と天気（12〜17）。/ 台風接近（88〜97）/ 天気の変化（98〜105）流れる水のはたらき（106〜107）/ 川の水量が増えるとき（120〜123）川と災害（124〜131）	教育出版
保健	5-6	自然災害にそなえよう（26）	大日本図書
		自然災害によるけがの防止（22〜23）	東京書籍
社会	6	首都圏をおそった関東大震災（上123）震災復興の願いを実現する政治（下 18〜29）	東京書籍
		災害の発生と政治のはたらき（下 34〜37）	日本文教
理科	6	地震や火山の噴火と大地の変化（118〜123）私たちのくらしと災害（124〜131）	東京書籍
		火山活動や地震による土地の変化（129〜137）	大日本図書
		火山や地しんと土地の変化（102〜111）地しんや火山と災害（112〜118）	教育出版

出所：愛知県教育委員会（2017）より抜粋。

表3-9　中学校教科書における災害関連の記述

教科	学年	単　元（ページ）	出版社
国語	1	空を見上げて（73〜77）	光村図書
国語	2	小さな町のラジオ発臨時災害放送局「りんごラジオ」（180〜186）	光村図書
国語	3	「想いのリレー」に加わろう（58-62）	光村図書
社会（地理）	2	自然災害と防災への取り組み（152〜155）	東京書籍
		災害にそなえるために（144〜145） 東日本大震災からの復興をめざして―阪神淡路大震災の経験を生かして―（146〜147）／せまりくる巨大地震（148〜149）	日本文教
社会（歴史）	2	災害の歴史に学び，私たちの未来に活かす（274〜275）	日本文教
社会（公民）	3	持続可能な社会に向けて（14〜15） 東日本大震災からの復興と防災（112〜113）	東京書籍
		大災害に強いくらしをきづく（104〜105） 私たちの課題「災害にそなえるには」（211）	日本文教
社会（地図）	2	東北地方（128）／日本の災害と防災（143〜144）Ⅰ	帝国書院
		東北地方（118）／日本の自然環境（135〜136）	東京書籍
数学	1	緊急地震速報（MathNaviブック20〜21） 資料から防災を考える（MathNaviブック32〜33）	啓林館
数学	2	雷さまはどこ？（60）	啓林館
理科	1	火山（204〜221）／地震（222〜237）／大地の変動（252〜259） 震源はどこか（260〜261）	大日本図書
		地震と大地の変化（206〜223）	教育出版
		火山活動による災害（216〜217）／地震のゆれの伝わり方（219〜221）／地震が起こるしくみ（224〜226）／地震と災害（227〜229）地層がかかわる災害（248〜251）	東京書籍
理科	1	気象観測（234〜243）／前線の通過と天気の変化（258〜267）／日本の気象（268〜281）／雨が激しくなるのはいつか（282〜283）	大日本図書
		大気の動きと日本の気象（228〜241）	教育出版
		気圧と風（171〜173）／前線の通過と天気の変化（181〜183）／気象災害への備え（200〜205）	東京書籍
理科	1	自然環境がもたらす災害（264〜269）	大日本図書
		大地の変動による恵みと災害（253〜256）／気象現象による恵みと災害（257〜259）／自然の恵みと災害の調査（260〜23）	東京書籍
		自然の恵みと災害（230〜239）	教育出版
保健		自然災害による傷害の防止（94〜99）	大日本図書
技術		防災ライト（130〜131）／防災手帳（巻末）	東京書籍
		災害時に活躍する情報に関する技術（243）	開隆堂
家庭		火災対策（137）／災害に備えた住まい方について考えよう（138〜141）／防災リュック（167）／★防災マニュアル作り（259）	東京書籍
		災害にあった時の食事は？（140）／災害への備え，災害時の住まいと暮らし（158〜161）／防災リュック（203）／安全と防災（268〜270）	開隆堂
英語	3	To Our Future Generations（58〜66）	東京書籍

出所：愛知県教育委員会（2017）より抜粋。

粋したものである。それによると小学校では4‒6年生の社会で防災機関と絡めて災害が扱われているほか，地図帳でも災害が扱われている。また5‒6年の理科でも自然災害について扱っていることが確認できる。中学では地理，公民，理科，保健，家庭で指導要領に沿った記述が確認される。

他方，出版社によっては指導要領以外の部分で災害について扱っているものがある。たとえば日本文教出版の中学歴史では災害の歴史を扱い，啓林館の中学数学では緊急地震速報などを扱い，開隆堂の中学技術では災害時の情報に関する技術を取り扱っている。

③ 系統主義的カリキュラムの弊害

こうした学校の防災教育における最大の問題は，防災が1つの科目となっておらず，十分な時間が割かれていないことである。城下ら（2007）によれば，戦後，学問としての系統性を重視する系統主義的カリキュラムになったことや，「ゆとり教育」による教育内容の精選化が，防災教育の減少につながったという。すなわち1947年度発行の学習指導要領では防災関連の記述が多かったが，その後急速に減少していったという。その後，阪神淡路大震災や東日本大震災を経て再び防災教育の必要性が認識されると，指導要領における災害関係の記述も若干増えたが（阪上他，2019; 城下他，2007），現行の学習指導要領でも，系統主義的な配置は変わっていない。各教科で学習すべきことがあり，そのつけ足し的な要素として防災的な事項が触れられているのが現状のようだ。防災教育をより効果的にするには，なんらかの形での体系的なカリキュラムが望まれるところである。たとえば災害の種類ごとに，各地域ではこうしたメカニズムでこうした災害のリスクがあり，これまでこうした被害が発生してきた。それを防ぐためにはこうした方法があり，これからはこうした点に注意して被害を軽減していくべきだ，などといった内容である。

そういった意味では，小中学校では2002年から実施されている「総合的な学習の時間」が期待されるところであった。ところがこの教科は，防災以外の内容についてなされることが多いのが現実である。すなわち2018年度に，小学校のどこかの学年で「防災」について扱った学校は全体の30.9%の学校に過ぎず，メインは「環境」（84.5%），「福祉」（83.9%），「伝統と文化」（79.7%），「地域の人々の暮らし」（79.0%），「キャリア」（66.5%）などであった。中学校でもどこかの学年で「防災」を扱った学校は39.1%に過ぎず，メインは「キャリア」（95.3%），「伝統と文化」（70.6%），「福祉」（56.3%），「地域の人々の暮らし」（55.3%）などとなっていた（表3‒10）。「総合的な学習」の時間は防災教育にとってメリットで

表3-10　「総合的な学習」の内容別実施校率

	国際理解	情報	環境	福祉	健康	資源エネルギー	安全	食	科学技術
小学	53.1	53.8	84.5	83.9	20.0	17.5	22.6	63.4	6.0
中学	36.1	33.5	45.3	56.3	26.7	7.2	24.0	29.8	7.2
	地域の人々の暮らし	伝統と文化	町づくり	地域経済	防災	キャリア	ものづくり	生命	社会と政治
小学	79.0	79.7	41.1	15.3	30.9	66.5	24.9	29.9	11.9
中学	55.3	70.6	30.3	23.5	39.1	95.3	20.7	29.8	12.2

出所：2018年度悉皆調査，文部科学省（2019）。

あるに違いないのだが，それだけで十分とはいえない。

④ 対策

こうした現状の中で，廣井（1986；1995）は，防災教育を効果的にするための現実的な提言をいくつかしている。第一は，各教科の教科書の中にさまざまな防災教材を盛り込んでいくことである。第二は，低関心層の興味を喚起するためにビジュアル面を重視した各種メディアを活用することである。そして第三は，教育職員への研修を強化することである。

そのうち，他の教科における防災的内容の導入についてはさまざまな試みがなされてきた。廣井（1995）によれば，戦前の国語や修身の教科書では，防災的な読み物が多く取り上げられていたという。たとえば国語の教科書では，「天気予報と警報」という章で暴風警報が船の沈没を減らすようになったことが述べられ（第1期国定教科書・高等小学校読本，明治36年），「ものごとにあわてるな」という章では地震時の初期消火の重要性が述べられ（第4期国定教科書・尋常小学校巻3，昭和11年），「雷の落ちた話」では雷からの避難方法が述べられ（第1期国定教科書），「火山」では火山のすさまじさが描写され（第1期国定教科書），「焼け残った町」では関東大震災時に焼け残った神田佐久間町の話が記述されていた（第4期国定教科書）。なかでも有名なのが「稲むらの火」（第4期，第5期国定教科書）である。これは1854年の安政南海地震時に和歌山県であった実話をもとにした話である。地震の後に海の水が引いていくのを見た長老五兵衛は津波の襲来を確信したが，村人は気づかない。彼は村人を避難させるために次々に大事な稲の束（稲むら）に火をつけた。村人がその火を消そうとしてあわてて高台に上がったとき，大津波が村を襲い，五兵衛の勇気ある行動が村人を救った，という話である。いずれも防災に役立つことを目指した教訓的な話である。

図3-10　他教科で防災を扱った教科書の例
出所：左：中学3年英語＝東京書籍；中：中学1年国語＝光村図書；右：小学5年国語＝光
村図書。

　現代でもいくつかの教科書で防災的話題が取り上げられている。たとえば光村
図書発行の国語の教科書では小学5年で先の「稲むらの火」を取り扱っている
（図3-10）。さらに同社では，中学1年の国語で東日本大震災時に女川町の中学
生が作った俳句を取り上げ，中学2年の国語では東日本大震災時の宮城県山元町
で立ち上がった防災ラジオについて，さらに中学3年の国語では東日本大震災時
にNHKのテレビ放送をYouTubeに転送した中学生の話が取り上げられている。
あるいは東京書籍発行の英語の教科書（New Horizon）でも東日本大震災が取り
上げられている。本文中で外国人の生徒に日本人の生徒が大震災の記憶をとどめ
ておくことが重要だとして，1つのエピソードを話している。それは，ある有名
な職人が，大震災時に自分に何かできないかと考え，震災時に出た流木を使って
バイオリンを作った。被災者の前でそれが演奏されると人々の心が癒され，その
後他の多くの演奏家によって世界中でそれが演奏され，思いを伝えることができ
た，という話である。
　このように各教科の教科書で災害について扱うことは，限られた授業時間の中
における防災教育の工夫として，よいことである。ただ最近の逸話は，感動を誘
うことに主眼が置かれ，防災的ポイントがあまり押さえられていない点が残念で
ある。
　教科書以外の教材としては防災副読本があり，各教育委員会が地域特性に合わ
せた副読本を作っている。代表的なものに「明日に生きる」（兵庫県），「未来への
絆」（宮城県），「南海トラフ地震に備えて命を守る防災BOOK」（高知県）「自然災
害から自分の命守るために」（山口県），「しあわせ　はこぼう」（神戸市）などがあ

り，これらをどのように活かしていくかが問われている。各種の防災教材については文部科学省の HP（https://anzenkyouiku.mext.go.jp/index.html）から閲覧することができる。

学習指導要領で防災科目と指定されていないあらゆる教科を使って，防災教育に役立てようという工夫は，愛知県教育委員会（2017）でも推奨されている。岩手県釜石市では鵜住居東中学校でそうした実践がなされ，実際，東日本大震災時に大きな成果を上げている（片田，2011a，b）。

（3）社会教育
① 啓発資料の提供

社会教育とは，学校以外の場で行われる教育活動のことである。その対象は主に青少年から成人であり，図書館・博物館・公民館などの場で行われることも多い。防災分野では啓発活動などと呼ばれることもある。

防災啓発活動としてもっとも身近なのは，市町村から各世帯に配られる「防災マップ」や「防災パンフレット」である。防災マップは日本では1990年代以降に盛んに作られるようになった。防災マップの基となるハザードマップは，たとえば「洪水氾濫区域図」は1993年以降（赤桐，2003），「土砂災害予測区域」は1994年以降（中筋，2005），火山ハザードマップは1986年以降（田島，2017），「津波浸水予測図」は1999年に作られている。そしてこれらを元として住民向けの「防災マップ」が市区町村によって作られている。防災マップには危険地区だけでなく，避難所や，避難の仕方など防災に関する説明事項が加えられ，社会教育の材料となっている。ハザードマップを公表し始めた頃には，地価の下落を招くのではないか，という弊害も危惧されたが，たとえば洪水については，2005年からは住民向けの「防災マップ」の作製・配布が各自治体に義務付けられるようになるなど（水防法），現在では積極的に配布されている。国土交通省・国土地理院の「ハザードマップポータルサイト」（https://disaportal.gsi.go.jp/）では，全国の各種ハザードマップ（防災マップ）を自由に閲覧することができる。

図3-11は防災マップの例で，東京都江戸川区の水害用の防災マップである。表紙に「ここにいてはダメです」と，印象的な形で，水害時には江戸川区から離れて広域避難をすることを呼びかけている。あるいは板橋区の「防災ガイドブック」（図3-12）では，地震編（地震を知ろう／地震から身を守ろう／安全な避難のために／日頃からの安全対策／地震に強い家に），水害編（大雨に備えて／水害から身を守ろう），火災編（防火・消火のポイント／初期消火の3原則），連絡先，備蓄品・非常持ち出し

図3-11　ハザードマップの例（江戸川区）
出所：江戸川区 HP。

図3-12　防災パンフレットの例　　　　図3-13　東京都の防災ブック
出所：板橋区 HP。

品チェックリスト，避難場所の地区割り，などの内容が10ページにわたって掲載
されている。最近話題になった防災パンフレット（ブック）は東京都の『東京防
災』で，そこでは防災生活のノウハウが描かれている（図3-13）。
　そのほかの啓発資料としては，「消防防災博物館」「防災eカレッジ」など，
インターネットメディアもよく使われ，そこではゲームなどを通じたeラーニ
ングも行われている。

図 3-14　シェイクアウトの基本動作
出所：Earthquake Country Alliance HP。

②防災訓練

　啓発資料と並んで身近な社会教育の手段は，市町村・町内会・自主防災会・事業所などが行う防災訓練である。避難訓練・消火訓練・炊き出し・避難所設営・救護訓練などが伝統的なメニューである。最近では「シェイクアウト」・発災対応型訓練・DIG（後述）など，より実践的な訓練をめざす動きもみられる。

　ここでシェイクアウトとは，①指定された日時に，②地震から身を守る行動（姿勢を低く・頭を守る・じっとする）を，③各自がいる場所で1分程度一斉に行うという防災訓練である（日本シェイクアウト提唱会議HP）（図3-14）。これはカリフォルニア州で考案された訓練で，地震対処法の7つのステップのうちの第5のステップである。7つのステップとは，①安全空間の確保，②安全計画の作成，③備蓄品の準備，④経済被害の最小化（耐震化・保険），⑤サバイバル（Drop, Cover, and Hold On），⑥安全性の向上（避難・救護），⑦生活の復旧である（Earthquake Country Alliance HP）。一方，発災対応型訓練とは，地震発生を想定した合図とともに，住民は自宅で安全確保行動をとった後に各自避難所に向かうが，その途中で火災，倒壊家屋，負傷者などに遭遇し，臨機応変にそれら対処するという「シナリオのない防災訓練」である（総務省消防庁HP）。各ポイントには役員が張り付き事態を再現する。中には倒壊家屋に似せたがれきを積み上げ，中の人を救助するといった凝った状況作りをすることもある。他方，DIGとはDisaster Imagination Gameの略で，災害が発生したときにどのようなことが身の回りに起きるかをイメージし，地図や見取り図に参加者が書き込むなどして，グループで検討する訓練である（内閣府, 2008）。

　③防災講演会・ワークショップ

　社会教育には，市町村・自治会・自主防災会・消防団・社会福祉協議会・企業

団体・事業所などが主催する防災講演会やワークショップもある。防災ワークショップとは，たとえば，参加者を小グループに分けたうえで，「災害が起きる一日前だったらあなたは何をするか」「災害が起きたら何が起きるか。それをどう解決するか」などの課題を与え，各参加者が意見を出し合いながらグループごとにまとめていくという形式のものである。これは地区防災計画作りの一環として行われることもある。

④ 社会教育施設

博物館のような社会教育施設も防災教育のツールとなる。災害についての博物館・記念館は全国各地にあるが，大きくいえば，メモリアル型・資料保存型・体験学習型の3つに分けられる（表3-11）。メモリアル型は大災害を経験した地域で，記憶の継承と教訓の伝達を目的にしたものである。関東大震災後の「東京都復興記念館」，阪神淡路大震災後の「人と防災未来センター」，中越地震後の「中越メモリアル回廊」，東日本大震災後の「いわて TSUNAMI メモリアル」などがそれである。これらの施設には「語り部」と称する被災体験の説明者が配置されることが多い。そこには人々の記憶をとどめる手記や壊れた時計など，被災の詳細がわかる展示もある。ここには防災目的のために諸資料を「意図的かつ集中的に集積組織化した施設」（矢守，2011a, p. 230）という性格があるが，それに対して，防災目的に還元されない，人々の多様な記憶の想起を重視すべきだという意見もある（阪本他，2010）。第二の資料保存型は人々の記憶というよりも，被災時の物的資料を保存しようとする博物館である。「野島断層保存館」は阪神淡路大震災を引き起こした野島断層を残すもので，「三松正雄記念館」は昭和新山噴火時の観察記録を伝えている。「稲むらの火の館」は「稲むらの火」の物語のモデ

表3-11　防災関係の社会教育施設の例

メモリアル型	東京都復興記念館（墨田区）	中越沖地震メモリアル（柏崎市）
	人と防災未来センター（神戸市）	雲仙普賢岳災害記念館（島原市）
	中越メモリアル回廊（長岡市・小千谷市）	いのちをつなぐ未来館（釜石市）
	いわて TSUNAMI メモリアル（陸前高田市）	東日本大震災遺構・伝承館（気仙沼市）
資料保存型	野島断層保存館（淡路市）	三松正夫記念館（壮瞥町） 稲むらの火の館（広川町）
体験学習型	消防関係の防災体験施設 （本所防災館，東京；阿倍野防災センター，大阪市；静岡県地震防災センター，静岡市など）	国土交通省　河川の防災ステーション （防災教育展示室，佐原市；筑後川防災施設，久留米市など）

ルとなった濱口梧陵の偉業を展示する資料館的部分と，津波の体験学習館の2つ
の側面がある。第三の体験学習型には各地の消防本部が設置している，「防災セ
ンター」とか「防災館」と呼ばれる施設や，国土交通省が河川の「防災ステー
ション」に併設した水害関係の展示室などがある。

　⑤ 防災研修

　防災研修とは，防災に関係する職員を対象にした防災教育である。具体的対象
には，国・地方自治体の職員や首長など行政機関のほか，建設業・ライフライ
ン・報道機関など防災にかかわる事業者の社員が含まれる。防災研修の形態とし
ては自組織内での研修と，外部の専門機関が行う研修の2つがある。表3-12は
行政機関向けの研修の例である。研修の手法としては，知識をつけるための「講
義」（座学）やeラーニング，技能を身に着けるための「訓練」，応用力を付ける
「演習」などがある（秦，2008；宇田川，2010）。「訓練」には非常電源操作，情報機
器操作など個人の動作のスキルを上げるものと，災害対策本部における情報共有
や班単位の業務などチームプレイの習熟を目指すものがある（宇田川，2010）。

　そして「演習」には「討論型図上訓練」と「対応型図上訓練」がある。討論型
図上訓練は，参加者が災害のイメージを具体的に持ち，それについての対応を確
認し，さらに計画の問題点に気づくことなどを目的としている。参加者は小グ
ループを作り，概括的な状況を与えられたうえで，何が起きうるのかをグループ
内で話し合う。討論型図上訓練の手法としては「グループワーク」「DIG」「防災
ゲーム」などがある。グループワークでは，時系列的に状況や検討課題が提示さ
れそれについてグループ内で討論が行われ，結果をグループ発表する。それに対
して DIG は参加者が地図に書き込みながら行うワークショップである（坂本，
2008a）。

　対応型図上演習はリアルタイムで行うもので，時々刻々と災害状況が付与され，
与えられた役割に従ってロールプレイを行っていくものである。討論型図上演習

表3-12　自治体防災研修の例

実施機関	名　称	対　象
市町村職員中央研修所	災害に強い地域づくりと危機管理	自治体専門職員
総務省	全国防災・危機管理トップセミナー	自治体首長
防災消防科学センター	防災基本研修	自治体初任者
人と防災未来センター	マネジメントコース	自治部局幹部・一般職員

に時間的制約がないのに対して，こちらは即応能力が必要になる。時々刻々と状況を付与したり，参加者の役割以外の部局外の役割は「コントローラー」と呼ばれる演習管理者が行う。対応型図上訓練を行うには演習管理者が，詳細な状況設定を準備し，市民や政府機関など外部者の役割を演じるなど，準備や演習管理が大がかりとなる。ある市で市長以下約50人が参加した災害対策本部機能を対象とした演習では，350件の状況が準備され，30人のコントローラーが参加したという（坂本，2008b）。

　これらの図上演習は既存の対応計画の欠陥をあぶりだすことにつながる。そのうえで計画（Plan）→ 計画実行（Do）→ 検証（Check）→ 見直し（Action）というPDCA サイクルがまわされることになる（吉井，2008）。こうした訓練や演習には，かなりの知識や労力が必要だが，業務の一環として行われるために，実行が可能となる側面がある。

⑥ 社会教育と知識ギャップ

　社会教育は学校教育と異なり，全員に行われるものではなく，防災に関心のある人，または自治会のように，防災に関係のあるネットワークの成員が参加する傾向がある。すると，もともと興味関心があり防災知識のある人だけが防災教育を受け，逆に本来ターゲットにしたい，関心が低く知識が少ない層に届かない，という問題がある。これは防災教育のパラドックスなどとも呼ばれる現象である（関谷，2007）。これは，社会教育全般に対する懸念であるが，マスコミュニケーション研究の「知識ギャップ」仮説でも説明できる。知識ギャップ仮説はTichenor らによって唱えられたもので，「マスメディア情報の社会システムへの注入が増大するにつれ，高い社会・経済的地位の人々がこれらの情報を低い社会経済地位の人々よりも早く獲得する傾向がある。その結果両者の知識ギャップは，縮小するのではなく増大する」（Tichenor, et al., 1970, p. 160）というものである（図 3-15）。これは情報ギャップ（Mc-Quail, 1981）とかコミュニケーション・ギャップ（Rogers, 1976）とも呼ばれ，マスメディアだけではなく，広く情報やコミュニケーションが，成員間のギャップを生む現象を指す。さらに，循環器疾患（生活習慣病）についての社会教育キャンペーンについて研究した Etteme ら（1983）によれば，ギャップの背景にあ

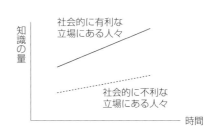

図 3-15　知識ギャップ仮説
出所：杉山（1992, p. 101）より。

る「社会的に有利な立場」としては，教育水準・経済水準よりも当該問題への関心の高さのほうが関係しているという。防災についての知識ギャップが存在すること自身は問題ではないが，無関心層にいかに知識を持ってもらうか，というのは，防災の社会教育にとっても，重要な課題であるといえる。

（4）実践共同体による防災学習

　防災教育の目的は適切な防災行動を喚起することにあるが，そのためには防災的知識の教育や訓練を重ねるだけでは不十分だという考えがある。すなわち，従来の学校教育のように，知っている人・技能を持っている人（教師）から，知らない人・技能を持たない人（生徒）に一方的に教え込むというのではなく，「実践共同体」への参画による学習が重要であるという考えである（e. g. 矢守，2007a）。専門家の知識に比べ一般人の知識は低いので，そのギャップを埋めることがリスク教育だという考えは「欠如モデル」"deficit model"（Irwin, et al., 1996）と呼ばれるが[2)]，実践共同体の重視は，欠如モデルに基づくコミュニケーションは有効ではない，という指摘（吉川，2009；2010；岩堀他，2015；元吉，2013）から生まれている。

　実践共同体の考えは，近年，教育学の分野で注目されている「正統的周辺参加論」（Lave, et al., 1991）に基づいている（矢守，2007a）。提唱者の Lave はもともと社会人類学者であるが，リベリアの仕立屋の徒弟関係などにおける技能の伝承について研究してきた。そこでは明示的な教育というのではなく，新入りが初歩的な仕事をしながら自発的に技能を覚え一人前になっていく過程がある。ここで新入りは，「正統的周辺参加」を通して「状況に埋め込まれた学習」をしていくことになる。この学習の場における関係性が「実践共同体」である。この実践共同体について，新名は「あるテーマに関する関心や問題，熱意などを共有し，その分野の知識や技能を，持続的な相互交流を通じて深めていく人々の集団である」とする Wenger ら（2002, 訳書 p. 33）の定義や，「ある１つの実践に関与する人々のまとまり」（伊藤他，2004, p. 85）という定義を挙げたのちに，「地域や帰属にとらわれない実践や活動に結ばれている関係性であり，一時的な性質のもの」（新名，2007, p. 86）であると述べている。日本の実践共同体の例として，石山（2014）は，① 大学と地域が連携するもの（たとえば長野県飯山市と文化学園の商品開発プロジェクト，和歌山県県立橋本高校と地域における防災学習など），② 地域の横断的人材育成のためのもの（たとえば福島県酒造組合連合会有志による高品質清酒研究会，山形県長井市の中小企業によるロボット開発を通じた人材育成など），③ 地域活性化に向け

た内発的実践共同体（たとえば徳島県神山町の移住希望者支援の活動，広島県世羅町の「世羅町 6 次産業ネットワーク」），④ 外部団体と地域が協働する形の実践共同体（たとえば茨城県ひたちなか市で地域芸術祭を行う「みなとメディアミュージアム」）などを挙げている。さらに石山（2014）はこうした実践共同体と社会関係資本（Putnam, 1993 ; Lin, 2001）との関連性を指摘している。

　矢守（2009）によれば，防災学習では，こうした実践共同体が形成・維持されていくことが重要であるという。たとえば，防災に関する専門家や防災実践に関する組織（自主防災組織やボランティア団体など）のネットワークに，教師や生徒が関与する状態が形成・維持されることである。さらに実践共同体における学習にはアイデンティティーの再形成という要素があるという。これはたとえば，住民は専門家の意見を受け入れるだけでなく，防災について自ら考え，さらに後進や地域に知識や技能を伝達する者としてのアイデンティティーで，実践共同体内で教える者，教えられる者という役割関係が揺らぎ，再構成されることである（矢守，2009）。

　実践共同体による学習においては，知識や技能の内化だけではなく，防災の大切さや被災者を支援のための「気づき」や「意識」の育成を目的とするべきとされる（諏訪，2010, p. 11）。さらに吉川（2010, p. 30）は欠陥モデルに基づく教育の限界を乗り越えるために，防災に関する知識そのものではなく，「A さんの考えは全体としてどういう立場に立っている」とか「B さんの話は○○という事実に基づいている」などといった「メタ知識」を学ぶことが重要だという。

　社会心理学では人間の行動を「認知」「態度」「行動」の 3 要素で考えることがある。ここで態度とは，ある対象に対す好悪など，関連する対象への反応に対して影響を与える精神的準備状態のことだが（Allport, 1935 ; 臨床心理学用語事典，2008），実践共同体による学習は防災についての「態度」を変容することを目指しているといえよう。

　防災学習の具体的手法・実践について，舩木（2007）は全国で行われている先進的な防災教育の手法を分析して，次のように 4 つに分類している。

　第一は，訓練・体験・サバイバルアプローチである。ここには避難訓練，起震車・煙体験，応急手当，避難所運営，サバイバルクッキング，帰宅困難者への道案内訓練，幼児・災害時要避難者を助ける訓練，複数の訓練・体験を取り入れた宿泊型防災キャンプなどが入っている。いずれも体験などで臨場感を持たせる工夫はあるが，これまでの訓練の延長上にあるものが少なくない。

　第二は，既存のプログラムや防災教育ツールで学ぶアプローチである。そこに

は専門家の講話を聴く，語り部の話を聴く，社会教育施設の見学をする，実験をする，インタビューをやってみる，ワークショップをする，防災ゲームをするなどが含まれる。これらは阪神淡路大震災の後から盛んに行われるようになった，比較的新しい手法である。ここで実験にはペットボトルに砂と水を入れ，揺することで液状化を再現したり，輪切りにした牛乳パックを揺らして，耐震補強の効果を確かめるものなどがある。インタビューは地域の災害体験者の話を聞きに行くことなどがある。ワークショップでは，非常持ち出し品について考えたり，自分の部屋の危険箇所をチェックしたり，南海地震発生後にどのような町を作りたいかの未来地図を作る事例などが含まれている。防災ゲームについては，災害時にとる行動を学ぶ幼児向けのカードゲーム（災害種類が書かれたカードの裏面にとるべき行動が描かれていてそのポーズを素早くとる「防災ダック」），さいころを振って出た目には防災上の注意や，今できる防災準備行動をする指示（たとえば高い所に置いてあるものを1つ片付けるなど）が書かれている「防災すごろく」，災害時に解決すべき課題と Yes／No 形式で書かれた回答がカードに書かれていて，それについてグループで討論しながら行う「クロスロード」などがある。「クロスロード」は阪神大震災時のインタビューをもとに矢守ら（2005）が開発したもので，たとえばあるカードには「あなたは，市役所の職員．未明の大地震で，自宅は半壊状態．幸いけがはなかったが，家族は心細そうにしている．電車も止まって，出勤には歩いて2，3時間が見込まれる．出勤する？ → YES（出勤する）／NO（出勤しない）」と書かれている。これをまず各参加者に判断させ，各自その理由を話してもらう。次に課題についての解説書を読んでもらい，再度 YES／NO を判断してもらう。各判断で多数派となった人にポイントが付与される，というゲームである（矢守，2007b）。

　第三は，成果物を製作する過程で学ぶアプローチである。ここには地域の防災マップを作る，防災学習で習ったことを壁新聞にしたり，紙芝居を作る，津波対策としての海抜表示プレートを作る，防災カルタを作る，などがある。

　そして第四は，教えながら学ぶアプローチである。たとえば高校生や大学生が小学生や中学生に防災教育の出前授業をすることなどがある。

　第一と第二のアプローチには，従来の防災教育の延長上にあるものもあるが，いずれも体験や参加によって，態度の変容を試みる手法といえる。またワークショップやクロスロードは正解のない課題についてのディスカッションを生むことでアイデンティーの変容の契機となりうる。さらに第三の成果物の作成や第四の指導側への転換といったアプローチは，知識や技能の受け身的役割からの変容

という点でまさに「正統的周辺参加」の手法といえるだろう。

　正統的周辺参加による防災学習の典型例としては，和歌山県立橋本高校において，専門家たちとのやり取りを通じて高校生自らが非常持ち出し品ゲームを作成したプロジェクトがある（矢守，2009）。ここでは専門家と高校生が実践共同体となり，知識の内化の後，高校生がゲームという成果物を作成し，さらに高校生自身が学校や地域で作成したゲームを使って防災学習を指導している。あるいは小学生がボランティアサポーターと協力して地震計のメンテナンスを行いながら防災学習をしていく「満点計画」もその実例である（岩堀他，2015）。また社会教育の例としては，片田ら（2010）が，埼玉県戸田市の町内会を対象にした洪水避難のためのワークショップを行い，町会独自の一時避難場所の設定，成果報告会，一時避難場所管理者との覚書の締結，要援護者への支援者の確保，独自の避難マップの作製など広範な防災実践を行ったことなどがある。

　こうした取り組みの最大の利点は，単に知識や技能を伝えるだけでなく，防災に対する態度を形成しモチベーションを高めることにある。実際に学校でこのような防災教育に取り組んでいるところでは，生徒たちは防災学習を通じて自分の価値を再発見し，子供たちが成長することで学校が活発化しているという（諏訪，2020）。ただ，成果物の作成や，学習者が教授者に回ることなど，実践共同体による防災学習は，参加者の負担が多くなりがちである。より簡便に短時間でできる工夫（e.g. 諏訪，2020）も考案されているが，防災実践をどう面的に広げていくのか，また成功した防災実践をどう継続させていくのか，といった点がこうした防災学習の課題といえるだろう。

3.3　災　害　文　化

（1）災害文化の概念

　あるコミュニティーが繰り返し同じような災害にみまわれるとき，そこでは災害を受けていないコミュニティーとは異なり，災害によりうまく対応できることがある。そうしたコミュニティーにおいて災害について生まれる文化を災害文化または災害下位文化（disaster subculture）という。こうした災害文化も事前の災害情報の１つである。

　Wenger によれば，「災害対応の形式は，コミュニティーの過去の似たような事象の経験に依存する部分がある。すなわち，以前のコミュニティーの災害活動は，学習の何らかの残留物（residue）を提供し，それは次の状況に応用される。

こうした残留物が保存されるとき，コミュニティーは「災害下位文化」を持っている，ということができる」（Wenger, et al., 1973, p. 1）という。災害下位文化の概念は，Moore（1964）が初めて提案し，その後 Wenger ら（1973）によって精緻化されたものである。

社会学・人類学において，文化は，ある社会の成員に共通する生活様式のことで，世代を通じて継承されるようなものである。そこには言語・習慣・思想・規範・技術などが含まれている。下位文化は，文化の中に含まれるものであるが，年齢・性別・階級・地域など一部の成員によって担われているものである。災害を繰り返し受けた地域の文化ということから，災害文化は下位文化ということになる。したがって正確に言えば災害下位文化であるが，Wenger ら（1973）自らも「災害下位文化」と同様に「災害文化」（disaster culture）の語も使っており，以下では簡単に災害文化と表記する。

Wenger らによれば，災害文化は，規範・知識・技術・伝説といった文化的要素を含んでいる。ここで，規範には，脅威をどのようなものとして認識すべきか，特定の状況でどのように行動するか，住民が災害にどのように対応するかについての指針が含まれる。また信念には，ここではその種の災害の被害は起きないとか，災害は偶然的なものである，などの考え方があり，そこには運命の受容やあきらめなどが含まれる可能性もある。知識には，警報をどのように解釈すべきか，さまざまな災害がどの程度破壊的か，どのような行動が効果的か，などが含まれる。技術には，予測や警告についての高度な方法や，堤防や災害の影響を軽減する物理的な防御手段（洪水時に家具を持ち上げるための天井フック・窓を防御するベニヤ板・高床式の家・避難所の事前の指定および避難所の備蓄など）が含まれる。さらに，伝説や神話には，過去の災害において誰それが住民から搾取したという話や，災害経験のさまざまな側面についての神話が含まれる（Wenger, et al., 1973）。

さらに Wenger らによると，災害文化は 4 つの次元で分類できるという。第一は潜在性と顕在性の次元である。コミュニティーの中心的慣習と離れていて，災害時だけに行動を導くような災害文化は潜在的である。そこでは災害文化は，コミュニティーの一般的文化から離れた特殊な取り決めである。しかし，災害経験から災害文化が非災害的文化の本体に完全に統合されるケースもあり，そこでは，災害文化は地域生活の顕在的側面となる。第二に，個人的災害文化と組織的災害文化の次元がある。個人的災害文化は，個人の文化でコミュニティー内の広がりが少ない。第三は，道具的（instrumental）特性と表出的（expressive）特性の次元である。道具的特性には，災害の物理的被害を防止・予測・制御・対応するため

の知識や資源の要素がある。他方，表出的特性には，災害に関する規範・価値観・信念・伝説・神話・災害とコミュニティーとの関係性，などが含まれる。たとえば災害を神の怒りとみるとか，晩春の雪解けによるちょっとした迷惑とみるかというようなことである。そして第四に災害文化の範囲（scope）が広いのか狭いのかという次元がある。ある災害文化はコミュニティーの災害に弱い箇所のみで存在するような狭い範囲のものであり，それに対してコミュニティー全体に広がる広い範囲のものもある（Wenger, et al., 1973）。

（2）水害の災害文化
① 輪中
　日本の災害文化のなかでもっとも発達しているのは，水害についてのものであろう。それは，水害は他の災害と異なって同じ場所で比較的短期間に繰り返し発生するからである。

　水害の災害文化といえば輪中が有名である。輪中は，洪水の被害を防ぐため周りを堤防（囲堤）で囲われた集落を指す言葉であると同時に，そこで生活する人々の村落共同体をも意味している（ブリタニカ国際大百科事典小項目事典）。輪中は洪水の多発する河川下流地域でしばしばみられるが，なかでも木曽三川（木曽川・長良川・揖斐川）の合流域で見られる輪中が有名である。

　輪中では洪水に対する知識・技術・精神が発達してきた。たとえば，かさ上げをした土地に小屋を作り水害時に逃げ込めるようにした「水屋」（図3-16），洪

図3-16　水屋
（ともに木曽三川公園にて筆者撮影）

図3-17　軒先の上げ舟

水時に家から脱出するための「上げ舟」(図3-17),堤防を守るための資材を蓄えた水防倉庫(郷蔵)などは輪中の代表的な技術である。住民は水防の知識をもって堤防を管理し,洪水時には自分たちで堤防の補強や補修を行った。そうした中,輪中では水防のための精神も培われた。旧長島町の住民の話では,洪水が迫ったときには住民が総出で水防小屋に集まり,どのような理由であれ駆けつけられなかった者には罰則が与えられた。堤防の補修には力が必要だが,輪中では「力石」と呼ばれる成人儀礼があり,重い石や米俵を持ち上げられた者が成人と認められ,堤防補修の人的補充が確保された。また他の輪中より1つでも多く土嚢を積めば他の輪中の堤防が決壊し,川の水位が下がるために自分の輪中は助かるという考えがあったという(水の文化編集部,2003)。こうしたことから,自分の集落を第一に考え,それを何としても守る,という強い意識がうまれ,これは「輪中根性」と呼ばれる。

　また信仰面では「水神」信仰がある。これは決壊の守護神で,かつて決壊した堤防の上に祠が設置された。その祭礼は決壊した日に行われることが多く,決壊の事実と決壊危険箇所を後世に伝えるものであった(伊藤,1996)。明治時代の河川改修によりこの地域の水害が減ったことで輪中は消滅していったが,1976年にふたたび水害(安八水害)が起きたことで再び輪中が見直されている。

　② 水防団

　他の本業を持ちながら,河川の巡視,洪水時の堤防補修,避難誘導といった水防活動をする非常勤公務員の組織が水防団である。水防団は消防団が兼任することが多く,全国で消防団と兼務の水防団員は85万3546人,水防団専任の団員が1万3988人いる(2016年現在)。消防団にも給与があるが,年額数万円の程度と低額のもので,住民による地域貢献の精神で成り立っているところが大きい[5]。2018年の西日本豪雨では消防団の避難誘導が奏功して水害前の住民避難が促進された例もあり(愛媛県西予市),消防団・水防団は地域防災の要となっている。

　水防団が参加する全国の水防演習を観察した宮村ら(1993)によると,演習の中にも災害文化の地域性があるという。たとえば北陸地方の川は急流河川が多く,水防団はそれに応じた川倉・蛇篭など多様な破堤防止技術を持ち,水防レベルが高い。また中部地方の天竜川上流部では堤防区間ごとに強固な水防組織が作られ,他組織の指揮を拒むほど自意識が高いという。他方,中国地方の江の川中・下流域では大規模な氾濫地が少ないため避難が主体で水防団の水防技術は低かったという。

（3）地震・津波の災害文化

　三陸地方は，比較的短い周期で，繰り返し大きな津波に襲われてきた地域である。明治以降に限っても，1896年の明治三陸地震津波，1933年の昭和三陸津波，1960年のチリ地震津波，2011年の東日本大震災と，住民にすれば一生に1，2度は津波を経験するという，津波常襲地域である。こうした地域では津波に関してさまざまな災害文化が生まれている。

　たとえば五十嵐（1993）は東日本大震災のずいぶん以前に，東北地方で津波に関するどのような言い伝えがあるのかをアンケート調査している（表3‒13）。調査時期は1985年から1992年で，調査地域は三陸地方の田老地区（宮古市），大船渡地区（大船渡市），志津川地区（南三陸町），唐桑地区（気仙沼市）および日本海側の男鹿地区（男鹿市）である。

　それによると，「大きな地震の時には津波が来る」というもっとも基本的な津波の知識については，三陸地方の全ての地区でほとんどの人が，聞いたことがあるとしていた。またその伝聞を信じる割合も8割と高かった。ところが日本海側の男鹿地区では，聴取率・信頼率とも6割程度とやや低くなっている。男鹿地区でも1983年に日本海中部地震があり津波の経験はあるのだが，三陸地域に比べると災害文化のレベルは低いといえるだろう。一方「地震がなくとも津波が来る」という一見，前の伝聞と矛盾する言い伝えも三陸地方ではかなり広まっている。これは1960年のチリ地震の経験によるものである。また「津波の時には他人にかまわず逃げよ」という言い伝えは，田老地区では約半数の人が聞いていたが，その他の三陸地区では3割程度の聴取率であった。これは「津波てんでんこ」という言葉で有名な言い伝えである。山下（2008）によれば，「津波てんでんこ」とは，

表3‒13　東北地域における言い伝えの聴取率／信頼率

	田老	大船渡	志津川	唐桑	男鹿
大きな地震の時には津波が来る	85.5/80.8	92.9/79.2	91.0/82.5	89.0/79.5	64.4/68.3
強い（長い）地震の時には津波が来る	14.7/ 9.8	13.1/ 9.8	14.5/17.0	32.5/36.0	25.7/36.1
地震がなくとも津波が来る	51.1/50.8	75.8 (68.3	77.0/76.0	51.5/49.0	32.7/30.2
津波の時には他人にかまわず逃げよ	56.4/43.6	33.9 (27.3	38.5/28.5	13.5/11.0	13.9/15.3
津波の時は何も持たないで逃げよ	65.8/56.8	56.8 (47.0	60.5/49.0	32.0/31.5	25.7/25.2
避難は高台にせよ	86.1/75.2	90.2 (75.4	91.5/80.5	85.0/73.0	66.3/61.9
地震があったら海岸の方に避難せよ	2.6/2.6	2.2 (1.6	3.0/4.5	0.5/1.5	30.7/13.4

出所：五十嵐（1993）より作成。

津波はすさまじいスピードと破壊力で襲うので，家族であっても人のことは構わずに，てんでんばらばらに急いで逃げることが大事で，これが1人でも多くの人が津波から助かる方法だ，という教訓である。三陸町綾里（現大船渡市）出身の山下自身も父や祖父からこの話を聞いたことがあるという。この言い伝えは内容的にインパクトがあるので有名ではあるが，実際はそれほど広がっていなかったようである。そのほか「津波の時は何も持たないで逃げよ」「避難は高台にせよ」などの言い伝えも三陸地方ではよく聞かれた伝聞であった。一方「地震があったら海岸の方に避難せよ」と津波避難的には危険な言い伝えが男鹿地方では見られた。これは地震時は山崩れを警戒して海岸に逃げろ，という意味だが，津波避難の方向としては逆行する言い伝えである。

　アンケートを行った五十嵐（1993）によると，こうした津波災害文化は概して有効的だが，日本海側で見られたようなマイナス効果を持ちかねない津波文化もあるという。また他の項目についても現実にどのような有効性と限界性があるのかについて検討する必要があるという。たとえば「大きな地震の時には津波が来る」という言い伝えは逆に「地震がなければ津波は来ない」と解釈されるおそれがある。あるいは「津波の時には他人にかまわず逃げよ」といっても，実際には1人で逃げた人が避難先で不安になり家族を探して戻ってしまう例もあるという。過去の経験による災害文化には限界もあり，科学に基づいてより適切な行動文化にリニューアルしていく必要があるのだろう。

　東日本大震災後に政府が行った住民アンケートでもこうした回答の傾向はあまり変わらなかった。すなわち，津波について子供の頃聞いた話を被災者に聞いたところ，「津波てんでんこ」について聞いたことがある人が，岩手県で31％，宮城県で10％，福島県で3％に過ぎなかった（表3-14）。またこの調査では「大きな津波が来る前には必ず海の水が大きく引く」という話を聞いた人が多い（全体

表3-14　津波の教訓や知恵について子供の頃聞いた話 （単位：％）

	全体	岩手県	宮城県	福島県
大きな津波が来る前には必ず海の水が大きく引く	81	85	78	69
海の水が引かずにいきなり津波が来ることがある	13	14	14	5
地震のあと，大きな津波は1回しか来ない	2	2	2	3
津波は，川をさかのぼる	55	62	52	23
津波てんでんこ	20	31	10	3
この場所は過去，津波が来たことがない	14	9	18	36

出所：内閣府他（2011）。

の81％）のに対して，「海の水が引かずに
いきなり津波が来ることがある」という
話を聞いた人は全体のわずか13％しかな
かった。ここからも，災害文化は科学
的知見に合わせて修正する必要があるこ
とがわかる。

　津波については各地で建てられた石碑
も情報を伝えている。たとえば宮古市姉
吉地区には「高き住居は児孫の和楽／想
へ惨禍の大津浪／此処より下に家を建て

図3‐18　宮古市姉吉地区に立つ津波碑
（筆者撮影）

るな」と記された石碑がある（図3‐18）。これは昭和三陸津波の後に建てられた
もので，津波に繰り返し襲われた集落の高台への移転後に建てられたものである
（読売新聞朝刊2011.3.30）。

　北原（2001）によると東北3県には津波関係の石碑が316基あるという。そのう
ち明治三陸津波碑が124基，昭和三陸津波碑が157基，明治と昭和の三陸津波を兼
ねたものが12基，チリ地震津波が12基，慶長津波が3基であった。内容的には明
治の物は慰霊碑がその多くを占めるという。一方，昭和三陸津波の記念碑の多く
は，朝日新聞社が義援金の一部を各市町村に寄付して建てられたものである。そ
こには警句が書かれており，文面はいくつかのパターンがある。たとえば「大地
震の後には津浪が来る／地震があったら高い所へ集まれ／津浪におわれたら，何
処でも此処位の高い所へ登れ／遠い所に逃げては津浪に追付かる。近くの高い所
を用意しておけ／県指定の住宅適地より低い所へ家を建てるな」という標語の石
碑が，岩手県の普代・岩泉・田老・山田・釜石・三陸町などの各地に建てられた
という（北原，2001）。首藤（2001）によると，これらの碑文の具体的な内容は各
市町村に任せられたが，標準的な文案作りには著名な地震学者である今村明恒が
相談を受けていたという。首藤（2001）はこれらの標語は簡潔で覚えやすく住民
の記憶に残るものである，と評価しながら，3つの問題点を指摘している。第一
は簡潔であるゆえの難しさで，たとえば「地震があれば津波」というとき，チリ
地震津波など地震がないのに津波があることがある。第二は石碑の風化で，石碑
の文字は時とともに読み取りにくくなる。第三は使用する書体で，楷書なら誰で
も読めるが，草書では読みにくい，といったことである。

　津波に関する石碑は西日本にも多い。川島（2016）によれば，徳島県では26基，
高知県では32基あり，その中では安政地震津波に関するものが多いという。内容

的には，周年的に津波が来るので次の津波を警戒するべきとか，船の沖出しは危険であることなどが記されているという。中には墓石の側面に警句が書かれた例（高知県土佐清水市）もあり，それは墓参りごとに子孫の目に触れる機会を作ろうとした工夫だという。

　他方，その防災的有効性はやや疑問だが，地震について，神社信仰にまつわる災害文化がある。すなわち，古来日本では地震は地中のナマズが暴れるせいで起きると考えられていたが，「鹿島の神」は要石という大岩を使ってそれを抑えることができる，と信じられてきた。茨城県の鹿島神宮はその本拠地だが，都司ら（1993）によれば，全国9か所に地震信仰を伴う鹿島神社や要石を祀った神社があるという。そのうち静岡県清水市の鹿島神社，和歌山県南部町の鹿島神社，静岡県沼津市の要石神社，三重県青山町の大村神社などは，過去に激しい地震に襲われたものの神社周辺では大きな被害がなかったという「実績」があるという。都司らはその理由として，岩盤（要石）が露出するなどして地震に強い場所を先人が経験的に知っていたという場合と，過去に地震の被害を受けた鹿島神社は霊験を否定され，淘汰されていった場合があるのではないかと考えている。

（4）土砂災害の災害文化

　土砂災害についても，これまで起きたところに石碑を作ったり，祠を建てたりする例がある。たとえば小山ら（2017）によれば，土砂災害多発地帯である広島県では水害碑が40基あり，その多くが土砂災害に関連しているという。そのうち8基については毎年法要や教育活動や祭りなど，何らかの行事が行われているという。あるいは村田（2010）によると，三重県旧宮川村では，災害が起きた場所に祠が建てられており，地元ではその付近は災害の危険が多いとされていたという。2004年の土石流災害ではそうした場所が実際に被害を受けたという。

　あるいは長野県の南木曽地方には土石流災害について「蛇抜け」という伝説がある。それには多くのバリエーションがあるが，その1つは，「ある大雨の夜，白い着物を着た女がある男を訪ねて来て，これ以上木を切ると悪いことが起きるでしょう，と言って去っていった。あくる夜，またその女が現れて，明日雨が降り出したら山に逃げてください，と言った。翌日雨が降り，土砂崩れが起き白い蛇が流されていった。女は白蛇の仮の姿であった」というものである（笹本，1993）。

　原田によれば，聖地には「危険な聖地」と「安全な聖地」があるという。蛇抜け伝説が残る地域では土石流の危険を示しており，そこは「危険な聖地」といえ

る。逆に長崎県，新潟県，山形県などの地すべり地帯では，大木が育つ場所は数百年間地盤が安定していることを示していて，そうした場所では神社や祠が設けられたり，大木そのものに注連縄が張られて御神体となっているという。これは「安全な聖地」の例であるという（原田，1993）。

　ここで祠というのはたしかに聖地だが，一見したところ「安全な聖地」か「危険な聖地」か，よくわからない。輪中の水神や旧宮川村の土砂災害の場所のように，災害があった場所に，その災害が再び起きないことを神に祈るために建てられることが多いように思われるが，その由来が人々によって語り継がれなくては，後世の人に祠の意味は伝わらない。

　そうした意味で，土地の風習として，その災害について人々が活動し続けることは大事なことである。その例に，長崎市の山川河内地区で行われる「念仏講まんじゅう配り」がある。この地区では1860年に土砂災害があって以来，それを忘れないために毎月，月命日の14日に持ち回りで全戸にまんじゅうを配る「念仏講」の風習がある。配布にかかる時間は1時間から1時間半ほどで，費用は当番の住民負担，3年に1度ほど当番が回ってくる。この風習のおかげもあって，1982年の長崎水害のときには地区で1人の死者も出なかったという（高橋他，2014）。150年以上続いているこの風習だが，月1回の配布はさすがに負担であるとのことで，最近は年1回の配布に変更になったという（水の文化，2019）。これは有効であった災害文化すら，時とともに衰退してしまう可能性があることを示している。

　地域における災害文化の継承が難しくなっている点について，首藤（1993）は，文化継承の手段として有効だった信仰の衰退，継承組織としての地域共同体の結束力の弱まり，地域共同体の基本構成である家（イエ）の観念の変化などを指摘している。

　以上のように，言い伝えにしろ，石碑にしろ，祠にしろ，災害文化はたしかに事前の防災情報を伝えるもので，有効なものといえる。しかし伝えようとする内容は限られた経験を基にするため一般性・科学性に欠けることがあり，また時を経るごとに廃れがちであることなどから，おのずと限界を持つものであるといえるだろう。

（5）災害観

　これまで紹介した災害文化を先述の Wenger ら（1973）の分類によって分けると，輪中における水害対策，三陸の津波についての伝聞，石碑に書かれた津波へ

の警句，水防団の活動，などは「道具的」災害文化といえる。その一方，鹿島信仰，蛇抜けの神話，水神などは「表出的」災害文化である。表出的災害文化は災害についての概念を伝達するもので，間接的に住民の防災行動に影響を与えるものである。

　そうした中で廣井（1986）は，Wenger らの表出的災害文化に分類される，日本人の「災害観」について理論的・実証的な検討をしている。災害観とは，人々が災害というものをどう見ているかという「災害に関する人々の基本的観念」のことで，① 災害とはそもそも何であるのか（災害の存在論），② 災害が発生する原因は何なのか（災害の原因論），③ 災害に一体どう対処すればよいのか（災害の対処論），④ 災害は人と社会にどんな影響を与えるのか（災害の影響論），という４つの構成要素からできているという（廣井，1986, p. 6）。そのうえで廣井は，日本人には，「天譴論」「運命論」「精神論」の３つのタイプの災害観があるという。第一に「天譴論」とは，災害は天が人間に下した罰であるという考えだ。この考えは，もともとは儒教思想に基づくもので，「王道に背いた為政者に対する天の警告」であり，決して被災者への罰という意味ではなかった。それが，関東大震災時には，大正期の成金文化など，国民の堕落した風潮への罰であると考えられるようになっていたという。ちなみに東日本大震災時に当時の石原都知事が「津波をうまく利用して我欲を一回洗い落とす必要がある。これはやっぱり天罰だと思う」（日本経済新聞，2011.3.15）という発言をして，大きな批判を浴びたが，これは大正期の「天譴論」および後述の「精神論」の延長上にある思想といえる。

　第二の「運命論」とは，自然のもたらす災害とその被害は避けられない運命であり，それを甘受しようとする思想である。たとえば関東大震災時に多くの死に直面した被災者は，生と死の差はほんの紙一重で，その差は運命だったのではないかと考えたという。運命論には災害の悲劇性を心理的に減殺できる効用があるものの，災害は人の手ではどうにもならないという諦念を生み，将来の災害への備えに悪影響を及ぼすと考えられる。第三の「精神論」とは，災害対策によって災害を克服するのではなく，人々の心の持ち方や内面的努力によって対処しようという態度である。たとえば関東大震災の復興に際して「精神復興」というスローガンがあった。これは橋とか道路など物質的復興だけでは不十分で，「一人一人が私利私欲を捨て去り，勤勉にかつ品行方正に生きることこそ必要だ」（廣井，1986, p. 66）という信念のことである。その背景には，物質的欠乏は精神によって補うことができる，あるいは幸福は心の持ち方ひとつで決まる，というような日本の「精神主義」があるという。廣井はこうした物質より精神が大事だと

いう考えは，江戸の大火や明治三陸地震津波の後にみられ，防災対策の軽視につながってきたという。

　廣井はこの3つ概念の住民間での広がりについて各地でアンケートをしている。たとえば大船渡市でのアンケート（1981年実施）では，天譴論については，「天が懲らしめるために災害を起こす」という狭義の「天譴論」に，「かなり共感する」という人を含めて共感する人は約10％だった。「災害は，人間が自然を破壊したことに対する自然からの仕返しである」という「自然の仕返し」論への賛成は20％であった。「運命論」（災害にあって生きるか死ぬかは1人ひとりに定められた運命によって決まっている）については「どちらかといえば賛成」まで含めると，65％の人が支持していた。「精神論」は聞き方が難しく，廣井は，大災害が起きて，自分にも重大な危険がせまったら，あなたご自身は神や仏に頼りたい気持ちになると思いますか，と神仏への依存意識を聞いている。その結果，「きっと頼る」と「ある程度頼る」を合わせると75.5％と高率だった（廣井，1986）。

　では最近の災害観はどうだろうか。たとえば1995年の阪神淡路大震災後に関西学院大学のオープンセミナーなどで行われた日下ら（1997）の調査では，「全く共感」と「かなり共感」を合わせた共感者は，狭義の天譴論に対しては16.3％，運命論に対しては60.7％に達していた。あるいは東日本大震災後に東京都民を対象に行われた森（2013）の調査によると，「そう思う」と「まあそう思う」を合わせた賛同者は，「自然の仕返し」論（災害は人間が自然を破壊したことに対する報いである）が37.0％で，「運命論」（災害に合うか合わないかは運命である）は86.9％と高率で，「災害対策無効論」（人間がどんなに対策をとっても，地震の被害を減らすことはできない）は47.9％であった。精神論については，東日本大震災後に広がった，

図3-19　2011年今年の漢字
出所：朝日新聞社提供。

図3-20　あまびえを使った啓発アイコン
出所：厚生労働省。

88

「絆」精神の強調現象は，「精神論」の表れといえる。実際，2011年の漢字（日本漢字能力検定協会）には「絆」が選ばれたが，このことは震災に対応するには「心のつながり」が大事だ，という考えが広く受け入れられていたことを象徴している（図3‐19）。あるいは2020年の新型コロナウイルス感染症のときには，政府は疫病退散の神話がある「あまびえ」を啓発キャラクターに使っていた（図3‐20）。伝染病に対しても神頼みともみえる姿勢が人々に受け入れられていたことがわかる。このようにみると，かつての日本人の災害観は現代になっても衰えを見せず，逆に具体的な災害対策への無力感は高まっているようである。こうした日本人の災害観は災害対策にマイナスの影響を及ぼすのではないかと危惧される。

注

1）「空を見上げて」という単元では東日本大震災時の話が掲載されている。これは，国際宇宙ステーションのエンジニアである筆者がかねてかかわりのあった女川の中学校の生徒に俳句（川柳）を書くことを呼びかけたところ，「夢だけは　壊せなかった　大震災」「逢いたくて　でも会えなくて　逢いたくて」「みあげれば　がれきの上に　こいのぼり」などの句が作られ，それが新聞に載るなどして世界中の人の心を動かした，という話である。

2）「欠如モデル」は科学コミュニケーション論の用語で，「非専門家の人々が科学技術を受容しないことの原因は，科学的知識の欠如にあるとして，知識を与え続けることで，一般の人々の科学受容や肯定度が上昇するという考え方」（標葉，2016, p. 14）を指している。この "deficit model" という語は，Michael（1996）によれば Wynne（1988）の未公開の発表論文が初出である。これはそもそも英国王立協会（The Royal Society）が英国民の科学理解の重要性を述べた報告書の根底にある考え方を否定する中で使われている。たとえば，Irwan らは次のようにいう。「公衆の（この場合）ハザード問題の評価に対する全体評価は，市民が持っている既存の知識や情報ネットワークと一致している，ということが基本であるようにみえる。この問題に対する伝統的なアプローチは，科学―市民関係の素の「欠如」（あるいは『何も刻まれていない石板』）モデルである。英国王立協会などによる，科学とその普及における主張は，一定の形式の知識のみが特権的で正当であるという「トップダウン」モデルの採用へと導きうる」（Irwin, et al., 1996, pp. 47‐48）それに対して，Irwan らは「我々の意図は，他の形式の知識・理解・コミュニケーションとの相互行為の部分として技術情報の供給を描くことだ。もっと言えば，我々は，市民の特定のグループに共有されている，文脈依存的（あるいは地域的）知識に焦点を当てたい」（Irwan, et al., 1996, p. 48）といっている。このようにみると，「欠如モデル」は，第一にそれを標榜した研究がなされているというよりは，科学コミュニケーションを考える人々の基底に横たわる啓蒙主義的発想を指摘しているようにみえる。第二に，科学知識は正統的で特権的なものではないとの主張がみられる。第三にそれに対して，人々の文脈依存的知識に焦点をあてるという方向性は，先有傾向や態度など，社会心理学視点にも近いようにみえる。

3）文化の定義としては，たとえば「ある社会の一員としての人間によって獲得された知識・信仰・芸術・道徳・法律およびその他の能力や習慣を含む複合体」というタイラーの定義がある（社会学小辞典，1997, p. 545）。

4）　下位文化の定義としてはたとえば次のようなのもがある。「一つの文化の中に形成された文化を下位文化という。副次文化ともいう。下位文化は上位の文化を共有すると同時に，それとは性格を異にする独自性をも持つ。性別・年齢別・階級・地域性等に特有の文化はその例である」（社会学小辞典，p. 59）。

5）　消防団は，以前は農家や商家の跡取り息子の義務的側面があり，団員が確保されてきたが，少子高齢化，被雇用者の増加，都市化，などで年々団員が減少している。最近ではさらに事業所（メーカー，福祉事業所など）の広域化グローバル化や建設業の通年出稼ぎ化なども消防団の活動を難しくしているという（中村，2013）。

参 考 文 献

愛知県教育委員会，2017，あいちの防災教育マニュアル．https://www.pref.aichi.jp/soshiki/hoken-taiiku/0000081100.html（2021.8.10閲覧）

赤桐毅一，2003，洪水ハザードマップの現状と今後の方向，予防時報，215，36–41.

Allport, G. W., 1935, Attitude, Murchison, C. ed., A Handbook of Social Psychology, Clark University Press.

防災科学技術研究所（防災科研 HP），火山ハザードマップデータベース．http://vivaweb2.bosai.go.jp/v-hazard/HMlist.html（2021.8.10閲覧）

中央防災会議「大規模水害対策に関する専門調査会」，2010，大規模水害対策に関する専門調査会報告　首都圏水没――被害軽減のために取るべき対策とは――．http://www.bousai.go.jp/kaigirep/chuobou/senmon/daikibosuigai/pdf/100402_shiryo_2.pdf（2021.8.10閲覧）

中央防災会議「大規模水害対策に関する専門調査会」資料，2008，荒川洪水氾濫時の人的被害想定結果（概要）．http://www.bousai.go.jp/fusuigai/pdf/080908_shiryo_2.pdf（2021.8.10閲覧）

Earthquake Country Alliance, et al., Staying Safe Where the Earth Shakes. https://www.earthquakecountry.org/library/StayingSafeWhereTheEarthShakes_StatewideEdition.pdf（2021.8.10閲覧）

Earthquake Country Alliance HP, Seven Steps to Earthquake Safety. https://www.earthquakecountry.org/（2020.8.26閲覧）

江戸川区 HP，江戸川区水害ハザードマップ（2019年5月発行）．https://www.city.edogawa.tokyo.jp/e007/bosaianzen/bosai/kanrenmap/n_hazardmap.html（2021.10.10閲覧）

Environment Agency, 2013, Severn River Basin District‐flood risk map for rivers and the sea. https://www.gov.uk/government/publications/severn-river-basin-district-flood-risk-map-for-rivers-and-the-sea（2021.8.10閲覧）

Ettema, J. S., Brown, J. W., and Luepker, R. V., 1983, Knowledge gap effects in a health information campaign, Public Opinion Quarterly, Vol. 47, No. 4, 516–527. https://academic.oup.com/poq/article-abstract/47/4/516/1859065?redirectedFrom=fulltext（2021.8.10閲覧）

藤本一雄，戸塚唯氏，2007，確率論的地震動予測地図のリスク認知に関するアンケート調査，地域安全学会梗概集，21号，71–74.

富士山ハザードマップ検討委員会，2004，火山防災マップの対象現象，富士山ハザードマップ検討委員会報告書，24–32. http://www.bousai.go.jp/kazan/fujisan-kyougikai/report/pdf/houkokusyo3.pdf（2021.8.10閲覧）

舩木伸江，2007，防災教育にどのようにアプローチするか，矢守克也，諏訪清二，舩木伸江，夢みる

防災教育, 晃洋書房, 69-98.

Genova, B. K. L., and Greenberg, B. S., 1979, Interests in news and the Knowledge gap, Public Opinion Quarterly, 43, 79-91.

秦康範, 2008, 危機管理訓練・演習の定義と体系, 吉井博明・田中淳編, 災害危機管理論入門——防災危機管理担当者のための基礎講座——, 弘文堂, 306-312.

秦康範, 2019, 市町村別の浸水想定区域内人口の推計, 日本災害情報学会第20回研究発表大会予稿集, 240-241.

秦康範, 前田真孝, 2018, 全国ならびに都道府県別の浸水想定区域内人口の推移, 日本災害情報学会第20回研究発表大会予稿集, 24-26.

原田憲一, 1993, 社会技術としてみた災害文化, 首藤伸夫, 災害多発地帯の「災害文化」に関する研究, 平成4年度科学研究費補助金研究成果報告書, 103-124. http://tsunami-dl.jp/document/127, 29-53.（2021.8.10閲覧）

畑中章宏, 2017, 天災と日本人——地震・洪水・噴火の民俗学——, 筑摩書房

廣井脩, 1986, 災害と日本人——巨大地震の社会心理——, 時事通信社

廣井脩, 1989, 防災教育のあり方について, 防災知識の普及・教育のあり方に関する調査報告書, 85-104.

廣井脩, 1995, 防災教育の現状と課題, 学校保健研究　37(3), 167-171.

五十嵐之雄, 1993, 津波災害文化の有効性と限界性, 洪水に関する災害文化の地域性と普遍性, 首藤伸夫（研究代表）, 災害多発地帯の「災害文化」に関する研究（研究課題番号04201110）平成4年度科学研究費補助金（重点領域研究(I)）研究成果報告書, 79-102. http://tsunami-dl.jp/document/127（2021.8.10閲覧）

池内幸司, 越智繁雄, 安田吾郎, 岡村次郎, 青野正志, 2011, 大規模水害時の氾濫形態の分析と死者数の想定, 土木学会論文集B1, Vol. 67, N0.3, 133-144,

池内幸司, 越智繁雄, 藤山秀章, 安田吾郎, 岡村次郎, 青野正志, 2013, 大規模水害時の人的被害の想定と被害軽減方策の効果分析, 土木学会論文集B1（水工学）, Vol. 69, No. 4, I_1651-I_1656 地震調査研究推進本部, 地震調査研究成果の普及展開方案に関する調査結果報告. http://www.static.jishin.go.jp/resource/questionnaire/questionnaire2012.pdf（2021.8.10閲覧）

石口彰監修, 臨床心理学用語事典, 2008, オーム社

石山恒貴, 2014, 地域活性化における実践共同体の役割：NPO2法人による地域の場づくりに向けた取り組み事例, 地域イノベーション, 第6号, 63-75. https://hosei.repo.nii.ac.jp/index.php?action=pages_view_main&active_action=repository_action_common_download&item_id=9836&item_no=1&attribute_id=22&file_no=1&page_id=13&block_id=83（2021.8.10閲覧）

板橋区HP, 防災ガイドブック. https://www.city.itabashi.tokyo.jp/bousai/bousai/sonae/1005660.html（2021.10.10閲覧）

伊藤崇, 藤本愉, 川俣智路, 鹿嶋桃子, 山口雄, 保坂和貴, 城間祥子, 佐藤公治, 2004, 状況論的学習観における「文化的透明性」概念について——Wengerの学位論文とそこから示唆されること——, 北海道大学大学院教育学研究科紀要, 93, 81-157. https://eprints.lib.hokudai.ac.jp/dspace/bitstream/2115/28930/1/93_P81-157.pdf（2021.8.10閲覧）

伊藤安男編著, 1996, 変容する輪中, 古今書院

岩堀卓弥, 宮本匠, 矢守克也, 城下英行, 2015, 正統的周辺参加理論に基づく防災学習の実践, 自然災害科学, 34-2, 113-128.

Irwin A., Dale, A., and Smith, D., Science and Hell's kitchen : the local understanding of haz-ard issue, Irwin, A. and Wynne, B, 1996, Misunderstanding science ? The public recon-struction of science and technology, Cambridge University Press, 47-64.

Irwin, A. and Wynne, B., 1996, Misunderstanding science ? The public reconstruction of sci-ence and technology, Cambridge University Press.

地震調査研究推進本部 HP a, 全国地震動予測地図2020年版地図編. https://www.jishin.go.jp/main/chousa/20_yosokuchizu/yosokuchizu2020_chizu_10.pdf（2021.10.10閲覧）

地震調査推進本部 HP b, 今までに公表した活断層及び海溝型地震の長期評価結果一覧. https://www.jishin.go.jp/main/choukihyoka/ichiran.pdf（2021.10.10閲覧）

片田敏孝，金井昌信，児玉真，及川康，2010，ワークショップを通じた地域単位の避難対策の検討――埼玉県戸田市における事例紹介――，災害情報，No. 8, 12-15.

片田敏孝，2011a, 小中学校の生存率99.8%は奇跡じゃない，WEDGE，2011 5月号. https://wedge.ismedia.jp/articles/-/1312（2021.8.10閲覧）

片田敏孝，2011b, 東日本大震災⑩津波から命を守る防災教育――片田隆俊群馬大大学院教授に聞く（下）――，地方行政（10234），2-7.

川島秀一，2016，津波碑から読む災害観――人々は津波をどのように捉えてきたのか――，橋本裕之，林勲男編，災害文化の継承と創造，臨川書店，44-65.

吉川肇子編著，2009，健康リスクコミュニケーションの手引き，ナカニシヤ出版

吉川肇子，2010，防災教育ツールの開発，災害情報，No. 8, 27-30.

北原糸子，2014，津波災害と近代日本，吉川弘文館

北原糸子，2001，東北三県における津波碑，津波工学研究報告18, 85-92. http://www.tsunami.civil.tohoku.ac.jp/hokusai3/J/publications/pdf/vol.18_10.pdf（2021.8.10閲覧）

国土庁，1992，火山噴火災害危険区域予測図作成指針

国土交通省 HP,「重ねるハザードマップ」. https://disaportal.gsi.go.jp/index.html（2021.8.10閲覧）

国土地理院 HP, 令和元年台風19号に伴う大雨による浸水推定段彩図. https://www.gsi.go.jp/BOUSAI/R1.taihuu19gou.html

小山真人，2014，低頻度巨大災害のリスクを定量評価する――合理的な「想定外」対策へ向けて――，科 学，Vol. 84, No. 2, 191-194. https://sakuya.vulcania.jp/koyama/public_html/etc/onlinepaper/Kagaku_201402_Koyama.pdf（2021.8.10閲覧）

小山耕平，熊原康博，藤本理志，2017，広島県内の洪水・土砂災害に関する石碑の特徴と防災上の意義，地理科学，72巻1号，1-18.

日下菜穂子，中村義行，山田典子，乾原正，1997，災害後の心理的変化と対処方法――阪神・淡路大震災 6 か月後の調査――，教育心理学研究，第45巻第 1 号，51-61. https://www.jstage.jst.go.jp/article/jjep1953/45/1/45_51/_pdf/-char/ja（2021.8.10閲覧）

Lave, J. and Wenger, E., 1991, Situated Learning : Legitimate Peripheral Participation, Cam-bridge University Press.（佐伯胖訳，1993，状況に埋め込まれた学習――正統的周辺参加――，産業図書）

Lin, N., 2001, Social capital : A theory of social structure and action, Cambridge University Press.（筒井淳也・石田光規・桜井政成・三輪哲・土岐智賀子訳，2008，ソーシャル・キャピタル――社会構造と行為の理論――，ミネルヴァ書房）

前野深，2014，カルデラとは何か――鬼界大噴火を例に――，科学，Vol. 84, No. 1, 58-63. http://

www.eri.u-tokyo.ac.jp/people/fmaeno/Kagaku_201401_Maeno.pdf（2021.8.10閲覧）

松本雄一，2013，"実践共同体における学習と熟達化（特集　人材育成とキャリア開発）"，日本労働研究雑誌，55(10)，15-26.

McQuail, D., and Windahl, S. 1981, Communication Models for study of mass communication, Longman.（山中正剛，黒田勇訳，1986，コミュニケーション・モデルズ——マス・コミ研究のために——，松籟社）

Michael, M., 1996, Ignoring science: discourses of ignorance in the public understanding of science, Irwin, A., and Wynne, B., eds., Misunderstandings Science?: The Public Reconstruction of Science and Technology, Cambridge University Press, 107-125.

光村図書，2015，小学校教科書　国語 5 ［平成27年度採用］

光村図書，2016，中学校教科書　国語 1 ［平成28年度採用］

水の文化編集部，2019，伝承　土砂災害を風化させない「まんじゅう」配り，水の文化，62号，33-35. https://www.mizu.gr.jp/kikanshi/no13/08.htm（2021.10.10閲覧）

水の文化編集部，2003，輪中の智恵を伝えるリスクコミュニケーション　木曽三川の「輪中根性」を「水防文化」に昇華する，水の文化，13号，36-41. https://www.mizu.gr.jp/kikanshi/no13/08.html（2021.10.10閲覧）

宮村忠・虫明功臣，1993，洪水に関する災害文化の地域性と普遍性，首藤伸夫（研究代表），災害多発地帯の「災害文化」に関する研究，平成 4 年度科学研究費補助金，研究成果報告書，103-124. http://tsunami-dl.jp/document/127（2021.8.10閲覧）

文部科学省，2007，防災教育支援に関する懇談会（第 1 回）配付資料別紙 1　学習指導要領における防災に関する記述（小中学校）. https://www.mext.go.jp/b_menu/shingi/chousa/kaihatu/006/shiryo/attach/1375029.htm（2021.8.10閲覧）

文部科学省，2013，学校防災のための参考資料　「生きる力」をはぐくむ防災教育の展開. https://www.mext.go.jp/component/a_menu/education/detail/__icsFiles/afieldfile/2018/12/25/1334780_01.pdf（2021.8.10閲覧）

文部科学省，2017a，小学校学習指導要領（平成29年告示）. https://www.mext.go.jp/content/1413522_001.pdf（2021.10.10閲覧）

文部科学省，2017b，中学校学習指導要領（平成29年告示）. https://www.mext.go.jp/content/413522_002.pdf（2021.10.10閲覧）

文部科学省，2019，平成30年度公立小・中学校等における教育課程の編成・実施状況調査の結果について. https://www.mext.go.jp/a_menu/shotou/new-cs/1415063.htm（2020.8.22閲覧）

文部科学省（スポーツ・青少年局学校健康教育課），2013，学校防災のための参考資料　「生きる力」を育む防災教育の展開. https://anzenkyouiku.mext.go.jp/mextshiryou/data/saigai03.pdf（2020.8.21閲覧）

文部科学省研究開発局地震・防災研究課，2015，地震調査研究成果の普及展開方策に関する調査報告書（概要版）. http://www.jishin.go.jp/main/seisaku/hokoku15h/s49-s02.pdf（2021.8.10閲覧）

Moore, H. E., 1964, .. and the Winds Blew, University of Texas.

森康俊，2013，首都直下地震に関する都民調査」概要報告，関西学院大学　災害復興研究，No. 5，39-45. https://www.kwansei.ac.jp/cms/kwansei_fukkou/file/research/bulletin/saigaifukkou_05/kiyou5_04.pdf（2021.10.10閲覧）

元吉忠寛，2013，リスク教育と防災教育，教育心理学年報，Vol. 52，153-161. https://www.jstage.

jst. go. jp/article/arepj/52/0/52_153/_pdf/-char/ja（2020. 8. 31閲覧）

村田芳信，2010，土はなぜ崩れるのか（第54回）土砂が新しい建物を襲ったのはなぜ？　豪雨による土砂災害，日経コンストラクション，11月12日号（507），71-74.

内閣府，2008，ぼうさい　11月号，災害図上訓練「DIG」をしてみよう！，10-12. http：//www. bousai. go. jp/kohou/kouhoubousai/h20/11/pdf/bs0811.pdf（2020. 8. 26閲覧）

内閣府，2011，特集　東日本大震災から学ぶ――いかに生き延びたか――，広報誌「ぼうさい」，64号，4-9. http：//www. bousai. go. jp/kohou/kouhoubousai/h23/64/pdf/bs11autumn.pdf（2020. 8. 21閲覧）

内閣府（防災担当），消防庁，国土交通省水管理・国土保全局砂防部，気象庁，2013，火山防災マップ作成指針. http：//www. bousai. go. jp/kazan/shiryo/pdf/20130404_mapshishin.pdf（2021. 8. 10閲覧）

内閣府・消防庁・気象庁，2011，東北地方太平洋沖地震を教訓とした地震・津波対策に関する専門調査会　第7回会，平成23年東日本大震災における　避難行動等に関する面接調査（住民）分析結果. http：//www. bousai. go. jp/kaigirep/chousakai/tohokukyokun/7/pdf/1.pdf（2021. 8. 10閲覧）

永田尚三，2013，消防団の現状と課題――共助の要である消防団の衰退を食止めることは可能なのか――，武蔵野大学政治経済研究所年報，（7），77-111.

中村洋一，荒牧重雄，藤田英輔，2013，日本火山学会火山防災委員会の活動からみたわが国の火山防災，防災科学技術研究所研究資料，第380号，69-74. https：//vivaweb2. bosai. go. jp/v-hazard/pdf/16.pdf（2021. 10. 10閲覧）

中村博一，2013，自治と義勇のはざまで――ある消防団の民族誌(1)――，文教大学生活科学研究所，生活科学研究，第35集，47-59. https：//bunkyo. repo. nii. ac. jp/?action=repository_action_common_download&item_id=2488&item_no=1&attribute_id=37&file_no=1（2021. 8. 10閲覧）

中筋章人，2005，なぜ「土砂災害ハザードマップ」はできないのか，応用地質，46巻5号，250-255. https：//www. jstage. jst. go. jp/article/jjseg1960/46/5/46_5_250/_pdf/-char/ja（2021. 8. 10閲覧）

Newhall, C., and Hoblitt, R., 2002, Constructing event trees for volcanic crises, Bulletin of Volcanology, volume 64, 3-20. https：//www. researchgate. net/profile/Chris_Newhall2/publication/226873429_Constructing_event_trees_for_volcanic_crises/links/55c9a1e608aebc967df924a8/Constructing-event-trees-for-volcanic-crises. pdf（2021. 8. 10閲覧）

日本シェイクアウト提唱会議HP，パンフレット. https：//www. shakeout. jp/common/pdf/pamphlet. pdf（2020. 8. 26閲覧）

小野晃司，1984，火砕流堆積物とカルデラ，URBAN KUBOTA, No. 22, 42-45. https：//www. kubota. co. jp/siryou/pr/urban/pdf/22/pdf/22_2_1_1. pdf（2021. 8. 10閲覧）

Putnam, R. D., 1993, Making democracy work：Civic traditions in modern Italy, Princeton University Press.（河田潤一訳，2001，哲学する民主主義――伝統と改革の市民的構造――，NTT出版）

Rogers, R. M., 1976, Communication and development：the passing of the dominant paradigm, Communication research, 3, 213-40.

齋藤さやか，関谷直也，2017，地震発生確率とリスク認知――地震動予測地図の確率表現に関する調査研究――，地域安全学会論文集，31巻，49-57. https：//www. jstage. jst. go. jp/article/jisss/1/0/31_49/_article/-char/ja（2021. 8. 10閲覧）

阪上弘彬，村田翔，2019，日本の学校教育における防災教育の展開と特徴――阪神淡路大震災と東日

本大震災の2つの災害を視点に――，兵庫教育大学研究紀要，55巻，141-151. http://repository.
hyogo-u.ac.jp/dspace/bitstream/10132/18201/1/AA1198478905500015.pdf（2020.8.20閲覧）

阪本真由美，矢守克也，2010，災害ミュージアムを通した記憶の継承に関する一考察――地震災害の
ミュージアムを中心に――，自然災害科学，29(2)，179-188.

坂本朗一，2008a，討論型図上演習，吉井博明・田中淳編，災害危機管理論入門――防災危機管理担
当者のための基礎講座――，弘文堂，313-318.

坂本朗一，2008b，対応型図上演習，吉井博明・田中淳編，災害危機管理論入門――防災危機管理担
当者のための基礎講座――，弘文堂，319-325.

桜井愛子，2013，わが国の防災教育に関する予備的考察――災害リスクマネジメントの視点から――，
国際協力論集，20(2/3)，147-169.

城下英行，河田惠昭，2007，学習指導要領の変遷過程に見る防災教育展開の課題，自然災害科学，26
-2，163-176.

笹本正治，1993，災害文化としての伝説――長野県南木曽町の蛇抜災害を中心に――，首藤伸夫，災
害多発地帯の「災害文化」に関する研究，平成4年度科学研究費補助金研究成果報告書，103-
124. http://tsunami-dl.jp/document/127，29-53.（2021.8.10閲覧）

関谷直也，2007，災害文化と防災教育，大矢根淳，浦野正樹，田中淳，吉井博明編，災害社会学入門，
弘文堂，122-131.

浜島朗，竹内郁郎，石川晃弘編，社会学小辞典（新版増補版），2005，有斐閣

新名佐知子，2007，大学と地域による活動の場の生成――実践共同体に関する文献研究――，九州大
学心理学研究，8，85-90. https://catalog.lib.kyushu-u.ac.jp/opac_download_md/10274/KJ0000
4858685.pdf（2021.8.10閲覧）

首藤伸夫，1993，結語，首藤伸夫，災害多発地帯の「災害文化」に関する研究，平成4年度科学研究
費補助金研究成果報告書，103-124. http://tsunami-dl.jp/document/127，29-53（2021.8.10閲
覧）

首藤伸夫，2001，昭和三陸津波記念碑――建立の経緯と防災上の意義――，津波工学研究報告，18，
73-84. http://www.tsunami.civil.tohoku.ac.jp/hokusai3/J/publications/pdf/vol.18_9.pdf（2021.
8.10閲覧）

総務省消防庁HP，防災・危機管理eカレッジ，地域防災の実践3．発災対応型防災訓練. https://
www.fdma.go.jp/relocation/e-college/ippan/cat/cat5/cat2/post-235.html（2020.2.26閲覧）

杉山あかし，1992，知識ギャップ仮説，田崎篤郎・児島和人編著，マス・コミュニケーション効果研
究の展開，北樹出版，98-111.

諏訪清二，2010，災害情報は学校での防災教育でどう扱われているのか，災害情報，No.8，7-11.

諏訪清二，2011，防災文化と災害文化　4.2　実践実例1．小中高大の防災教育　2．防災教育支援
事業，ひょうご震災記念21世紀研究機構災害対策全書編集企画委員会編，災害対策全書④防災減
災，214-2225.

諏訪清二，2020，防災教育のテッパン――本気で防災教育を始めよう――，明石スクールユニフォー
ムカンパニー

田島靖久，2017，火山ハザードマップと噴火シナリオが火山防災対策に果たす役割，火山，62巻2号，
61-82. https://www.jstage.jst.go.jp/article/kazan/62/2/62_61/_pdf/-char/ja（2021.8.10閲覧）

髙橋和雄，緒續英章，2014，災害伝承「念仏講まんじゅう」――150年毎月続く長崎市山川河内地区
の営み――，災害伝承――命を守る地域の知恵――，古今書院

田中淳，中村功，廣井悠，2007，地震の長期評価と住民の反応——地震調査推進本部の活動に関する
　　アンケート調査から——，災害情報調査研究レポート9．http：//nakamuraisao.a.la9.jp/report9.
　　pdf（2021.8.10閲覧）

Tichenor, P. J., Donohue G. A., and Olien, C. N., 1970, Mass media flow and differential
　　growth in knowledge, Public Opinion Quarterly, 34(2), 159-170.

都司嘉宣，山本賢，1993，災害文化の成立——地震と鹿島信仰——首藤伸夫（研究代表），災害多発
　　地帯の「災害文化」に関する研究，平成4年度科学研究費補助金研究成果報告書，103-124.
　　http：//tsunami-dl.jp/document/127（2021.8.10閲覧）

東京書籍，2015，中学校外国語教科書 New Horizon English Course 3.

東京書籍，2016，中学校英語教科書　NEW HORIZON English Course 3.

宇田川真之，2010，職員研修，災害情報，No. 8, 16-19.

牛山素行，2020，洪水・土砂災害　ハザードマップの意義と注意点，国民生活，No. 94, 11-15.
　　http：//www.kokusen.go.jp/wko/pdf/wko-202006_05.pdf（2021.8.10閲覧）

Wenger, D. E. and Weller, J. M., 1973, Disaster Subcultures: The Cultural Residues of Com-
　　munity Disasters, University of Delaware Disaster Research Center Preliminary Paper #9.
　　http：//udspace.udel.edu/handle/19716/399（2021.8.10閲覧）

Wenger, D. E., McDermott, R., and Snyder, W. M., 2002, Cultivating communities of practice:
　　a guide to managing knowledge, Harvard Business School Press.（櫻井祐子訳，2002．コ
　　ミュニティ・オブ・プラクティス——ナレッジ社会の新たな知識形態の実践——，翔泳社）

山中勉，2017，空をみあげて，国語1，光村図書，73-78.

山下文男，2008，津波てんでんこ——近代日本の津波史——，新日本出版社

矢守克也，2007a，夢みる防災教育，矢守克也，諏訪清二，舩木伸江，夢みる防災教育，晃洋書房

矢守克也，2007b，コラム2　クロスロード，矢守克也，諏訪清二，舩木伸江，夢みる防災教育，晃
　　洋書房

矢守克也，2009，防災人間科学，東京大学出版会

矢守克也，2011a，防災教育と災害文化　4.5　実践事例4．痕跡・モニュメント（慰霊碑）・博物館，
　　災害対策全書④防災・減災，ぎょうせい

矢守克也，2011b，「生活防災」のすすめ——東日本大震災と日本社会——（増補版），ナカニシヤ出
　　版

矢守克也，2011c，防災教育と災害文化　4.1　概説——正統的周辺参加論をベースに——，ひょうご
　　震災記念21世紀研究機構災害対策全書編集企画委員会編，災害対策全書④防災減災，212-213.

矢守克也，吉川肇子，網代剛，2005，防災ゲームで学ぶリスク・コミュニケーション——クロスロー
　　ドへの招待——，ナカニシヤ出版

吉井博明，1999，地震長期確率評価情報の需要と意義——小田原市と静岡市の調査から——，総合都
　　市研究，68号，165-174.

吉井博明，2008，危機管理——失敗の原因，PDCAサイクル——，吉井博明・田中淳編，災害危機
　　管理論入門——防災危機管理担当者のための基礎講座——，弘文堂，27-31.

全国水防管理団体連合会HP，水防団の実態．http：//www.zensuikan.jp/012jittai/001.html（2021.8.
　　10閲覧）

4章 災害予測情報と避難情報の発出

　応急対応段階に必要な情報は，2章で述べたようにさまざまなものがあるが，そのなかでももっとも重要なのは，避難促進にかかわる情報である。それは，情報を活用して避難が成功すれば，人的被害を大幅に減らすことができるからで，避難の促進は災害情報がもっとも役立つ場面といえる。ところが実際は，避難促進のための情報がうまく機能しないことが少なくない。その原因は，発信・伝達・受容の各場面に存在するが，本章では最初の発信の場面について，その現状と課題を検討する。避難を促進する情報には大きくいって災害予測情報と避難情報があるが，本章では，はじめに両者の関係性について述べた後，被害予測情報の現状と課題，そして避難情報発出の実例とそこにおける課題について述べていく。

4.1　避難にかかわる情報

（1）災害予測情報と避難情報
① 情報の種類と発信主体
　災害予測情報は，災害の危険を予測して警告する情報で，代表的なものに予報・警報すなわち「予警報」がある。気象業務法によると，予報とは「観測の成果に基く現象の予想の発表」で，警告の度合いによって軽いものから注意報・警報・特別警報がある。すなわち，注意報は「災害の起こるおそれがある」ときに注意喚起をする予報であり，警報は「重大な災害の起こるおそれがある旨を警告して行う予報」であり，特別警報は「重大な災害の起こるおそれが著しく大きい旨を警告して行う警報」である（気象庁 HP a）。ここで，警報は「重大な災害のおそれ」がある情報なのだが，同一地域でも年に何回も出されるので，一般には比較的軽く考えられる傾向がある。予警報には，気象・地震・津波・高潮・高波・洪水・噴火などに関するものがあり，基本的には気象庁が発表している。ただ大河川の指定河川洪水予報は，水位の計測が基本となるため国土交通省など河川管理者と気象庁が共同して発表し，土砂災害警戒情報は，各地の土砂災害の特

性を考慮に入れるために，都道府県と気象庁が共同して発表している。そのほか災害予測情報には，予警報を補足する「記録的短時間大雨情報[2]」，大雨警報の「危険度分布」情報，線状降水帯が発生したときに知らせる「顕著な大雨に関する情報」，南海トラフの大地震が迫っているときに出される「南海トラフ地震臨時情報」，原子力施設で重大事故が起きた時に総理大臣が発する「原子力緊急事態宣言」などもある。

　一方，避難情報は避難を促すための情報で，具体的には避難指示等のことである。これらは災害対策基本法第60条に基づいて，基本的には市町村長が発表するものである。避難情報には「高齢者等避難」「避難指示」「緊急安全確保」の３種類がある。以前，避難指示は緊急度によって「避難勧告」と「避難指示（緊急）」に分かれていたが，2021年から避難指示に統合され，避難勧告は消滅した。いずれも法的拘束力はなく，住民は従わなくても罰則はない。罰則を伴うものとしては，市町村長が設定する「警戒区域」（同法第63条）があり，住民の立ち入りを制限したり，退去を命ずることができる。避難指示には，その場からの立ち退き避難を求める場合と屋内退避を含む安全確保措置を求める場合がある。なお，東日本大震災時には，福島第一・第二発電所について「原子力緊急事態宣言」が発表され，周辺地域に避難指示が出されている。これは総理大臣が，市町村長やそれを臨時代行できる県知事に対して，避難指示をするように指示することによってなされている（原子力災害対策特別措置法第15条）。

　②アラートとワーニング

　予警報などの災害予測情報は，英語で言えば alert（アラート）で，避難情報は warning（ワーニング／ウォーニング）である。すなわち，アメリカではアラートは「何か重大なことが発生したあるいは発生しうる」ときに使われ，ワーニングは「どのような防衛的行為を取るべきか」を示すために使われてきた（NASEM, 2018[3]）。気象庁が出す予警報はたとえば「〇〇地方では〜にかけて激しい雨が降る見込みです。土砂災害や河川の氾濫に警戒してください」というように，基本的には，今後の予測と警戒を呼びかけるもので，「アラート」である。他方，避難指示は「〇〇川が氾濫の恐れがあるために××地区の人は△△小学校に避難してください」というように，具体的な行動を指示する，「ワーニング」である。しかし最近ではアラートとワーニングの違いは住民のニーズや，スマートフォンなどの情報機器の発達によって曖昧になってきている（NASEM, 2018）。たしかに気象庁の特別警報では「川や崖から少しでも離れた，近くの頑丈な建物の上層階に避難するなど，安全を確保することが重要」とか，「自分の命，大切な人の命

を守るため，避難指示などに直ちに従い緊急に避難してください」など，住民の行動を呼びかけていて，単なる予報というよりワーニングの要素が取り入れられている。そのため，英語でも最近では "alert and warning" という表現が使われるようになっている。ただそこには，予報と行動指示という2つの要素があることには変わりなく，アラートだけでは，必ずしも行動指示をしたことにはならないことに注意が必要である。

（2）予警報・避難情報が機能する条件

　こうした災害予測情報や避難情報が避難に活かされるためには，少なくとも3つの要素を考えなくてはならない（中村, 2007）。第一に災害情報の有効性は災害によって大きく異なっている。すなわち災害の予測ができ，さらに発災までの時間的猶予がなくては，情報は機能しない。たとえば直下型地震などでは直前予知が困難であるのに対して，津波や洪水ではタイムラグがあるので有効にはたらく可能性がある。第二に予警報や避難情報といった緊急情報はそれだけでは機能せず，ハザードマップの情報など，あらかじめ蓄えられた事前情報と組み合わされる必要がある。災害情報が活かされるためにはストックとフローの情報の組み合わせが必要なのである（室崎, 2011）。そして第三に予警報や避難情報を活かすためには，①情報の発出，②メディアによる伝達，③住民の情報への対応といった3段階がすべてうまくいく必要がある。

　吉井（2015）はこの点について5段階のステップを考えている（図4-1）。すなわち，図中「①」のステップは予警報の発令など，気象庁や国土交通省などによるハザード予測情報の生産と提供である。「②」のステップはそれを市町村やメディア（マスメディアやネット）に伝達することである。「③」のステップは，市町村が予警報などを解釈して避難指示等の住民向け情報を発令するといった，情報の変換・付加をすることである。「④」のステップは市町村がそれを直接あるいはメディア（マスメディアやネット）を通じて住民に伝える過程である。そして「⑤」が避難指示等を受け取った住民がそれに応じて避難などの対応を実施する過程である。

　吉井（2014）は，この各ステップに課題があると指摘する。「①」のステップでは，たとえば東日本大震災時の津波警報の際に津波の高さを修正するなど，予測精度が高くないことがある。また「②」のステップでは気象庁から市町村への伝達時に用語の解釈が異なり，うまく伝わらないことがあり，「③」のステップでは気象庁の予測情報をうまく避難指示に結びつけられないという問題がある。

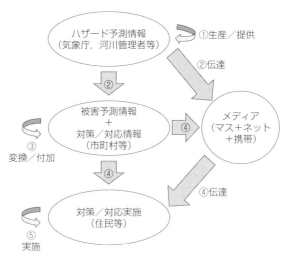

図 4 - 1　災害情報の生産から活用にいたる 5 つのステップ
出所：吉井 (2015, p. 77)。

「④」の住民への伝達ではメディアが多様化しても，まだすべての人に確実に伝えることが難しいという問題がある。そして「⑤」の住民対応のステップでは住民がすぐに適切な避難行動をとらないという問題があるという。

　この吉井の図式は，避難情報のプロセスや問題点を整理するのにとても有効である。本章の 4 . 2 および 4 . 3 節では予警報をもとに避難情報を発令する市区町村の問題を扱うが，これはステップ①と③の問題に関係する。そして 5 章で扱う伝達メディアや 6 章の伝達表現は気象庁から市区町村，および市区町村から住民の伝達の問題で，ステップ②④に相当する。7 章の災害報道はメディアから住民の伝達でステップ④にあたり，8 章・9 章の住民対応はステップ⑤の問題となる。

4 . 2　災害予測情報と避難情報の発出

（1）発出のタイミングとレベル化
　市町村では予警報などを地域の現状に合わせて解釈し，避難指示等を発令しなければならない。これは図 4 - 1 では③（変換／付加）にあたる過程である。ところがそれがこれまでうまくいかず，避難指示等を出し遅れたり，出しそびれたりすることがしばしば発生してきた。その原因はさまざまであるが，基本的には，

専門家ではない行政職員が，精度に不確かさがある多様な予測情報を使いこなすことが難しいという問題がある。

　そのギャップを埋めるために，政府は警戒度をレベル化したり，避難指示発令基準のガイドラインを作ったりしている。そこでここでは，気象庁の HP や内閣府のガイドライン（内閣府，2019; 2021a）をもとに，現在どのような災害予測情報があり，それをどのように使って避難を判断するべきなのかについて，災害因ごとに整理する。また災害予測情報の活用は，住民が自ら情報を判断しようとするときにも役立つ可能性があるので，その面からも見ていく。

　基本的に避難指示などの発出には，① 対象とする災害を見極め，② 対象とすべき地域を設定し，③ 適切なタイミングで発出するという 3 つの要素がある（内閣府，2019）。その中でも特にタイミングの遅れが問題になりやすい。ガイドラインでも，空振りを恐れず基準に基づいて発令すること，夜間でも避難場所が未開設でも災害がひっ迫していれば発令すること，などがうたわれている。

　また警戒度のレベル化も発出タイミングと関係している。災害の危険度を表す予警報などはさまざまあるが，それらはレベル 1 から 5 の 5 段階に整理されている。そのうちレベル 1 と 2 は注意報段階で主に警戒の段階である。避難と関係してくるのはレベル 3 から 5 の段階になる。レベル 5 は災害が発生または切迫している段階で，もっとも危険なレベルとなる（表 4-1）。

　一方，避難情報として最初の段階は「高齢者等避難」で，避難に時間のかかる高齢者等は避難をし，それ以外の人は避難の準備をすることが求められる。次は「避難指示」で，危険地域にいる人が高齢者等に限らず皆避難する段階である。そして災害が発生し，または切迫した段階に出されるのが「緊急安全確保」で，命を守る最善の行動が求められる。警戒レベルが 3 の場合は「高齢者等避難」にあたり，レベル 4 が「避難指示」，レベル 5 が「緊急安全確保」に相当している。

　以下では災害の種類ごとに，どのような災害予測情報があり，それをどう避難情報に結びつけるべきかを，主に内閣府のガイドラインを基にして，検討する。

（2）洪水時の避難情報

　川の洪水に関する避難の判断は，なかなか複雑である。水位が測定されていている比較的大きな川では，水位情報が避難情報発令の基本となる。それに今後の水位の上昇を判断するための，河川洪水予報，雨量に関する諸情報（実況雨量，予測雨量，流域雨量指数）などを加味して判断することになる（表 4-2）。他方，水位が計測されていない小さな川では，主に雨量に関する情報から判断する。また

表 4 - 1　警戒レベルの一覧表

警戒レベル	状況	住民がとるべき行動	行動を促す情報
5	災害発生又は切迫	命の危険　直ちに安全確保！	緊急安全確保
〈警戒レベル 4 までに必ず避難！〉			
4	災害のおそれ高い	危険な場所から全員避難	避難指示
3	災害のおそれあり	危険な場所から高齢者等は避難	高齢者等避難
2	気象状況悪化	自らの避難行動を確認	大雨・洪水・高潮注意報（気象庁）
1	今後気象状況悪化のおそれ	災害への心構えを高める	早期注意情報（気象庁）

出所：内閣府（2020）。

表 4 - 2　洪水避難にかかわる予警報・情報

情報の名称	解説	発表主体
水位情報	観測点の水位により避難を判断する基準となる	河川管理者等
指定河川洪水予報	川の水位観測と流域の雨量予測から計算。氾濫危険水位に達する見込や避難判断水位からさらに水位上昇の見込の時「氾濫警戒情報」，氾濫危険水位に到達したとき「氾濫危険情報」，氾濫が発生したとき「氾濫発生情報」が出される	河川管理者（国交省・自治体）＋気象庁
洪水警報	流域雨量指数を基に発令　中小河川で活用	気象庁
大雨警報（浸水害）	短時間降雨，地形，過去の浸水を考慮して内水氾濫を予測	気象庁
大雨特別警報（浸水害）	避難指示範囲の確認に用いる	気象庁
洪水警報／大雨警報（浸水害）の危険度分布	洪水警報の危険度分布は 3 時間先までの流域雨量指数の予測値，大雨警報（浸水害）の危険度分布は 1 時間先までの表面雨量指数の予測値を基に，地図上にメッシュ情報を 5 段階で表示	気象庁
流域雨量指数	流域雨量から中小河川の流下量を算出・予測する。過去の水害時の指数などから警戒基準を設定。規格化版流域雨量指数で1.0を超えると過去20年で経験がない値を意味する	気象庁
表面雨量指数	地面の状況，地質，傾斜などを考慮して，雨が地表にどれだけ溜まっているかを数値化したもの	気象庁

出所：気象庁 HP などから作成。

堤防の漏水や破壊，排水ポンプの停止，ダムからの放流（異常洪水時防災操作）など，河川施設の異常事態も避難指示などの発令基準となる。

　国土交通省などが管理している大河川（洪水予報河川）では，水位と雨量予測をもとに「指定河川洪水予報」が出されるが，その基準は次のようになる。まず，水位観測地点ごとに「避難判断水位」（レベル3水位），「氾濫危険水位」（レベル4水位）などが決められている。レベル3水位を超えさらに水位の上昇が見込まれるときに「氾濫警戒情報」が出され，それは警戒レベル3（高齢者等避難）に相当する。レベル4水位に達したときに「氾濫危険情報」が出され，それは警戒レベル4（避難指示）に相当する。そして氾濫が発生したときに「氾濫発生情報」が出され，それが警戒レベル5（緊急安全確保）に相当している（表4-3）。また，2021年のガイドラインでは，危険箇所で越水が始まる水位を観測所水位に換算した水位を「氾濫開始相当水位」とし，これもレベル5の基準となっている。

　水位予報がなされない中小の河川（「水位周知河川」や「その他河川」）では，水位による基準に加え，雨量を基にした情報が重要になる。すなわち，河川の流域ごとに降った雨の量や雨量の予測を基に計算する「流域雨量指数」や，それを基にした「洪水警報の危険度分布」などを参考にする。流域雨量指数は，降った雨が川に流れ込む量（流出量）を，時間差を考慮した「タンク・モデル」で計算し，さらにそれが川を流下する量（流下量）を算出したものである。計算には土地の水の染み込みやすさ，川の勾配・水深などが考慮されている。「洪水警報の危険度分布」[4]は各河川の流域雨量指数が洪水発生に対してどの程度切迫しているかを5段階の色で地図上に示したもので，全国約2万の河川（2020年現在）を対象にしている（気象庁HP c）。2021年のガイドラインでは，3時間後に「洪水警報の基準を大きく超える」場合に示される「非常に危険」（うす紫）[5]が出た時に，避難指示を出すようにする，といった使い方を例示している。図4-2は2017年の九州北部豪雨時の洪水警報の危険度分布である。洪水を起こした筑後川北側の各河川（画面中央部を縦走する河川）は，「極めて危険」を表す濃い紫色になっていることがわかる。

表4-3　指定河川洪水予報と警戒レベル

洪水予報	発表基準	求められる行動
氾濫発生情報	氾濫の発生	警戒レベル5相当
氾濫危険情報	氾濫危険水位に到達	警戒レベル4相当
氾濫警戒情報	避難判断水位に到達し，上昇が見込まれる	警戒レベル3相当

出所：気象庁HP bより。

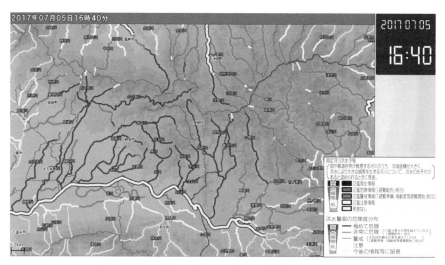

図4‑2　2017年九州北部豪雨時の洪水警報の危険度分布
出所：気象庁 HP d より。

　住民の側からすると，大まかにいえば，大河川の場合は「氾濫危険情報」（紫表示）が出た時，中小河川では，「洪水警報の危険度分布」の表示が「非常に危険」（うす紫）となった時が避難を判断するタイミングといえるだろう。これらの情報は気象庁の HP から見ることができる。

　ここで，避難の仕方が問題となる。従来，避難指示はある地域の住民全員が，危険な場所を離れて安全な場所に移動する「立ち退き避難」を意味していた。しかし2021年の災害対策基本法改正以降，氾濫時に家が流出する危険のある場所（「家屋倒壊等氾濫想定区域」）や浸水深が深い場所，平屋家屋の住民など，危険度の高い人だけに避難指示を出せるようになった。住民は自宅では立ち退き避難が必要なのかどうか，ハザードマップと自宅の構造を考えて，確認しておく必要があるのである。

（3）土砂災害時の避難情報
　土砂災害に関する災害予測情報には，「大雨警報（土砂災害）」，「土砂災害警戒情報」，「大雨特別警報（土砂災害）」，「大雨警報（土砂災害）の危険度分布」（気象庁），「土砂災害危険度情報」（都道府県砂防課）などがある（表4‑4）。
　2021年のガイドラインでは，「大雨警報（土砂災害）」の基準を2時間後までに

表 4-4 土砂災害の避難にかかわる予警報・情報

情報名称	解　説	発表主体
大雨警報（土砂災害）	土壌雨量指数と60分積算雨量から計算	気象庁
土砂災害警戒情報	大雨警報（土砂災害）の発令中に，さらに危険度が増し，2時間後に土砂災害警戒情報の発令基準を超えることが予想された時に発令	気象庁＋都道府県
大雨特別警報（土砂災害）	50年に一度のレベルを超える短時間降雨や土壌雨量指数が，一定の広がりをもつ地域で予測され，さらなる降雨が予測されたとき発表	気象庁
大雨警報（土砂災害）〔愛称：土砂キキクル〕の危険度分布	土砂災害の危険度を1キロメッシュで表示（例：実況で土砂災害警戒情報の基準越え（うす紫）―2時間後までに同基準越え（薄い紫）―2時間後までに大雨警報の基準越え（赤）	気象庁
土砂災害危険度情報	土砂災害の危険度を5キロメッシュで表示。気象庁のメッシュ情報より細かい時間設定がされることがある。	県砂防課

出所：気象庁 HP などから作成。

超えることが予測されたときに「高齢者等避難」を出し，「土砂災害警戒情報」が出たとき，すなわち2時間後までに「土砂災害警戒情報」の基準を越えることが予測されるときに「避難指示」を出し，大雨特別警報（土砂災害）（警戒レベル5相当情報（黒）[6]）が出たときに「緊急安全確保」を出すことになっている。2020年までは現在の「避難指示」の段階で「避難勧告」を出し，土砂災害警戒情報の基準を「実況」で超えたときにさらに「避難指示」を出すことができたが「勧告」と「指示」が1つになってしまったので，実況で基準を越えたときに出す避難情報はなくなってしまった。住民としては土砂災害警戒情報が出たときが逃げるタイミングであるが，この情報は2時間先の予測に基づいているので，実際には空振りが多いという問題がある（後述）。

　土砂災害警戒情報の基準は，土がどれだけの水を含んでいるかを累積雨量をもとにタンク・モデルで算出した「土壌雨量指数」と，直近60分間に降った雨の量（60分間積算雨量）から計算される。これは一般に，土砂災害は，土が水を多く含んだ状態でさらに急激な雨が降ったときに発生する，という性質があるからである。図4-3は土壌雨量指数と60分間積算雨量と土砂災害警戒情報基準の関係を示している。この図で，雨が降り始めると土壌に水が蓄積され土壌雨量指数が高まり，さらに短時間の雨量が多くなると座標上のプロットは右上の方に移動してくる。そして半月型に引かれた基準線を右上に抜けたとき，土砂災害発生の危険が大きくなる領域に達する。[7] 2時間後までに危険領域に達すると予測されたとき，土砂災害警戒情報が出される。また大雨警報（土砂災害）の基準線は土壌雨量指

数などをもとに，土砂災害警戒情報の基準よりより低いレベルで設定されている（図 4‒3 左側縦線）。

　ただ土砂災害の避難指示にはいくつかの難しさがある。第一は，避難指示の対象地域を特定することである。土砂災害警戒情報は市町村単位で出されるが，雨の降り方は市内でも一様ではない。雨量が基準に達していない所に避難指示を出すのは合理的ではない。そこで活用されるのが大雨警報（土砂災害）の「危険度分布」情報である。これは各地域の土砂災害の危険度を 1 km 四方のメッシュ（網の目）ごとに 5 段階に色分けして地図上に描いたものである（図 4‒4）。実況で土砂災害警戒情報の基準を超過した場合は「極めて危険」（濃い紫），2 時間後までに土砂災害警戒情報の基準を超えることが予想される場合は「非常に危険」（うす紫），2 時間後までに大雨警報（土砂災害）の基準を超えることが予測される場合は「警戒」（赤）などと色分けされている。ただ基準雨量に達した地域でも，土砂災害の起きうる斜面がない所では避難の必要はない。土砂災害の発生する場所は地形によってほぼ決まっており，危険な場所は「土砂災害警戒区域」や「土砂災害特別警戒区域」に指定されている。したがって，避難指示をするべき対象地域は，メッシュ情報で危険度が高い地域と土砂災害警戒区域が重なり合った場所となる。しかしそうなると対象区域が市内にまだら状に存在することになり，区域設定やそこに住む住民への伝え方が難しくなる。それゆえに対象住民に個別

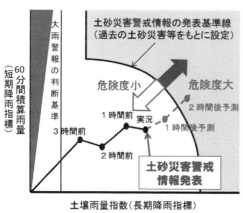

図 4‒3　土砂災害警戒情報の基準

出所：国土交通省資料（2013）より一部加筆。

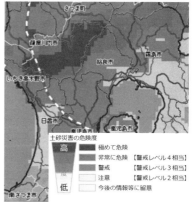

図 4‒4　大雨警報（土砂災害）危険度分布の例

出所：気象庁 HP e より。

に伝えるためのスマートフォンなど使った工夫が必要になってくる（詳細は5章）。

　第二の問題は，土砂災害の性質によっても避難の仕方が異なることである。土砂災害には「がけ崩れ」「土石流」「地すべり」の3種類があるが，避難の仕方は微妙に異なっている。たとえば，がけ崩れは比較的影響範囲が小さいので，屋外に避難することが危険な場合は次善の策として2階などに避難することもありうる。しかし土石流の場合は，広範囲にわたり破壊的な被害をもたらす危険性があるので，大雨で避難が困難な状態でも，無理をしてでも，自宅を離れた立ち退き避難をする必要があるのである。

　第三の問題は，土砂災害警戒情報の精度（的中率）である。土砂災害は，土壌雨量指数などの複雑な計算式を使っても，その発生を事前に予測することが難しい。2005年に土砂災害警戒情報が始まった当初は，発表しても市内のどこにも土砂災害が発生しないという，いわゆる「空振り」の割合が96％と，精度が大変低かった（国土交通省・気象庁資料，2012）。その後，発令基準を変更して，最近では3割から4割程度は的中するようになってきた。たとえば2017年の西日本豪雨では全国505市町村に土砂災害警戒情報が出され，そのうち41％の208市町村で土砂災害が発生している。あるいは2019年の台風19号時には437市町村に出され，そのうち35％の151市町村で土砂災害が発生している（社会資本整備審議会資料，2020）。もっとも的中したといっても，市町村内には土砂災害警戒区域は多数あり，そのうちの一か所でも発生すれば的中と数えているので，土砂災害警戒情報が出ても，ある危険箇所が土砂災害を起こす可能性はこの数字よりずっと低くなる。したがって，土砂災害警戒情報の発表のたびに避難するとすれば，住民は相当数の空振り避難をしなければならないことになる。

（4）地震・津波時の避難情報

　地震動の警報には2007年から始まった「緊急地震速報」がある。これはいずれかの地域で震度5弱以上の地震が予想されたときに，震度4以上の揺れが予想される地域に出されるもので，地震のP波（縦波）とS波（横波）の伝達速度の違いを利用して，主要動の数秒から数十秒前に大地震の到達を予報しようとするものである。緊急地震速報は，震源が近い場合は，主要動に間に合わなかったり，速報を知っても，揺れまでの時間が少ないという技術的限界がある。緊急地震速報の効果について調査した諸研究によると，身を守る行動を促進する効果はほとんどみられない。しかし身を守る構えができるなど，心理的な効果があり，住民の緊急地震速報への評価は高くなっている（e.g. 桶田，2011；大原他，2011；中森，

表 4-5 津波避難に関する警報・情報

情報名称	解 説	発表主体
大津波警報	予想される津波の高さ：3m〜5m, 5m〜10m, 10m〜；「巨大」な津波	気象庁
津波警報	予想される津波の高さ：1m〜3m；「高い」津波	気象庁
津波注意報	予想される津波の高さ：1m	気象庁
遠地津波に関する情報	日本から離れた場所からの津波で到達に相当の時間がある場合。警報等の発令前に到達予想時刻等を発表	気象庁

出所：内閣府（2021a）より作成。

2013；気象庁地震火山部, 2017）。運用前は地震速報で驚いた人が自動車事故を誘発するなどの副作用が危惧されたが，そういうことはほとんど起きず，意外な形で住民に定着しているといえる。

　他方，津波避難に関する避難情報の発令基準は，比較的単純である。津波はたとえ浸水の深さが浅くても，人を押し流すような衝撃力を持つことがあるために，緊急の避難が必要である。そのため2021年のガイドラインでは津波注意報・津波警報・大津波警報のいずれの場合でも，避難指示を出すことになっている。また避難の仕方は立ち退き避難が原則で，緊急安全確保は想定されていない。津波に関する予警報には，予想される津波の高さに応じて，津波注意報（1m），津波警報（1-3m），大津波警報（3m以上）の3種類がある（表4-5）。ここで注意報で避難指示を出すことは，他の災害にはない措置である。もっとも，津波予報の種類によって，避難指示の対象地域は異なっている。すなわち，津波注意報の場合は堤防のより海側の地域が対象で，津波警報の場合は3mの津波で浸水する恐れのある地域となり，大津波警報の場合は最大クラスの津波時に想定される浸水区域となっている。また日本から遠く離れたところで発生した津波については「遠地津波に関する情報」が出される場合がある。その場合は，高齢者避難情報の発令を検討するよう，ガイドラインでは求めている。

　そのほかガイドラインでは，通信が途絶して津波警報が受信できないときには，揺れは弱くても1分以上の長い揺れを感じた場合には，避難指示を出すことが例示されている。

　他方，地震の中でも今後発生が予想される「南海トラフの巨大地震」については，異常な事態が観測されたときに警戒を呼びかける「南海トラフ地震臨時情報」が設定されている。これには3つのパタンがある（図4-5）。第一は想定震源域のプレート境界でマグニチュード8以上の大地震が起きたが，まだ未破壊の

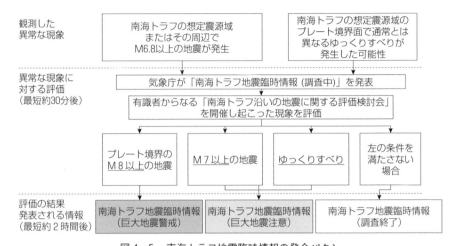

観測した
異常な現象

| 南海トラフの想定震源域
またはその周辺で
M6.8以上の地震が発生 | 南海トラフの想定震源域の
プレート境界面で通常とは
異なるゆっくりすべりが
発生した可能性 |

異常な現象に
対する評価
（最短約30分後）

気象庁が「南海トラフ地震臨時情報（調査中）」を発表

有識者からなる「南海トラフ沿いの地震に関する評価検討会」
を開催し起こった現象を評価

| プレート境界の
M8以上の地震 | M7以上の地震 | ゆっくりすべり | 左の条件を
満たさない
場合 |

評価の結果
発表される情報
（最短約2時間後）

| 南海トラフ地震臨時情報
（巨大地震警戒） | 南海トラフ地震臨時情報
（巨大地震注意） | 南海トラフ地震臨時情報
（調査終了） |

図4-5　南海トラフ地震臨時情報の発令パタン

出所：内閣府（2021b）。

領域が残っている，いわゆる「半割れ」のパタンである。この場合，未破壊領域
で大規模地震が引き続き起きる可能性が高いので「南海トラフ地震臨時情報（巨
大地震警戒）」が発令される。第二は想定震源域でマグニチュード7クラスの地震
が起きた「一部割れ」（前震可能性地震）の場合である。第三は大地震は発生して
いないが，地中のひずみ計などでプレート境界のゆっくりしたすべり「ゆっくり
すべり」が観測された場合である。第二，第三の場合には「南海トラフ地震臨時
情報（巨大地震注意）」が発令される。ここで第一の「半割れ」の場合には，地震
後1週間は危険性が高いので，次の大地震の発生時に明らかに避難完了できない
地域の住民はあらかじめ避難することなどが求められる。第二の「一部割れ」の
場合は，1週間は，地震への備えを再確認し，場合によっては必要に応じて自主
避難することが求められる。第三の「ゆっくりすべり」のパタンでは地震の備え
の再確認のみが求められる（内閣府，2021b）。

（5）高潮時の避難情報

高潮は，台風や温帯低気圧といった大きな気圧の低下で海面が上昇することに
よって起きる氾濫である。東京湾・伊勢湾・大阪湾・有明海など，水深の浅い湾
で発生しやすく，伊勢湾台風の際には5000人以上の犠牲者が出ている。海面上昇
は海から陸に強風が吹くとその威力がさらに強化される。このことから，高潮に

表4-6　高潮避難に関する情報

情報名称	解　　説	発表主体
台風情報	台風の位置や強さの実況・予測	気象庁
高潮警報	重大な被害の恐れ　警戒基準到達の3-6時間前に発表	気象庁
高潮特別警報	伊勢湾台風級の台風でこれまで経験したことのないような高潮の予想	気象庁
高潮氾濫発生情報	水位周知海岸で氾濫が発生したときに発表	気象庁
暴風警報・暴風特別警報	暴風発生の3-6時間前に発表	気象庁

出所：内閣府（2021a）より作成。

は台風情報や暴風警報も関係している。高潮注意報・警報はそれぞれ基準水位に達すると予想される際に出される。また高潮特別警報は，伊勢湾台風級（気圧930hPa以下，または最大風速50m/s以上）の台風により，これまで経験したことのないような高潮が予想されるときに出される（表4-6）。

　2021年のガイドラインによると，高潮は暴風を伴うために早めの避難が必要であることから，高潮注意報が出されていて，さらに台風情報で暴風域が当該市町村にかかることが予想されるときなどに「高齢者等避難」を発令することになっている。そして高潮警報や高潮特別警報が発表されたときに「避難指示」を発令し，水門が閉まらないなど施設に異常が生じたり，潮位が危険潮位を超えたときには「緊急安全確保」を出すことが例示されている。なお高潮特別警報では高潮警報より広い範囲に避難指示を出すことから，避難の時間を確保するために，より早期の発出が望まれている。

（6）噴火の予測情報
　気象庁から出される予警報で，噴火時の避難指示にかかわるものに，2007年から始まった噴火警戒レベル（噴火警報）がある。噴火警戒レベルも予報・警報・特別警報の3レベルがあるが，警報と特別警報はそれぞれ2ランクに分かれていて，合計5段階の噴火警戒レベルを構成している。火山は人家から離れた山頂付近で起きることが多いので，山頂に近づく登山者と，山頂から離れたところに居住する住民とそれぞれに留意点が異なるため，警戒レベルが他の災害の警戒レベルとやや異なる構成になっている（表4-7）。

　情報の中でもっとも警戒を要するのは警戒レベル5（避難）で，これは居住地域で重大な被害が切迫しているときに出され，山麓の住民に避難が求められる。

表 4 - 7　噴火警戒レベル

	名称	レベル	火山活動の状況	住民・登山者の行動	相当例
特別警報	噴火警報（居住地域）または噴火警報	5（避難）	居住地域に重大な被害を及ぼす噴火が発生，あるいは切迫している状態	住民：危険な居住地域からの避難などが必要	口永良部（2015）伊豆大島（1986）雲仙岳（1991）
		4（避難準備）	居住地域に重大な被害を及ぼす噴火が発生すると予想される	住民：警戒が必要な居住地域での避難の準備，要配慮者の避難などが必要	桜島（2015）三宅島（2000）
警報	噴火警報（火口周辺）または噴火周辺警報	3（入山規制）	居住地域の近くまで重大な影響を及ぼす噴火が発生，あるいは発生すると予想される	住民：通常の生活登山者：登山禁止・入山規制など危険な地域への立ち入り規制	御嶽山（2014）箱根山（2015）
		2（火口周辺規制）	火口周辺に影響を及ぼす噴火が発生，あるいは発生すると予想される	住民：通常の生活登山者：火口周辺への立ち入り規制など	
予報	噴火予報	1（活火山であることに留意）	火山活動は静穏。火山活動の状態によって，加工内で火山灰の噴出などが見られる	住民：通常の生活登山者：特になし	

出所：気象庁HP f, 噴火警戒レベルの説明，各火山のリーフレットなどより作成。

　最近の事例としては2015年の口永良部島，1986年の伊豆大島，1991年の雲仙普賢岳などの噴火がこれに相当する。レベル4（避難準備）は，居住地域に重大な被害を及ぼす噴火が予想されているときに出され，高齢者等避難が求められる。過去の事例としては2000年の三宅島の噴火などがこれにあてはまる。これらレベル5と4が「噴火警報（居住地域）」で，警報レベルでは特別警報にあたる。一方レベル3（入山規制）では，住民は通常生活をしつつ，登山者は入山が規制される。2014年の御嶽山の噴火がこのレベルに相当する。レベル2（火口周辺規制）は，火口周辺の噴火が予想される場合に出され，登山者は火口周辺への立ち入りが規制される。そしてレベル1は静穏な状況を意味し，住民・登山者ともに行動規制の必要はない。

　具体的にどのようなタイミングでどのような範囲の人を避難させるのかは，事

前に作られたハザードマップや噴火シナリオを基にしながら，専門家や気象庁と相談しながら地元自治体が決定することになる。

　さらに63人の犠牲者を出した2014年の御岳山噴火災害をきっかけに，「噴火速報」が設定されている。これは登山者や周辺住民に噴火が発生したことを即自的に伝えるものである。これまで阿蘇山や桜島などで出されているが，2018年に発生した草津白根山の噴火では，警戒していた場所以外で噴火が起きたため，噴火を即時に確認できず，噴火速報は発表されなかった。

（7）レベル化の課題

　警戒情報のレベル化は市町村や住民のとるべき対応に従って予警報などを整理したものだが，レベル化は単に予警報を整理しただけではなく，対応と予警報を結びつけたことに特徴がある。2019年のガイドラインでも気象警報と避難勧告・指示の対応が結びつけられてきたが，それがより明確化され，住民の行動も結びつけられている。これまでの予警報や各種災害予測情報は，災害が起きるたびに新たな情報が作られ，その軽重がわかりにくくなっていたので，レベル化して避難に活かそうということである。ただ，もともと異なる現象・情報・行動を横並びにして簡略化したことでいくつかの課題も残っている。

　すなわち第一に，予警報と市町村や住民の取る対応とをマッチングさせたことで，単純化はしたが，それだけで安心することはできない。そもそも気象庁などの予報や警報は危険を伝えるアラートであるが，人々の行動を指示するワーニングとは基本的に異なる。予測情報は現実的な危険性に翻訳されなくてはならない。たとえば洪水の場合，水位予測情報だけでなく観測された水位・ダムの放流・堤防の漏水・ポンプ場の停止など，実況情報も判断基準になるし，予測によって避難対象地域を変化させる必要もある。その上，情報の精度の問題もある。たとえば土砂災害警戒情報は2時間後までの予想雨量から計算されるが，空振りの頻度があまりに多いために，次節で述べるように，市町村は状況を見てそれをスルーしていることが多いのである。したがってあるレベルに達したからといって，それを避難情報にダイレクトに結びつけるわけにはいかないところがある。

　第二に，そこで特に問題なのはレベル5の「緊急安全確保」である。もっとも深刻な事態で出されるはずの「緊急安全確保」では，必ずしも避難が指示されるわけではなく，住民はどうしてよいかわからなくなる可能性がある。行動指示の性格が極めて曖昧なものになっている。運用の仕方によっては「緊急安全確保」はワーニングではなく，単なるアラートと区別がつかないものになる危険性があ

る。

　第三に，レベル化は「わかりやすさ」を追求するあまり，避難の実情とは異なる設計になっている可能性がある。まずレベル化にあわせて避難勧告と避難指示が統合されたことで，きめの細かい避難の呼びかけができなくなってしまった。その上レベル４までに大方の避難を完了させ，レベル５では「緊急安全確保」を呼びかけることになっているが，現実的にはレベル４の段階で避難が完了するとは思えない。というのも，一般に住民は避難の呼びかけになかなか反応しないものだからである。そうした中で避難を促進したい自治体は「緊急安全確保」を想定より低いレベルで発するようになり，「緊急安全確保」の緊急性が低下する可能性がある。しかもその指示内容が屋内退避も含むあいまいなものであるとすれば，避難勧告の後に避難指示を出していたときより，避難は促進されないかもしれない。

　第四に，これは些細なことだが，レベル化の色分けも気になる。レベル化の色分けは，危険度の低いほうから，白 → 黄色 → 赤 → 紫 → 黒となっているが，これは国際基準とは異なっている。すなわち警報のカラーコードを規定しているISO22324では，警報を発するときの色分けは，交通信号と同様に，安全なほうから緑 → 黄色 → 赤となり，４色以上を使う場合は緑から赤までのより細かい色相を使うことになっている（ISO, 2015）。実際，ヨーロッパの気象警報は緑 → 黄色 → オレンジ → 赤の配色となっていて，テレビでは「オレンジ警報」が出ています，などと放送されている。したがって，国際化の観点からはわかりにくさを生む可能性がある。

（８）予測情報の変更と連続する知識ギャップ

　2000年以降，気象庁の出す災害予測情報は，毎年のように追加・変更されてきた（表４-８）。大雨に関する情報では，たとえば2004年には，警報発令中に災害の危険性がさらに高まると「重要変更！」と明記して発表をするようになった。翌2005年からは，警報の「重要変更」にかえて「土砂災害警戒情報」が出されるようになる。さらに2007年には，指定河川洪水予報や噴火警報において５段階にレベル化された表現を使うようになった。また2010年には，大雨警報に土壌雨量指数と流域雨量指数が導入され，大雨警報（土砂災害），大雨警報（浸水害）と大雨警報が２つに分けて表現されるようになった。そして2013年には，特別警報が，大雨（土砂災害，浸水害）・暴風・暴風雪・大雪・波浪・高潮について発表されるようになった。危険度分布のメッシュ情報については，2013年に土砂災害警戒判

定メッシュ情報が，2017年に大雨警報（浸水害）・洪水警報の危険度分布がHPで提供され始めた。2019年には，すべての防災気象情報がレベル化され，避難行動と結びつけられるようになった。さらに2021年には，線状降水帯に関する情報が新設された[8]。

　他方，2015年に改正された水防法（第13条の2）では，都道府県や市町村は下水道に警戒水位（雨水出水警戒水位）を設定し，それを超えた場合には雨水出水（内水氾濫）の警戒情報を発令することが定められた。

　一方，避難指示などの避難情報も変化が著しい。たとえば2013年には避難の概念が変更され，立ち退き避難がかえって危険になる恐れがあるときに「屋内での待避その他の屋内における避難のための安全確保に関する措置」を指示するようになった。さらに2021年には，そうした場合には，高所への移動・近くの堅固な建物への退避・屋内の開口部から離れた部屋への退避などの「緊急安全確保措置」を指示するようになった（災害対策基本法第60条3項）。さらに同年には「避難勧告」と「避難指示」が統合され「避難指示」となった。

　こうした目まぐるしい防災情報の変化の背景には，技術的進展と社会的要請の2つがある。技術的進展には，タンク・モデルを使った土壌雨量指数，流域雨量

表4-8　避難にかかわる情報の変遷

2004年	警報の「重要変更！」・警報級の可能性
2005年	土砂災害警戒情報
2007年	指定河川洪水予報のレベル化
2007年	噴火警戒レベル
2008年	竜巻注意情報
2010年	大雨警報に（土砂災害）または（浸水害）付記 （大雨警報で土壌雨量指数，洪水警報で流域雨量指数を導入）
2013年	特別警報開始
2013年	土砂災害警戒判定メッシュ情報HPで提供開始
2013年	災害対策法改正　屋内退避指示の追加
2014年	高解像度降水ナウキャスト
2014年	ガイドライン「避難勧告等は，空振りをおそれず，早めに出すこと」
2015年	噴火速報
2017年	大雨警報（浸水害）・洪水警報の危険度分布　提供開始
2019年	防災気象情報のレベル化
2021年	避難勧告と避難指示の統合，「緊急安全確保」新設
2021年	雨水出水警戒情報
2021年	線状降水帯に関する情報（「顕著な大雨に関する気象情報」）

出所：各年気象庁報道発表などにより作成。

指数，表面雨量指数など，雨量から災害発生を予測する数値モデルが開発された
ことや，またこれらモデル計算の基礎となる雨量の観測がＸバンドＭＰレー
ダーなどを使い面的に展開してきたことなどがある。他方2000年の東海水害，
2004年の新潟福島水害・台風23号水害（豊岡）・広島土砂災害，2005年の神田川
水害，台風14号（九州），2006年豪雨（長野・鹿児島），2008年豪雨（愛知県），2011
年の紀伊半島豪雨など，毎年のように土砂災害や水害が発生し，それへの早急な
対応が求められたこともある。

　ただ，こうした情報の変化を社会が適切に受け入れられるのか，という問題が
ある。3章の社会教育のところで知識ギャップ仮説について紹介したが，知識
ギャップ仮説には続きがある。知識ギャップ仮説は，社会階層や関心が異なる社
会成員間の知識の差が，コミュニケーションによってかえって拡大してしまう現
象を意味するが，たとえばある国で，道路が左側通行から右側通行へ変わる，と
いう知識のように，ある種の知識には上限があり，低知識層も次第に追いつきそ
の差が解消されるということがある（Thunberg, et al., 1979）（図4‐6）。これは上
限効果と呼ばれる（Ettema, et al., 1977）。しかし次々に新しい知識が出てくると，
このギャップは解消されることなく，低知識層の知識が低いままギャップが存在
し続けることになる。たとえば，首相が頻繁に入れ替わる国では，だれが現在の
首相なのかわからないという層が存在し続ける，というようなことである。杉山
（1992）は新たなイノベーションが次々と登場するような状況では，知識ギャッ
プの上限効果は成立しないと指摘するが，これは「連続する知識ギャップ」とも
いうべきものである。連続して発生する知識ギャップを図4‐7で説明すると，
t1の時点から広がり始めたある知識は，t2の時点では社会的に有利な層（たとえ
ば高関心層）と不利な層（たとえば低関心層）の間で差ができる。しかしその時点で，

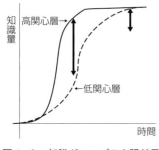

図4‐6　知識ギャップの上限効果

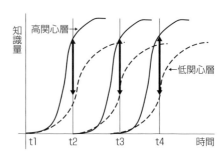

図4‐7　連続する知識ギャップ

もう次の新しい知識が生み出され，t3 の時点では社会的に有利な層で普及し，やはり両者の間に差ができてしまい，同じことが新たな知識について t4 の時点で発生し，その差はずっと縮まらないということである。災害情報についても，新たな情報が次々に出てくるのはよいが，社会的にみると，特に関心の薄い層には，いつまでたっても現行の知識が普及しない，ということになる。災害情報も，災害が起きるたびに毎年のように変更するのではなく，低関心層での知識の普及を考えて，より計画的に変更していく必要があるのではないだろうか。

4.3　避難情報発出の実際

　では，これまで避難勧告・指示はどのように発出され，そこにはどのような問題があったのだろうか。ここでは，筆者らが行った自治体の防災部局への聞き取りなどを通じて明らかになった，具体的な事例を述べていく。

　避難情報発令における問題は，単なる担当者のミスではなく，よりシステマテックな問題である。そこでここでは，避難情報発令基準の具体化の必要性，多様な現象・多様な情報を処理することの難しさ，予測技術の進展とその限界との付き合い方，などに注目しながら，集中豪雨に関する4つの事例を検討する。[9]

（1）2004年新潟・福島豪雨災害——三条市の例
① 避難勧告の発出状況
2004年の新潟・福島豪雨時，新潟県三条市では市内の五十嵐川で起きた洪水に

表4-9　三条市の避難勧告発令時刻

	時刻	避難勧告対象地域	地域の特徴	世帯数
1	10：10	五十嵐川提外地，篭場（右岸），中新（右岸）西大崎 1-3（右岸）曲渕 2（左岸）	決壊場所より上流の右岸と左岸の一部	2,300
2	11：00	三竹 1（右岸），東新保（左岸），曲渕 1, 3（左岸），月岡 1-4（左岸），諏訪 1-3（左岸）	決壊場所付近の両岸	2,239
3	11：40	島田 1-3（左下流），大野畑（信濃川沿），北四日町（左岸），南四日町 1-4（左岸），西四日町 1-4，由利（左岸信濃川との合流部），条南町（左岸），桜木町（左岸），西本成寺 1-2（左岸），直江町 1-4（信濃川低地），北新保 1-2（左岸），南新保（左岸）	左岸水没地域と信濃川付近の低地	6,016

出所：三条市資料（2004）より作成。

より9人の犠牲者が出ている。市への聞き取りおよび内閣府の資料（内閣府，2004）によれば，三条市は避難勧告を13日の10時10分，11時，11時40分と断続的に3回出しており，避難勧告は時間的には決壊前に出されていた（表4‐9）。ただ，それまでに「記録的短時間大雨情報」（8時20分），堤防の漏水（10時過ぎ）などのさまざまな兆候があり，もう少し早く広範囲に避難勧告を出せなかったのか，ということが問題となった。

氾濫を起こした五十嵐川は，県管理の中規模の水位周知河川で，上流には県管理の笠堀ダムがある。もし現在のガイドラインに沿った避難勧告を出すとすれば，まずは川の水位を基準として判断し，さらに雨量や気象情報を基に今後の増水を予測して判断することになる。さらに上流のダムの放流状況や堤防の漏水なども考慮することになる。実際はどうだったのだろうか。

市への聞き取りによると，1回目の避難勧告発令のきっかけは，五十嵐川の水位上昇の情報と，上流の笠堀ダムの「ただし書き操作」の情報であった（表4‐10）。すなわち，水位は午前10時に警戒水位を超え，ダムは9時32分に「ただし書き操作」に入っている。「ただし書き操作」（異常洪水時防災操作）とは貯水量が満水に近づいたとき，流入量と放流量が同じになるように操作することで，ダムはこの操作をすると洪水調節機能を失うことになる。さらにこのころ右岸の堤防から漏水している情報も入っていた（内閣府，2004）。2回目の避難勧告のきっかけは，大規模決壊とは反対の右岸で溢水があったためであった。またこの時，過去に内水の浸水があった左岸の嵐南地区にも避難勧告を出している（内閣府，2004）。そして3回目の避難勧告は，河川の決壊ではなく，内水による浸水を想定して，嵐南地区全域に出している。この地域は下水道が未整備で，水がたまりやすく，五十嵐川の水位が上がると排水ができなくなって，浸水しやすい地域であった。

こうした避難勧告発令のきっかけは市の避難勧告発令基準や内閣府のガイドラインに沿ったもので，一見，問題はないようにみえる。しかし情報をうまく活用すれば，被災地域に対してより早い発令ができた可能性がある。

表4‐10　避難勧告発出のタイミングときっかけ

	避難勧告	きっかけ	決壊時刻
三条市	10：10 11：00 11：40	水位，ダム，漏水 越水，内水 内水	13：07

表 4 - 11　三条市避難勧告発令基準（一部）（水害後～2008年）

対象地区：嵐北地区，嵐南地区，井栗地区，本成寺地区，大崎地区，長沢地区
次のいずれかの基準に達したときに発令
・三条地区雨量（三条市消防本部）：3時間雨量120mm以上
・五十嵐川水位及上流雨量（一新橋水位・笠堀ダム雨量）：
　　　水位9.5m以上かつ累計雨量が220mm以上または2時間雨量が80mm以上
・笠堀ダム：ただし書き操作の予告連絡があったとき

出所：国定（2011）。

② 避難勧告発出基準の具体化

　第一のポイントは避難勧告発令基準の具体化である。当時の三条市の地域防災計画では，避難勧告発令基準は「河川が警戒水位を突破し，洪水のおそれがあるとき」となっていた。しかしどのような場合を「洪水の恐れ」があるとするのか，またその場合どの地区に避難勧告を出すのか，ということは具体的に決まっていなかった。そのために五月雨的に次々と避難勧告を出さざるを得なかったのである。避難勧告基準を具体化しておけば，情報を活かして，素早く，適切な地域を対象とした避難情報を出すことができるし，首長が不在のときにも担当者が迅速に判断することができる。さらにその基準を消防団や住民も知っていれば，早めに危機感を共有することができるだろう。

　実際，内閣府はこの災害をきっかけに，「避難勧告等の判断・伝達マニュアル作成ガイドライン（平成17年度）」を作り，避難する地域や発令の判断基準の具体化が重要であると提言している。三条市でもこの災害後に避難勧告基準を具体化し，避難対象区域ごとに，水位や雨量を数値的に規定し，さらにダムの「ただし書き操作の予告連絡」があったとき，などの基準を作っている（表 4 - 11）。

③ 多様な情報の見逃し

　第二のポイントは，多様な情報が見落とされがちであるという点だ。たとえば，市の担当者は，水位に関しては主に市の観測点（特にテレメータ）を注目しており，県の水位観測所の情報はほとんど考慮していなかったという。県の水位情報はリアルタイムでないことや，web上に公開されているだけなので閲覧の手間がかかるからであった。あるいは気象台の出す多様な情報も避難勧告に活かされてはいなかった（表 4 - 12）。たとえば気象台は当日の8時21分に大雨洪水警報に「重要変更」を加え，より深刻な事態を伝えようとした。これはその後の土砂災害警戒情報にあたるもので「過去数年間でもっとも土砂災害の危険が高まっています」という内容だった。また11時30分には大雨洪水警報の「継続」情報として，

表 4 - 12　災害当日，三条市が受けた防災気象情報

時間	情　報	発出主体
6：29	大雨洪水警報	気象台
8：20	記録的短時間大雨情報	気象台
8：21	大雨洪水警報「重要変更」	気象台
8：30頃	9：40よりダムのただし書き操作の予告	県・土木事務所
8：45	水防警報「越水の恐れ」	県・土木事務所
11：30	大雨洪水警報「継続」浸水・洪水へ警戒	気象台

三条地域を特定して「浸水・洪水」への警戒を呼びかけていた。しかし市の担当者はこうした警報が出ていることは知らなかった（内閣府，2004）。

　この原因は，警報の「重要変更」や「継続」といった表現方法のわかりにくさもあるが，より直接的には，情報の提供手段にある。というのは当時気象台からの情報は，FAX による一斉配信で，市では FAX の情報を見逃していたのである。実際，関係省庁のヒアリングに対して，市の担当者は，重要情報については FAX だけでなく直接電話で伝えてほしい，と言っている（内閣府，2004）。危機的な状況では，気象台がもつ危機感を，電話で直接，自治体に伝えることが重要である。

　④ 伝達メディアの欠如

　他方，三条市の避難勧告で発出された勧告が住民に伝わらないという，伝達メディアの問題もあった。当時三条市には同報無線などの一斉伝達手段がなく，自治会長に電話をかけ，そこから住民に伝えてもらうか，広報車を出すしか方法がなかった。しかも，嵐南地区では自治会長24人のうち22人は，避難勧告の連絡をまったく受けていなかったという（読売新聞2004.1.15）。また広報車も浸水のために出すことができなかった（内閣府，2004）。避難勧告を発令しても，それが住民に伝わらなければ，発令していないのと同じであり，住民への一斉伝達メディアの重要性が改めて明らかになった。

（2）2014年広島土砂災害

① 出し遅れた避難勧告

　2014年の広島土砂災害は新潟・福島豪雨から10年後の災害で，災害情報が急速に整備されてきたときに起きた災害である。すなわち避難勧告基準は具体化が進み，警報の「重要変更」は「土砂災害警戒情報」になり，危険度のメッシュ情報

も整備された。しかしそれで問題が解決されたわけではなかった。土砂災害は水位などの予測手段が使えないため，発生が予測しにくく，適切な避難勧告発令には，多様な気象情報を迅速に処理する必要があったのである。

　この土砂災害は，8月20日未明の集中豪雨により発生したもので，市内で76人（安佐南区70人，安佐北区6人）もの犠牲者が生じる大災害となった（内閣府，2015）。各種資料によれば，土砂災害が発生したのは20日の午前3時台であったが，避難勧告が出たのは安佐北区で4時15分，安佐南区で4時30分と，災害発生の後であり，避難勧告は出し遅れたことになる（表4‐13）。

　② 遅れの理由

　発令が遅れた第一の理由は，避難勧告発令基準の1つであった「土砂災害警戒情報」が活かされなかったことにある。広島市では避難勧告の基準が具体的に決められており，土砂災害については，土砂災害警戒情報の発令，避難基準雨量，大雨特別警報の発令などがその基準であった（表4‐14）。土砂災害警戒情報が出たのは1時15分で，市ではそれをFAXで受信し，気象台から確認の電話も入ったが，そのことで避難勧告を出すことはなかった。その理由は定かではないが，当時土砂災害警戒情報は頻発されており，さらに雨が小康状態になったことから，避難勧告を出さなかったのではないかと思われる。筆者がこの時の状況を広島県の危機管理課で聞き取りをしたところ，この8月は雨が多く，県内では2日間に10回くらい土砂災害警戒情報が出ており，情報が出ても何も災害が起きてこなかったといい，この情報の信頼性が低かったことが考えられる。

　発令が遅れた第二の理由は，市が定めた「避難基準雨量」を超えたのに勧告が出されなかったことにある。避難基準雨量とは，市内各地に設置した雨量計の雨量から，各地区が避難する雨量の基準を定めたもので，半減期72時間の実効雨量を使っていた。避難勧告基準雨量の一覧表（表4‐15）によれば，たとえば安佐南区の佐東（安佐南消防署設置）の避難勧告基準雨量は160mmで，20日3時時点の実効雨量は194mmであったので（広島市，2015），遅くともこの時点で避難勧告を出すべきであったことになる。

　避難基準雨量を越えても，勧告を出さなかった理由は大きく3つある。第一は避難基準雨量の算出に時間がかかった，ということがある。地域防災計画によれば大雨注意報が発表された後は毎正時に雨量計の雨量を測定し，避難基準雨量を算出することになっていた。広島市の報告書によると，毎正時の雨量データの整理には15分かかり，それが庁内LANの共有フォルダに掲載され，区に居る職員が確認できるのは正時から20分後であったという（広島市，2015）。しかし土田ら

120

表4‐13　2014年広島土砂災害時の広島市の対応

時間	対　応
1：15	土砂災害警戒情報
1：49	広島県気象情報第2号　明け方までに70mm/h120mm/d
1：57	気象会社からの大雨を知らせる電話**
2：20	広島県「土砂災害危険度情報」安佐南区で危険度「赤」（1時間後にCL超え）となる*
2：30	以降市民からの119番通報増加** 119番通報2時台豪雨に関するもの18件
2：50	広島県「土砂災害危険度情報」安佐南区で危険度「朱」（実況でCL超え）となる*
3：00	「避難勧告基準雨量」を超える。安佐北区・安佐南区・西区（集計は15分後） （ex. 3時の実効雨量；佐東194mm, 可部南部190mm 三入171mm）
3：21	安佐南区山本「男児2人が生き埋め」の119番通報（がけ崩れ）
3：30	安佐南区緑井「土石流で女性行方不明」の119番通報
3：31〜	停電（八木3丁目）
3：37〜	停電（可部東6丁目）
3：49	記録的短時間大雨情報（安佐北区120mm/h　〜3：30）
4：01	安佐南区八木「家屋倒壊」の119番
4：15	安佐北区避難勧告発令 安佐南区避難勧告発令

出所：広島市（2015），*土木学会・地盤工学会（2014），**読売新聞（2014.9.6），より作成。

表4‐14　広島市の土砂災害に関する避難勧告基準（2014年）

1	気象台から大雨特別警報が発表された場合
2	避難基準雨量を超えた場合
3	広島地方気象台と広島県土木局砂防課から土砂災害警戒情報が発表された場合
4	巡視等によって危険であると判断した場合
5	土砂災害緊急情報が通知された場合

出所：広島市水防計画第4章　避難対策。

表4‐15　広島市の避難基準雨量（一部）

行政区	避難勧告対象区域	警戒基準雨量	避難基準雨量	雨量観測所	
安佐南区	祇園・西原・長東	130mm	140mm	市	祇園消防出張所
	山本		150mm	県	祇園山本
	安古市			市	上安消防出張所
	佐東	150mm	160mm	〃	安佐南消防署
	伴	100mm	130mm	〃	沼田消防出張所
	奥畑	120mm		県	奥畑
	戸山			市	戸山分団阿戸車庫

出所：広島市（2015）。

（2016）によれば，安佐北区可部南の場合，実際には2時50分に避難基準雨量を超えていたのである。正時に集計することで，発令のタイミングが25分以上遅れたことになる。

　基準雨量が活かされなかった第二の理由は，深夜の大雨であったために，避難する際の混乱を危惧して，避難勧告の発令をためらったことがある。市の報告書によると，「3時15分（区では3時20分）に安佐南区，安佐北区で警戒基準雨量および避難基準雨量を一気に超える区域が発生したことが判明し，避難勧告発令の必要性を認識したが，夜間・豪雨の中での避難（避難所への移動）の際の危険性を考え，直ちには発令の決定はしていない」（広島市，2015, p. 44）とある。たしかに大雨時の避難には危険が伴う。しかし，こと土砂災害，特に土石流に際しては，家が完全に倒壊してしまう危険があり，夜間でも避難を決行する必要があった。夜間の避難勧告発令をためらうことはその後もしばしば発生しているが，内閣府のガイドラインにもあるように，こうした躊躇はするべきではなかった。

　基準雨量が活かされない第三の原因には，勧告基準の運用計画が関係している可能性がある。当時の広島市の地域防災計画には「本市は避難基準雨量に達し，引き続き強い雨が見込まれる場合は，避難勧告・指示を行う」とあり，雨量が避難勧告基準に達しても「今後見込まれる雨量や雨の強さからただちに避難が必要である」と判断されない限り避難勧告は行わないことになっていた。もっとも市の担当者に聞き取りをした吉井（2014）によれば，担当者は3時15分頃に可部地区の時間雨量が92 mmであることを確認した時に災害発生を確信したという。したがって今回は運用計画の記述が，勧告遅れに関係したとはいえないようだ。

　発令が遅れた理由の第三は，危険度分布情報がうまく活かされなかったことにある。当時避難勧告の基準には，土砂災害の危険度メッシュ情報はなく，参考情報に過ぎなかった。広島県では気象庁とやや異なる「広島県土砂災害危険度情報」というメッシュ情報を運用していた。[11] 土木学会・地盤工学会（2014）によれば，その判定図では，午前2時時点（2時20分発表）で，佐伯区では実況で基準値（CL）を超え，安佐南区でも1時間後の予測が基準値を超えることを示していた。そして2時30分時点（2時50分発表）で安佐南区でも実況で基準値を超えている。したがって，もしこれを活かすならば，2時20分の段階で避難勧告を出すことができたかもしれない。もっとも，県への聞き取りによると，この情報はレーダーによる解析雨量を使っているために地理的なずれがあったり，予測雨量による値は外れることもあり，精度に疑問があるという。

　このようにみると，避難勧告発令基準の具体化が行われていた点は進歩であっ

たが，急激な大雨の覚知に時間がかかったこと，夜間避難の危険性を考え避難勧告発令を躊躇してしまったこと，土砂災害警戒情報の信頼性に疑問があったこと，土砂災害危険度メッシュ情報が避難勧告発令基準に位置づけられていなかったためにうまく活用できなかったこと，などがわかった。情報は色々出てきたが，実際にそれを運用するとなると，さまざまな問題があるのである。

　③ 被災後の改善

　その後，広島市では避難勧告発令の仕方にさまざまな改善が行われている。広島市への聞き取りによると，まず実効雨量を，正時だけでなく10分ごとに算出するシステムを作り，避難基準雨量を超えた際に機械的に避難勧告を出すようになった。しかし，そうすると今度は，避難勧告を頻繁に出し過ぎるようになってしまった。2015年から2017年の間には，毎年何回も避難勧告を出しており，市民の間では「避難勧告慣れ」のような状態になったという。

　そこで2017年4月からは，県の危険度判定メッシュを勧告基準に使うことになった。この情報はHPで随時公表されており，市民と共通認識ができる目算もあったという。具体的には，危険度メッシュ情報で1時間先の予測値が基準超えとなるときに，避難勧告を躊躇なく出すようにしている。避難勧告は小学校区ごとに出すが，学校区のどこかでメッシュの危険度が超過すると，該当校区がディスプレイにポップアップ表示される仕組みだという。それと同時に，当該地域を対象として，登録メール・緊急速報メール・SNS（Facebook・Twitter）・HPなどで避難勧告を一斉配信できるようなシステムを作っている。

　土砂災害警戒情報にしても危険度のメッシュ情報にしても災害予測精度には限界がある。そうした情報を活用するためには，制度面・システム面・住民の心理面などでさまざまな工夫が必要であることがわかる。広島市は政令指定都市ということで財政規模が大きいことや，短期間に土砂災害を繰り返し経験しているといった特殊な条件がある。しかし対応のためのこうした試行錯誤の経験は，他の自治体にも参考になると考えられる。

図4-8　洪水と土砂に襲われた集落（朝倉市　白木谷川）

（筆者撮影）

（3）2017年九州北部豪雨災害

　2017年の九州北部豪雨では，福岡県朝倉市周辺で7月5日の昼過

ぎから夜にかけて大雨となり，赤谷川をはじめとする筑後川の支流各河川で，土砂や流木を多量に含んだ洪水（土砂・洪水氾濫）が多数発生し（図4-8），九州北部地域で計41人の犠牲者が生じた。ここでは特徴的な4市町について，避難勧告発令状況を取り上げる。

① 多様な情報と避難勧告発令基準――朝倉市

この災害で最大の被害を被ったのは36人の犠牲者を出した福岡県朝倉市である。同市の赤谷川周辺で，深刻な災害が発生したのは，5日15時以降で，これに対して朝倉市は14時26分に全市を対象にした避難勧告を発表している（表4-16）。避難勧告の発令は時間的には間に合っていたことになる。しかしその日は多様な防災気象情報が出されており，それらがどのように活かされたかが注目される。

朝倉市への聞き取りによると担当者は昼過ぎに気象庁の降水ナウキャストを見て，雨量が紫色（80 mm/h～）であることを知り，避難所の準備をし始め，13時には避難所開設を行った。その後13時28分には「記録的短時間大雨情報」が出された。13時30分には，気象庁の「洪水警報の危険度分布」では，すでに実況で基準を超えた「極めて危険」（濃い紫）になっていたが，担当者はこの情報は見ていなかった。洪水危険度分布は前日の7月4日から運用が始まったばかりの情報で，これは活かせなかったようだ。さらに14時10分に土砂災害警戒情報が出された。担当者はこれが出たことには気づいていたが，すでに避難所を設置し，避難準備情報の発令を決めていたので，それによって何かしたということはなかった。そして14時25分に赤谷川があふれているという住民からの電話があり，それをきっ

表4-16　2017年九州北部豪雨時の朝倉市の状況（7月5日）

時刻	事　象
13：14	大雨警報
13：28	記録的短時間大雨情報（12：20-13：20）110 mm/h
13：30	洪水警報危険度分布「極めて危険」（濃い紫）出現
14時頃	杷木松末　道路が崩壊と電話通報
14：06	乙石川沿いの光ケーブル切断，同報無線不通
14：10	土砂災害警戒情報
14：15	避難準備情報
14：25	赤谷川氾濫と電話通報
14：26	朝倉市全域を対象に避難勧告発表
15時頃	杷木星丸　自宅に水が流れ込むと電話通報
15時頃	乙石川氾濫し通行不可と電話通報
15：42	松末小学校に氾濫水が流入し，時計が止まる

出所：中村（2019）。

124

かけに避難勧告を出している（表4‐16）。担当者はこのとき床上浸水程度の被害はあると感じたが，家が壊れるような被害になるとは思わなかったという。

当時，朝倉市では中小河川の洪水について，具体的な避難勧告発令基準は決められていなかった（消防庁，2017）。また土砂と流木が洪水とともに流下する「土砂・洪水氾濫」という現象も想定外の出来事であった。さらに発災時，市内からの大量の電話通報があり，それへの対応で災害対策部局はかなり混乱していたようである。こうしたことから，各種の気象情報を使いこなす余裕がなく，結局は電話通報というプリミティブな情報で避難勧告の判断をしていたことになる。避難勧告発令の基準に明確な規定がなければ，さまざまな気象情報も災害時に活かすことが難しいのである。

こうした経験から，同市では災害後の2018年には，この災害で被災した地域に対しては，大雨警報で避難勧告を出し，大雨特別警報で避難指示を出すように基準を定めている（西日本新聞2018.4.24）。さらに2020年からは，同地域に大雨警報で避難勧告を出し[13]，土砂災害警戒情報・洪水警報の危険度分布（非常に危険）・土砂災害のメッシュ情報（非常に危険）で避難指示を出すようになった（朝倉市，2020）。さらにこの災害を契機に，同市では中小河川を対象にした，低コストの「危機管理型水位計」や河川監視カメラを設置した（福岡県HP）。これらの観測結果も避難指示等の発令基準に位置づけ，うまく活かしていくことが求められる。

② 増大するリアルタイム情報の監視——嘉麻市

一方，朝倉市に北に隣接する嘉麻市では，家屋の流出や浸水被害はあったが，人的被害はなかった。嘉麻市では危険度のメッシュ情報を積極的に利用しようとしている点が注目される。利用されたのは，福岡県砂防課が発信している「土砂災害危険度情報」のメッシュ情報であった。そこでは危険度のレベルがレベル1（黄色），レベル2（赤），レベル3（紫）の3段階に分けられていて，それぞれの基準に「実況」で達しているか，「1時間後」に達する見込みか，「2時間後」に達する見込みか，2時間後までの最大レベルを示す「合成」か，を選択して表示することができる。1時間後の予測を見られる点で，気象庁の土砂災害危険度判定メッシュ情報より，危険度の表示段階が細かくなっている。嘉麻市ではこの情報で「レベル2」になった時に「避難準備・高齢者等避難情報」を出すことになっていて，このメッシュ情報から，15時35分に避難準備の情報を出している。このようにメッシュ情報が避難情報の発令基準として規定されていることは有効といえる。

しかしそこには問題もある。1つは予測精度の問題である。担当者によれば

メッシュ情報では2時間後の予測が出るが，その結果は不安定だという。たとえばメッシュ情報は10分ごとに更新されるので，一度，赤色の表示が出てもすぐに消えてしまうことが少なくないという。そこで担当者はまず実況の危険度を見た後，1時間後と2時間後の予測画面を見て，その状況がしばらく続くか確認してから危険度を判断していた。本来は，まず合成の画面を見て2時間後までの予測値を確認した上で，それが2時間後なのか，1時間後なのかを見て緊急性を判断する，という使いかたを想定しているのであろうが，予測値の信頼性が低いために，本来の使い方とは異なる方法で信頼性を担保しようとしているのである。こうした使い方は，利用者が新たな使い方を編み出す「イノベーションの再発明」（Rogers, 2003）ということができ，興味深い。

　もう1つの問題は，情報監視の手間である。県のメッシュ情報は，防災情報提供装置（パソコン）の端末などで，職員が手分けして監視していた。しかし防災課の職員は，災害時は各部門との調整に庁舎内を動きまわる必要があり，限られた職員で各種情報を監視し続けることは難しかった。そこでタブレット型のモバイル端末を持ち歩きながら利用していたという。しかし根本的には，更新される情報を監視し続け，発令基準を超えたかどうかを判断し続けるのは，職員にとって大きな負担である。近年，多くのリアルタイムの防災情報が出てきており，監視の仕事量が増大している。たとえば内閣府の避難勧告ガイドラインでは，「高齢者等避難」情報を出した後は，①河川水位，②雨量（現況・予測），③洪水警報の危険度分布，④土砂災害に関するメッシュ情報などを，それぞれ10分ごとに確認するように示しているのである（内閣府，2021a, p. 128）。

　それへの対策としては，監視要員の動員とシステム化がある。たとえば広島市では情報監視を専ら行う人員を配置し，さらに各種情報が避難勧告基準を超えたかどうかを自動的に判定するシステムを導入していた。ただ小規模の自治体では要員の確保は難しいし，独自のシステム構築も費用的に難しいのが現状である。

　③メッシュ情報と発令地域の調整──添田市・筑前町

　この災害ではメッシュ情報利用の可能性と課題も明らかになった。たとえば朝倉市の北東に位置する添田市では，人的被害はなかったものの彦山川が氾濫している。当時職員が注目していた情報は，高解像度ナウキャストの雨量・雨量計・彦山川の水位計とライブカメラ映像であった。5日15時10分に土砂災害警戒情報が出て，県の土砂災害危険度メッシュ情報も濃い紫になった。しかし担当者によると，メッシュ情報は表示が5km四方と広く，メッシュの着色部分に民家があるかわからなかったので，この情報では避難勧告は出さなかったという。メッ

シュの細かさについては，その後気象庁の危険度分布では1km四方になるなど，改善されている。しかしこのことは，メッシュと避難情報の対象地域をすり合わせておく作業が必要であることを示唆している。

　また添田町では，土砂災害危険度メッシュ情報は避難勧告の発令時には使わなかったが，解除時には参考にしたという。避難情報は発令だけではなく解除のタイミングも重要なので，危険度メッシュ情報はこうした場面でも活用できる可能性がある。

　他方，朝倉市の西隣に位置する筑前町では，大きな被害はなかったが，小石原川の水位情報をもとに低地に避難勧告を出している。しかし土砂災害警戒情報では避難勧告は出していなかった。担当者によると，その理由は，当時県の土砂災害の危険度メッシュ情報を見ていて，危険が示されたのが土砂災害の危険区域が少ない平地の地区だったからだという。筑前町ではたまたま土砂災害危険度のメッシュの区切りが山地と平地といった地域の実情にあてはまったために，避難勧告の発令に活かすことができた。これはメッシュ情報の本来の使い方といえる。土砂災害警戒情報が出たり，メッシュ情報が危険を示したりしても，即危難指示などにつながるわけではない。メッシュ情報は地域特性に合わせてうまく使いこなしていく必要があることがわかる。

（4）西日本豪雨時のダム情報

　2018年の西日本豪雨災害では，西日本各地で土砂災害や洪水が多発し，全国で200人を超える犠牲者が出た。なかでも広島県・岡山県・愛媛県の3県の被害は著しく，それぞれ109人，61人，29人の死者が確認されている（平成30年版消防白書）。そのなかで愛媛県の肱川流域では，上流の野村ダムと中流の鹿野川ダムの2つのダムの放流をきっかけにして氾濫が発生し，9人の犠牲者が出ている（愛媛県災害対策本部，2018）。ここでは，野村ダム下流の西予市と鹿野川ダム下流の大洲市の対応について，市への聞き取り[14]をもとに避難情報の発令について検討する（図4-9，図4-10）。

　この災害も予測の難しい集中豪雨によるものだったが，気象庁では事前に異変を察知し，被害発生2日前の7月5日から臨時記者会見を開いて警戒を呼びかけた。その内容は，西日本から東日本にかけて非常に激しい雨が数日間降り続き，記録的な大雨となるおそれがある，というものであった。台風や大雪以外での臨時記者会見は異例のことで，NHKでは記者会見を中継し，各局の夜のニュースでも大きく扱われた。この災害は，集中豪雨ではあったが，早くから警戒が呼び

図4‑9　肱川流域図
出所：国土地理院の電子地形図をもとに著者作成。

図4‑10　鹿野川ダム（左　ダム事務所）
（筆者撮影）

かけられていた災害といえる。

　① 放流情報と発令タイミング――西予市

　西予市への聞き取りによると，当時の状況は次のようであった（表4‑17）。まず，7月5日に大雨警報が出た段階で市は災害対策本部を立ち上げている。担当者は5日午後の記者会見を見ているが，台風時のいつもの記者会見のようだと，それほどの危機感は感じなかったという。翌6日に土砂災害警戒情報が出されたが，精度に疑問があったために避難勧告は出されなかった。7日の0時以降，一時おさまっていた雨が再び激しくなった。午前2時30分に野村ダム事務所から市の野村支所長の携帯電話に電話があり，今後「異常洪水時防災操作」が不可避で，操作開始は6時50分の予定であるとの連絡があった。「異常洪水時防災操作」（ただし書き操作）が始まるとダムは貯水能力を失うため，増水中にこれを行うとダムの放流量が一気に増えることになる。この電話を受けて野村支所の支所長は車で20分ほどの西予市本庁舎に移動し，市長らと対策を検討している。ダムの「異常洪水時防災操作」は洪水につながる重大事態だが，西予市ではダム操作は避難勧告の発令基準に入っていなかった。

　その後，3時11分に野村ダムから最大放流量の見込みが985 m^3/s であるとのメールが市に入った。これまでの野村ダムの最大放流量は約 700 m^3/s で，その時は野村地区で小規模な越水が生じており，重大性を感じた市は，対象範囲を少し広めにしてダム下流の野村地区全体を対象に避難指示を出すことにした。これを決めたのは午前3時30分だが，すぐに避難指示を発表せずに，5時から5時30分まで待って発表することにした。これは，この時幹部の間で兵庫県佐用町の水害のことが話題となり，暗闇の中での浸水避難は，溝などに落ちる危険があり，

表4‐17　2018年西日本豪雨時の西予市の対応

日　時		事　象
7/5	9：11	大雨警報　災害対策本部設置
	14：00	気象庁の緊急会見　「西日本から東日本で記録的大雨のおそれ」
7/6	10：55	土砂災害警戒情報　野村・白川地区に注意喚起
7/7	2：30	野村ダム事務所から野村支所長に電話連絡 「異常洪水時防災操作」は不可避，操作開始は6：50予定
	3：11	ただし書き操作7：00頃開始予定，最大放流量985 m³/s とメールで受信
	3：30	避難指示を5：00-5：30の間に野村地区に出すことを決定
	3：30	明浜・三瓶地区で土砂崩れの情報。宇和地区で内水氾濫の救助要請
	3：37	野村ダムから電話　最大放流量1061 m³/s の予想 異常洪水時防災操作開始時刻6：20に前倒しの可能性
	4：30	野村ダムから電話　6：40頃から操作開始と聞く。
	4：30	ダム事務所より放流通知（FAX）届く　6：40から操作予定 避難指示5時発表を目指すことにした。消防団を招集
	5：10	避難指示を発表　防災無線で放送，その後防災無線は5：35・6：01と計3回放送
	6：08	最大放流量1750 m³/s の予測。「大変なことになる」と野村ダムから支所長に電話
	6：20	野村ダム異常洪水時防災操作を開始
	6：37	消防団越水を確認　→最大放流　1797 m³/s（7：50）

出所：国土交通省四国地方整備局（2018）および野村ダム事務所・西予市への聞き取りより作成。

明るくなってから一気に逃げてもらおうという判断だった。

　そして決定どおり5時10分に避難指示を発令し，防災無線や消防団により住民に避難を呼びかけた。その1時間10分後の6時20分から異常洪水時防災操作が始まり，その直後の6時37分には消防団により肱川の越水が確認されている。

　なお気象情報については，7日午前2時32分に洪水警報が出され，同6時58分に記録的短期間大雨情報が出ているが，特別警報は出ていない。

　避難指示発令のポイントとしては，もし異常洪水時防災操作の予告があった7日2時30分の段階で避難指示を出していれば，避難指示から避難までの時間が大幅にかせげたのではないかということである。

　避難指示が遅れた直接的原因は夜間の避難は危険であると危惧したためだが，内閣府のガイドラインでは，災害が切迫した状況であれば，夜間や外出が危険な状態であっても避難勧告等を発令すべきであるとしている（内閣府，2019, p. 5）。しかし，異常洪水時防災操作の連絡で避難情報発令が即決できない背後には，他

の要因も考えられる。第一に，災害時の混乱の中で異常洪水時防災操作の予告が見落とされたり，軽く見られたりする可能性である。実際そのようなことは2006年の鹿児島県川内川における氾濫時などで，しばしばみられてきた（吉井他，2007）。しかし今回は，これはあたらない。ダムの管理事務所は FAX やメールだけでなく，支所長へのホットライン（携帯電話）を通じて直接，繰り返しそのことを伝えていたからである。これは過去の教訓を活かした有効なシステムといえる。第二に，西予市の避難勧告・指示の発令基準に，異常洪水時防災操作が明記されていなかったことがある。2019年のガイドラインでは，「異常洪水時防災操作に移行する場合は，ダム管理者から伝達される放流情報等をもとに避難勧告等を発令する」（内閣府，2019, p. 14）と述べられているが，発令基準設定の例示には書かれていない。しかし2021年のガイドラインでは「○○ダム管理者から異常洪水時防災操作の開始予告の通知があった場合」と例示されるようになり，重視されるようになっている。全国的にみると，いまだ避難情報の発令基準に「異常洪水時防災操作」の規定がない市町村があり，早急な整備が必要である。第三に，ダムの放流量に合わせた洪水の想定やハザードマップが作られていないことがある。市ではこれまでの最高放流量が716 m³/s であることは把握していたが，それが1000 m³/s あるいは1750 m³/s になるといわれても，どこでどれだけの深さの浸水があるのか，想定することができなかったのである。実際，担当者は街が浸水している映像を見て，あぜんとしたという。そして第四に降雨の予測精度が低いということがある。市の担当者によると，ダム事務所の予測では午前 3 時半の雨量は10 mm/h とか20 mm/h であったが，実際にはずっと多く，たとえば肱川上流の宇和町皆田では90 mm/h に達していたという。雨量の予測に従って，放流量の予測も 3 時の時点では985 m³/s だったのが，6 時時点の予測では1750 m³/s に急増している。そもそも雲が次々と湧いてくるような集中豪雨の場合，雨量の予測は難しいが，予測精度の問題は，大きくいえば，精度の低い科学的予測に社会がどう向き合うべきなのか，という問題を投げかけているともいえる。

　この災害の後，西予市はダムの放流情報を避難勧告基準に追加している。すなわち，野村ダムの放流量が300 m³/s から400 m³/s に増量するときに避難勧告を出す。そして異常洪水時防災操作の約 3 時間前（予告時）や，野村ダムの放流量が毎秒500 m³/s を超えるか肱川の水位が 5 m を超え，さらに放流量の増加や水位の上昇が見込まれるときに，避難指示（緊急）を出すことになった（毎日新聞愛媛版2019.6.5）。

② 難しかった放流量の解釈——大洲市

西予市の下流，大洲市でも似たような状況であった。まず7月5日の気象庁の記者会見だが，担当者は執務中で見ていなかったという。聞き取りによると，7月6日朝6時過ぎに土砂災害警戒情報が出たが，やはり精度の問題があり，避難勧告は出さなかった。その後6日午前8時過ぎには肱川の水位が上がってきたので，無堤防区間がある大川・菅田地区に避難勧告を出している（表4‐18）。肱川の市内区間は洪水予報河川で，水位計が複数あり川の水位で避難勧告を決めている。この避難勧告は被災当日の7日まで出したままであった。当時担当者が見ていた情報は，水位のほかは雨雲レーダー・洪水警報の危険度分布・県の土砂災害メッシュなどであった。

被災当日7日の午前5時10分に，鹿野川ダムの事務所から「異常洪水時防災操作」の可能性を告げる市長へのホットラインがあった。しかしその時，危機管理課は土砂災害への対応や避難所の開設に忙殺されていて，新たな避難勧告は出していない。その後6時20分に，市長へのホットラインで「過去最大の放水量」の見込みと言われ，さらに6時50分に6000m³/sの放流見込みを伝えられたが，そ

表4‐18　2018年西日本豪雨時の大洲市の対応

日　時		事　象
7/6	4：49	大雨警報
	6：20	土砂災害警戒情報
	8：02	大川・菅田地区に避難勧告発表（水位より）
7/7	2：32	洪水警報
	5：10	異常洪水時防災操作の可能性あり。市長へのホットライン
	6：00	8：00頃より異常洪水時防災操作の可能性あり。（FAX）
	6：20	7：10頃から異常洪水時防災操作を行う。1時間前通知（FAX）
	6：20	過去最大の放水量になるとの連絡（市長への電話）　水位・浸水がどうなるか不明
	6：50	鹿野川ダム6000トンの放水見込み。（市長への電話）
	7：10	メールで水位予測を確認。10：30頃水位（大洲第二）8.15m。これがトリガーとなって避難指示につながる
	7：30	全市に避難指示発表　防災無線で放送
	7：35	異常洪水時防災操作開始
	8：43	最大放流量3742m³/s

出所：国土交通省四国地方整備局（2018）および鹿野川ダム事務所・大洲市への聞き取りより作成。

れで浸水がどうなるか想定できなかったため，特に行動はとらなかった。その理由は，これまでも鹿野川ダムの「ただし書き操作」は何度もあったし，また1000m³/s 以上の放流で何の被害もなかったことがあるからだという。しかも今回発生したダム直下での浸水はこれまでに経験したことがなかった。これらのことから「異常洪水時防災操作」「過去最大の放水量」と言われても，今回のような規模の水害を想像することができなかったのである。ちなみに洪水を起こさない安全とされる鹿野川ダムの放流量は600 m³/s で，2005年には1888 m³/s が放流されて市内の無堤防地区で浸水している（愛媛新聞2018.8.5）。

　ところがそのあと，午前 7 時10分に，国土交通省の大洲国道河川事務所からメールが入り，事態は一変する。その内容は，今後の雨量からすると10時30分頃に大洲第二観測所の水位が8.15 m になる，というものであった。8.15 m という水位は1995年の水害時を大きく超える数字だった。1995年の水害は激甚災害となったもので，その時は大洲市の商業地域が浸水していたのである。市はこの情報をトリガーとして，全市に避難指示を出したのである。担当者によると，川の状況は主に，① 大川観測所の水位，② 大洲第二観測所の水位，③ 鹿野川ダム放流量の 3 点から考えていたという。

　ここでポイントとなるのは，7 日 5 時10分の異常洪水時防災操作の予告や 6 時20分の放流が過去最大となるとの通知である。ここで避難勧告を出せなかったのも西予市と類似の背景がある。第一にダムの異常洪水時防災操作について避難勧告基準に規定がなかったことがある。第二に予測放流量を言われてもそれにみあった被害想定が出されていないので，どれだけの被害となるかわからなかったことがある。水位観測所の水位については避難勧告の基準となっていたので，それに翻訳された数値を覚知した 7 時10分になって初めて予測放流量の深刻さが認識できたのである。これは予測情報発信者の言葉が自治体にうまく理解されなかった事例であり，図 4 - 1 でいえば②のステップの問題である。西予市と異なり大洲市ではたびたび水害があり，その時のダムの放流量も認識していた。しかしそれにもかかわらず，それが具体的数字として避難勧告基準に明記されていなければ，土砂災害への対応・避難所の開設・水位の監視など多忙を極める中で，とっさに判断することは難しいのである。そして第三に，放水量予測の精度の問題も可能性としてはある。放水量の予測はダムの集水域に降る雨の予測を基にしているが，それがずれると，予測放水量もずれてくる[15]。実際，6 時50分の段階で6000 m³/s の予測が出ていたが，放流したのは最大で3742 m³/s にとどまっている。鹿野川ダム管理事務所への聞き取りによると，この6000 m³/s という予測は，数

字が大きすぎて，送信したダム事務所の職員自身も確信を持てなかったという。

　この災害の後，大洲市でもダムの放流量による避難勧告・指示の基準が付加されている。すなわち，鹿野川ダムの放流量を600 m³/s から1150 m³/s に増加させる1時間前（予告時）に避難勧告を出し，鹿野川ダムが異常洪水時防災操作をする3時間前（予告時）に避難指示（緊急）を出すことになった（毎日新聞愛媛版2019.6.5）。

　以上，2つのダムの事例から，防災情報を利用した避難勧告・指示の出し方のポイントをまとめると次のようになる。第一に，ダム管理者からの直接の電話連絡（ホットライン）は有効である。第二に，ダムの放流情報について，具体的な避難指示発令基準を決めておくべきである。第三に，その基礎としてダムの放流量に合わせた浸水想定をしておくべきである[16]。そして第四に，現在の技術では降雨量の予測精度は低く，精度の向上が望まれる。

（5）避難情報発令対策

　以上，4つの災害事例から避難情報発令の実際を見てきた。ここで全体にいえることは，危険性を判断するためのさまざまな情報が発達し，またそれらを活用するガイドラインができても，現実としては，避難指示等の判断は難しく，さまざまな工夫が必要であるということだ。

　避難情報発令の第一の課題は，避難指示等の発令基準を具体化することである。すでに述べたように，これは2005年の内閣府のガイドラインでも要請されていることである。単に「洪水の恐れがあるとき」などの抽象的な記述では，迅速・的確な判断はできないからで，設定されていない市町村では早急に設定すべきである。しかし実際にやろうとすると簡単ではない。第一にリアルな判定基準を設定する必要がある。川の水位や雨量の数値を設定しても，実際に運用してみると，避難指示などを出し過ぎてしまうことがある。災害後の広島市や朝倉市などではそうした傾向があり，適宜基準が見直されている。あるいは広島市，朝倉市，西予市，大洲市の例では「土砂災害警戒情報」が避難勧告基準に入っていたが，この情報が出されても，市は対応をしていない。これは土砂災害警戒情報の示す危険性がリアルではなく，発表頻度が多いわりに，何も起きないことが多いためである。第二に判断基準の項目に漏れがないかを確認する必要がある。たとえば西予市や大洲市の例では，「異常洪水時防災操作」など，ダムからの放流情報が基準に入っていなかった。しかしその際，具体的な数値を入れるとなると，過去の実績や被害想定の作成などを，ダムの管理者側と十分相談しておかなくてならな

い。また防災情報は常に新たなものが出てくるので，その効用を確認して取り込んでいく必要がある。たとえば広島市では2014年の災害時には土砂災危険度メッシュ情報は参考情報で，発令基準に入っていなかった。今後は「記録的短時間大雨情報」や「線状降水帯発生情報」なども適切に発令基準に取り込んでいくべきであろう。第三に発令基準の具体化には発出タイミングだけでなく，対象地域も決めておかなくてはならない。たとえば危険度のメッシュ情報と被害想定（ハザードマップ）との組み合わせを，あらかじめ決めておく必要がある。

　避難情報発令における第二の課題は，多様で大量な情報を即時的に処理することである。たとえば災害には多様な現象があり，どれに注目すべきか幻惑されることがある。大雨のときによくあるのは，土砂災害に注目していたら洪水が起きるとか，内水氾濫に注意していたら土砂災害が起きるというパタンだ。たとえば西予市や大洲市の事例では，土砂災害の対応中にダム情報を処理しなければならなかった。台風では高潮・暴風，地震では家屋倒壊・津波・火災・土砂崩れ，噴火では火砕流・噴石・土石流・溶岩流など注目しなければならない現象は多岐にわたる。その一方で，緊急時には大量の情報が一気に発生し対処が難しくなる。たとえば大雨の例では，レーダーの雨量情報・川の水位・監視カメラ・気象台からの警報・土砂災害・洪水・浸水などのメッシュ情報などを監視すると同時に，住民や消防団からの電話通報も入ってくる。三条市の例では，気象台から送られた大量の FAX 情報を認識しきれなかったし，朝倉市や嘉麻市の例では，大量の電話通報や他部署との調整で多忙な中，各種情報をモニターし続けることの難しさがあった。

　その解決の方向性は 3 つある。第一に広島市のように情報監視部隊を別に設けるなど，人海戦術で対応する方法である。防災部門の人員が少ない場合はこうした対処は難しいが，小さい自治体でも嘉麻市の例のように，大量の電話通報の受信を防災課以外の部署で行うことは有効であろう。第二の方向性は，首長や防災担当者の携帯電話を「ホットライン」として登録し，24時間いつでも直接つながるようにしておき，重要な情報を聞き逃さないようにする，ということである。九州北部豪雨のときは特別警報の発出時に，肱川氾濫のときには異常洪水時防災操作の予告時にホットラインが有効に利用された。第三には，各種情報をソフトウエアで処理して見落としを防ぐ方向性がある。広島市のシステムや Yahoo の「大雨警戒レベルマップ」（後述）のように，危険度のメッシュ情報とハザードマップ情報を重ね合わせて，危険な時にプッシュ通知で知らせるようなシステムである。さらなる情報を付加し，閾値の設定も市町村でできるようにした，避難

指示判断用のシステムを作ることが望まれる。

　避難情報発令の第三の課題は，予測情報の精度の問題だ。その最たるものは土砂災害警戒情報で，頻繁に空振りがあるので，避難情報発令基準に規定されてはいても，実際にはほとんどがスルーされていた。あるいは危険度のメッシュ情報の精度にも限界がある。たとえば2014年広島土砂災害では，雨量が実測ではなくレーダー解析雨量で算出されているので，位置が正確ではないのではないかとの声があったし，嘉麻市の例のように危険を示す色がついても10分後にはすぐに色が消えてしまうことがあるなど，ダイレクトには使えないところがある。さらにダムの放流量の予測もかなりのブレがあった。対策としてはもちろん精度を高めることが第一である。しかし同時に精度に問題のある予測情報との付き合い方も考えなおすべきだろう。現在のところ国では「空振りはよいが見逃しは許さない」という考えで，精度に問題があっても最大限の危険を想定して避難勧告を判断するように指導している。しかし空振りがあまりに頻繁だと，かつての大雨警報や，現在の土砂災害警戒情報のように，結局は人々から無視されてしまうことになる。したがって年に何回も空振りを出さないように，発令頻度を参考にしながら基準を切り上げ，大規模な被害の抑制を第一に考え，「見逃し」はあっても「空振り」を減らし，よりリアルに危険を示すような基準を設定するという考え方もあるだろう。

　いずれにしても，避難情報の発令には，地域に応じて情報をうまく使いこなしていく過程が必要である。今日，防災情報は広く公開されてきており，住民が直接それらを活用し，避難することも可能になってきた。しかし今回紹介した事例を見ると，その活用には，さまざまな工夫が必要なこともわかった。したがって，避難情報の発令を通じて市町村の防災担当者が果たす役割は，依然として重要であり，情報活用のノウハウを一層充実していくことが求められる。

注
1) たとえば牛山（2014）のアンケートによれば，仮に「土砂災害警報」が出された場合，避難する意図のある人は1割程度であった。なお同アンケートでは，「注意報」―「警報」―「特別警報」―「災害発生情報」という表現より，「レベル1」～「レベル5」の方が避難の意図を持つ人が多く，さらにレベル表現より「避難指示」の方が避難意図を持つ人が多かった。
2) 数年に一度程度しか発生しないような短時間の大雨を観測したときに出される情報（気象庁HP）で，1982年の長崎豪雨を契機に作られた。
3) 地震予知の場合，アラートが予知（prediction）に変わるが，アラートとワーニングの関係はほぼ同じである（アメリカ科学アカデミー，1976）。ちなみにこうした文脈では warning は，「災

害警報」または単に「警報」と訳されてきた（たとえば三上，1982）。

4 ）　危険度分布には「キキクル」という愛称がつけられている。

5 ）　洪水警報の発令基準は，過去に洪水が発生したときの流域雨量指数または30年に一回の流域雨量指数を基準にし，50年に一回程度の指数を「洪水警報の基準を大きく超過した基準」としている。流域雨量指数の 3 時間先までの予測値が「警報基準以上となる場合」が赤（警戒），「警報基準を大きく超過した基準以上となる場合」が「非常に危険」（うす紫），流域雨量指数の実況値が「警報基準を大きく超過した基準以上となった場合」が「極めて危険」（濃い紫）となる（気象庁 HP）。ただし今後，洪水警報の危険度分布レベル 5 「黒」が新設され，レベル 4 「非常に危険」（うす紫）は「紫」に変更される（内閣府，2021a）。

6 ）　今後，警戒レベル 5 相当の大雨警報（土砂災害）の危険度分布「黒」が新設され，警戒レベル 4 「非常に危険」（うす紫）は「紫」に変更される（内閣府，2021a）。

7 ）　図中にプロットされた点を結ぶと蛇のようにも見えるので，この曲線はスネーク曲線とも呼ばれる。

8 ）　線状降水帯に関する情報は「顕著な大雨に関する〇〇県気象情報」という形で出される解説情報である。大雨の分布域の形状が線状で，かつ 3 時間積算雨量が150 mm 以上で，かつ危険度分布で土砂災害警戒情報の基準を実況で超過しているまたは洪水警報の危険度分布の警報基準を大きく超過している，等の発令基準を満たしたときに出される。（気象庁資料，2021）マスコミでは「線状降水帯発生情報」などとも呼ばれる。

9 ）　本節における，新潟福島豪雨水害については廣井他（2005），広島土砂災害については中村（2020），九州北部豪雨災害については中村（2019），西日本豪雨災害については中村他（2020）をもとに，加筆・修正したものである。

10）　半減期72時間の実効雨量とは，それまで降った雨の量を累積したものだが，それが土の中にとどまる量を推定するために，72時間ごとに半減するものとして積算した雨量である。

11）　当時の広島県の土砂災害警戒メッシュ情報の危険度の段階には限界基準線（CL）超えの 1 時間前や 3 時間前の段階があり，警戒度の段階が細かかった。

12）　この聞き取りを始め，九州北部災害関係の自治体聞き取りは，日本災害情報学会の学会調査団の一部として行われた。詳細は日本災害情報学会（2018）を参照のこと。

13）　大雨警報は朝倉市では，2018年は 5 回，2019年は 4 回出され，2013年から2020年の間に49回も出ている（国立情報学研究所北本研究室のデータベース）。これを基準とすると避難勧告の頻度が多すぎではないかと考えられる。ちなみに渋谷区では2013-2020年にかけて47回出ており朝倉市の大雨警報の頻度は特別多いとはいえない。

14）　西予市，大洲市，野村ダム，鹿野川ダム事務所への聞き取りは，日本災害情報学会の学会調査団の一部として行われた。詳細は日本災害情報学会（2019）を参照のこと。

15）　ちなみにダムの放水量の予測は，ダムの集水域に降る平均雨量の予測を使って計算されている。ダム管理者は気象予報会社と契約して，その 1 時間ごとの予測を得て利用している。

16）　予測情報発信者と自治体の齟齬を防ぐには被害想定が基本的な共通言語となるが，「氾濫開始相当水位」など，従来の自治体の理解に沿った表現を使うのも有効な方策であろう。

参 考 文 献

アメリカ・科学アカデミー編，1976，井坂清訳，地震予知と公共政策――破局を避けるための提言――，講談社

朝倉市，2020，広報あさくら，No. 338.

土木学会・地盤工学会，2014，平成26年広島豪雨災害合同緊急調査団調査報告書」

愛媛県災害対策本部，2018，平成30年7月豪雨による被害状況等について（第43報）

Ettema, J. S., and Kline, F. G., 1977, Deficits, differences, and ceilings: Contingent Conditions for Understanding the Knowledge Gap, Communication Research, Vol. 4, No. 2, 179-202.

福岡管区気象台，2017，災害時気象資料――平成29年7月5日から6日にかけての福岡県・大分県の大雨について（速報）――. https://www.jma-net.go.jp/fukuoka/chosa/saigai/2017-0705.pdf （2021. 8. 10閲覧）

福岡県防災 HP. https://www.bousai.pref.fukuoka.jp/index.php （2021. 8. 10閲覧）
　危機管理型水位計一覧表. http://www.kasen.pref.fukuoka.lg.jp/bousai/river/table.html

広島県 HP，ヤフー株式会社と連携した「防災マップ（大雨警戒レベルマップ）」の運用開始について，https://www.pref.hiroshima.lg.jp/soshiki/100/yahooapuri20190626.html （2021. 8. 10閲覧）

広島市，2015，8.20豪雨災害における避難対策等検証部会「平成26年8月20日の豪雨災害　避難対策等に係る検証結果」. http://www.city.hiroshima.lg.jp/shobou/bousai/260820/01honpen.pdf （2020. 10. 9閲覧）

廣井脩，1991，災害情報論，恒星社厚生閣

廣井脩，中村功，田中淳，福田充，中森広道，関谷直也，黒澤千穂，2005，2004年7月新潟・福島豪雨における住民行動と災害情報の伝達，東京大学大学院情報学環　情報学研究　調査報告編，23号，163-285.

ISO, 2015, ISO22324 Societal security ― Emergency management ― Guidelines for colour-coded alerts.

気象庁 HP a，特別警報，警報，注意報，気象情報. https://www.jma.go.jp/jma/kishou/know/yougo_hp/keihou.html （2021. 10. 10閲覧）

気象庁 HP b，防災気象情報と警戒レベルとの対応について. https://www.jma.go.jp/jma/kishou/know/bosai/alertlevel.html （2021. 8. 10閲覧）

気象庁 HP c，洪水キキクル（洪水警報の危険度分布）. https://www.jma.go.jp/jma/kishou/know/bosai/riskmap_flood.html （2021. 10. 10閲覧）

気象庁 HP d，知識・解説，洪水キキクル（洪水警報の危険度分布）洪水キキクルの事例. https://www.jma.go.jp/jma/kishou/know/bosai/images/riskmap_flood_13_l.gif （2021. 10. 10閲覧）

気象庁 HP e，土砂災害危険度分布. https://www.jma.go.jp/jp/doshamesh/ （2021. 10. 10閲覧）

気象庁 HP f，噴火警戒レベルの説明，各火山のリーフレット. https://www.data.jma.go.jp/svd/vois/data/tokyo/STOCK/kaisetsu/level_toha/level_toha.htm （2020. 9. 18閲覧）

気象庁地震火山部管理課，2017，熊本地震における緊急地震速報の利活用実態調査報告書. https://www.data.jma.go.jp/svd/eqev/data/study-panel/eew-hyoka/09/shiryou4_1.pdf （2021. 8. 10 閲覧）

気象庁資料，2021，防災気象情報の伝え方に関する検討会資料，線状降水帯に関する情報について. https://www.jma.go.jp/jma/kishou/shingikai/kentoukai/tsutaekata/part9/tsutaekata9_shiryou_2.pdf （2021. 8. 10閲覧）

国土交通省・気象庁資料，2012，土砂災害への警戒の呼びかけに関する検討会資料，土砂災害警戒情報の運用成績. https://www.mlit.go.jp/river/sabo/yobikake/01/120725_shiryo3.pdf （2021. 8. 10 閲覧）

国土交通省資料, 2013, 土砂災害警戒情報について. https://www.mlit.go.jp/river/sabo/sabo_ken_link/doshakei.pdf（2021.8.10閲覧）

国土交通省四国地方整備局, 2018, 野村ダム・鹿野川ダムの操作に関わる情報提供等に関する検証等の場（とりまとめ）参考資料. http://www.skr.mlit.go.jp/kasen/kensyounoba/matomesankou.pdf

国立情報学研究所　北本研究室　特別警報・警報・注意報データベース. http://agora.ex.nii.ac.jp/cps/weather/warning/（2021.8.10閲覧）

國定勇人, 2011,（土木研究所土研新技術ショーケース 2011 in 新潟 講演資料）「災害に強いまちづくりを目指して」三条市の防災対策. https://www.pwri.go.jp/jpn/results/tec-info/siryou/2011/pdf/showcase_niigata_2011/haihu.pdf（2021.8.10閲覧）

三上俊治, 1982, 災害警報の社会過程, 東京大学新聞研究所編, 災害と人間行動, 東京大学出版会, 73-107.

室崎益輝, 2011, 減災コミュニケーション, その必要性と方向性, 都市住宅学, 72号 2011 WINTER, 50-54. https://www.jstage.jst.go.jp/article/uhs/2011/72/2011_50/_pdf（2021.8.10閲覧）

中森広道, 2013,「緊急地震速報」に関する住民の意識・評価の比較——「警報の緊急地震速報」の経験の有無との関係からの考察——, 災害情報, 11巻, 125-131. https://www.jstage.jst.go.jp/article/jasdis/11/0/11_125/_article/-char/ja/（2021.8.10閲覧）

中村功, 2007, 災害情報とメディア, 大矢根淳, 浦野正樹, 田中淳, 吉井博明編, 災害社会学入門, 弘文堂, 108-121.

中村功, 2019, 中山間地の豪雨災害における避難と情報——2017年九州北部豪雨災害朝倉市住民調査より——, 災害情報, No. 17-2, 97-108.

中村功, 2020, 2014年広島市で発生した土砂災害における災害情報の伝達と住民の行動, 災害情報調査研究レポート, No. 17, 51-92. http://nakamuraisao.a.la9.jp/report17.pdf

中村功, 森岡千穂, 2020, 2018年西日本豪雨災害時におけるダム情報の伝達と住民の行動——愛媛県肱川流域のダム情報と避難——, 災害情報調査研究レポート, No. 17, 145-216, http://nakamuraisao.a.la9.jp/report17.pdf

内閣府, 2004, 集中豪雨等における情報伝達及び高齢者等の避難支援に関する検討会, 関係省庁合同現地調査結果（新潟県）. http://www.bousai.go.jp/kohou/oshirase/h16/041007gouushienkentou/pdf/shiryo3-2.pdf（2020.10.5閲覧）

内閣府, 2005, 避難勧告等の判断・伝達マニュアル　作成ガイドライン（平成17年度）. http://www.bousai.go.jp/oukyu/hinankankoku/guideline/pdf/050301_guideline.pdf（2021.8.10閲覧）

内閣府, 2015, 8月19日からの大雨による広島県の被害状況等について. http://www.bousai.go.jp/updates/h260819ooame/pdf/h260819ooame38.pdf（2021.8.10閲覧）

内閣府, 2019, 避難勧告等に関するガイドライン②（発令基準・防災体制編）

内閣府, 2020, 令和元年台風第19号等を踏まえた避難情報及び広域避難等のあり方について　（最終とりまとめ）. http://www.bousai.go.jp/fusuigai/subtyphoonworking/pdf/dai19gou/hinan_honbun.pdf（2021.8.10閲覧）

内閣府, 2021a, 避難情報に関するガイドライン. http://www.bousai.go.jp/oukyu/hinanjouhou/r3_hinanjouhou_guideline/pdf/hinan_guideline.pdf（2021.8.10閲覧）

内閣府, 2021b, 南海トラフ地震の多様な発生形態に備えた防災対応検討ガイドライン【第 1 版】改訂版. http://www.bousai.go.jp/jishin/nankai/pdf/honbun_guideline2.pdf（2021.10.10閲覧）

NASEM（The National Academies of Sciences, Engineering, and Medicine）, 2018, Emergency

138

alert and warning System, The National Academies Press. https://www.nap.edu/download/24935（2021.8.10閲覧）

NHK, 2020.8.21,「避難勧告」と「避難指示」一本化へ　内閣府の作業部会. https://www3.nhk.or.jp/news/html/20200821/k10012577781000.html

日本災害情報学会平成29年7月九州北部豪雨調査団, 2018, 平成29年7月九州北部豪雨に関する調査報告書. http://www.jasdis.gr.jp/_userdata/06chousa/kyuusyuuhokubu.pdf（2021.8.10閲覧）

日本災害情報学会平成30年西日本豪雨災害調査団, 2019, 平成30年西日本豪雨災害に関する調査報告書. http://www.jasdis.gr.jp/_userdata/06chousa/30gouu/nishinihon.pdf（2021.8.10閲覧）

桶田敦, 2011, 緊急地震速報の伝達と受容の実効性に関する研究——運用開始から1年を検証——, 災害情報, 9巻, 33-45. https://www.jstage.jst.go.jp/article/jasdis/9/0/9_33/_article/-char/ja/（2021.8.10閲覧）

大原美保, 目黒公郎, 田中淳, 2011, 東日本大震災前後における緊急地震速報に対する住民意識の比較分析, 生産研究, 63巻6号, 109-114. https://www.jstage.jst.go.jp/article/seisankenkyu/63/6/63_6_811/_pdf/-char/ja（2021.8.10閲覧）

Rogers, E. M., 2003, Diffusion of Innovations 5th ed, New York, Free Press.（三藤利雄訳, 2007, イノベーションの普及, 翔泳社）

三条市, 2004,（資料）平成16年7.13豪雨水害の概況

社会資本整備審議会資料, 2020,【検証結果等】近年の土砂災害における課題等を踏まえた土砂災害対策のあり方について（答申）. https://www.mlit.go.jp/policy/shingikai/content/001337968.pdf（2020.9.18閲覧）

消防庁, 2017, 府政防第1546号, 平成29年7月九州北部豪雨災害を踏まえた避難に関する今後の取組について. https://www.fdma.go.jp/laws/tutatsu/assets/291208_fuseibou1546_sai160.pdf（2021.8.10閲覧）

杉山あかし, 1992, 知識ギャップ仮説, 田崎篤郎・児島和人編著, マス・コミュニケーション効果研究の展開, 北樹出版, 98-111.

Thunberg, A. M., and Nowak, K., 1979, Samberkansspiralen, Stockholm: Liber Förlag, in McQuail, D., Communication Models for study of mass communication, Longman.（山中正剛, 黒田勇訳, 1986, コミュニケーション・モデルズ——マス・コミ研究のために——, 松籟社）

土田孝, 森脇武夫, 田中健路, 中井真司, 2016,「2014年8月20日の広島豪雨災害における雨量を用いた土砂災害危険度評価に関する考察」地盤工学ジャーナル, Vol. 11, No. 1, 53-68.

牛山素行, 2014, レベル化された気象警報に対する情報利用者の認識, 土木学会論文集B1（水工学）Vol. 70, No. 4, I_1513-I_1518. http://www.disaster-i.net/notes/20140305_0253.pdf （2021.8.10閲覧）

吉井博明, 2014, 資料「8.20広島豪雨災害時の対応に関する担当者ヒアリングメモ」

吉井博明, 2015, 災害情報の有効性と活用の要件, 月刊事業構想6月号別冊　防災ガイド2015年版, 76-79. https://www.projectdesign.jp/201410/information-sharing/002220.php（2021.8.10閲覧）

吉井博明, 田中淳, 中村功, 福田充, 関谷直也, 地引泰人, 森岡千穂, 千田容嗣, 2007, 2006年7月豪雨災害における災害情報の伝達と住民の対応, 災害情報調査研究レポート, Vol. 12. http://nakamuraisao.a.la9.jp/report12.pdf（2021.8.10閲覧）

5章 | 避難情報の伝達メディア

　発令された避難指示などは，伝達メディアによって住民に伝えられなくてはならない。本章では，防災メディア全体を概観した後に，避難情報伝達メディアの基本的考え方，各メディアの特徴，そして実際の運用事例を検討しながら，伝達メディアの課題と対策について考察する。

5.1　防災メディアの全体像

（1）各段階で必要な情報と伝達メディア

　災害情報を住民に伝達するメディアにはさまざまなものがある。それを災害の段階ごとに整理すると表5-1のようになる。すなわち，予防の段階においてリスク評価情報は，行政の報告書やマスメディアなどによって住民に伝達される。次の準備段階では，啓発や防災教育のために，防災マップ・講習会・博物館・市中の表示看板あるいはテレビの啓発的番組などの伝達メディアが使われる。そして応急対応段階の予警報などの伝達には，テレビ・web・SNS・防災アプリ・Jアラート・緊急速報メールなどの手段があり，避難指示などの伝達には，市町村の同報無線・緊急速報メール・防災アプリ・消防団などによる戸別訪問などがある。一方住民が救援を求めるためのメディアは，119番通報の電話が主だが，TwitterなどのSNSで発信を試みる住民もいる。聴覚・言語障がい者にとっては，スマートフォンからチャットなどを通じて119番通報ができる「Net119」もある。またライフラインやボランティアに関する情報はwebやSNSで共有される。そして最後の復旧・復興段階では，行政の支援に関する情報が，web・同報無線・広報誌などによって住民に伝達され，地域の復興については，説明会などによって情報が伝達される。

　他方，防災機関の使う主なメディアを災害の段階ごとに整理すると，表5-2のようになる。まずリスク評価や被害想定については，報告書があり，準備段階の防災計画には市町村の地域防災計画がある。防災計画にはそれを補完するマニュアルや訓練もある。さらに応急対応段階における災害因や予警報については

表5-1　住民向けの災害情報の種類と主な伝達メディア

段階	情報	メディア
予防	リスク評価，被害想定	調査・分析報告書，マスメディア
準備	防災教育，啓発	防災マップ（紙・web），パンフレット・講習会 博物館，記念碑，表示板，テレビ他
応急対応	災害因，予警報 避難指示など 救助情報 安否情報 ライフライン情報 ボランティア情報	テレビ，ラジオ，web，SNS，アプリ，Jアラート 同報無線，緊急速報メール，SNS，アプリ，戸別訪問 電話（119番），Net119，SNS SNS，災害用伝言ダイヤル，安否確認システム web，SNS web，SNS
復旧・復興	行政の災害対応（罹災証明，仮設住宅，がれき処理，生活再建，復興計画）	同報無線，web，広報誌，相談窓口，説明会

表5-2　防災機関向けの災害情報の種類と主な伝達メディア

段階	情報	メディア
予防	リスク評価，被害想定	調査，分析報告書
準備	防災計画	地域防災計画，マニュアル，訓練
応急対応	災害因，予警報 避難指示 被害情報 医療情報 他機関との活動調整 報道対応 安否確認・要員招集	防災情報提供システム，FAX，web，ホットライン 同報無線，緊急速報メール，SNS，Lアラート，アプリ，消防団，防災ラジオ　CATV 都道府県防災情報システム，防災行政無線，衛星携帯電話，広域災害救急医療情報システム，携帯電話 電話，FAX，地域防災無線，災害情報ハブ（SIP4D） 電話，記者会見 安否確認・職員参集システム
復旧・復興	他機関との活動調整，広報	電話 罹災証明書交付支援システム，web，SNS，広報誌，新聞

「府県気象情報」というものがあり，防災機関へは気象台から防災情報提供システムなどを通じて直接伝えられている。またダムなどの河川情報は，河川管理者からFAXなどで送られている。その上「ホットライン」が，特に重要な緊急情報を伝えるときに使われる。これは専用線を使った固定電話であることもあるが，首長や担当者の携帯電話を指すことが多い。他方，被害情報は住民からの電話通報や職員の持つ「防災行政無線（移動系）」などで集められ，都道府県の「防災情

報システム」などを通じて県に報告される。停電などで役場が孤立した場合には市町村は「都道府県防災行政無線（固定系・衛星系）」で県と連絡を取ることになる。また，医療情報としては，病院の被災状況や患者の受け入れ可能情報を関係者間で共有し，患者の搬送先を決めたり，災害派遣医療チーム（DMAT）が活動に利用するシステムとして，「広域災害医療情報システム」（EMIS）がある。市町村と自衛隊など他機関との調整は基本的には電話やFAXを使うが，市町村と病院やライフラインとの間に「地域防災無線」という無線を設置しているところもある。また職員の安否確認や・参集に利用できる民間事業者の安否システムを導入している行政機関もある。そして最後の復旧・復興段階では，罹災証明書の交付を支援するシステム（「被災者支援システム」など）が各地で導入されている。

（2）各種防災メディアの特徴

次に，避難に関係する主な防災情報伝達メディアについて，その特徴を述べる。

① 防災行政無線

災害時には，土砂崩れや津波で通信ケーブルが切断されたり，停電したり，通信が込み合ってつながらなくなる。そうなると固定電話はもちろん携帯電話やインターネットも使えなくなってしまう。災害時の通信確保対策としては，無線回線のみで構成された，専用の通信網が有効である。行政機関向けの防災行政無線は，正にそうした災害用の無線システムである。

防災行政無線には大きくいって4種類ある（図5‐1）。第一は内閣府をはじめとして国の省庁間を結ぶ「中央防災無線」で，これは国土交通省の通信網を通じて各都道府県ともつながっている（内閣府，2013）。第二は各省庁が持つ専用通信網である。代表的なものには総務省消防庁と各都道府県を結ぶ「消防防災無線」があり，警察庁・防衛省・海上保安庁・国土交通省・気象庁なども各自無線網を持っている。第三に県庁と出先機関および市町村とを結ぶ「都道府県防災行政無線」がある。そして第四に市町村が持つ「市町村防災行政無線」がある。これには職員が移動しながら使う「移動系」と住民に一斉伝達する「同報系（固定系）」（同報無線）がある。同報無線の受信機にはスピーカー型の屋外拡声器（図5‐2）と各戸に配布された，ラジオ受信機のような，戸別受信機（図5‐3）がある。

防災無線は伝統的なメディアで，「消防防災無線」と「都道府県防災行政無線」は1964年から，「市町村防災行政無線」は1978年から始まっている。これまでの経験から，防災行政無線が災害に強いことは確認されているが，問題はその普及にある。「中央防災無線」や「都道府県防災無線」はすべての省庁・都道府県に

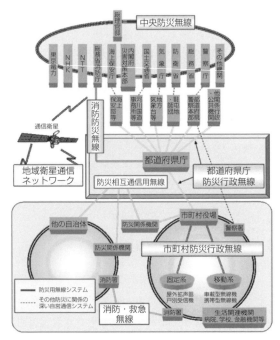

図 5 - 1　防災行政無線の全体構成

出所：総務省（2017a）。

図 5 - 2　屋外拡声器

（すべて筆者撮影）

図 5 - 3　戸別受信機

図 5 - 4　都道府県防災情報
システム

あるが，同報無線のある市町村は2020年度末で77.5％と伸び悩んでいる（総務省電波利用HP）。

②防災情報提供システム

「防災情報提供システム」は気象台から防災気象情報を県・警察・消防・放送局などに送信するシステムである。ここでは専用線が使われ，情報を受信するとポップアップ表示や警報音が鳴り，受信確認が行われることで，より確実な伝達が図られている（内閣府，2016；福岡管区気象台，2021）。

③都道府県の防災情報システム

都道府県からその出先機関・市町村・消防機関などに防災情報を伝達するシステムが都道府県の「防災情報システム」である。使用する回線は県によって異なるが，光ファイバーを中心に，地上無線回線，衛星無線回線などもある。図5‐4は福岡県筑前町における端末の設置例であるが，専用の表示盤の下にパソコン，電話，赤色回転灯，3色警告灯，FAXなどが置かれている。

④Lアラート

Lアラートは，自治体の出す避難情報，気象庁などの出す予警報，ライフラインの被害・復旧情報などを集約し，テレビのデータ放送，ポータルサイト，防災アプリ，デジタル・サイネージなどに配信する仕組みである（図5‐5）。警報の内容はXMLというコンピュータ言語で書かれ，内容の形式はCAP（Common

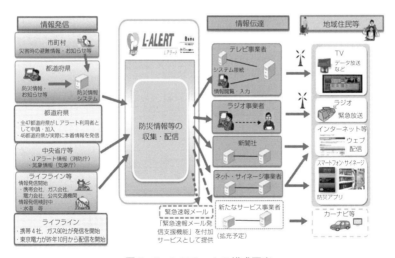

図5‐5　Lアラートの構成要素

出所：総務省消防庁（2018a）。

Alerting Protocol）という警報を記述する共通のプロトコル（ヘッダ・防災情報・添付ファイル・対象位置情報により構成される）に従って記述されるので，多様なメディアで利用できる。このシステムは総務省が主導し一般財団法人マルチメディア振興センターが運営している。2011年に「公共情報コモンズ」として運用が始まり，2014年から「Lアラート」に改名された。

当初は少なかった自治体の参加も進み，とくに避難情報については相当数が発信されるようになってきた。たとえば2018年の西日本豪雨時には時には，避難勧告・指示が3004件，避難所情報が7855件発信されていた。時間的にも比較的早く入力され，入力された初発の480件について集計したところ，避難勧告等は発令から30分以内に70％が発信されていた（総務省消防庁，2018a）。

ただLアラートには，災害時の自治体は多忙なので入力することが自治体の負担となっていること，スマホアプリ向けの情報発信をより重視すべきであること，地名は混同しやすいので地図表示を行うべきである，といった課題がある（総務省消防庁，2018a）。

⑤ 避難情報の一斉送信システム

被災時，自治体は多忙なので，避難情報を一度の操作で多くのメディアに一斉送信するシステムも重要である（図5-6）。それにはインターネットを経由して民間のサーバに送信し，そこから一斉に緊急速報メール・登録メール・SNS・Lアラートなどに送信するシステムがある。文字情報を中心にして，音声は合成音声を使うようにすれば，システム構築は比較的容易で，安価である。他方，同報

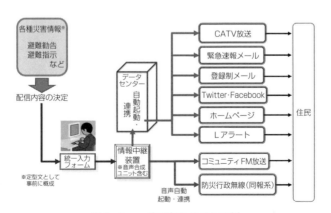

図5-6　一斉送信システムの例

出所：総務省消防庁（2019a）。

無線の送信装置を中心にして，音声や文字情報を一斉に伝達する方法もある。しかしそれには防災無線の改修が必要となるために，整備のハードルが高くなる。一斉送信システムには民間のサーバを使う方法，県の防災情報システムを使う方法，自治体独自のシステムを構築する方法などがある。ただデータセンターまでを有線回線のインターネットでつなぐと断線のおそれがあるので，無線のバックアップが必要である。

⑥Jアラート（全国瞬時警報システム）

　同報無線を自動起動させたり，緊急速報メールを使って，国が住民に直接情報を伝える仕組みが，Jアラート（全国瞬時警報システム）で，2007年から始まった（図5-7）。ここでは，内閣府や気象庁が発出した情報を，総務省消防庁がとりまとめて，衛星などを使って市町村に伝えている。伝達される情報には，武力攻撃関係のほかに，緊急地震速報・大津波警報・津波警報・噴火警報・噴火速報・特別警報などがあり，東日本大震災時には津波警報の伝達に活用された。通常，住民へは市町村から情報が伝達されるが，この仕組みによって国が直接住民に緊急情報を提供できるようになった。

⑦緊急速報メール

　緊急速報メールは，国や自治体が発信する緊急情報を，ある基地局のエリア内の携帯電話に，一斉送信する仕組みである。音声やパケット通信とは異なる信号波で伝達されるので，多くの端末に一斉に送っても輻輳（ふくそう）（混みあってつながりにく

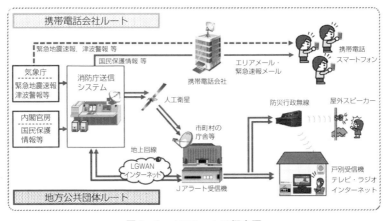

図5-7　Jアラートの概念図

出所：令和2年情報通信白書．p. 504。

くなること）することはない。日本では2007年から始まっている。この仕組みは国際的には PWS（Public Warning System）と呼ばれ，その中には日本で使われている ETWS（Earthquake Tsunami Warning System）やアメリカなど海外で使われている CMAS（Commercial Mobile Alert System）などの方式がある[2]。3G 携帯時代には CBS や Broadcast SMS などの方式があったが，4G 携帯では CBS を発展させた ETWS などの PWS になった。ETWS は最短 4 秒で伝達できるという速達性が特徴で，緊急地震速報の伝達に適している。またデータや音声の通信中も伝達できる利点もある。

　送られる情報は，日本では，国の発出する「緊急地震速報」（最大震度 5 弱以上の地震発生時），「大津波警報」「津波警報」，「特別警報」，「洪水予報」（危険水位に到達または氾濫発生時），「国民保護情報」（武力攻撃事態時）や，自治体の発する「避難指示等」である。配信対象の地域単位は基本的には市区町村単位で，政令指定都市では市内の行政区単位である（総務省消防庁，2017b）。

　緊急速報メールは，身近な携帯電話に直接メッセージが届くので，優れた防災メディアだが，いくつかの課題もある。第一に，配信エリアが市町村単位で広すぎる，という問題がある。近年，市町村の合併が進み，1 つの自治体でも広大な地域に及ぶことが多くなった。そのため市内の災害特性が大きく異なり，地区に分けて使いたいということがある。そこで総務省では配信対象を旧市町村単位程度に細分化する実験を行っているが（総務省消防庁，2017），事業者のシステム変更の費用の課題があり，実用化されてはいない。第二に，複数の通信事業者に発信しなければならないので，発信業務が煩雑であることがある。アメリカでは FEMA（連邦緊急事態管理庁）が各自治体からの情報を取りまとめて発信しているのでその点は容易である。前述の一斉伝達システムを使うなど，改善の余地がある。第三に，SIM フリーのスマートフォンに届かないとか，iPhone で着信済みメッセージを見直せないという不都合があった。前者はチャンネル ID の公開によって（佐々木，2018），後者はアプリの改善で対応がなされるなど（NHK News Web, 2019），さまざまな社会的調整が必要となった。

　⑧ 登録型のメール・アプリ・電話・FAX システム

　防災無線の伝達を補うものとして，住民が何らかの登録行為を行った後に，固定電話・携帯電話・FAX に情報伝達するシステムがある。その中で早くから取り入れられたのが，携帯メールへの情報伝達である。住民が自治体の防災部局のシステムに空メールを送るなどしてメールアドレスを登録すると，そこに防災情報が送信される仕組みである。

　最近ではスマートフォンの防災アプリを使った伝達が盛んに行われている。アプリは各自治体のほか Yahoo や NHK などの事業者が提供しており，プッシュ通知で警報や避難情報が伝達される。なかには危険度分布を利用したサービスも行われている。たとえば Yahoo では，登録した市町村内で土砂災害や洪水の危険度がうす紫（非常に危険）などのレベルに高まるとプッシュ通知が送られ，そこで現在位置ボタンを押すと，マップ上に付近の土砂災害警戒区域や洪水の浸水想定区域の現在の危険度が表示される仕組みとなっている（図5‐8）。

　また同報無線の戸別受信機の代わりとしての「防災放送アプリ」[3] もある。これは同報無線が放送されるとアプリが自動起動し，同報無線と同様の音声がスマートフォンから大音量で聞こえるという仕組みである（図5‐9）（読売新聞2020.9.2）。

　さらに，携帯電話を持っていない高齢者向けには固定電話に一斉に電話をかけることによって防災無線の内容を伝える「電話音声伝達システム」（産経新聞2020.9.30）があり，聴覚障がい者向けには防災情報を FAX で送信する仕組みもある。これらの仕組みは受け手側に新たな機器の導入が必要ないために安価であるというメリットがある一方，利用者側の登録が必要という点から利用が広がらなかったり，メディアによっては相手が大量になると輻輳したり遅延する可能性もある。

　⑨ 防災ラジオ・IP 告知端末

　同報無線の戸別受信機と同様の働きをするメディアとして，防災ラジオや IP 告知端末がある。防災ラジオには使う電波の種類によっていくつかの種類がある。

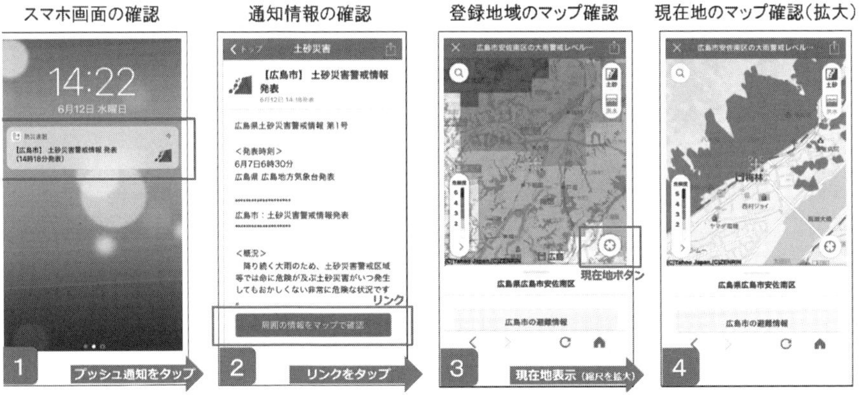

図5‐8　ヤフーの大雨警戒レベルマップ

出所：広島県 HP より。

たとえばコミュニティーFM放送を受信する防災ラジオでは，市が緊急放送をする際にはラジオが自動起動し，放送番組に割り込む形で同報無線の内容が流れる。放送設備の運営はコミュニティーFM局が行うのでコスト面のメリットがある。ただコミュニティーFMは全国で331局（2020年現在）しかないという限界もある。同様の機能を持つものに，ポケットベルの電波を使って合成音声や文字データを伝える「280MHz防災ラジオ」（図5‐10）や，ケーブルテレビ回線を使った「音声告知放送端末」，光回線を使った「IP告知端末」，あるいは携帯電話の電波を使った戸別受信機などがある。最近ではテレビの電波を使って防災無線の内容を流すIPDC（IPデータキャスト）などもある。いずれもコスト面でメリットがあるものの，ポケットベル波やIPDCでは生音声が送れない，ケーブルテレビ回線や光回線は断線や停電に弱い，携帯電話回線は数によっては輻輳の危険がある，など一長一短の特性がある。

⑩ 戸別訪問

住民への伝達メディアとして，消防団や自治会による戸別訪問も重要である。消防団や自治会の会員は各地域に住んでおり，市町村ごとに組織されている。戸別訪問をする場合，消防団は消防署経由で要請され，自治会は市から要請される。そのためにはあらかじめ準備された計画と，戸別受信機などの連絡手段の配備が必要である。戸別訪問ではパーソナル・コミュニケーションによる説得が有効性を発揮するが，周知に時間がかかる，都市部など消防団や自治会の活動が活発で

図5‐9　防災放送アプリ
出所：大洲市（2020）。

図5‐10　280MHz防災ラジオ
出所：日田市HP。

ないところでは難しい，といったデメリットがある。

5.2　避難情報伝達メディアの理論

　以上のように防災メディアにはさまざまなものがあるが，次に伝達メディアを
使用する際の基本的な考え方について考察する。

（1）避難情報伝達の流れとメディア

　4章では吉井の災害情報伝達モデル（図4-1）を紹介したが，それに伝達メ
ディアをあてはめて整理すると，図5-11のようになる。ここでメディアは，基
本的にはそのメディアをコントロールしている主体を発信者と考えて位置づけて
いる。
　この図を上方からみると，まず気象庁や河川管理者から出された予警報は，気
象庁の防災情報提供システムや県の防災情報システムを経由して市町村に伝えら
れる。また，市町村側は気象庁などの web ページから予測雨量や危険度分布情
報などを閲覧している。河川情報は河川管理者から FAX で市町村に伝えられる
ものもある。さらに特別警報など特に重要な情報については気象台から市町村の

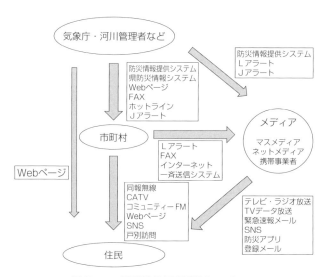

図5-11　避難情報伝達過程とメディア

出所：吉井（2015）をもとに改編。

幹部にホットラインで伝えられる。また津波警報など重要な情報はJアラートでも市町村に伝えられ，同報無線を自動起動して住民に伝えられる。他方，防災気象情報や河川情報は気象庁のwebページで公開しているので，直接住民が閲覧することもできる。

　次に図中の中ほどに位置する市町村は受け取った情報を，避難指示などの形に翻訳して図中下方の住民に伝えるが，メディアとしては同報無線を主にそれを補完する防災ラジオやCATV・コミュニティーFM・HPなどが使われる。最近ではTwitterやFacebookなどのSNSも積極的に使われている。他方，とくに地方では消防団や自治会を活用した戸別訪問による伝達も行われる。

　それと同時に市町村は図中右側の「メディア」に含まれる携帯事業者のサービスである緊急速報メールを発出するが，携帯電話事業者までは，インターネット回線や一斉送信システムの通信手段が使われる。さらに避難指示などはＬアラートやFAXでテレビ局やラジオ局に伝えられ，番組やデータ放送で住民に伝えられる。Ｌアラートの情報はYahooやLINEなどのネット事業者にも伝えられ，ネットニュースや防災アプリで住民に伝えられる。予警報については，マスメディアは防災情報提供システムなどを通じて受信し，ネットメディアはＬアラートでも受信している。またＪアラートの情報は携帯事業者に送られ，緊急速報メールで住民に伝えられている。

（２）統合された警報エコシステムの考え方
　① 警報エコシステムとは
　図4‑1および図5‑11で示した災害情報伝達のモデルは，上部に情報発信者があり，自治体による変換や伝達の過程を経て次第に住民に流れてくるという，一方通行なトリクルダウン（滴り落ちる）的なモデルといえる。これに対して，近年，アメリカの全米アカデミーズ（NASEM）では，「統合された警報エコシステム」（Integrated Alert and Warning Ecosystem）という考え方をしている（NASEM, 2018）。エコシステムとは生態系のことだが，アメリカでも予警報や避難情報は，日本の緊急速報メールに相当するWEA（Wireless Emergency Alert）・テレビ・ラジオ・SNSなどで配信され，発出機関やマスメディアのwebページや携帯アプリでも伝達される。しかしそればかりでなく，WEAで警報を受けた人はそれをSNSに投稿するだろうし，地元ラジオはFacebookの投稿や他のオンラインの情報源を基に放送するかもしれない。またSNSや各種センサーで集められた情報が現状把握に使われたり，警報を生産するなど，エコシステムは警

報発信者以外の情報の入力過程も含んでいる。このように，多元的で多方向的な警報・避難情報の伝達のあり様を「警報エコシステム」ととらえているのである（NASEM, 2018, p. 49）。警報エコシステムの考えは，予警報や避難情報の一方的伝達という視点から，利用者のメディア環境や能動性を重視した，視点の転換がはかられているといえる。

　②日本の若者に見る警報エコシステムの実態

　こうした警報エコシステムの考え方は，最近の若者の災害時の情報取得状況をみても納得できるものがある。たとえば2019年の台風19号の際，筆者が教えている大学の学生にメディア利用の様子をたずねたところ，次のような様子であった。

　東京東部に住むある学生は，区が配布したハザードマップで自宅が水害危険地域にあることをあらかじめ把握していて，災害当日，避難勧告は防災無線の屋外スピーカーとスマートフォンの緊急速報メールで知ったという。そこで家族とともに隣接県の親戚宅に避難し，そこでテレビを見ていたが自宅付近の情報がないので，地元の友達からLINEやInstagramのストーリーを通じて川の水位などの情報を得ていたという。また，別の学生は，区から避難勧告が出ていたが，Instagramをハッシュタグで検索して，近所の川のライブ動画を見ていたという。その結果「たいしたことはない」と判断して避難はしなかったという。あるいはやはり東京東部に住む別の学生は，友達から動画とハザードマップがSNSで送られてきたので，隣接県の実家に避難したという。その後Twitterで送られてくる下宿付近の動画から被害状況を知り驚いたという。こうした様子を見ると，若者はハザードマップ・防災無線・緊急速報メールといった従来のメディアとともにSNSからも災害情報を得ており，複合的な伝達が行われていること，また情報の流れは上から下といった一方向的ではなくなってきていること，などがわかる。実際，筆者が担当する授業の履修者146人に台風19号時に役立ったメディアをアンケートしたところ，もっとも多く挙げられたのはテレビ（85.6％）だったが，ついでTwitter（67.1％），緊急速報メール（58.9％），LINE（26.7％），Instagram（19.2％）などとなっていた（表5-3）。

　③統合性の意味

　アメリカの警報エコシステムで強調される「統合性」には2つの意味がある。1つはさまざまな公的な警報をIPAWS（Integral Public Alert and Warning System）というシステムで統合的に集約・分配するという意味で，もう1つはIPAWSシステムをより大きな警報エコシステムの中に統合的に位置付ける，という意味である。

前者の意味では，IPAWS が連邦・州・郡などの警報発信主体から出される警報を取りまとめて，官民問わずさまざまなメディアに配信するオープンなシステムとなっていることがある（図5‐12）。ここでは日本の L アラートと同様に，XML というコンピュータ言語や CAP という警報記述のプロトコルが使われている。発信された内容は，EAS（Emergency Alert System）を使ってテレビやラジオに送られ，同時に携帯電話の CMAS/WEA を使って住民に送られる。また情報は各種のインターネットサービスにも送られ，各々の web ページ・ウィジェット・SNS で使われる。さらに NOAA（海洋大気局）の防災ラジオ，自治体のサイレン，「リバース911」などと呼ばれる固定電話に機械的に電話して避難勧

表5‐3　2019年台風19号時に役立ったメディア

（単位：％）

1．テレビ　85.6	10．インスタグラム（動画・ストーリーズ）　19.2
2．ラジオ　4.1	11．フェイスブック　1.4
3．電話・携帯電話の通話　18.5	12．その他の SNS　4.1
4．E メール　2.7	13．ウェブページ　17.1
5．緊急速報メール・エリアメール　58.9	14．市や町の防災（同報）無線　16.4
6．LINE　26.7	15．口コミ　1.4
7．ツイッター（文字・静止画）　67.1	16．新聞　3.4
8．ツイッター（動画）　54.1	17．その他　4.1
9．インスタグラム（文字・静止画）　8.9	

注：大学生調査，N＝146

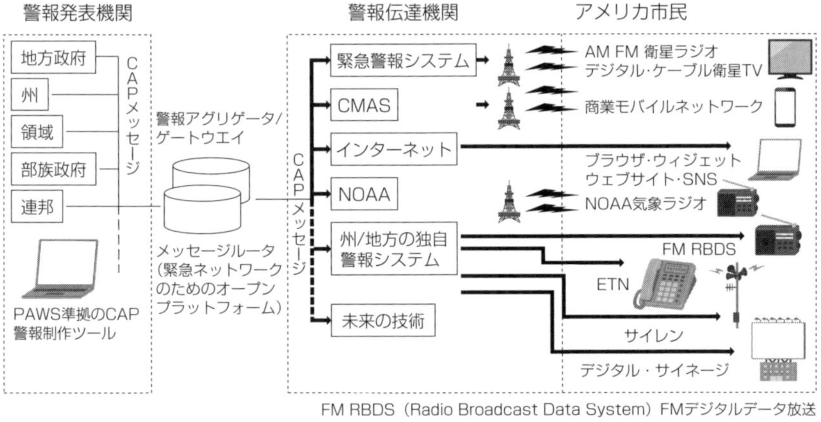

図5‐12　アメリカの統合的警報システム（IPAWS）

出所：NASEM（2018, p. 86）より作成。

告を伝えるサービス（ETN: Emergency Telephone Notification），そしてデジタル・サイネージなど，さまざまなメディアにも流される。こうした点では IPAWS のシステムは日本の L アラートの仕組みに類似している。

　他方，IPAWS は一方向的な流れでなく，より大きな情報エコシステムと相互作用的に統合することを目指す点が特徴的である。人々はすでにさまざまなメディアを使っているので，公的な警報伝達システムも，そうしたより大きなエコシステムの中に位置づけ，うまく適合していこうとする姿勢である。具体的には官から民にオープンな形で情報を流すと同時に，民からの情報も統合していこうとしている。たとえば，住民のスマートフォンからの情報を利用して，着信の有無や遅延を確認してシステム改善に活かしたり，スマートフォンに保存された位置情報から配信地域を予測し配信対象地域を自動的に設定したり，位置情報や利用状況から，より効果的なメッセージを表示したり，利用者の使用言語・身体的障害の程度に合わせたメッセージを送ったりする，などである。

　④ 統合的警報システムに求められるメディア特性

　全米アカデミーズ（NASEM, 2018, p. 50）によれば，警報システムには，人々に警告を与える情報を提供し，安全のために必要な行動を促すという目的があるが，これまでの諸研究の成果を基に考えると，それを達成するためには次のような要件が必要であるという。

　第一は，警報は危険な状況にある人々だけをターゲットにして送信し，危険のない人々が警報を受信することがないようにするべきで，そのためには，きめ細かい「ジオターゲティング」（geotargetting）が必要であるということだ。ジオターゲティングは近年，ネット広告や警報システムでよく使われる用語で，GPS・携帯基地局の位置情報・IP アドレスなどを使って端末の位置を推定し，その位置に関連する情報を配信する技術である（IT 用語辞典 e-Words；Department of Homeland Security, 2015）。

　第二は，受け手の状況に合わせた情報によって，インパクト（起きうる被害の大きさ）を伝え，適切な防衛的対応を引き起こすことである。たとえばハリケーン時には，トレーラーハウスの住民には待機は適切でなく，立ち退き避難がより適切だ，というようなことである。

　第三は，システムには信頼性が必要だということだ。警報発信者にとっては警報がすべての対象者に確実に配信されるという信頼が必要であり，受信側にとっては，メッセージが正確で信頼できる情報源からのものであるという信頼性が必要である。この性質は，メディアの基本的な能力や「デペンダビリティー」（dependability：頼りになること）・「リライアビリティー」（reliability：信頼性）・「レジリエンス」・「セキュリティー」といったシステムの特性に依存している。国際電気標準会議（IEC）の中にある「信頼性専門委員会」（TC58）によると、「デペンダビリティー」とは、故障しないこと・保守性があること・保守サポート性あること・可用性（機能する状態を維持すること）などと関連する広い概念である（https://tc56.iec.ch/）。それに対して「リライアビリティー」とは主に故障しないことを意味している。すなわち、災害時にはこれらの要素を含む頑健性が必要だということである。

　第四は、システムは事象や受け手の多様性に対応しなければならないということである。災害にはさまざまなものがあるし、受け手も、メディアの使いこなし能力・言語・身体的障害の程度などにおいて多様なので、それへの対応が必要となる。

　第五は、システムが官民の他の情報ソースとともに機能し、他のメディアや配信方式に容易に再利用されることだ。IPAWS ではこれを CAP や XML を通して実現しようしているが、実際に行おうとすると、日本の一斉送信システムの例にみられるように、各機器を連携するためには社会的な調整が必要なことがある。

　そして第六は、警報の受信者からのフィードバックを活かすことだ。フィードバックにより人々の対応を理解し、警報の効果やシステムの改善に立てることができる。日本ではビッグデータの活用法の１つに携帯電話の位置情報を基にして人々の動きを把握するサービス（「モバイル空間統計」など）が行われている。イメージとしてはこれを警報の発信と突合させた分析をするということになる。

　こうしたメディアの特質は、現在まだ達成されているわけではなく、今後目指していく方向性を示しているものである。しかしメディアに求められる特性としては十分に参考になる。

（３）避難情報伝達メディアに求められる特性
　では、個々の避難情報伝達メディアには、どのような特性が求められるのだろうか。これまでみてきた、各種防災メディアの特性、警報エコシステムの考え方、そして伝達の実際に起きる問題などから、必要な特性を考えると、「技術的特性」「社会的特性」「受け手の人間的特性」の３つの次元から検討できると思われる。
　① 技術的特性
　技術的特性とは、メディアのシステムおよび端末がもつ物理的・機械的特性である。たとえば Mileti ら（2015）は、警報伝達メディアの特性について、「ス

ピード」（対象者への到達速度），「カバレッジ」（到達可能な地域の大きさ），「集中性」（対象地域のみか，広く拡散的か），「包括性」（効果的対応に必要な内容を運ぶ能力）をあげ，各種の防災メディアを位置づけている。あるいは Nakamura ら（2019）はダム情報伝達メディアの特徴として「強制性」「強雨時の受信の容易さ」「伝達範囲」「操作の容易さ」などを挙げ，各メディアを位置づけている[4]。同様に総務省消防庁防災情報室（2013）では，情報伝達能力として，受け手の居場所（屋外／屋外／車内）への伝達，伝達範囲，情報量，災害耐性（荒天時・輻輳・停電・断線），伝達形式（push/pull）を挙げ，各メディアを評価している（表5-4）。この表によれば，たとえば防災無線の屋外拡声器は，スピーカーの聞こえる範囲にしか伝達できないので範囲は中程度（○）で，情報量は中程度（○）であり，大雨などの荒天時は聞こえにくい（△）が，輻輳や断線には強い災害耐性（◎）を持っている。そして伝達形式はプッシュ・メディアである，ということになる。あるいは携帯電話の緊急速報メールは，市内全域に伝えられるので伝達範囲は広く，大雨時にも伝わるという点で同報無線の拡声器より優れているが，断線については同報無線の方が強くなっている。これは津波や土砂崩れ時には携帯基地局へのケーブルが断線して携帯電話が使えなくなることがあるからである。

　以上いずれの議論からも，各メディアは一長一短の性質を持っているので，多様なメディアを組み合わせて伝えることが重要であることがわかる。

　これらの特性の中で特に重要なのは，災害時でも確実に機能する「頑健性」（災害耐性），情報探索の意図のない人にも強制的に知らせられる「強制性」（pushメディア），ある特定の個人に限定して必要な情報を伝えられる「個別性」である（中村，2007）。

表5-4　メディアの情報伝達能力

| | 居住者 | 一時滞在者 | | | 範囲 | 情報量 | 耐災害性 | | | | 伝達形態 push/Pull |
	屋内	屋外	屋内	屋外	車内			荒天時	輻輳	停電	断線	
同報無線屋外拡声器	△	○	△	○	△	○	○	△	◎	○	◎	Push
戸別受信機	○	—	×	—	—	○	○	◎	◎	○	◎	Push
緊急速報メール	○	○	○	○	○	◎	○	◎	◎	○	△	Push
登録制メール	○	○	○	○	○	◎	◎	◎	△	○	△	push+pull
SNS	○	○	○	○	○	◎	◎	◎	△	○	○	Pull

○有効　×不適　｜　◎広い　○普通　｜　◎優れている　○普通　△課題あり

出所：総務省消防庁防災情報室（2013）より一部抜粋。

　「頑健性」は**表5‒4**では災害耐性に相当している。その中ではまずは停電対策が重要である。たとえば同報無線（屋外拡声器）には国の指針があり，予備電源として蓄電池や発電機が設置されている[5]。あるいは緊急速報メールを支える携帯電話基地局では，予備電源の設置が義務づけられていて，通常の基地局では数時間，市町村の役場付近の基地局では24時間の蓄電池が確保されている[6]。

　しかし警報エコシステムの議論を援用すれば「頑健性」は災害耐性だけでなく，故障なく長く使えるという「可用性」や保守性や更新の確実性なども関係している。それはたとえば補助電源のうち，ディーゼルエンジンはガスタービンエンジンより保守が容易であるとか，バッテリーは経年劣化で交換が必要であるなどということである。

　「強制性」は情報探索の意図を持たない人にも強制的に伝達できる「プッシュ・メディア」によってなされる。これは自ら情報を取り出してくる「プル・メディア」と反対の性質である[7]。防災無線や緊急速報メールは典型的なプッシュ・メディアだが，web や SNS は情報探索の行動がなくては情報を伝達できないのでプル・メディアとなる。

　プッシュとプルのメディア特性は受け手側の認知のしやすさとも関係している。たとえば FAX はメカニズムそのものをみれば自動的に出力されるのでプッシュ・メディアともいえるが，出力された紙が気づかれずに放置されることがあり，実際の強制性は低いともいえる。

　「個別性」には，地理的に危険地域にいる人だけにその地域で必要な警報を伝えるというジオターゲティングと，外国人・障がい者・機器の操作能力など，受け手の特性に合わせて伝える個別性の2つの側面がある。たとえば携帯アプリはジオターゲティングや外国語での伝達など，細かな対応が可能なメディアである。

　② 社会的特性

　伝達メディアに求められる特性には，技術的特性ばかりでなく，社会的特性もある。優れた技術的特性であっても高価で普及しないとか，適切なメンテナンスがなされず災害時に機能しない，というのでは有効なメディアとはいえない。メディアの普及やメンテナンス・更新の在り方などは，社会的に形作られる特性である。

　たとえば緊急速報メールは，普及率が高く常時携帯性が高い携帯電話に配信される点で，優れた社会的特性を持つ。しかもアメリカの緊急速報メール（WEA）は規制当局（連邦通信委員会 FCC）が携帯事業者にサービスの提供を義務づけており，国の機関である FEMA が中継をしている点で，制度的にもしっかりしてい

る。日本ではサービスの提供は事業者の義務にはなっていないものの，端末は出荷時にデフォルトで受信がオンになっており，発信者である国や自治体は無料でこの仕組みを利用することができ，現在すべての自治体が発信に参加している。いずれにせよ受信者・通信事業者・端末メーカー・発信者がうまくかみ合って緊急速報メールの普及に役立っており，こうしたことが社会的特性を形作っている。他方，防災無線の戸別受信機は，災害耐性は高いものの，同報無線を取り入れている自治体のうち，全戸配布している自治体は31％（1428団体中436団体），一部配布している自治体は54％（1428団体中776団体）にとどまる（平成29年度消防白書）。整備費用がかさむことや，それに対する財政支援が十分でないことなどが普及のネックとなっており，これは社会的特性の面で課題があることを意味している。

　普及には機器の普及だけではなく，利用の普及もある。たとえば登録制の防災メールや災害用伝言ダイヤルは誰でも利用できるにもかかわらず，利用の広がりは十分ではない。他方日本でもっともメジャーな防災アプリである「Yahoo! 防災速報」は，2020年現在1800万人が利用している（モバイル社会研究所，2020；Yahooニュースリリース）。人口全体からすればまだ普及の余地はあるとはいえ，ある程度多くの人が利用しており，他の防災アプリよりは利用の面で優れた特性を持っているといえる。こうした利用の普及には，メディアの技術的特性だけでなく，さまざまな社会的要因が関係している。

　他方，メディアのメンテナンスや更新は，防災無線のように法や公的なマニュアルによって規定されていれば，確実性や永続性が確保される。しかしそれが個人や企業の自主性に依存した場合，不確実性が高まってしまう。たとえば，戸別受信機は停電時には乾電池が必要だが，その更新が住民に任されている場合，いざというときに機能しないおそれがある。

　③ 受け手の人間的特性とエコシステム

　受け手は，置かれた状況・属性・メディア利用習慣などにおいて多様なので，あるメディアがもっとも優れている，ということができない。それぞれの人間的特性に適合して受け手の防衛的反応を引き起こすメディアが優れたメディアなのである。

　たとえば同報無線の戸別受信機は家にいる人には有効だが，外にいる人には伝わらない。音声で伝える仕組みは，プッシュ・メディアとしてはよいが，聴力が衰えた高齢者や日本語がうまく聞き取れない外国人には向いていない。あるいは防災アプリはダウンロードが必要なので，スマートフォンの操作が苦手な人や，防災に関心の低い人には向いていない[8]。また属性としては，高齢者はテレビや防

災無線といったオールドメディアに頼りがちだが，若者はおもに SNS でニュースを得ることが多くなっている。

　受け手の人間的特性を考えるとき，警報エコシステムの考え方は有効である。すなわち，警報の伝達メディアは多様化ばかりでなく，メディアのエコシステムの中で，人によって遺漏のないように，より効果的なように，メディアを組み合わせて考えていくことが大事である。たとえば，テレビをあまり見ない若者にはTwitter や Instagram 経由で動画を伝えるとか，スマートフォンに慣れない高齢者にはテレビから，PC やテレフォンサービスに誘導するといったことである。市町村の SNS の利用も現在のように単に公式アカウントで伝えるだけでなく，フォロワーが多かったり，地域情報に強いニュースサイト・インフルエンサー・ユーチューバーなどに発信を依頼したり，有料広告を出したりする，などの工夫をする余地がある。あるいは消防団や自治会が盛んな地域では，登録制メールなどのシステムから戸別訪問を起動させることもあるだろうし，人口が多い都市部では，同報無線・緊急速報メールなどの公的情報源のほかに，SNS や防災アプリ[9]による住民発の情報も有効性を持ってくる。

　あるいは伝達できる情報の種類の組み合わせもある。たとえばテレビは広域的に危機感を伝えるには適しているが，地区ごとの避難勧告や避難先などを伝えるには適していないので，ネット情報などと組み合わせることが有効になる。

　あるいはエコシステムの中で，ある人の利用するメディアが頑健でないものばかりの場合，頑健なメディアを組み合わせることで伝達の確実性を確保することもできる。たとえば停電に弱いテレビや光ブロードバンドに対して，停電に強い防災行政無線・ラジオ・モバイルメディアを組み合わせるとか，土砂崩れなどによる光ケーブルの断線に弱い携帯電話やインターネットに対して防災行政無線や防災ラジオを組み合わせるなどである。

　また強制性については，住民全員にまんべんなく伝達することや，逆に同じ人に過剰に強制的情報が伝達されないことも重要である。その人に関係のない情報まで頻繁に強制的に伝達すると，重要な情報を見落したり，緊急速報メールをオプト・アウト（選択して脱退）するなど，受信を拒否する結果につながりかねない。

　④ パーソナル・メディアの有効性

　人間的特性と関連して，戸別訪問といったパーソナル・メディアの有効性について触れておく。マス・コミュニケーションの効果研究では，いくつかの古典的な知見がある。第一に，人には先有傾向による選択的接触の傾向がある。これは，人はあらかじめ持っている傾向にそってマスメディア内容を選択して接触するの

で，マスメディアの影響は限定的である，というものだ（Lazarsfeld, et al., 1948）。人が自分の期待に合う情報を求めるという傾向は，他のメディアでもみられ，最近では SNS で自分の考えと同じ情報ばかりに接触し，自己の考えをより確信していくという「エコーチェンバー」の現象が指摘されている。避難情報の場合，災害に関心のある人や，災害の不安を感じている人は接触を求めるが，そうでない人は接触を求めないということが考えられる。ここからプッシュ・メディアの重要性が示唆されるが，戸別訪問は，関心のない人にも到達でき，相手の聴取状況も確認できるために究極のプッシュ・メディアであるといえる。

　第二に，コミュニケーションの 2 段階の流れとパーソナル・インフルエンスの重要性という知見がある。これはマスコミのキャンペーンは直接人々に影響を与えるより，一度身近な人に伝わってから人づてに伝わることで効果を発揮するというものである（Katz, et al., 1955）。ここから，マスメディアで一斉に伝達するよりも，消防団や自治会の戸別訪問による呼びかけの方が効果的である，ということが示唆される。またイノベーションの普及研究によると，インパーソナルなコミュニケーションは情報の認知段階で重要であるが，パーソナルなコミュニケーションはその評価の段階に影響するという（Rogers, 1962）。ここから，危険が迫っているという状況認識（アラート）はマスメディアで伝わるが，それが自らに迫っている重大なことであると評価するにはパーソナルなコミュニケーションのほうが有効である，ということが示唆される。

　さらに，心理学の説得研究にも興味深い知見がある（6 章参照）。たとえばチャルディーニ（2014）は，人に影響を与える心理的原理として「返報性」「一貫性」「社会的証明」「好意」「権威」「希少性」を挙げている。ここで「返報性」とは受けた恩に対して返報したくなる心理で，一貫性とは自分の発した言葉と行動を一貫させようとする心理である。これはたとえば，消防団員が避難の呼びかけのためにわざわざ自宅まで来てくれたことに対して「ご苦労様」と感じれば，それに報いるために避難しようと思ったり，あるいは避難の呼びかけに対して住民が「わかりました。避難します」と答えた場合，その自分の発言に「一貫性」を持たせるために実際に「避難しなければならない」と感じる心理である。住民宅への戸別訪問の呼びかけが効果的なのは，こうした心理が背景にあるからだと考えられる。あるいは「社会的証明」とは，他の人への同調行動をする心理である。たとえば Milgram ら（1969）の実験では，多くのサクラが街頭で立ち止まりビルの上方を見上げていると，他の通行人もつられて上方を見る同調行動を引き起こすことが明らかになっている。これは，みんながやっていることには理由や価値

があるに違いない，と考える心理である。こうした心理が避難時にも働くとすれ
ば，他の人が避難していることを，パーソナル・コミュニケーションなどによっ
て知ることにより，避難が促進される可能性がある。

5.3　避難情報伝達メディアと災害事例[10]

（1）東日本大震災と同報無線

　2011年の東日本大震災時に，避難情報伝達に重要な役割を果たしたのは，同報
無線の屋外拡声器であった。この地震では津波による被害が大きかったが，強い
揺れもあり，地震直後，屋外に出た住民が多く，屋外の拡声器の音が聞こえやす
かったのである。しかも当時，岩手・宮城・福島の太平洋沿岸の37市町村のうち
35市町村（95％）と，沿岸のほとんどの市町村が同報無線を設置していた（総務省
消防庁，2011）。そして各市町村は，津波警報の直後に，同報無線で津波からの避
難を呼びかけていた。

　実際，内閣府のアンケートによれば，避難情報の伝達にもっとも役立ったのは
防災無線で，岩手では避難の呼びかけを聞いた人のうち約6割，宮城で約3割の
人が防災無線を挙げていた（表5-5）。ついで多かったのは消防の車や人やラジ
オであった。当時筆者が被災地を訪れた際にも，防災無線で津波警報を聞いたの
で逃げた，という人の声をよく聞いたものである。

表5-5　東日本大震災時の避難の呼びかけ入手手段

（単位：％）

	岩手県	宮城県	福島県
テレビ	0	2	3
ラジオ	13	10	0
防災行政無線	62	34	2
車のテレビ・ラジオ（カーナビ）	0	2	1
携帯電話のワンセグ放送	2	1	0
携帯電話のメール	0	0	0
役場の広報車や人	3	2	0
家族や近所の人	9	14	5
警察の車の人	2	22	0
消防の車や人	15	27	6
施設の放送	2	2	1
その他	8	11	0

出所：内閣府（2011）。

一方，筆者らが行った東北沿岸4地
域（陸前高田地区・南三陸地区・仙台／名
取地区・山元地区）の調査によれば，南
三陸で73.8％，陸前高田で51.0％と
半数以上の人が避難勧告などの避難の
呼びかけを聞いていた（中村他，2012）。
それに対して仙台／名取や山元では避
難の呼びかけを聞いた人はそれぞれ
22.4％，24.5％と少なくなっていた
（図5‐13）。

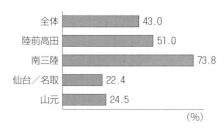

図5‐13　避難の呼びかけの聴取率（東日本
　　大震災時）
出所：中村他（2012）。

　この差は同報無線の作用によるものである。同調査で同報無線の放送が聞こえ
たかを尋ねたところ，避難の呼びかけの聴取率の高い南三陸や陸前高田ではそれ
ぞれ63.4％，36.0％の人が「放送が聞こえ，内容が理解できた」としていたが，
仙台／名取や山元では「放送が聞こえ，内容が理解できた」とする人は7％程度
と低くなっている（図5‐14）。同報無線の放送が聞こえた地域では避難の呼びか
けがうまく伝わった一方，放送が聞こえなかった地域では避難の呼びかけが伝わ
らなかったのである。

　同報無線の聴取率が低かったのには，いくつかの原因がある。第一に宮城県名
取市では，地震の揺れで市庁舎に置かれた同報無線の発信機器が不具合を起こし，
放送が全く流れなかった。しかもその際，市では放送が流れていないことに気づ

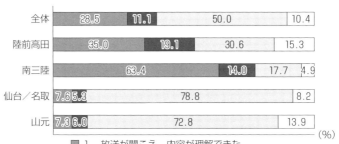

図5‐14　同報無線の聴取率（東日本大震災時）
出所：中村他（2012）。

かず，代替手段をとることがなかったのである（東日本大震災第三者検証委員会，2014）。災害時に同報無線の親機が故障するというのは比較的珍しいことではあるが，放送が実際に流れているかを確認する作業も必要だろう。第二に宮城県山元町では，役場に設置されたアンテナが故障し，そのうえ放送室のスチール机が倒れドアをふさぎ入室が阻まれたために，役場からの放送ができなかった。しかし町では代替手段として，かねて協定を結んでいた亘理地区の消防本部から同報無線で避難を呼びかけている（総務省消防庁，2013）。地震の揺れでスチール家具が転倒しドアをふさぎ，災害対策室などに入れなくなるという事態はしばしばあり，机やキャビネットの固定が重要なことがわかる。第三に仙台市では，市内の海沿いに49基の同報無線の支局（拡声器）があったが，設置した範囲が海に近い地域に限られていたために，被災地域全体をカバーできなかった。第四に気仙沼市では，停電の影響もあった。気仙沼市役所では，停電したが，防災行政無線（同報系・移動系・県との衛星系）・ネットサーバー・潮位計・監視カメラにはバッテリーがあった。しかし同市の同報無線は1時間に5分使うと24時間しか電源が持たない設計になっており，地震の翌日までは放送できたが翌々日の3月13日には電源が切れて同報無線が使えなくなってしまった。電源の問題は，同報無線の親局だけでなく中継局にもあった。さらに緊急速報メールの発信やHPの更新も，固定IPアドレスを持ったパソコンや庁内LANが使えず発信できなかった。市では苦肉の策としてモバイル・ルーターを使ってTwitterによる情報発信を行ったが，地震当日の夜には，携帯基地局も停電により停波してしまった。気仙沼市では津波警報の伝達には支障なかったが，津波後に大火災が発生し鎮火まで12日間もかかるなど（河北新報2011.5.15），危機的な状況が続いており，停電による伝達メディアの中断の影響は少なくなかったと思われる。防災無線は状況が改善するまでの間，72時間程度は防災無線の電源がもつような措置が必要であろう。

　こうした防災無線の電源に関することは「技術的特性」のうち「頑健性」にかかわる部分である。しかしそれを実現するためには，規制やマニュアルなど，社会的な側面が関係しているのである。

（2）戸別受信機の使用例

　同報無線の戸別受信機は，気密性の高い屋内や雨音が大きいときなどにも有効である。たとえば兵庫県豊岡市では，2004年台風23号時に一級河川の円山川が氾濫したが，全世帯に戸別受信機が配られており，それを通じて避難勧告が放送された。住民の避難勧告聴取率は63.3%であったが，それを聞いた手段でもっと

表5-6　避難勧告などを聞いた手段

(単位：%)

		豊岡	本宮	長野	西予
	避難勧告等の聴取率	63.3	91.7	87.6	42.9
通信	同報無線（戸別受信機）	82.0	70.5	15.0	26.7
	同報無線（屋外拡声器）	10.0	47.4	36.2	13.3
	防災ラジオ		26.9	11.0	
	緊急速報メール		19.2	48.0	0
	防災メール		11.5	16.5	
放送	NHKテレビ	8.0			
	民放テレビ	5.0			
	テレビ		12.8	29.1	6.7
	NHKラジオ	0.5			
	民放ラジオ	1.0			
	ラジオ		2.6	4.1	0
	コミュニティーFM	1.0			
自治体	広報車	1.0			
	消防団から直接		2.6	14.2	60.0
	市・町の職員から直接	0.5			
	町内会・消防団の人から	6.5			
	半鐘		0	21.3	
	サイレン		11.5	5.5	
	自治会の人から		32.1	50.4	
個人	近所の方，親戚・知人	8.0			
	人づて		3.8	7.9	6.7
	知り合いの電話や携帯メール	8.0			

出所：廣井他（2006），中村他（2020）。

も多かったのは82.0％の人が挙げた戸別受信機であった（表5-6）。

　あるいは2019年の台風19号時，福島県本宮市では，戸別受信機および防災ラジオを全戸に配布していたが，避難勧告等の聴取率は91.7％と極めて高く，それらを聞いた人の70.5％は戸別受信機から聞いていた。

　同市では，戸別受信機のほか，同報無線の屋外拡声器（47.4％），防災ラジオ（26.9％），緊急速報メール（19.2％），自治会の人から直接（32.1％）などからも避難情報が聴取されていた。このように多様なメディアが使われると，避難情報の伝達率が一層高くなるのである。他方，同じ2019年の台風19号時の長野市では，87.6％の人が避難勧告などを聞いていたが，そのうち戸別受信機で受けた人の割合は15.0％と低かった。逆に多くの人が挙げた受信手段は，「緊急速報メー

ル」（48.0％）や「自治会の人から直接に」（50.4％）などであった。戸別受信機で聞いた人が少なかったのは，戸別受信機がすべての家庭に配布されていなかったからである。長野市には約16万世帯あるが，戸別受信機は全体で8700台しかなく，市の施設や自治会役員・消防団員宅など限られた住宅に設置されていた（長野市，2018）。しかし大きな被害を受けた同市の長沼地区では，それを補うために，全戸に防災ラジオ（750台）が設置されていた。ただ防災ラジオから避難情報を聞いた人は11.0％であった。防災ラジオから聞いた人が少ない理由ははっきりしないが，配布されたのが2010年と災害の9年前だったので（長野市HP），各戸のメンテナンスに問題があったのかもしれない。

　他方，戸別受信機の効果が十分に発揮されなかった例もある。2018年西日本豪雨時に洪水のあった愛媛県西予市では，被災地域の全世帯に戸別受信機が設置されていた。当時避難指示を聞いた住民は全体の42.9％だったが，そのうち戸別受信機で聞いた人は26.7％にとどまっていた。その原因は，第一に放送当時大雨による雨音が激しく，屋内でも聞こえにくかったこと，第二に放送が午前5時と早朝で寝室にいた人が多く，居間や食堂においてあった受信機の音が聞こえにくかったこと，第三に深夜の集中豪雨であったために住民の注意が災害に向いていなかったこと，そして第四にサイレンを鳴らしたり最大音量による放送が十分なされなかったこと，[11]などが考えられる。ここから，状況や使い方によっては戸別受信機も十分な効果を発揮しないことがあることがわかる。

　一般的に，有効な戸別受信機ではあるが，いくつかの課題がある。その第一は，設置費用が場合によっては1台あたり4‐5万円と高く，全戸に設置することが難しいことである。その原因には，メーカー間の競争原理が働きにくいこと，電波の入りにくい住宅ではアンテナ設置工事が必要なことなどがある（総務省非常通信協議会，2017）。そのため総務省では標準型のモデルを作るなどして競争を促進しようとしている。（総務省消防庁，2018）。同時に，設置に対しては政府の財政援助を強化することも必要であろう。[12]第二にメンテナンスも課題で，停電時に備えて長期間液漏れしない乾電池を配布したり，定期的に電池の交換を呼びかけたりするなどの措置が必要だろう。第三に放送の仕方の問題がある。西予市では災害を教訓に，災害時には強制的に最大音量で「緊急放送」などと呼びかけることにしている。

　このようにみると，技術的には優れた機能を持つ戸別受信機という優れたメディアであっても，社会的にうまく使いこなしていくプロセスが不可欠であることがわかる。

（3）モバイルメディアの活用例

　携帯電話に送られる緊急速報メールは，防災無線と並んで有力な避難情報伝達メディアである。実際，先の長野市の例では避難勧告などを知った人のうち，約半数が緊急速報メールによって知っていた（表5-6）。しかしそれもうまく使いこなされていない例が少なくない。その第一のパタンは，庁内インターネットが不調で緊急速報メールの発信ができなくなることである。たとえば2016年の熊本地震の時，震度7に襲われた益城町では，停電時に働くはずの補助電源からの電線が地震の揺れで切断し，停電のため庁舎のインターネットが使えず，緊急速報メールを送ることができなかった。あるいは2017年の九州北部豪雨では，福岡県朝倉市では，電話局への落雷によりインターネット回線が不調となり，緊急速報メールの発信が大幅に遅れてしまった。解決策としては，モバイル・ルーターなどでバックアップ回線を確保しておくこと，職員の携帯電話から発信できるようにアドレスを登録しておきそこから発信すること，県に代行発信を依頼することなどが考えられる。いずれにしてもインターネット回線が切断されるかもしれないことを想定して，あらかじめ対応策を決めておくことが重要である。第二は，緊急速報メールは発信すると市内全域で着信してしまうため，発信を躊躇するというパタンである。たとえば西日本豪雨時の西予市では，Jアラートなどの訓練時に市民から多くの問い合わせが来た経験から，市内全域が対象となる緊急速報メールを発信しなかった。本来であればシステムの「ジオターゲティング」が求められるところだが，現状では緊急時は躊躇せず全市に発信するように努めるしかないだろう。すでに述べた緊急速報メールの地域細分化の必要性がここに関係している。第三に，多忙のために緊急速報メールの発信が遅れてしまうというパタンがある。たとえば西日本豪雨時に大洲市では緊急速報メールの発信が遅れたが，多忙による発信忘れが原因であった。解決策としては，多メディアの発信を一括して行える一斉送信システムの導入が考えられる。

5.4　課題と対策

　以上，防災メディアを概観した後に，避難情報メディアの理論や運用事例をもとに，その問題と対策について検討してきた。防災メディアには，防災専用のメディアから携帯電話のような汎用のメディアまで実にさまざまなメディアがあり，予測情報の生産から，避難情報の生産，住民への伝達まで，各部分で複数のメディアが使われていた。メディアの特性には，技術的特性・社会的特性・受け手

の特性が絡んでおり，それぞれのメディアには短所と長所があった。したがって，基本的には，情報はあらゆるメディアを使って，住民全員に確実に伝達されるようにするべきである。

　しかし，防災メディア利用の実例を見ると，メディアが進化し，多様化するなかでも，それらがうまく使いこなされていない例が少なくなかった。単に技術的にメディアを開発・実装するだけでなく，これまでの災害事例を活かして，利用の仕方を工夫したり，社会的な調整をすることが重要である。具体的には，利用者の特性に合わせたメディアの配置をしたり，市町村がうまくメディアを使いこなせるようにマニュアル類を整備したり，訓練をしたり，法や規則を整備することが必要である。[13)]

　一方防災メディアは，これまででたしかに多様化，重層化されてきたが今後は，多元的，双方向的な警報エコシステムの考えを取り入れれば，より効果的なものとなるだろう。そのためにはまず，どのような人が，どのようなメディアで，どのような防災情報を受発信し，どのように防災行動をしているのか，という情報行動について明らかにすることが必要である。そのうえで，たとえば土砂災害危険地域に住んでいる若者には，テレビで気象の異変や警戒を呼びかけたうえで，ネットでハザードマップを確認してもらい，危険度分布や防災アプリの利用法やその現況を示す URL を知らせ，市町村の避難情報を公式 Twitter，防災アプリ，緊急速報メールで伝え，それらを SNS で友達や親せきに発信してもらうというような，警報エコシステムを考慮した方策をとることが有効であろう。あるいは国土交通省が推進する「逃げなきゃコール」（内閣府，2021, p. 11）のキャンペーンは，息子や娘が防災アプリで高齢の親が住む地域の危険を察知して，高齢の親に電話をかけて避難を呼びかけることを推奨している。これは身内の高齢者に電話をかけるという，限定された範囲ではあるが，警報エコシステムの概念に沿った対策の一例といえる。

注
　1）　具体的には，「SpeeCAN RAIDEN」や「すぐメール Plus＋」などのサービスがある。
　2）　PWS はアメリカ・カナダ・EU・韓国・台湾・スリランカ・チリなどで運用されている。そこでは犯罪，子供の行方不明など多様な情報が重要度のクラス分けを伴って配信されており（クラスによってオフにできるものとできないものがある），多言語化・送信文字数などの仕様が国ごとに異なっている（5G Americas, 2018）。
　3）　具体的には Cosmo Cast（別府市，大洲市，八王子市），Regional Alert DIRECT（宮田村）などのアプリがある。

4 ）　ダム情報伝達メディアの特徴は下表のようにまとめられる（Nakamura, et al., 2019）。

伝達メディア	強制性	強雨時の受信	伝達範囲	操作の容易さ
戸別受信機（防災無線）	強制的	中間	狭い	容易
屋外拡声器	強制的	困難	狭い	容易
消防団による戸別訪問	強制的	容易	狭い	容易
エリアメール	強制的	容易	中範囲	中間
登録メール	強制的	容易	中範囲	難しい
TV／データ放送	意図的	中間	広い	容易
web	意図的	容易	広い	難しい
スマホアプリ	強制的	容易	広い	難しい

5 ）　国の指針では発信装置（統制局）には24時間以上発電できる発電機が，拡声器側（同報子局）には48時間以上稼働する蓄電池の設置が推奨されている（総務省非常通信協議会，2017）。

6 ）　事業用電気通信設備規則11条による。

7 ）　プッシュ型のメディアとプル型のメディアとは，インターネットが普及し始めたころに広告業界で言われはじめた言葉である。その時は，プル型のものとしてインターネット広告があり，プッシュ型のものとしてはテレビや新聞のマスメディア広告，電話営業などが想定されていた。

8 ）　防災アプリの利用者は防災意識の高い人が多く，意外と高齢者が多いという（水野，2018）。

9 ）　たとえば「Yahoo! 防災速報」アプリでは，GPS で位置を確認した上でその地域にいる人に気象警報や避難勧告などプッシュ通知で知らせているが，それを受け取った人が現地の被災状況を発信し地図上で共有する「災害マップ」の機能がある（Yahoo プレスリリース，2020.03.10）。

10）　本節における，東日本大震災については中村他（2012），豊岡市の水害については廣井他（2006），台風19号については中村他（2020a），西日本豪雨については中村他（2020b）の一部を加筆修正したものである。

11）　当時，最大音量の放送がなされなかったかは不明。ただ災害後に，避難指示の時には大音量（強制）での防災サイレン吹鳴をする改善策が提示され（国土交通省四国地方整備局，2018），また西予市では避難情報提供方法を見直し，戸別受信機で強制的に最大音量で「緊急放送」などと呼び掛けることにしている（愛媛新聞2018.10.26）。

12）　戸別受信機は親機と一括して導入する場合は「緊急防災・減災事業債」，追加で導入する場合は「特別交付税」が適応され，7 割程度の費用を国が負担している（総務省消防庁，2020）。

13）　ここにかかわるマニュアルとしては総務省消防庁（2020），総務省非常通信協議会（2017）などがある。

参 考 文 献

5G Americas, 2018, 5G Americas White Paper‒Public Warning Systems in the Americas.

チャルディーニ，R. B.，2014，社会行動研究会訳，影響力の武器［第三版］，誠信書房

Department of Homeland Security, 2015, Exploring the Effect of the Diffusion of Geo‒Targeted Emergency Alerts. https://www.dhs.gov/sites/default/files/publications/WEA%20-%20Exploring%20the%20Effect%20of%20the%20Diffusion%20of%20Geo-Targeted%20Emergency%20Alerts.pdf（2021.8.10閲覧）

FEMA, Webpage. http://www.fema.gov/pdf/emergency/ipaws/architecture_diagram.pdf （2021.8.

10閲覧）

福岡管区気象台，2021，九州・山口県防災気象情報ハンドブック　2021. https://www.jma-net.go. jp/fukuoka/chosa/handbook/tebiki2.pdf（2021. 8. 10閲覧）

東日本大震災第三者検証委員会，2014，東日本大震災第三者検証委員会報告書．https://www.city. natori.miyagi.jp/soshiki/soumu/bousai/node_66249（2021. 8. 10閲覧）

廣井脩，田中淳，中村功，中森広道，福田充，関谷直也，森岡千穂，2006，2004年台風23号における 災害情報の伝達と住民の対応，災害情報調査研究レポート3, 1-84. http://nakamuraisao.a.la9. jp/2004typhoon23.pdf（2021. 8. 10閲覧）

広島県HP，ヤフー株式会社と連携した「防災マップ（大雨警戒レベルマップ）」の運用開始について, https://www.pref.hiroshima.lg.jp/soshiki/100/yahooapuri20190626.html（2021. 10. 23閲覧）

河北新報，2011. 5. 15，その時　何が(3)炎に包まれる街（気仙沼・鹿折地区），〈アーカイブ大震災〉 火の手　陸と海から

国土交通省四国地方整備局，2018，野村ダム・鹿野川ダムの操作に関わる情報提供等に関する検証等 の場とりまとめ　参考資料．http://www.skr.mlit.go.jp/kasen/kensyounoba/matomesankou. pdf（2021. 8. 10閲覧）

Katz, E., and Lazarsfeld, Paul F., 1955, Personal Influence ; the part played by people in the flow of mass communications, Glencoe, Ill., Free Press.（竹内郁郎訳，1965，パーソナル・ インフルエンス──オピニオン・リーダーと人びとの意思決定──，培風館）

Lazarsfeld, Paul F., Berelson, Bernard and Hazel, G., 1948, The People's Choice : How the Voter Makes Up His Mind in a Presidential Campaign, Columbia University Press.（時　野 谷浩［ほか］訳，1987，ピープルズ・チョイス──アメリカ人と大統領選挙──，芦書房）

Mileti, D. S., and Sorensen, J. H., 2015, A Guide to Public Alerts and Warnings for Dam and Levee Emergencies, Available online. https://www.jma-net.go.jp/matsuyama/saigai/H30/ sokuho20180709.pdf（2020. 12. 12閲覧）

Milgram, S., Bickman, L., Berkowitz, L., 1969, Note on the drawing power of crowds of different size, Journal of Personality and Social Psychology, 13, 79-82. https://www.research gate.net/publication/232493453_Note_on_the_Drawing_Power_of_Crowds_of_Different_Size（2021. 8. 10閲覧）

水野一成，2018，高齢者が災害時に利活用する　スマートフォンの防災系アプリの可能性，日本災害 情報学会第20会大会　予稿集

モバイル社会研究所，2020，防災アプリのインストール率は46.5%　年代上がるほど増加し，70代で は64%レポート　防災．https://www.moba-ken.jp/project/disaster/disaster20200901.html

長野市HP, 2018，長野市防災行政無線（同報系）デジタル化整備事業　特記仕様書．https://www. city.nagano.nagano.jp/uploaded/attachment/318163.pdf（2021. 8. 10閲覧）

長野市HP，平成27年度　活き生き長沼　みんなでトーク．https://www.city.nagano.nagano.jp/site/ midorinoteble/124216.html（2021. 8. 10閲覧）

中村功，2007，災害情報とメディア，大矢根淳，浦野正樹，田中淳，吉井博明編，災害社会学入門, 弘文堂，108-113.

中村功，中森広道，福田充，2012，東日本大震災時の災害情報の伝達と住民の行動──陸前高田市・ 南三陸町・仙台市・名取市・山元町住民調査をもとにして──，災害情報調査研究レポート, Vol. 16, 1-126.

中村功, 中森広道, 保科俊, 2020a, 2019年10月台風19号豪雨災害における災害情報の伝達と住民の対応, 災害情報調査研究レポート, No. 17, 255–352. http://nakamuraisao.a.la9.jp/report17.pdf（2021.8.10閲覧）

中村功, 森岡千穂, 2020b, 2018年西日本豪雨災害時におけるダム情報の伝達と住民の行動――愛媛県肱川流域のダム情報と避難――, 災害情報調査研究レポート, No. 17, 145–216. http://nakamuraisao.a.la9.jp/report17.pdf（2021.8.10閲覧）

Nakamura, I. and Morioka, C., 2019, Effect of Communication Regarding Dam Operation on the Evacuation of Residents: a Case Study of the 2018 Inundation of the Hijikawa River in Japan, Geosciences, 9(10), 444. https://doi.org/10.3390/geosciences9100444（2021.10.10閲覧）

内閣府, 2011, 「津波避難等に関する調査結果（速報）」中央防災会議東北地方太平洋沖地震を教訓とした地震・津波対策に関する専門調査会第6回会合資料5. http://www.bousai.go.jp/kaigirep/chousakai/tohokukyokun/6/pdf/5.pdf（2021.8.10閲覧）

内閣府, 2013, 中央防災無線網――大規模災害発生時における基幹通信ネットワーク――. http://www.bousai.go.jp/taisaku/musenmou/pdf/pamphlet.pdf（2021.8.10閲覧）

内閣府, 2016, 水害時の避難・応急対策検討ワーキンググループ　第4回資料5, 気象庁の防災情報の伝達. http://www.bousai.go.jp/fusuigai/suigaiworking/pdf/dai4kai/siryo5.pdf（2021.8.10閲覧）

内閣府, 2021, 避難情報に関するガイドライン. http://www.bousai.go.jp/oukyu/hinanjouhou/r3_hinanjouhou_guideline/pdf/hinan_guideline.pdf（2021.8.10閲覧）

NASEM (The National Academies of Sciences, Engineering, and Medicine), 2018, Emergency alert and warning System, The National Academies Press. https://www.nap.edu/download/24935（2021.8.10閲覧）

NHK News Web, 2019, "エリアメール"の落とし穴, 2019年11月12日17時58分,

大洲市, 2020, 防災放送アプリ啓発チラシ. https://www.city.ozu.ehime.jp/uploaded/attachment/27332.pdf（2021.8.10閲覧）

Rogers, E. M., 1962, Diffusion of innovations, Free Press.（藤竹暁訳, 1966, 技術革新の普及過程, 培風館）

佐々木太志, 2018, SIM フリーで J アラートを受信できない理由, 日経 NETWORK, 2018.08, 86–89.

産経新聞, 2020.9.30緊急災害情報, 電話で一斉配信　群馬県藤岡市. https://www.sankei.com/life/news/200930/lif2009300038-n1.html（2021.8.10閲覧）

総務省, 2017, 防災行政無線等の戸別受信機の普及促進に関する研究会　報告. https://www.soumu.go.jp/main_content/000493842.pdf（2021.10.10閲覧）

総務省電波利用 HP, 免許関係, 電波利用システム, 市町村防災無線等整備状況. https://www.tele.soumu.go.jp/j/adm/system/trunk/disaster/change/index.htm（2021.10.10閲覧）

総務省非常通信協議会, 2017, 非常通信確保のためのガイド・マニュアル. http://www.tele.soumu.go.jp/resource/j/hijyo/guide.pdf（2021.10.10閲覧）

総務省情報流通行政局地域通信振興課, 2018, 今後の L アラートの在り方検討会　資料. https://www.soumu.go.jp/main_sosiki/kenkyu/future_L_alerts/index.html（2021.10.10閲覧）

総務省消防庁, 2013, 東日本大震災記録集, 4.12災害情報等の伝達. https://www.fdma.go.jp/

disaster/higashinihon/item/higashinihon001_43_04-12. pdf（2021. 10. 10閲覧）

総務庁消防庁，2017，緊急速報メールの細分化に関する実証実験結果報告書．https：//www.fdma.
　go. jp/mission/prepare/transmission/item/transmission001_06_290330-1. pdf（2021. 10. 10閲覧）

総務省消防庁，2018，報道資料平成30年 3 月27日「防災行政無線等の戸別受信機の標準的なモデル等
　のあり方に関する検討会」報告書の公表．https：//www. soumu. go. jp/menu_news/s-news/
　01shoubo01_02000034. html（2021. 10. 10閲覧）

総務省消防庁，2019，災害情報伝達手段への一斉送信機能の導入促進に関する検討会，資料及び報告
　書．https：//www.fdma. go. jp/singi_kento/kento/kento228. html（2021. 10. 10閲覧）

総務省消防庁，2020，災害情報伝達手段の整備等に関する手引き，https：//www.fdma. go. jp/mission/
　prepare/transmission/items/0203_tebiki. pdf（2021. 10. 10閲覧）

総務省消防庁防災情報室，2011，東日本大震災における　防災行政無線による情報伝達について，東
　日本大震災における災害応急対策に関する検討会　資料．http：//www. bousai. go. jp/oukyu/
　higashinihon/4/pdf/syoubou1. pdf（2021. 10. 10閲覧）

総務省消防庁防災情報室，2013，災害情報伝達手段の整備に関する手引き．https：//www.fdma. go.
　jp/laws/tutatsu/items/tuchi2505/pdf/250523-1. pdf（2021. 10. 10閲覧）

Wood, M. M., Mileti, D. S., Bean, H., Liu, B. F., Sutton, J., Madden, S., 2017, Milling and
　Public Warnings, Environment and Behavior, Vol. 50, No. 5, 535-566. https：//www.
　researchgate. net/publication/317242672_Milling_and_Public_Warnings（2021. 10. 10閲覧）

Yahoo プレスリリース，2020. 3. 10，「Yahoo! 防災速報」アプリ，ユーザー同士で災害状況を共有し，
　危険をいち早く確認できる機能「災害マップ」の正式版を提供開始．https：//about. yahoo. co.
　jp/pr/release/2020/03/10a/（2021. 8. 10閲覧）

吉井博明，2015，災害情報の有効性と活用の要件，月刊事業構想 6 月号別冊　防災ガイド2015年版，
　76-79. https：//www. projectdesign. jp/201410/information-sharing/002220. php（2021. 8. 10閲覧）

6章 | 避難情報の内容と表現

6.1 内容・表現様式の既存研究

（1）警報研究の知見

　避難情報の伝達においては，どのような内容を，どのように伝えれば効果的であろうか。アメリカの災害社会学では，Mileti ら（1975）が古くから警報システム（warning system）について研究をしていて（山本, 1981），その中で警報の内容やその伝え方についても包括的な検討がされている（Mileti, et al., 1990）。そこでここでまずそれについて紹介する。なお，この警報研究における「警報」は"warning" のことであり，気象警報だけでなく避難の呼びかけを含んでいる。

　Mileti らによれば，警報発信の有効性には，「メッセージの内容それ自体」「メッセージの送信元」「伝達メディア」「警報を行う頻度」などが関係しているという。ここでメッセージの内容には，「伝えるべき内容」と，「表現スタイル」の2つの次元がある。一方の「伝えるべき内容」には，「ハザード」（どのような危険があるか），「行動指示」（安全確保のために何をすべきか），「危険な場所」，「危険な時間」，「発信元」といった5つの要素が必要となる。ここで「時間」は，住民が危険回避対応のためにどれだけの時間をとれるかの情報を提供するものである。「発信元」とは警報を誰が発信しているかの情報だが，警報が市当局と気象台あるいは科学者など，複数の主体が複合して発せられたものである場合，信頼性がより高まるという（Mileti, et al., 1990）。

　そして他方の「表現スタイル」には，「具体性」（specificity），「一貫性」（consistency），「明確さ」（certainty），「わかりやすさ」（clarity），「正確性」（accuracy）が必要であるという。具体性は「ハザード」から「発信元」までのすべての内容で重要である。たとえば「ハザード」情報では，単に発生が予想される現象を示すのみならず，それによってどのような危険がもたらされるかも含まなくてはならない。ダム決壊の危険性を伝える場合なら，それによってもたらされる洪水の水深，水流の勢い，洪水の範囲なども示す必要がある。ハザードが十分に説明され

ていれば適切な対応行動につながりやすい。あるいは「行動指示」には安全を最大化するための指示が含まれるべきだが，単に高台に避難せよ，というのではなく，高台とは市庁舎の最上部より高い場所のことである，などと具体的に伝える必要がある。状況の具体性がわからない場合でも曖昧になることは避けるべきで，たとえば地震が起きた時にどの建物が安全かわからないような場合は，帰宅した方が安全です，などと伝えるべきである。「一貫性」は，あるメッセージ内の一貫性だけでなく，さまざまなメッセージ間の一貫性も重要である。たとえば，（学校が避難所でないとき）児童は学校に待機せよと命じる一方で，住民に自宅外への避難を呼びかけることは一貫性に欠けることになる。状況が変化して前後の一貫性が保てない場合は，以前の警告から変更したことや変更の理由を述べ，最新の警告を繰り返すことで一貫性が保てるという。「明確さ」とは，あいまいでないメッセージ表現のことで，ハザードにあいまいさがある場合でも，メッセージははっきりと伝えなくてはならない。たとえば爆弾を仕掛けたとの情報が入ったとき，それが本当に予告時刻に爆発するかはあいまいだが，予告時刻が本当であるとの前提で警報を出すべきである。また明確さは，メッセージ内容だけでなく言い方（トーン）にも必要で，発信者自身が確信しているように伝えなくてはならない。一方「わかりやすさ」とは，たとえば専門用語などを避け住民が理解できる簡単な言葉で表現することである。たとえば「場所」についてであれば，道やよく知られたランドマークなどを使い，住民の理解しやすい表現をする必要がある。最後に「正確性」だが，メッセージはタイムリーで正確で完全な情報でなくてはならない。たとえば地名のつづりなど，それほど本質的と思えない部分でも，不正確な箇所があると，住民は他の情報も正しくないのではないかという疑念を抱き，メッセージを信用しない可能性があるという。

　適切な内容は適切なメディアで伝達されなくてはならないが，Mileti ら（1990）は警報を発する頻度にも注目している。すなわち，危険にさらされている人々にとって，警報の頻度は多すぎるということはなく，頻繁な繰り返しは，警報に注目させ，警報の有効性への信頼を高めるという。ただ，緊急事態が長引くときには，繰り返しの効果が逓減することがあり，新たな情報を発信し続けないと，逆効果になることがあるという。

　さらに Mileti らは警報への住民の反応をモニタリングすることも必要だという。発出した警報が実際に住民の対応行動を引き起こしているかを監視し，もしそれが不十分と見える場合にはメッセージの内容・トーン・わかりやすさ・頻度・メディアなど，警報の仕方を修正する必要があるという。モニタリングには，

避難所に避難した人の数とか，避難路の交通量などが利用されることになる（Mi-leti, et al., 1990）。Mileti らのこうした指摘は，テレビ・ラジオ・防災ラジオ（tone alert radio）といった伝統的なメディアを念頭に置いたものであるが，基本をおさえた有効なものといえる。

　他方，近年アメリカでは，緊急速報メール（WEA）の有効性について，実験をもとにした研究が数多くなされている。その第一の論点はメッセージの長さである。2015年当時，WEA では90文字までしか送信できなかったが，最近ではより長いメッセージが送信できるようになり，その有効性が確かめられている。たとえば Glik ら（2018）によると，90字より160字のメッセージが有効であるが，有効な長さは端末ディスプレイの表示範囲によるという。あるいは Wood ら（2017）は，長いメッセージの方がメッセージの理解や避難の決断を促し，行動までの時間を短縮しうることを示している。さらに Mileti ら（2015）によれば，短いメッセージは人々の注意を喚起するが，対応行動には結びつかず，代わりにさらなる情報を求めることを促し，それゆえに対応行動を遅らせる。それに対して長いメッセージは人々の対応行動までの時間を減少させるという。第二の論点はメッセージの順序である。Mileti ら（2015）は，メッセージの長さが90文字とか140文字と比較的短い場合は，「発信元」「行動指示と時間」「脅威」「場所」「メッセージの有効期限」の順番が有効だとし，プレスリリースのような長いメッセージの場合は，「発信元」「脅威」「場所」「行動指示と時間」「メッセージの有効期限」の順が有効だという。あるいは Liu ら（2018）によると，最適な順序はメッセージの長さによって異なるが，280字では「発信元」「ハザード」「場所」「時間」「行動指示」と発信元を前にしたほうが有効だという。また同研究によれば，WEA のメッセージは受信してもすぐに読まない人がおり，利用のための教育が必要であること，メッセージ中の略語は理解されにくいこと，メッセージの有効期限は誤解されがちなので有効開始時間も併記するべきであること，メッセージ中のハイパーリンクはあった方が避難までの時間が短くなること，発信元は郡の災害対策本部より国立気象局（NWS）の方が理解が促進されること，などがわかったという。第三の論点は，アメリカの WEA で送信が検討されている，地図情報の効果である。Liu ら（2017）によれば，多変量解析の結果，地図の導入は避難の意思決定の明確化と，警報に従うことと正の関係があったという。さらに Liu ら（2018）によれば，メッセージ中の地図表示は，受信者の位置が描かれている詳細地図の場合，警報の理解や個人化（自分のことと考えること）の点でより有効であるという。

　他方，オーストラリア政府の災害危機管理マニュアル（AIDR, 2018）には，受け手の特性に関する記述がある。すなわち，地域社会には多様な聴衆がおり，警報メッセージもそれに合わせて調整する必要があるという。多様性にはたとえば言語がある。オーストラリアでは住民の44％が英語での読み書きが不自由なため，平易な言葉づかいで表現するべきだという。あるいはコミュニティーにおける，過去の災害経験の有無や新住民・旅行者・高齢者・障がい者・経済的に不利な人の存在などにもメッセージは対応するべきだという。

　一方，日本では防災無線による避難勧告・指示の伝え方のノウハウとして，次のようなことが推奨されている（水害サミット実行委員会事務局, 2007）。すなわち，① 放送文はあらかじめテンプレートを作成しておくこと，② 専門用語を避けわかりやすい言葉を使うこと，③ 放送文は放送の冒頭に結論・要点を伝え，次に避難場所を伝え，そのあとに説明を付け加えること，④ いきなり避難勧告を出しても住民は避難しないので，避難勧告以前から危機が高まっていることを随時放送すること，⑤ 緊急放送には緊迫感を伝えることが必要で，そのためにはサイレンを使ったり，首長自らが放送したり，初めに「緊急放送，緊急放送」と放送したり，1回目は抑揚をつけて発声し，2回目は聞き取りしやすいように発声すること，などである。

（2）説得研究

　避難情報は，避難行動を促進させるためのコミュニケーションである。したがってそこには説得コミュニケーションの側面があり，その研究成果も，有効なメッセージを考えるうえで参考になる。

　一般に説得的コミュニケーション研究は主に実験心理学的手法により行われることが多いが，その嚆矢とされるのが Hovland ら（1953）の研究である。彼らが注目したのは，「送り手の信憑性（source credibility）」，「内容の提示方法」，「受け手の特性」の違いによる説得効果の差であった。「送り手の信憑性」には専門性と信頼性（真実を伝えようとしているか）の要素があるが，実験によれば，信憑性の高い送り手から発信されたメッセージの方が説得効果が高かった。しかし信憑性が低い発信源のメッセージも一定期間後に効果を発するという「仮眠効果」もあった。避難の呼びかけについては，自治体の防災部局から発せられるのが一般的だが，首長自らの呼びかけ，気象官署からの呼びかけ，河川管理者からの呼びかけなどもあり，どこからの呼びかけが，より信憑性があるのか，ということが問題となるだろう。他方「内容の提示方法」としては，説得したい方向の言説だ

けを示す「一面的提示」と，説得方向とは逆方向の言説を同時に提示する「両面的提示」（〜という考えもあるが本当は…が正しい，という言い方）の2つの方法が検討された。それによると，もともと受け手が説得方向と同じ考えを持っている場合は「一面的提示」が有効で，逆の考えを持っている場合には「両面提示」が有効であったという。また説得の後，今度は逆方向の説得を行ったところ，「両面的提示」をしたときの方が説得効果の減衰が少ないという「種痘効果」があったという。これを避難指示にあてはめると，もともと避難しようと考えている住民には，ストレートに，危険が迫っていることや避難を呼びかける「一面的提示」が有効だが，「これまでの災害では自宅は被害を受けたことがないから，逃げなくても大丈夫だ」と確信しているような住民には，「これまでは大丈夫であったから今回も大丈夫だ，という考えもあるかもしれませんが，それは違います。ハザードマップでは最大〇ｍの浸水が予測されるので，避難をしてください」というような「両面的提示」のほうが有効であろう，ということになる。

　さらに「受け手の特性」としては，ある言説を強く信じている人に，それを否定するような説得をすると，かえって逆効果になる「ブーメラン効果（やぶへび効果）」が発生するという。また説得のメインとなる部分（クライマックス）を提示する順序について検討したところ，問題が身近で関心のある受け手には最後に述べる方が有効で，問題が縁遠く関心の低い人には初めに述べる方が有効であったという。これを避難指示にあてはめて考えると，たとえば災害への関心が高い人や地域では，避難の理由であるハザードについてまず述べた方がよく，関心の低い人や地域では，まずは避難の呼びかけをして，そのあとにその理由を述べた方がよい，ということになる。こうした研究からわかるのは，誰にでも有効なメッセージ内容というものはなく，受け手の状況によって有効なメッセージ内容は異なってくる，ということである。

　これらの点について，後の研究によると，送り手の特性としては，テーマへの関心度が低い場合は送り手の好感度が高い方が有効であるとか，一面提示と両面的提示では，反論に対する反駁があれば両面的提示の方が有効である，あるいは低関心群では最後に提示されたメッセージの効果が高い（近接効果），といったことが確かめられている（今井，2006）。

　こうした現象については，理論的な検討もなされている。たとえば送り手の特性について，Pettyら（1981）が提唱した「精緻化見込みモデル」によると，人はあるテーマについての関心や知識のある・なしによってそのことについて考える（すなわち精緻化）見込みが異なり，説得のされ方が異なるという（土田，1989）。

すなわち関心や知識が乏しい場合，メッセージの内容ではなく送り手の専門性などの周辺的な事柄に影響されやすいといわれる（Petty, et al., 1981）。これはたとえば，災害について関心や知識の少ない人には，信頼できる人からの情報として伝えるなど，中身より周辺的なものが重要である，ということである。この考えによれば，市長自らが避難の呼びかけを行うことなども，関心や知識のない住民にとっては有効なのかもしれない。

あるいはブーメラン効果の理論的説明としては，ディスクレパンシー（discrepancy：意見の食い違い）に伴う意見変容の議論として検討されており，ディスクレパンシーが大きい時にブーメラン効果が発生するとされている（榊, 2002）。

他方，Janis ら（1953），は，虫歯予防キャンペーンを題材に，説得時に強い恐怖を喚起した方が有効かどうかを検討している。その結果，強い恐怖の喚起は必ずしも有効ではないことが示されている。その理由として，メッセージ中の勧告（解決策）が強い恐怖感情を十分に低減させないとき，人は脅威を過小評価してしまう可能性を挙げている（防衛的回避仮説）。これを避難の呼びかけにあてはめると，災害の恐怖を極端にあおると「そんなバカな」とかえってスルーされる危険がある，ということだ。しかしその後の研究では Janis らの結果とは逆に，強い恐怖の喚起と説得効果の間にはポジティブな関係が見出されている（深田, 1975；2002）。その際のポイントは，受け手が，問題解決への対策を有効かつ実行可能であると感じているかという点で，その限りにおいては強い恐怖の喚起は有効であるという（Cho, et al., 2004；今井, 2006；2011）。したがって，恐怖を確実に低減する解決策を同時に示すことができれば，恐怖の喚起は必ずしも否定される方策ではないようだ。

6.2 メッセージ内容・表現の実例

（1）メッセージ内容について

日本における具体例を見ると，避難指示などのメッセージ構成要素については，Mileti の挙げた5つの要素は，大体そろっているようにみえる。たとえば表6-1

表6-1 大洲市の緊急速報メールの例（西日本豪雨時，2018）

避難指示 こちらは，防災大洲市役所です。肱川の水位が上昇し，暫定堤防を越えています。今回の水位は，過去最大の水位で，これまで浸水していない場所も浸水の恐れがあります。ただちに，避難所へ避難するか，高い所に避難してください。（大洲市役所）

出所：住民のスマートフォン内記録より。

は2018年の西日本豪雨時に大洲市役所から出された緊急速報メールの文面である。ここで，発信元は「防災大洲市役所」でハザードは「肱川の水位が上昇し，暫定堤防を越えています。今回の水位は，過去最大の水位で，これまで浸水していない場所も浸水の恐れがあります」という部分である。行動指示としては「ただちに避難所へ避難するか，高い所に避難してください」という部分である。ただ，ここでは避難を要する場所については具体的に明示されておらず，「肱川」「暫定堤防」「これまで浸水していない場所も」という部分から類推するしかない。また時間については「ただちに避難」とは言っているが，具体的な時刻は示されていない。

　あるいは表6‐2は2018年9月に松山市役所が出した避難勧告について，市のHPで発表した例である。ここではハザードは「強い雨や土砂災害のおそれ」という部分で，行動指示は「山際にお住まいの方は，直ちに避難してください」という部分で，避難所も明示されている。対象の場所については町丁目が列挙され，時間は避難勧告発令時刻が明示されている。メッセージそのものに発信元は書かれていないが，市の公式HPなのでそれは画面上部に表示されている。

　一方，表6‐3は東日本大震災時の防災無線の放送例である。これは宮城県女川町のもので，あらかじめ準備された文例に沿ったものである。津波という時間的余裕がない状況のために，「発信元」「ハザード」「行動指示」のみが簡潔に述

表6‐2　避難勧告　松山市HPの例（2018台風24号時）

避難勧告の発令（9月30日　16時00分） 　台風第24号の接近に伴い，市内には大雨警報が発表されており，今後も強い雨や土砂災害の発生のおそれがあることから，9月30日（日曜日）16時00分，以下の地区に避難勧告を発令しました。 【発令地区】 　桑原地区の一部（畑寺町，東野3〜4丁目，畑寺1〜4丁目），久米地区の一部（福音寺町，南久米町，鷹子町），湯山地区，伊台地区，五明地区，荏原地区，坂本地区 　命を守るために，山ぎわにお住まいの方は，直ちに避難してください。 【開設している避難所】 　桑原公民館，久米公民館，湯山小学校，伊台公民館，五明公民館，荏原公民館，坂本公民館

　出所：松山市HPより。

表6‐3　東日本大震災時の女川町の放送例

女川町企画課からお知らせいたします。 大津波警報が発令されましたので，至急高台に避難してください。

　出所：井上（2012a）。

178

べられている。ここでは対象地域が省かれているが，通常は「海岸付近の方は」などの形で場所が述べられることが多い。[1] 女川町ではその後，事態がより緊迫してくると，ここから「発信元」が削除され，さらに津波が庁舎に到達したときには「逃げろー！　高台に逃げろー！」と切迫した放送をしている（井上，2012a）。

　このように避難情報の文例を見ると，基本的な内容は含まれているといえるが，ただ時間については述べられないことが多いようである。すなわち，当該メッセージがいつ発出され，いつまで有効なのか，あるいはいつまでに避難をしなければならないのか，といった明示がないのである。その理由には，避難指示等は危険が迫った時に出されるので，基本的には即自的な避難を求めるものであること，あるいはこれまで防災無線などの音声メディアで伝えられてきたために，後からメッセージを確認するということが想定されていないことなどが考えられる。しかし最近では高齢者等避難情報など，危険の発生時刻よりかなり前に出されるものもあり，また緊急速報メールやSNSなど発信しばらくたってからメッセージが認知されることもあるので，いつまでに避難しなければならないのか，という時刻の情報も必要なのではないだろうか。

（２）メッセージスタイルについて
① 具体性
　既述のようにMiletiら（1990）は，効果的なメッセージのスタイルとして「具体性」「一貫性」「明確さ」「わかりやすさ」を挙げていたが，なかでも重要と思われるのが「具体性」である。たとえばMiletiら（2015）は，緊急速報メール（WEA）用の文例として表6‐4のような文例を推奨している。ここでは「パーカーダムからの放流が国道79号線まで洪水を起こしています」とハザードについて具体的に示している。

　さらにより長い文例として，Miletiらは，表6‐5のような文例を挙げている。ここでは，洪水が午後6時3分にパークサイドマリーナに到達する，と時間について具体的に述べており，さらに「東では洪水はほぼハイウェイ321号線に達します」と浸水地域および避難対象地域について具体的に示している。こうした具体的なメッセージはたしかに効果的であると思われる。

　日本ではここまで具体的なスタイルはみられない。ハザードについては，いつまでにどの地域がどのくらいの被害となる可能性があるのか，というシミュレーションが行われていることが前提となる。そして災害の規模に合わせたいくつかの被害想定がなされていることが理想である。それがない場合でも，少なくとも

ハザードマップに沿った，より具体的な表現をすることが望まれる。

　他方，対象地域については，具体的な表現が行われる例もある。たとえば，東日本大震災時の大洗町では，「明神町から大貫角一の中通りから下の方は大至急避難してください」と呼びかけており，避難対象地域を地元の人にわかりやすい，具体的な表現で示している（表6-6　井上，2012b）。

　ただ，具体的に述べることが望ましいといっても，避難対象の町丁目名を列挙するようなやり方だと，地区数が多くなると煩雑になり，伝達が困難になってしまう。大洗町の例のように，地元の人にわかりやすく，道やランドマークを使いながら，簡潔に具体化することが有効であろう。

表6-4　WEA用の推奨文例

ジャクソン郡災害対策課です。今すぐクリスタル川から避難してください。パーカーダムからの放流が国道79号線まで洪水を起こしています。有効期限は午後6時まで。

　出所：Mileti, et al. (2015).

表6-5　アメリカの避難勧告の推奨文例

こちらはジャクソン郡緊急災害対策課です。クリスタル川のキングストン郡北部のパーカーダムは，中部標準時の午後5時から大量の水を放出します。これにより，下流で洪水が発生します。水は，午後6時3分にパークサイドマリーナに，午後6時42分にオーバーランドブリッジに，午後6時53分にキングストン郡の北の境界に到達します。川の両側0.5マイル内の構造物や道路は，最大3フィートの深さまで浸水します。道路は，走行するのが危険であるか，通行不可能です。浸水地域には，パーカーダムから国道79号線のキングストンの境界までが含まれ，クリスタル川の両側0.5マイルまで延びます。西の浸水地域には，リバーベンドロードとブラフリッジハイウェイが含まれます。東では，洪水はほぼハイウェイ321号線に達します。このエリアにいる場合は，今すぐ避難してください。川沿いの道路や川を渡る橋を渡らないでください。川の西の人々はセンタービルに向かって避難するべきです。川の東の人々はハイウェイ321号線に避難する必要があります。ペット，処方薬，重要な書類を持参してください。洪水の影響を受けないように，午後5時までに避難対象地域から出てください。車が流される可能性があるため，水で覆われた道路を運転しないでください。避難できない場合は，家の最高レベルに移動してください。あなたが対象地域にいない場合は，地域外にとどまってください。詳細と公式アップデートについては，地元のメディアを聴き続けてください。このメッセージは1時間以内に更新されますが，新しい情報が利用可能であればより早く更新されます。

　出所：Mileti, et al. (2015).

表6-6　東日本大震災時の大洗町の放送例

明神町から大貫角一の中通りから下の方は大至急避難してください。

　出所：井上（2012b）。

② 明確さ

　明確さとは，あいまいでないことだが，ハザードと行動指示に関しては，あいまいなメッセージがしばしばみられる。表6‐7は西日本豪雨時のダム管理者からのメッセージであるが，「緊急のダム操作に移行する予定」なので「水位が急激に上昇する恐れがあります」とハザードについて述べ，「厳重な警戒をお願いします」と行動指示をしている。どのようなダム操作をするのか，水位の上昇はどの程度危険なのか，警戒とは何をするべきなのかなど，ハザード・行動指示はいずれもあいまいである。ほかの県のダムの場合だが，同様な状況において，あるテレビ放送のテロップでは「【至急】呉・野呂川ダムが満水に　下流部の安浦町住民はすぐに避難を！」（中国放送2018.7.7）と呼びかけている。ハザード・行動指示とも，こちらの方がより明確である。

　あるいは最近は避難に居場所からの立ち退きだけでなく，上階への避難も含まれることになったので，自宅から離れるべきかそうでないかの呼びかけがあいまいなことがある。たとえば西日本豪雨時の広島市では「屋外が危険な場合には頑丈な建物の上階や自宅の上階の山と反対側へ速やかに移動」（表6‐8）と呼びかけているが，これでは他所に避難したらよいのか，自宅に居ればよいのか迷ってしまうのではないだろうか。洪水の場合であれば，「平屋や集合住宅の1階に住んでいる方は堤防の上端より高い所へ避難」とか，土砂災害の場合であれば，「土石流の危険地域の方は谷筋からそれた場所に避難」など，誰がどうすべきかを，より明確に指示すべきであろう。

③ 緊迫性

　有効な警報の表現には「話し方」（tone）の要素もある。Mileti にとって，「話

表6‐7　西日本豪雨時の愛媛県野村ダム事務所の放送

こちらは，野村ダム管理所です。現在，洪水調節を行っておりますが，ダムへの流入量は今後も一層増加することが予想されますので，緊急のダム操作に移行する予定です。下流河川の水位が急激に上昇するおそれがありますので厳重な警戒をおねがいします。

　出所：国土交通省四国地方整備局資料（2018）。

表6‐8　2018西日本豪雨時の広島市の緊急速報メール

「土砂災害発生の危険性が高いため，広島市〇〇区の一部に避難勧告発令 対象は〇〇学区，△△学区の土砂災害警戒箇所等　速やかに避難を開始　屋外が危険な場合は頑丈な建物の上階や自宅の上階の山と反対側へ速やかに移動　（広島市）」

　出所：住民のスマートフォン内記録より。

し方」は「明確さ」に含まれる要素であったが，ここではより積極的に，緊迫感を伝える要素として「話し方」を考えたい。警報の話し方の研究例としては，鈴木ら（1996）の実験研究がある。それによると，同報無線のように，聞き取りにくい環境下における警報文においては，文の平易さ・反復・音読速度の遅さなどが理解度向上に結びつき，場合によってはアナウンスは男性の声より女性の声のほうが理解度が増すという。

　あるいは小林ら（2018）の実験研究によると，同じ内容でも，話し方の明瞭性や緊迫性が高いほうが，避難指示へ従う意図や，危険性の認知を高めるという。この実験では，実際の津波警報発令時の放送アナウンス音源を被験者に聞かせ，それらを聞いたときどう反応するつもりか，およびそれらの音声の印象をたずね，両者の結果を結び付けて効果を評価している。すなわち，音声の印象は16項目から評価され，因子分析の結果，明瞭性・緊迫性・声質の3因子が抽出された。なかでも「必死な」「緊張感のある」「慌ただしい」「感情的な」「はやい」「かたい」といった項目から構成される緊迫性因子の因子得点が，避難の意図や危険性の認知と高い相関関係を持っていたのである。さらに同一のアナウンサーの音声でも話し方によって印象が異なり，話し方により最大で6割も効果が増大したという（小林ら，2018）。このように話し方の緊迫感は避難促進に有効と考えられる。東日本大震災以降，テレビで避難を呼びかける際，アナウンサーが緊迫感のあるしゃべり方をするようになったのには，こうした背景がある[2]。

　また同報無線の放送で，緊迫感を与える方法としては，既述のように，サイレンを鳴らしたり，「緊急放送」「緊急放送」と連呼したり，1回目は抑揚をつけて早く話す，などの方法がある。

　さらに，東日本大震災時に注目されたのが「避難せよ」という命令形の避難の呼びかけである。茨城県大洗町では，地震直後から繰り返し避難の呼びかけを同報無線で行っていたが，町長室で津波の第2波を見た町長の指示で，16時42分過ぎから「大至急，高台に避難せよ」と命令調の呼びかけを連呼するようになった（表6‐9）。放送では「避難命令」という言葉やサイレンも使っていた。実際，こ

表6‐9　東日本大震災　大洗町の放送例

（16：42～）（サイレン3回）緊急避難命令　緊急避難命令。第2波の津波が役場前まで到達しております。住民の皆様は　大至急，高台に避難せよ。
（17：03～）避難命令　避難命令　大至急，高台に避難せよ　大至急，高台に避難せよ　避難命令　避難命令　大至急，高台に避難せよ　大至急，高台に避難せよ（サイレン5回）

出所：井上（2012b）。

の放送を聞いて「これは普通ではない」と感じて避難した住民もいたという（井上，2012b）。

　こうした命令調の避難の呼びかけは2018年西日本豪雨時の愛媛県大洲市でも行われ，筆者の調査ではこれを聞いた住民の半数がこれまでにない緊迫感を感じていた（中村他，2020）。命令調の呼びかけは各地の放送文のひな型にも取り入れられている（表6-10）。もっとも，こうした強い表現には，危険性もある。強い表現が使われても大きな被害が起きなかったとき，住民は慣れてしまい，「表現の使い減り」（井上，2012a, p. 29）といった状況になってしまうおそれがある。従って強い表現は，本当に切迫した状況に限って使うべきものであろう。

　④ わかりやすさ

　わかりやすさは，あいまいな言葉や専門用語を排して，わかりやすい言葉で伝えるということである。災害関連用語のわかりやすさについては大西ら（2002）をはじめとして多くの調査研究がある。たとえば「数日」と言う言葉は，気象庁は「4-5日程度」を意味する言葉と定義している（気象庁HP）。しかし大西ら（2002）の住民調査によると，数日は，2-3日（23.9%），1-2日（20%），3-4日（15.3%），5-6日（12.7%），4-5日（12.2%）などと，人によって理解が異なっていた。同様に山下ら（2003）の調査[3]では，2-3日（40%），3-4日（26.3%），4-5日（12%），5-6日（7%）と回答された。いずれの調査でも，理解はばらばらで，気象庁の定義より短めに答える人が多かったのである（表6-11）。これではわかりやすい表現とはいえない。

　あるいは「未明」という言葉は，気象庁用語では「午前0時-午前3時」を指すものとされるが，山下ら（2003）の住民調査では，「午前3時-4時」（30%），「午前2時-3時」（27%），「午前4時-5時」（22%），「午前1時-2時」（22%）と

表6-10　命令調の避難指示広報文ひな形の例

こちら，○○市役所（町役場，村役場）。 ○時○分，大津波警報が発表された。大至急避難せよ。 直ちに海岸や河川から出来る限り遠く，より安全な場所目指して避難せよ。

出所：千葉県（2016, p. 79）。

表6-11　「数日」とは何日か

（単位：%）

	1-2日	2-3日	3-4日	4-5日	5-6日	6-7日	8日以上
大西ら（2002）	20.0	23.9	15.3	12.2	12.7	8.2	2.9
山下ら（2003）	2	43	26	12	7	2	1

感じる人が多く，気象庁の定義よりは，やや遅い時間と感じているようであった。こうした用語については，誤解を招かないように具体的な数字で表現することが望ましい。

　しかし具体的な数字といっても，雨量や風速など，理解されにくいものもある。たとえば大西ら（2002）の調査では「1 時間雨量30ミリ」の雨をどの程度の雨と思うか，をたずねている。その結果「土砂降りで側溝があふれ，小さな川で氾濫が始まる」程度と正しく回答した人は37.3％であった。あるいは日本気象協会（2018）の住民アンケートによると「1 時間当たり50ミリから80ミリ」の雨について聞いている。その結果「滝のようにゴーゴーと降り続き傘は役に立たない」と正しく答えた人は17.3％に過ぎなかった。風速についても同様で，大西ら（2002）の調査では「秒速20メートル」の風について，どのような風と思うか，をたずねている。その結果「小枝が折れる」と正しく答えた人は11.8％であった。こうした数値については，よりわかりやすい表現に改めるべきである。たとえば雨量では，1 時間あたり「30ミリ」というところを，ヨーロッパでは「1 平方メートルあたり30リットル」と表現している。後者の方が側溝から水があふれるというイメージがわきやすいのではないだろうか。あるいは風速は秒速ではなく時速の方がわかりやすい。風速に「3.6」をかけると時速に変換できるが，たとえば秒速30 m は時速108 km になり，これならかなりの風速・風圧であるとイメージできるのではないだろうか。

　他方，防災に関する専門用語にもわかりにくいものが多い。誤解されやすい用語として「弱い台風」「火砕流」「火山活動情報」「土砂災害警戒情報」「避難勧告・避難指示」「マグニチュード」「避難場所」などがある。

　たとえば，台風や熱帯低気圧の階級表現として，かつては「弱い」「小型」といった表現があったが，台風や熱帯低気圧は弱くても危険である，ということから2000年からそうした表現が削除された（山内，2006）。あるいは噴火災害の「火砕流」は，かつて阿蘇山の噴火で九州全体が壊滅したことがあるなど，火山学的には極めて危険な現象だが，1991年の普賢岳噴火災害が起きる前には，住民はその危険性を過小評価していた。廣井ら（1992）の調査では，土石流と火砕流どちらが危険と思っていたかたずねたところ，75％が土石流，15％が火砕流，14％が同じくらいと答えていた。あるいは噴火時の危険を表す情報としてかつては「臨時火山情報」と「火山活動情報」があり，後者がより深刻な事態を示していた。しかし逆に解釈されがちということで，1993年から後者は「緊急火山情報」になり（内閣府HP），さらに2007年からは「噴火警報」（レベル3・4・5）となってい

る（気象庁 HP）。

　また地震の規模を示す「マグニチュード」は地震の揺れの強さを示す「震度」と混同されやすい。大西ら（2002）の調査によると，マグニチュードの意味として「地震の規模」と正答した人は55.9％で，35.9％の人は「地震の震度」と答えていた。同様に牛山（2018）の調査でも『マグニチュード』とは地震の揺れの強さを示す指標である」という言説に対して「正しくない」と正答した人は49.8％に留まっている。さらに，最大の震度はいくつだと思うか，をたずねた調査では，「震度8以上」と誤答した人が50.6％，「震度7」と正答した人が47.6％であった（エコンテ，2016）。ここから半分程度の人が震度とマグニチュードを混同していることがわかる。したがって南海トラフに関する情報などを発表するときに，起きうる地震としてマグニチュードを使うと，震度と混同され，大き目の揺れがイメージされるだろう。そこで最近では，大きな地震の後に「〇日の地震と同程度の揺れ」が起きる可能性がある，などと言うようになっている（10章参照）。

　あるいは避難勧告と避難指示の区別も難しい。廣井ら（2006）の調査では「『避難指示』は『避難勧告』よりもさらに急を要する場合に出されるもの」ということについて，「よく知っていた」人は8.2％，「大体知っていた」人は27.1％，あまり知らなかった」人は40.1％，「全く知らなかった」人は20.7％，「言葉すら聞いたことがない」人は4.0％であった。さらに複数回答の選択肢では，「避難勧告も避難指示も同じようなものだと思っていた」という人が50.8％，「避難勧告の方が避難指示よりも重大な事態だと思っていた」という人が32.2％いた。その後，避難準備情報が追加され，緊急度が高い順に避難指示，避難勧告，避難準備情報の順となったが，調査によると危険度をこの順に理解していた人は42.8％（安本ら，2014）とか，39.1％（牛山，2018）など，4割程度であった。この三つの情報をよりわかりやすく言い分けるという方向性もあったと思われるが，2021年には避難勧告が廃止され，避難勧告レベルの危険度でも避難指示とすることになった。そして警戒レベルと避難情報を合わせるために，災害発生時（レベル5）で「緊急安全確保」，レベル4で「避難指示」，レベル3で「高齢者等避難」といった情報を出すことになった。形としてはすっきりしたといえる。ただ，実際に避難を呼びかける時にはもともと単に「避難してください」という言葉が使われていたうえに，廣井ら（2006）の調査にあるように「避難勧告」と「避難指示」は同じようなものと住民は理解していたことを考えると，両者を統合したからといって避難がより促進されるとは考えられない。

（3）外国人に対応したメッセージ

　前述のように，オーストラリアの防災マニュアルでは多様な住民特性に応じた避難メッセージの重要性が述べられていた。日本においても，とくに高齢者・障がい者・外国人・観光客などに有効なメッセージを発することは，重要である。ただそうした多様な受け手に即したメッセージ内容の調整はこれまであまり行われてこなかった。

　ここでは，そのなかでも最近重要性を増している外国人への伝達についてとり上げる。日本には現在約289万人の在留外国人が住んでいる（2020年6月現在）。その国籍は多いほうから，中国・韓国・ベトナム・フィリピン・ブラジルなどとなっている（表6‐12）。他方，日本を訪れる外国人（訪日外客）数は，2020年には新型コロナウイルスの影響で激減したが，それ以前，たとえば2019年6月には，1か月あたり約288万人であった。訪日外国人の国籍は多いほうから，中国・韓国・台湾・香港・米国などとなっていた（表6‐13）。

　外国人への情報伝達において，大きな障害となるのは言語である。避難の呼びかけは関心を呼び起こし，内容を理解し，行動につなげる必要があり，そのためには外国人が使い慣れた母国語で呼びかけることが重要である（中村，2017）。すなわち避難情報の多言語化である。表6‐12の在留外国人数を見ると，多言語化には英語だけでなく，中国語・韓国語・ベトナム語・フィリピン語・ポルトガル語など，多様な言語が必要とされることがわかる。

　外国人が多く働く工場などが立地する市町村では，避難の呼びかけに多言語を使っている例がある。たとえば，岐阜県美濃加茂市ではポルトガル語による同報

表6‐12　国籍別在留外国人（上位10カ国　2020年6月）

国籍	中国	韓国	ベトナム	フィリピン	ブラジル	ネパール	インドネシア	台湾	米国	タイ
人数	786,830	435,459	420,415	282,023	211,178	95,367	66,084	59,934	57,214	53,344
構成比	27.3	15.1	14.6	9.8	7.3	3.3	2.3	2.1	2.0	1.8

出所：出入国在留管理庁HPより作成。

表6‐13　国別訪日外客数（上位10カ国　2019年6月）

国籍	中国	韓国	台湾	香港	米国	タイ	インドネシア	シンガポール	フィリピン	豪州
人数	880,651	611,867	461,085	209,030	175,491	62,984	49,290	47,264	46,842	37,283

出所：国際観光振興機構JNTO HPより作成。

無線の放送を行っている（表6-14）。ここでは日本人住民に奇異に思われないように，初めに日本語で「これより，ポルトガル語による放送を行います」と断ってから外国語の放送を行っている。

　他方，日本語がある程度わかる外国人には，わかりやすくかみ砕いた日本語，いわゆる「やさしい日本語」で伝える方法もある。たとえば「午前（ごぜん）○時（じ）○分（ふん）　避難勧告（ひなんかんこく）が　出（で）ました。逃（に）げることを　知（し）らせます。逃（に）げて　ください。避難勧告（ひなんかんこく）が出（で）たところ」（弘前大学人文学部社会言語学研究室，2017）などという言葉使いである。ただ「避難指示」などを平易な言葉に言いかえるのは案外難しいこと，日本人が聞くとかえってわかりにくいこと，などという点で，これはもう1つの外国語という位置づけになるだろう。

　外国人へのメッセージには言語的翻訳だけではなく，意味の翻訳も必要である。たとえば先述の美濃加茂市では，「～する見込み」というあいまいな日本語表現の直訳では災害経験のないブラジル人には危機感が伝わらないとして，「～してください」と明確な指示を伝えている（防災ガイド編集部，2016）。

　外国人へのメッセージ伝達手段として有効と思われるのは，スマートフォンへの文字メッセージである。たとえばNTTドコモでは緊急速報メールの多言語化を進めている。すなわち，2015年から気象庁が出す緊急地震速報と津波警報を英語・中国語・韓国語・スペイン語・ポルトガル語の5か国語と「やさしい日本語」で発信するようになった。通常の使用言語をこれらの外国語に設定している端末では，特に操作しなくても緊急速報メールがそれに沿った音声および文字で表示される。また各自治体が発信するエリアメールについても，2016年から翻訳機能が追加されている。対応言語は英語・中国語，韓国語の3か国語である。着

表6-14　同報無線の放送例（岐阜県美濃加茂市2011年11月）

放送文	日本語訳
日本語：これより，ポルトガル語による放送を行います。 ポ語：Este é um informe da Prefeitura de Minokamo./O nível da água do Rio Kamo está aumentando./Às 22：15h foi dado o ALERTA DE REFÚGIO para os moradores de Fukada-cho 3 e Kusabue-cho 3, 4　As pessoas idosas ou aqueles que necessitam de tempo para se refugiar, devem se dirigir　imediatamente ao Centro de Atividades Públicas Chuo（Chuo Kominkan）.	ポ語：広報みのかもからお知らせします。／ただ今，加茂川の水位の上昇により10時15分に深田町3丁目，草笛町3丁目，4丁目に避難勧告を発令しました。／お年寄りの方などの避難に時間がかかる方は，直ちに中央公民館へ避難してください。

出所：内閣府（2016）。

信したエリアメールの下に表示される「翻訳」ボタンを押すと各言語に翻訳されるようになっている。

　緊急速報メールなどのテキストメッセージは音声よりも翻訳することが容易である。だれかが人力で翻訳したものを外国人が普段から使っている SNS に再投稿することも有効である。たとえば2019年の台風19号時には，受信したメッセージをボランティアが英語やネパール語に翻訳して SNS に挙げた例がある（毎日新聞2019.11.20）。多文化共生政策に資する組織として，各地に自治体国際化協会（クレア）や国際交流協会があるが，そうした組織も翻訳作業には有効である。現在，全国で発信された緊急地震速報は携帯事業者の web ページで確認できるので，特にマイナー言語ではこうしたボランティア的翻訳活動が期待される。

（4）防災気象情報のメッセージ

　気象庁の発する警報は警戒を呼びかけるアラートであるが，最近では避難を呼びかける情報も多く含まれるようになった。メッセージはテレビなどで聞くことが多いが，その元となる表現は詳細を伝える「府県気象情報」で見ることができる。

　たとえば2020年7月豪雨（熊本豪雨）時の土砂災害警戒情報の例では，「とるべき措置」として「避難が必要」「土砂災害警戒区域および崖の近くや谷の出口にお住まいの方などは，安全な場所への速やかな避難を心がけてください」と，具体的に避難を呼びかけている（表6-15）。

　さらに気象庁では「防災気象情報の伝え方に関する検討会」を開き，さまざまな改善策を検討しているが，その1つに地域に応じた詳細かつわかりやすい解説

表6-15　土砂災害警戒情報の発表例（令和2年熊本豪雨時）

熊本県土砂災害警戒情報　第1号　　　　　　　　　　　令和2年7月3日　21時50分 　　　　　　　　　　　　　　　　　　　　　　　　　熊本県　熊本地方気象台共同発表 【警戒対象地域】 人吉市＊　　＊印は，新たに警戒対象となった市町村を示します。 【警戒文】 〈概況〉降り続く大雨のため，土砂災害警戒区域等では命に危険が及ぶ土砂災害がいつ発生してもおかしくない非常に危険な状況です。 〈とるべき措置〉避難が必要となる危険な状況となっています【警戒レベル4相当情報［土砂災害］】。市町村から発令される避難勧告などの情報に留意し，土砂災害警戒区域および崖の近くや谷の出口にお住まいの方などは，安全な場所への速やかな避難を心がけてください。

　出所：気象庁防災情報 XML データベース（http://agora.ex.nii.ac.jp/cps/weather/report/）。

を強化することが挙げられている。表6‐16は，市を特定したより詳しい注意喚起の例で，ここでは「土砂災害警戒区域等の外の少しでも安全な場所に移るなど，躊躇なく適切な防災行動をとってください」と，より具体的な行動指示をしている。

　このように防災気象情報は避難情報の性格を強めているが，地域の実情は市町村ほどはつかめないので，具体的な被害状況，避難対象地区，避難先などまでは指定できず，一般的な指示の範疇にとどまらざるをえない部分がある。[5]

（5）メッセージの改善とその限界

　以上，Mileti を手がかりに効果的な避難情報メッセージの在り方を検討してきた。その結果，具体的な発表例を見ると，メッセージに盛り込まれるべき内容については，時間について述べられないことが多いものの，おおむね適正であった。また内閣府の避難勧告ガイドライン（内閣府，2019）の中でも警報文例を示しており（表6‐17），おおむねそれに沿ったものとなっている。

　しかしそのスタイル，とくに具体性や明確さについては課題があった。他方，緊迫性，わかりやすさ，外国人への対応などについて改善の試みもなされつつあった。今後はこれらの点をさらに改善していくことが望まれる。

　ただし防災関係のメッセージの変更は，費用もかからず比較的容易なため，災害が起きるたびに繰り返し行われてきた。しかし説得研究でみたように，いつで

表6‐16　地域を指定した情報発表の例

平成30年　台風第24号に関する愛媛県気象情報　第9号 平成30年9月30日18時40分　松山地方気象台発表 （見出し）西条市と東温市を中心に，過去の重大な土砂災害発生時に匹敵する極めて危険な状況となっています。土砂災害警戒区域等の外の少しでも安全な場所に移るなど，躊躇なく適切な防災行動をとってください。

出所：気象庁（2020）。

表6‐17　避難勧告の文例

■緊急放送，緊急放送，警戒レベル4，直ちに避難。緊急放送，緊急放送，警戒レベル4，直ちに避難。■こちらは，○○市です。■○○地区に土砂災害に関する警戒レベル4，避難指示を発令しました。■土砂災害の危険性が極めて高まっています。■○○地区で，未だ避難できていない方は，緊急に避難をしてください。■避難場所への避難に限らず，近くの安全な場所に緊急に避難するか，屋内の山から離れた高いところに緊急に避難してください。

出所：内閣府（2019, p. 23）。

も，だれにでも効果的なメッセージというものは見出しにくく，単なる表現の変更では限界があることも認識する必要がある。

　今後さらにメッセージを効果的にするためには，さしたあり次の２点に注意する必要がある。第一は受け手にあわせた情報伝達をすることである。たとえば，その地域の人は災害についてどれだけの関心や知識があるのか，避難情報にこれまでどれだけ反応してきたのか，対象地域には高齢者や外国人がどれだけいるのか，などといったことである。またすでに甚大な災害を経験したことがある地域なのか，避難指示を出したのに空振りを経験したことがある人々なのか，なども考慮するべき項目であろう（８章参照）。防災行動を起こしにくい受け手の場合，両面的提示をするとか，母国語による伝達を行うなど，受け手に合わせた伝達を考えるべきである。第二に避難を促すメッセージはリアルなものでなくてはならない。たとえば緊迫感が重要だといっても常に緊迫感のある表現を使っていては，効果はなくなってしまう。あるいは，比較的早期に出される高齢者等避難情報は，高齢者の多様性（若者と同様に元気な人から避難所での滞在すら困難な人までいる）とかけ離れた，リアリティーのない情報になる危険性がある。リアリティーのない警告は，はじめはよくても，結局は無効になってしまう。メッセージ表現の改善はこうした点に注意しながら，きめ細かく，かつ慎重に行っていくべきである。

注
1）　たとえばJアラートの自動放送では「大津波警報が発表されました。海岸付近の方は，高台に避難してください。こちらは，防災○○です」のように放送される（千葉県，2016）。
2）　ただし小林らの実験では，こうした緊迫感のあるアナウンスに対して，慌ててしまうので「ふさわしくない」とか「嫌だ」と評価する人も一定数いた。
3）　山下調査の結果は，複数回答を許容し，数字は単数回答した人のみを抽出したものである。
4）　外国人への発信については中村（2017）の一部を加筆・修正したものである。
5）　これには，避難指示を出す権限は基本的には市町村の首長にある，という事情もある。

参　考　文　献
Australian Institute for Disaster Resilience（AIDR），2018，Public Information and Warnings, Australian Disaster Resilience Handbook Collection, Handbook 16, Commonwealth of Australia. https://www.aidr.org.au/media/6504/public_information_and_warnings_handbook.pdf（2021.8.10閲覧）
防災ガイド編集部，2016，外国人と協働で多言語支援，防災ガイド2016年版，月刊事業構想6月号別冊，52-55.
千葉県，2016，千葉県津波避難計画策定指針【資料編】11. 広報文例（平成28年10月改訂版）．http://www.pref.chiba.lg.jp/bousaik/tsunamihinannkeikaku/documents/tssunami.html　（2021.

8. 10閲覧）

Cho, H., and Witte, K. 2004, A review of fear-appeal effects, Seiter, J. S. and Gass, R. H., eds., Perspectives on persuasion, social influence, and compliance gaining, Pearson Education, 223-238.

エコンテ HP, 2016, 最大震度は 7 ？10 ？半数以上が誤解，震度階級に関する意識調査. https://econte.co.jp/works/earthquake/（2021. 8. 10閲覧）

深田博己，1975，恐怖喚起と説得——防衛的回避仮説の再検討——，実験社会心理学研究，15巻 1 号，12-24. https://www.jstage.jst.go.jp/article/jjesp1971/15/1/15_1_12/_pdf（2021. 8. 10閲覧）

深田博己，2002，恐怖感情と説得，深田博己編著，説得心理学ハンドブック——説得コミュニケーション研究の最前線——，北大路書房，278-328.

Glik, D., Eisenman, D., Johnson, K., Prelip, M., Arevian, A., Martel, A., 2018, Wea Messages: Impact on Physiological, Emotional, Cognitive and Behavioral Responses, NASEM (The National Academies of Sciences, Engineering, and Medicine), Emergency alert and warning System, The National Academies Press, 95-97. https://www.nap.edu/download/24935（2021. 8. 10閲覧）

呉修一，千村紘徳，地引泰人，佐藤翔輔，森口周二，邑本俊亮，2020，地域住民を対象とした防災情報の理解度等に関する基礎調査と可能最大洪水を想定した防災対応の提案，自然災害科学，38 (4), 449-467.

廣井脩，田中淳，中村功，中森広道，福田充，関谷直也，森岡千穂，2006，2004年台風23号豊岡市豪雨災害における災害情報の伝達と住民の対応，災害情報調査研究レポート，Vol. 13, 1-83.

廣井脩，吉井博明，山本康正，木村拓郎，中村功，松田美佐，1992，平成 3 年雲仙普賢岳噴火における災害情報の伝達と住民の対応，東京大学新聞研究所

弘前大学人文学部社会言語学研究室，2017，さくさく作成！「やさしい日本語」を使った緊急連絡のための案文集②——災害時におけるスマートフォンメールでの連絡偏——

Hovland, C. I., Janis, I. L., and Kelley, H. H., 1953, Communication and persuasion. Yale University Press.（辻正三・今井省吾訳，1960，コミュニケーションと説得，誠心書房）

今井芳昭，2006，依頼と説得の心理学——人は他者にどう影響を与えるか——，サイエンス社

今井芳昭，2011，社会心理学における対人的影響研究の動向と今後の課題，哲學，No. 125, 33-74. https://koara.lib.keio.ac.jp/xoonips/modules/xoonips/download.php/AN00150430-00000125-0033.pdf?file_id=63766（2021. 8. 10閲覧）

井上裕之，2012a，命令調を使った津波避難の呼びかけ——大震災で防災無線に使われた事例と，その後の導入検討の試み——，放送研究と調査，62(3). 22-31, https://www.nhk.or.jp/bunken/summary/research/report/2012_03/20120302.pdf（2021. 10. 10閲覧）

井上裕之，2012b，大洗町はなぜ「避難せよ」と呼びかけたのか——東日本大震災で防災行政無線放送に使われた呼びかけ表現の事例報告——，NHK 放送文化研究所年報56，304-325. https://www.nhk.or.jp/bunken/research/title/year/2012/pdf/005-06.pdf（2021. 10. 10閲覧）

Janis, I. L., and Feshbach, S., 1953, Effects of fear-arousing communications, Journal of Abnormal and Social Psychology, 48(1), 78-92.

気象庁，2020，防災気象情報の伝え方の改善策と推進すべき取組（報告書）. https://www.jma.go.jp/jma/kishou/shingikai/kentoukai/tsutaekata/report2/tsutaekata_report2.pdf（2021. 8. 10閲覧）

気象庁 HP, 気象庁が天気予報等で用いる予報用語. https://www.jma.go.jp/jma/kishou/know/

yougo_hp/mokuji.html（2020年 3 月閲覧）

気象庁・内閣府・観光庁，2015，緊急地震速報・津波警報の多言語辞書．http://www.data.jma.go. jp/svd/eqev/data/tagengo/tagengo.html（2017.8.20閲覧）

気象庁 HP，噴火警報・予報の説明．https://www.data.jma.go.jp/svd/vois/data/tokyo/STOCK/kai setsu/volinfo.html（2021.8.10閲覧）

小林まおり，赤木正人，2018，避難呼びかけ音声の心理的評価，日本音響学会誌，74巻12号，633– 640．https://www.jstage.jst.go.jp/article/jasj/74/12/74_633/_pdf（2021.8.10閲覧）

国土交通省四国地方整備局資料，2018，第 1 回　野村ダム・鹿野川ダムの操作に関わる情報提供等に 関する検証等の場，平成30年 7 月19日．http://www.skr.mlit.go.jp/kasen/kensyounoba/setsu meisiryou.pdf（2021.10.10閲覧）

国際観光振興機構 JNTO HP，月別・年別統計データ（訪日外国人・出国日本人）．https://www. jnto.go.jp/jpn/statistics/visitor_trends/index.html（2021.10.10閲覧）

Liu, B. F., Wood, M. M., Egnoto, M., Bean H, Sutton J, Mileti D, Madden S., 2017, Is a picture worth a thousand words? The effects of maps and warning messages on how publics respond to disaster information, Public Relations Review, vol. 43, issue 3, 493–506.

Liu, F. B., Bean, H., Wood M.,, Mileti D., Sutton, J., Maddenm, S., 2018, Comprehensive Testing of Imminent Threat Public Messages for Mobile Devices, NASEM（The National Academies of Sciences, Engineering, and Medicine）, 2018, Emergency alert and warning System, The National Academies Press, 102–104. https://www.nap.edu/download/24935 （2021.8.10閲覧）

Mileti, D. S., 1975, Natural Hazard Warning Systems in the United States: A Research Assessment, Institute of Behavioral Science, University of Colorado. https://nehrpsearch.nist. gov/static/files/NSF/PB261547.pdf（2021.8.10閲覧）

Mileti, D. S. and Sorensen, J. H., 1990, Communication of emergency public warnings; A Social Science Perspective and State-of-the-Art Assessment, US. Department of Energy. https://www.osti.gov/servlets/purl/6137387（2021.8.10閲覧）

Mileti, D. S. and Sorensen, J. H., 2015, A Guide to Public Alerts and Warnings for Dam and Levee Emergencies, US. Army Corps of Engineers Risk Management Center. https:// www.hsdl.org/?view&did=810121（2021.8.10閲覧）

中村功，2017，災害時の外国人への情報伝達，消防防災の科学，No. 130，12–17．https://www. isad.or.jp/pdf/information_provision/information_provision/no130/12p.pdf（2021.8.10閲覧）

中村功，森岡千穂，2020，2018年西日本豪雨災害時におけるダム情報の伝達と住民の行動，災害情報 調査研究レポート，vol. 17，145–216.

内閣府，2016，水害時の避難・応急対策検討ワーキンググループ　第 4 回資料．http://www.bou sai.go.jp/fusuigai/suigaiworking/pdf/dai4kai/siryo5.pdf（2021.8.10閲覧）

内閣府，2019，避難勧告等に関するガイドライン①（避難行動・情報伝達編）．http://www.bou sai.go.jp/oukyu/hinankankoku/pdf/hinan_guideline_01.pdf（2021.8.10閲覧）

内閣府 HP，04.室蘭地方気象台より緊急火山情報第 1 号が発表された．http://www.bousai.go.jp/ kyoiku/kyokun/usuzan/database/02/01/01/uzn020101_04.htm（2021.8.10閲覧）

内閣府定住外国人施策推進室，2016，日系定住外国人の集住する地方自治体における取組について （平成28年 3 月）

日本気象協会 tenki.jp，2018，降水量から雨の強さをイメージできますか？実は過小評価している人が7割超え．https://tenki.jp/suppl/tenkijp_labo/2018/07/25/28290.html（2021.8.10閲覧）

落原大治，綿貫真也，江戸克栄，2020，避難行動促進のための恐怖感情喚起——防災・減災分野への消費者情報処理モデルの適用——，日本感性工学会論文誌，［早期公開記事］．https://www.jstage.jst.go.jp/article/jjske/advpub/0/advpub_TJSKE-D-20-00031/_pdf（2021.8.10閲覧）

大西勝也，川端信正，廣井脩，2002，人びとは災害用語をどう理解しているか，東京大学社会情報研究所調査研究紀要，17，1–97．

Petty, R. E., Cacioppo, J. T. and Goldman, R. 1981, Personal involvement as a determinant of argument –based persuasion, Journal of Personality and Social Psychology, 41, 847–855.

榊博文，2002，ディスクレパンシーと説得——認知の陰陽理論——，深田博己編著，説得心理学ハンドブック——説得コミュニケーション研究の最前線——，北大路書房，456–498．

出入国在留管理庁HP，令和2年6月末現在における在留外国人数について．https://www.moj.go.jp/isa/publications/press/nyuukokukanri04_00018.html（2021.10.10閲覧）

総務省消防庁，2013，災害情報等の伝達，東日本大震災記録集．https://www.fdma.go.jp/disaster/higashinihon/post.html（2021.10.10閲覧）

水害サミット実行委員会事務局，2007，被災地から送り防災・減災・復旧ノウハウ，ぎょうせい

鈴木裕久，川上善郎，村田光二，福田充，1996，頑健な災害警報作成のための研究（Ⅰ）——音声警報の実験報告——，東京大学社会情報研究所調査研究紀要，8号，1–52．

土田昭司，1989，説得の過程，大坊郁夫，安藤清志，池田謙一編，社会心理学パースペクティブ，誠信書房，235–271．

牛山素行，2008，緊急地震速報に関するアンケート調査報告書．http://www.disaster-i.net/notes/080815report.pdf（2021.8.10閲覧）

牛山素行，2016，防災気象情報に関するアンケート（2016年11月実施）【概要】．http://disaster-i.net/notes/20161119report.pdf（2021.8.10閲覧）

牛山素行，2018，平成30年7月豪雨時の災害情報に関するアンケート（2018年7月実施）【2018/8/3速報版・8/4一部修正】．http://disaster-i.net/notes/20180803report-2.pdf（2021.8.10閲覧）

Wood, M. M., Mileti, D. S., Bean, H., Liu, B. F., Sutton, J., Madden, S., 2017, Milling and Public Warnings, Environment and Behavior 1–33. https://www.researchgate.net/publication/317242672_Milling_and_Public_Warnings（2021.10.10閲覧）

山下洋子，宮本克己，2003，平成14年度「ことばのゆれ」全国調査から②　短くなる「数日」，放送研究と調査，53(6)，84–101．https://www.nhk.or.jp/bunken/summary/kotoba/gimon/219.pdf（2021.10.10閲覧）

山本康正，1981，1970年代後半のアメリカにおける災害研究，社会学評論，31巻4号，98–110．

山内豊太郎，2006，台風の強さ，大きさの階級分けの名称について，理科年表オフィシャルサイト．https://www.rikanenpyo.jp/FAQ/kisyo/faq_kisyo_002.html（2021.8.10閲覧）

安本真也，関谷直也，2014，防災情報の伝達と理解——気象情報，河川情報，避難情報などを中心に——，第33回日本自然災害学会学術講演会，2014年9月25日，鹿児島大学：鹿児島市．（中国新聞デジタル，2014.9.26，「避難指示」「避難勧告」違いは防災用語進まぬ理解を鹿児島の学会で発表．https://www.chugoku-np.co.jp/local/news/article.php?comment_id=91648&comment_sub_id=0&category_id=564）（2021.8.10閲覧）

7章 災害報道

7.1 災害報道の役割

　災害報道には大きくいって，警報や避難情報を伝えて被害を防ぐといった防災的側面と，被害の実態を伝えたり，行政の対応を評価するジャーナリズム的側面がある。Drabek は Wilkins（1993）を援用しながら，後者をさらに2つに分け，災害報道には「警告の役割」「評価の役割」「期待形成の役割」の3つの役割があるという。ここで「警告の役割」とは，危険予測情報などを伝達して避難を促す役割で，防災的側面にあたる。また「評価の役割」は行政の対応など災害時の出来事を評価する役割で，ジャーナリズム的側面である。ここには，マスメディアは災害直後は行政情報に依存し，行政の視点から物事をとらえがちであるとか，記事作成の際に裏をとる規範が弱まるとか，逆に行政はマスコミの批判を恐れる，といった問題があるという。そして「期待形成の役割」とは，災害とはどういうものなのか，ということに関する人々の意識を形成する累積的効果のことで，これもジャーナリズム的側面に関係する。ここにはチェルノブイリといえば原発事故であるとか，落雷は自動車事故より頻繁であるなど，人々の基礎的な知識（イメージ）を提供することが含まれる（Drabek, 1996）。

　マスメディアは，平常時からジャーナリズム活動をしているので災害時にもジャーナリズム的側面が発揮されがちだが，災害時には防災機関として防災的役割をより重視するべきである（柳田, 1978；小田, 2004；中村, 2016a）。その重要性はわが国の法体系でも謳われており，災害対策基本法では放送局は「指定公共機関」に指定され，「防災に寄与しなければならない」（第6条）とされ，また放送法でも「災害が発生し，又は発生するおそれがある場合には，その発生を予防し，又はその被害を軽減するために役立つ放送をするようにしなければならない」（第108条）とされている。

　本章では災害報道の防災的側面とジャーナリズム的側面の各側面について，伝達すべき内容やメディア的特徴について検討した後，その背景にあるマスメディ

アの組織的な問題や行政とマスメディアとの関係性について検討する。

7.2　マスメディアの防災機能

（1）警報・避難指示の伝達

　マスメディアで伝達すべき内容は災害の段階で異なっている。すなわち5章（表5-1）で示したように，予防の段階では被害想定などについて，準備の段階では啓発情報の伝達がある。そして応急対応段階では，気象・地震・噴火など災害因についての情報，自治体の避難指示，被害情報，安否情報，ライフライン情報，ボランティア情報などの伝達が求められる。そして復旧・復興期には，生活再建や復興計画など行政対応についての情報を伝達する。

　マスメディアはその中でも，とくに警報や避難情報の伝達において，重要な役割を果たす（Qarantelli, 1991；Scanlon, 2006）。日本の法律でも，NHKには気象庁の発した警報を直ちに放送する義務が課せられている（気象業務法第15条第6項）。速報メディアは最近ではいろいろあるが，警報の伝達において放送が重要なことには変わりがない。たとえば2013年の台風18号災害では，福井県・京都府・滋賀県で特別警報を聞いた人は69％で，それを聞いた手段はテレビが54％ともっとも多く，行政のメールが25％であった（表7-1）。あるいは2018年の九州北部豪雨災害時には朝倉市で特別警報を聞いた人は56％で，それを聞いた手段はNHKテレビが40％ともっとも多く，ついで行政のメールが25％，民放テレビが19％などとなっていた（表7-1）。最近では，緊急速報メールなどの行政からのメールで特別警報を知る人も多くなっているが，放送はいまだ重要であり，停電していな

表7-1　特別警報を聴取した人の聴取メディア

（単位：%）

2013年台風18号* 京都府・福井県・滋賀県（全体聴取率69%）		2018年九州北部豪雨** 朝倉市（全体聴取率56%）	
テレビ	54	テレビ（NHK）	40
防災関係のメール	25	行政からのメール（行政）	25
防災行政無線	5	テレビ（民放）	19
市町村や消防の巡回連絡	4	家族・知人	8
家族や知人からの連絡	4	ラジオ（NHK）	5
ラジオ	3		
ウェブサイト	3		
ワンセグ	2		

出所：*福長他（2014），**入江（2018）。

い場合にはとくにテレビの役割が大きい。

　放送は警報の伝達を迅速・確実に伝えなくてはならないが，迅速性の面ではこれまでずいぶん進歩してきた。たとえば津波警報については，1983年の日本海中部地震の時には警報発表から放送まで5分かかっていた。それが1993年の北海道南西沖地震時には2分30秒，2011年の東日本大震災時には1分に短縮されている（表7-2）。

　さらにマスメディアは，天気予報や記者会見などでも防災的情報を伝えている。たとえば2018年の西日本豪雨時には，発災の2日前から気象庁では記者会見を行い，西日本と東日本で記録的な大雨となる恐れがあるとして警戒を呼びかけた（表7-3）。

　ただ，こうした記者会見がどれだけ危機感を伝えられたかについては，疑問もある。筆者が西日本豪雨の被災地で行った調査によると，この会見については半数程度の人（西予市で40%，大洲市で52%）が知っていたが，「いつもととくに変わらないと思った」という人（西予市で43%，大洲市で44%）や，「自分の所とは関係ないと思った」という人（西予市で57%，大洲市で22%）も多かった（表7-4）。全国放送で，しかも「西日本と東日本」を対象に警戒を呼びかけても，住民には実感がわかなかったものと思われる。

表7-2　津波警報伝達のスピード（NHKの場合）

	津波警報発表まで	警報から放送まで
日本海中部地震*	14分	5分
北海道南西沖地震**	5分	2分30秒
東日本大震災***	3分	1分

出所：*東京大学新聞研究所（1985），**東京大学社会情報研究所（1994），
　　　***田中（2014）。

表7-3　2018年西日本豪雨2日前の記者会見（2018年7月5日14時）

○　西日本と東日本では，記録的な大雨となるおそれがあります。西日本から東日本にかけて，台風第7号の影響や，太平洋高気圧の縁に沿って暖かく湿った空気が流れ込み，梅雨前線の活動が活発になり，広い範囲で大雨が続いています。この状況は，8日頃にかけて続く見込みです。非常に激しい雨が断続的に数日間降り続き，記録的な大雨となるおそれがあります。
○　北日本や沖縄地方でも，大雨となっています。北日本では，台風から変わった低気圧の影響で，今日5日夕方まで激しい雨が降る見込みです。沖縄地方では，湿った空気の影響で大気の状態が非常に不安定となり，6日にかけて，非常に激しい雨が続く見込みです。
○　土砂災害や低い土地の浸水，河川の増水・氾濫に厳重な警戒が必要です。落雷や竜巻などの激しい突風にも注意してください。

　その背景には，そもそも狭い範囲に絞った予報が難しいという技術上の限界，放送は県域あるいは広域圏を対象にした広域的メディアであるというメディア的な問題，そしていつもと違うという危機感が伝わりにくいという受け手の問題，などがある。

　一方，市町村が出す避難指示などについても，Ｌアラートなどでマスメディアに伝えられ，データ放送やニュース番組で放送されている。たとえば，図7‒1は2020年台風10号時に避難勧告を伝えるニュース映像（イメージ）である。ここでは避難勧告が出されている市町村の一覧が画面いっぱいに表示されているが，画面はすぐに移ってしまうので，自分の住む市町が含まれているのかを見つけづらい。しかも市内のどこが対象地区なのかは示されていないので，自分が逃げるべきどうかは明確でない。

　Scanlon（2006）によれば，警報や避難指示が有効であるためには，どのような危険があるのか，誰が影響を受けるのか，何をするべきなかについて，具体的に伝える必要があるという。しかしマスメディアの情報は，防災無線などが伝える行政情報に比べると，被害情報といった「認知情報」，「一般的抽象的な行動指

表7‒4　西日本豪時の気象庁記者会見の印象

(単位：%)

	西予市	大洲市
いつもととくに変わらないと思った	43	44
いつもとは何か違うと思った	14	17
自分の所とは関係ないと思った	57	22
自分の所と関係があるかもしれないと警戒した	14	22
西日本と言われても，広すぎて実感がわかなかった	21	52

出所：中村他（2020a）。

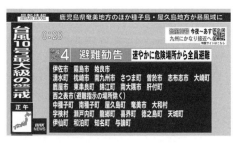

図7‒1　2020年台風10号時，避難勧告を伝える
ニュース映像（イメージ）

出所：NHK総合テレビ2020.9.6より筆者作成。

示情報」,「広域情報」が多くなっている（廣井, 1982）。放送は放送エリアが広いので地域の細かい情報を伝えることが難しい。したがって放送の避難情報伝達にはメディア的な限界があるといえる。

　他方，現代は多メディアの時代である。5章で述べた警報エコシステムの考え方からすれば，放送も他メディアと関連させて位置づけることができよう。たとえばテレビは映像や音声を使ってタイムリーな危機感を醸成することには長けているが，地域の詳細情報を伝えることは難しい。そこでテレビをきっかけに他メディア（web・防災マップ・データ放送など）に導く方向性もあるだろうし，逆に緊急速報メールなどの行政メディアを前提に，避難の最後のきっかけとして放送を位置づけることもできよう。実際，2019年台風19号時に報道についての意見を住民にたずねたところ，「『災害について必要な情報をどのように得ればよいか』という情報を，もっと伝えてほしい」という意見が45.9%と多く寄せられた（長野市38.9%・本宮市57.6%）（中村他, 2020b）。このように，放送は多メディア時代にあわせた情報伝達の在り方をさらに工夫するべきであろう。

（2）呼びかけ放送

　発災時には，住民がとっさに取るべき行動を指示する，呼びかけ放送も重要である。とくに地震直後の呼びかけ放送は重要で，その文例は，各局が定式化している。たとえば，NHKテレビでは，東日本大震災の緊急地震速報発出の際，画面に対象地域を示し，「強い揺れに警戒してください」「けがをしないように自分の身の安全を守ってください。倒れやすい家具からは離れてください。また上から落ちてくるものに気をつけてください」と呼びかけている（表7-5）。

　さらに大津波警報が出た際には，テレビ画面で警報の対象地域・予想到達時

図7-2　東日本大震災時の津波警報のテレ
ビ映像（イメージ）
出所：NHK総合テレビ2011.3.11より筆者作成。

198

刻・予想の高さを示しつつ（図7-2），「沿岸には絶対に近づかないでください。そして早く安全な高い所に避難してください」などと呼びかけている（表7-6）。

　ただ東日本大震災時の放送にはいくつかの問題もあった。第一はこうした呼びかけがどれだけ避難を促進したのか，という有効性への疑問である。すなわち，量的にも質的にも，もっと強力に避難を呼びかけることができたのではないか，ということである。実際，第一報の後の放送では，各地の津波の到達時刻や予想される津波の高さが延々と読み上げられ，津波が来る前の各港の中継画面の説明に割く時間も多かったのである。

　また質的には「避難してください」というソフトな表現で良かったのか，ということがある。背景にはパニックを警戒する心理がある。たとえばNHKのラジオセンターでは当時，「パニックを起こすきっかけとなってはいけないので，あまり脅かすような放送はできない。今回もせいぜい『避難をしてください』という言い方にとどまった」と考えていたという（デジタル放送研究会，2012, p. 182）。一般に災害時にはパニックはめったに起きないにもかかわらず（第10章参照），マスメディアや行政は，災害時にはパニックがつきものであると考え，強い警告を

表7-5　緊急地震速報の呼びかけ放送（東日本大震災）

（チャイム音）緊急地震速報です。強い揺れに警戒してください。
（チャイム音）緊急地震速報です。強い揺れに警戒してください。（以上録音音声）
緊急地震速報です。次の地域では強い揺れに警戒してください。宮城県，岩手県，福島県，秋田県，山形県です。揺れが来るまではわずかな時間しかありません。けがをしないように自分の身の安全を守ってください。倒れやすい家具からは離れてください。また上から落ちてくるものに気をつけてください。

出所：NHK総合テレビ 2011.3.11.14：46。

表7-6　津波警報の呼びかけ放送（東日本大震災）

岩手県・宮城県・福島県に大津波警報が出ています。岩手県では3m，宮城県では午後3時に6mの津波が到達すると予想されています。宮城県の方，沿岸には絶対に近づかないでください。そして早く安全な高い所に避難してください。午後3時に6mの津波が来ると予測されています。そして福島県では午後3時10分に3mの津波が予想されています。この時刻と高さ，あくまでも目安です。実際にはこれよりも早く津波が到達するおそれもあります。また高さもこれより高い津波が来る場所も所によってはありますので，これはあくまでも目安です。早く高い所に避難し，海岸や河口付近には絶対に近づかないでください。気仙沼の現在の様子ですけれども，まだカメラの映像では揺れが確認できます。そして津波がまもなく到達すると予想されていますので，早く安全な高台に避難してください。

出所：NHK総合テレビ 2011.3.11.14：50。

発するのを躊躇することがある（Auf der Heide, 1989；Scanlon, 2006）。避難の呼び
かけ時にはこうした「パニック神話」にとらわれず，危機感を伝える表現を使う
べきである。こうした反省から，東日本大震災以降，アナウンサーが強い語調で
呼びかけるようになった。たとえば2015年鬼怒川決壊水害時にはヘリコプターで
住民が救出される中継時に「あきらめないで救出を待ってください！」などと呼
びかけていた（中村，2020a）。また2016年11月に福島県に出た津波警報について
は「みなさん東日本大震災を思い出してください。命を守るために今すぐ逃げて
ください」と強い口調で呼びかけた（山口，2017）。もっとも，こうした表現で良
かったのかについては，検討の余地がある（第6章参照）。また大げさな表現が多
用されると慣れてくるという問題や，その呼びかけが自分のことだと認識されな
ければ意味がないという問題もある（横尾他，2017）。ここで忘れてはならないの
は，メッセージ表現にはハザード・対象地域・対応行動についての具体性が必要
だという原則である。いずれにせよ，こうした変化は，防災報道の防災的側面が
より重視されるようになってきた結果といえる。

　東日本大震災におけるもう1つの問題は，気象庁が15時14分に，「予想される
津波の高さ」を「10メートル以上」に引き上げたが，NHKではテレビ画面で表
示しただけで，アナウンサーが音声でこのことを伝えなかったことである。当日
は15時30分まで「T-R スルー放送」といって，ラジオでもテレビ音声を放送し
ていたので，ラジオではこのことを伝えられなかったのである。その原因は，テ
レビでは当時釜石港の津波映像が流れていて，その実況解説がメインになってし
まったこと（デジタル放送研究会，2012），またNHKでは気象庁からの情報を直接
アナウンサーが読める表示装置があり，アナウンサーはそれを直接読み上げてい
たが，そこでは津波警報の変更は「地域の追加」が先で「高さの変更」は後に表
示されるので，高さの変更まではアナウンスしきれなかった，という事情がある
（田中，2014）。警報を直接読み上げられる装置の導入は，伝達の迅速性を確保す
る工夫として評価できるが，結果としては，津波の実況中継というジャーナリズ
ム的側面が，防災的側面に優先してしまったといえる。対策としては，中継映像
の解説より，呼びかけ放送や警報の伝達を優先すること，またできるだけ早く
「T-R スルー放送」を離脱してラジオ専用の放送をすること，などが考えられる。

（3）情報ニーズと伝達内容

　マスメディアが伝える内容としては，被災者のニーズに応える情報も重要だ。
たとえば宮田（1986）は，災害報道の機能として，環境監視（被害情報など）・説得

（避難促進）・不安低減とならんでニーズの充足を挙げている。被災者のニーズは時期によって異なり，被災直後の第一段階は「何が起こったのか」という災害因の情報や災害の今後の見通し，第二段階では安否や被害情報，そして第三段階ではライフラインや交通などの復旧情報などが求められる（宮田，1986）。あるいは三上（1984）によれば，発災から復旧までの間に求められる情報には「災害因情報」「被害情報」「復旧情報」「援助情報」「安否情報」があるという。

　しかし被災者の情報ニーズは，災害の種類・地域・状況によっても異なる。各種の住民アンケート調査から災害直後の情報ニーズをみると，1982年の長崎水害では，「電気・ガス・水道の復旧見通し」（71.8%），「大雨の状況」（44.7%），「被害状況」（43.8%），「家族や知人の安否」（41.5%）などが多かった（表7-7）。これを基本に阪神淡路大震災・東日本大震災・熊本地震と比較すると，余震が多かった阪神淡路大震災や熊本地震では，「余震の今後の見通し」に関する情報ニーズが多くなる。東日本大震災では，津波の被害が大きかったので「地震の規模や発生個所」が少なく，また被災地が地方であったせいか「交通機関や道路の開通状況」も少なかった。他方，「家族や知人の安否」へのニーズはいずれの災害でも高く，とくに東日本大震災は，平日昼間という家族が分散している状況で起きた災害だったため，そのニーズは，より高かった。また熊本地震では被災数

表7-7　災害時の情報ニーズ

	長崎水害 （1982）	阪神淡路大震災 （1995）	東日本大震災 （2011）	熊本地震 （2016）
余震（水害）の今後の見通し	23.9	63.1	21.2	73.0
家族や知人の安否	41.5	47.8	69.5	50.0
地震の規模や発生場所（大雨の状況）	44.7	37.1	19.0	59.0
被害状況	43.8	34.0	34.3	44.0
電気・ガス・水道の復旧見通し	71.8	31.6	29.1	70.0
電話・携帯電話の繋がり具合	—	—	—	22.0
自宅の安全性		25.3	—	—
交通機関や道路の開通状況	11.3	21.7	7.6	42.0
避難場所		20.2	-	-
食料・生活物資の状況	28.9	19.9	36.8	69.0
ガソリン販売について	—	4.9	28.2	23.0
入浴（トイレ）に関する情報	—	13.3	20.2	—

出所：長崎水害：東京大学新聞研究所（1984）より，長崎市民の大雨当日から翌朝までのニーズ。
　　　阪神淡路大震災：廣井（1996a）より，神戸市民の地震当日のニーズ。
　　　東日本大震災：中村他（2012）より，沿岸5市町の住民の地震から数日間のニーズ。
　　　熊本地震：中村他（2020b）より，熊本市・益城町住民の地震当日のニーズ。

日間の状況を聞いているため，「食料・生活物資の状況」「交通機関や道路の開通状況」「ガソリン販売について」「電気・ガス・水道の復旧見通し」など，生活情報へのニーズが高かった。

　災害報道の内容は，被災地向けと被災地外向けと分けて考える必要がある。被災地の外では，ショッキングな映像や感情に訴えるヒューマン・ストーリーが求められがちだが，防災メディアとしては以上のような被災者のニーズに合った，被災者向けの情報を積極的に伝える必要がある。

　生活情報については阪神淡路大震災以降，放送・新聞ともに力が入れられるようになってきた。阪神淡路大震災時の放送では神戸の地方局であるサンテレビが行った生活情報が有名である。同局では震災当日こそ一般のテレビと同様に被害を伝えていたが，翌日からは次第に画面全面がテロップだけになり，市バスの運行状況や給水所などの生活情報を重点的に伝えた。また新聞では毎日新聞が「希望新聞」という特設ページを作り，一覧性を活かした生活情報を盛んに伝えた。NHK でも生活情報には力を入れており，最近では，テレビ（総合・教育）の番組内・テロップ・文字放送・ラジオ・公式 Twitter・アプリなどあらゆる媒体を使って生活情報を伝えている。

　一方，新聞は放送に比べて速報性に劣るが，一覧性や保存性を活かして生活情報など住民のニーズに応えることができる。避難所では新聞が無料で配布されることが多いが，被災者がそれを熱心に読んでいる風景がよく見られる。それは生活情報への新聞の利便性のためでもあるが，新聞では見出しの大きさなどから，自らが置かれている現状を実感できたり，それがさまざまな記事の中に位置づけられた紙面を読むことで，日常を取り戻すきっかけともなっているようである。

（4）停電時に役立つラジオ

　では，大きな災害が起きたときに，実際にはどのようなメディアが役に立つのだろうか。これまでの調査によると，長崎水害・阪神淡路大震災・東日本大震災などの大災害でもっとも役に立ったのは，ラジオであった（表7‐8）。これは災害時には停電が発生し，日常的な媒体であるテレビや光回線を通じたインターネットが使えなくなるためである。さらに東日本大震災時には，長時間の停電や津波により携帯電話基地局が機能を停止し，携帯電話も使えなかった。それに対してラジオは停電や断線に強く，大災害時に機能しやすいのである。

　他方，熊本地震では状況はやや異なっている。ラジオの評価が高いことは他の災害と同様だが，テレビ・web ページ・ライン・携帯電話の通話の評価も高

表 7 - 8　災害時に役立ったメディア

	長崎水害 (1982)	阪神淡路大震災 (1995)	東日本大震災 (2011)	熊本地震 (2016)
テレビ	15.3		9.3	40.0
テレビ（NHK）	—	12.0	—	—
テレビ（民放）	—	10.9	—	—
ラジオ	46.3	—	54.7	36.0
ラジオ（NHK）	—	42.5	—	—
ラジオ（民放）	—	29.2	—	—
コミュニティーFM	—	1.3	1.4	—
携帯電話の通話	—	—	5.3	24.0
携帯メール	—	—	4.0	—
ライン	—	—	—	29.0
同報無線	—	—	1.7	—
ウェブページ	—	—	—	43.0
SNS（ツイッター・mixi）	—	—	0.5	—
ツイッター	—	—	—	12.0
フェイスブック	—	—	—	9.0
口コミ	15.4	—	22.4	14.0
役場，警察，消防からの情報	1.6	0.6	12.5	5.0
新聞		2.7	15.4	11.0

出所：長崎水害：東京大学新聞研究所（1984）より，長崎市民の大雨当日から翌朝まで，もっとも役
立ったメディア。口コミは「家族」「近所の人」「自治会の人」を合計した。
阪神淡路大震災：廣井研究室調査（中森，2013，中村他，2006）より，神戸市民の当日の状況。
東日本大震災：中村他（2012）より，沿岸 5 市町の住民の地震から数日間の状況。
熊本地震：中村他（2020a）より，熊本市・益城町の住民の地震当日の状況。

かった。テレビについては熊本市内では停電しない地域があったためだが，マス
メディアに対してインターネットの重要性が増しつつあることがわかる。ここで
使われた通信メディアは主にスマートフォンである。東日本大震災では，津波で
携帯基地局までの通信ケーブルが切断されたり，長期停電で基地局が停波したが，
熊本地震ではそのようなことがなかったのである。

（5）安心情報（安否放送・流言打ち消し・ラジオ）

　災害報道には被災者を安心させる役割もある。その 1 つが被災者の安否を伝え
る安否放送である。安否情報には，個人を対象にしたものと集団の安否を対象に

したものがあり，その内容には，死亡・負傷情報，無事情報，連絡依頼情報がある（中村，2004）。その中で伝達が難しいのは個人の無事情報で，安否放送はそれを伝えようとしている。安否放送は1959年の伊勢湾台風時に原初的形態がみられ，1964年の新潟地震の時から本格化した（柳田，1978；廣井，1996b）。その後NHKでは安否放送用のコールセンターを設置し，電話で安否情報を収集して，組織的に放送するようになった。阪神淡路大震災時にはFMラジオや教育テレビで合計320時間にわたって3万1896件の安否を放送した。東日本大震災でもラジオ・テレビ合わせて104時間，およびデータ放送で244時間放送し，約1万件の安否が伝えられた（村上，2011）。ただ安否放送には，流される内容が安否を知らせてほしいという連絡依頼が多いこと，検索性がないこと，受け付けた数に対して放送できる数に限界があること，などの問題がある。

　マスメディアに期待される安心機能の第二は流言の防止である。1923年の関東大震災時にはまだ日本には放送というものが存在せず，正しい情報が伝わらなかったために，「朝鮮人が放火・暴行をしている」などという流言が流れ，虐殺事件まで発生した（詳細は10章）。震災の2年後1925年に日本でラジオ放送が始まったが，当時ラジオには災害時の混乱の防止が期待されていた（廣井，1997；山崎，2008）。

　時代は下って現代では，SNSによって多くの流言が伝達されるようになった。たとえば，2016年の熊本地震では「動物園からライオンが逃げた」という流言が，そして2018年の大阪府北部地震では「京阪電車が脱線した」という流言が流れている。大阪北部地震の例を調査した福長（2018）によれば，NHKではTwitter情報を常時収集している部署があり，そこがこの流言をつかみ，記者が事実でないことを確かめたうえで，公式TwitterやNHK総合テレビで打ち消し報道を行ったという。こうした打ち消し報道は被災者の不安や混乱の防止に役立つ情報である。しかし福長によれば，現在はマスメディアに対する不信の風潮があり，「デマと印象操作のNHKが笑止である」など，批判的なツイートもあったという。こうしたことをふまえ福長は，流言の打ち消し報道には，その流言を打ち消すことの公益性が人々に納得される必要があるという。流言の打ち消し報道は，単に打ち消せばよいというものではなく，打ち消す側への信頼が必要であり，また同時に，人々が必要とする情報を提供することも求められる（詳細は10章）。

　そして第三に，被災者に寄り添った報道が安心感をもたらすという機能がある。それが端的に表れるのがラジオ放送である。大牟田（2008）によれば，阪神淡路大震災時，民放ラジオでは，現場からの電話レポート・スタジオからのニュー

ス・生活情報・災害対策本部とのやり取り・リスナーからの情報・励ましの音楽などが流されたという。リスナーからの情報には、「自分の気持ち」「近隣の被害」「二次被害を防ぐ情報」「支援を求める情報」「支援を申し出る情報」などがあったという。おなじみのラジオ・パーソナリティーがこうしたリスナーからの情報に応じて放送するのは、ラジオならではの放送スタイルで、リスナーに安心感をもたらすものである。

　第四に被害情報とは逆に、どこに被害が無いのかという情報も重要である（廣井，1986）。被害のない所の情報はニュース・バリューの点でインパクトに欠けるが、避難先や避難経路を選ぶ際に役に立つ。あるいはけが人の転送などにも有用で、たとえば阪神淡路大震災では隣接の大阪府ではほとんど被害がなかったので、そのことがわかっていれば転院がより進んだはずである。さらに、被害の軽微な地域についての情報は、被災地に親戚や知人がいる人々に安心感をもたらし、電話の輻輳や交通渋滞を軽減することにつながる。

7.3　災害報道のジャーナリズム的側面

（1）災害報道のパタン

　災害は昔から報道の主要なテーマであった。たとえば新聞の原初的形態である江戸時代の瓦版では、江戸時代を通じてもっとも売り上げが多かったテーマは、安政江戸地震と黒船来航であったという（森田，2017）。図7-3は安政江戸地震について伝える瓦版だが、地震火災による消失地域や揺れによる被害の模様を絵入りで伝えている。

　災害は今もニュース・バリューの高い出来事である。マス・コミュニケーションの古典的研究によると、一般にニュース・バリューの高い出来事とは、異常な出来事、明示的な衝突を含む出来事、受け手に情報的・心理的なインパクトを与えるような出来事、関連する人数的・金銭的量が大きい出来事、有名人が関係する出来事などである（Atwood, 1970）。災害はこれらの条件のうち、異常性、インパクト、人数的・金銭的量の大きさなど

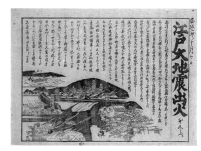

図7-3　安政江戸地震について報じる瓦版

出所：東京大学大学院情報学環所蔵。

にあてはまる出来事である。またメディアがニュースにしやすい出来事もニュースになりやすい。ニュースにしやすい出来事とは，大きな出来事・明快で曖昧さがない出来事・通常の製作スケジュールに適した出来事・取材が容易で簡単に認識できる出来事・受け手の関心の枠内にある出来事などである（Galtung et al., 1965）。大災害はニュースメディアに認識されやすいし，被害は視覚的にも明確で曖昧さがない。また災害は何年もかけてゆっくり進行するような出来事ではなく，すぐにニュースにできる。そして災害は，とくに隠された事実，というようなものでなく，比較的取材が容易である。こうしたことから災害はニュースになりやすい出来事といえる。

　実際，アメリカでも災害関連のニュースは多く，Wenger（1985）によれば，その理由は災害には魅力的な「ストーリー」や「画」が得られること，信頼できる公的なニュース源があること，取材が比較的容易であることがあるという。すなわち災害の取材には，1つか2つの撮影クルーを出して，避難所・上昇した水位・破壊された家・当局者のインタビューなどを撮影するといった，パタン化した手順が作られているという。

　同様の議論は日本でもなされている。たとえば中川（2008）は，一般に出来事のニュース性は「珍しさ」「新鮮さ」「身近さ」で決まるが，災害が大きく報道されるのは，それが珍しいニュースであるからだという。そして「珍しさ」によって事故死のニュース性の大小を位置づけると，自殺＜交通事故＜火災＜労災事故＜犯罪被害＜風水害・土砂災害＜テロ的事件＜地震・火山の順に大きくなるという。また，災害報道には決まったスタイルがあり，基本的には事件・事故報道のパタンでなされるという。すなわち新聞の場合でいうと，まず，いつ・どこで・だれが・何を・なぜ・どのように行ったのかといった，5W1H の事実を伝える「本記」があり，それは気象庁・首相官邸・自治体からの情報で構成される。第二に関係省庁などの情報を基に担当記者が記す「関連記事」がある。第三に災害のメカニズムなどを専門家に取材して書く「解説」がある。そして第四に被災者の「初めての経験だ」とか「困っている」などの話に基づいて書かれる「雑観」がある。その後には，事象の一断面を切り取る「サイド記事」，目立った個人を取り上げる「人モノ」，写真が中心の「絵解き」などの記事が出されるという（中川，2008）。最近の災害報道を見ていても，たしかにこのようなパタンがあるといえる。

（2）被害報道の課題

　こうした災害時報道のパタンを見ると，「大変だ！　大変だ！」と路上で叫んで人々の注目を集めようとする，時代劇の瓦版売りのような面があるような気がする。すでに述べたように，被害報道などのジャーナリズム的側面には，今なにが起きているのかを伝える環境監視の機能がある。そのことによって救援活動，ボランティア活動，募金活動などを促進する面もある。

　しかしそうした側面に限ってもこれまでいくつかの問題があった。第一に，被災の中心地の被害情報がなかなか伝わらないという情報の「ドーナッツ化」現象がある（小田，2004）。たとえば阪神淡路大震災時には，はじめは被害の軽微な周辺部の状況が伝えられるのみで，ヘリコプターが高速道路の倒壊映像を伝えるまで，大きな被害は伝えられなかった。被災中心部では通信手段が途絶するので深刻な被害は伝わりにくいのである。同様の現象は東日本大震災でも発生している（田中他，2011）。

　第二に，しばらく時間が経つと，今度は一部の被災地に報道が集中する「局所拡大症候群」が生じる（小田，2004）。これは迫力ある被害映像が撮れる場所，大規模な避難所がある場所などに多くのメディアが集中し，繰り返し報道することで生じる。一般に，被災地に物資・人員・通話などが集中し，渋滞や物流の停滞・通信の輻輳などが発生することを過集中（=convergence）（Fritz, 1957）というが，メディアも過集中し（Auf der Heide, 1989），救援物資やボランティアなど，その他の過集中に拍車をかけてしまう。メディア取材の過集中は，避難所に取材が殺到して避難者の安眠を妨げたり，遺族の心情に配慮しない取材をするなど，メディアスクラム（集団的過熱取材）の問題も引き起こす。

　その一方で，被害が大きくても報道されない地域が生じ，そうした地域の被災者の不平等感を生むことになる。東日本大震災時のテレビ報道を分析した松山（2013）によれば，報道における各地域の出現頻度は，被害の深刻さと相関していなかったという。具体的には，女川町・大槌町・山元町・山田町・東松島市・名取市などでは，死者・行方不明者の人口比率や実数が多いわりに，報道出現頻度が少なかったのである。その原因には，アクセスのしにくさや，津波といえば仙台より北であろう，という先入観があったという。その結果，報道過密地にボランティア・義援金・支援物資などが集中したのである（松山，2013）。

　第三に，災害報道が当局の発表を垂れ流すだけの「大本営発表」的な報道になってしまうという問題がある。それが顕著に表れたのが東日本大震災時の原子力発電所事故関連報道である。たとえばNHKは，「念のための避難指示」「爆発

的事象」「直ちに人体に影響を及ぼすものではない」「炉心損傷」（メルトダウンではなく）などという政府や東京電力の発表した表現を使い続けていた。さらに放射性物質の分布予測を示す SPEEDI の試算図についても，精度が確かでないという政府の説明に基づいて直ちに放送しなかった。当時取材をしていた記者によれば，その背景には，ほかに頼りにすべき確かな情報がないなかで，不確かな情報がパニックや誤った行動につながらないようにする，という意識が局内にあったということである（大崎，2016）。

　しかしこうした現象はなにも原発報道に限ったことではない。一般に災害時の取材では，人的・物的被害の全容や対策状況について，警察や市町村などの公的な情報に頼ることが多い。普段は権力を監視する姿勢をとるマスメディアではあるが，災害時には「当局の見方」（"command post" point of view）をとる，などともいわれている（Auf der Heide, 1989；Quarantelli, 1981）。いかなるニュースにおいても信頼性は必要なので，それを手軽に得られる手段としてニュース・ソースを公的な発表に依存することは理解できる。しかし記者としての研鑽を積み，疑いがある場合には単に発表を垂れ流すようなことがないようにしなければならないだろう。

　第四に，今，大変なとこが起こっている，ということを伝えようとするあまり，防災的にかえってマイナスな情報を流すことがある。たとえば被災者に「今何が困っていますか」という質問がよくなされるが，すでにみたように被災者のニーズはどの災害でもだいたい同じで，しかも時間ごとに急速に変化していくものである。たとえば初日には水や食べ物が足りないと言っていても，翌日には日用品が足りなくなることはわかっているのだから，今を伝えるだけでなく，先を読んだ報道をするべきである。あるいは，被災地では大きな被害があった部分を中心に報道するが，被害はまだら状であったり，グラデーションになっていたりする。被害が少ない場所について知ることは，避難先の検討や被災地外の親戚の安心感につながり，また営業中の店舗の存在がわかれば無駄な物資の過集中も防げる。山本（1996）は，取材者が災害過程について無知であることが深刻な悪影響をもたらす，と指摘するが，取材者は災害過程を勉強して，防災的に役に立つ視点から報道をしてもらいたい。

（3）わかりやすい伝え方
　災害報道のジャーナリズム的側面としては，災害の危険性や専門的知識をわかりやすく伝えることも重要である。その場面は大きくいって，事前の啓発情報・

危険が迫っていることを伝える直前の情報・発災時の解説情報の3つがある。

事前の啓発情報というのは，災害因そのものについての知識や，被害想定といった，科学的知識が基本となっている。これらをわかりやすく，また人々の災害対策に役立つように伝えることもジャーナリズムの役割である。最近では，南海トラフ地震の被害想定，長周期地震の危険性，土砂災害警戒区域の整備などの話題がある。また災害情報の変化についてニュースも多い。近年では緊急地震速報，警報のレベル化，南海トラフ地震臨時情報，内水氾濫危険情報，大雨についての危険度分布情報などが話題となった。これらに関する科学技術知識は「知っておいたら役に立つ情報」として的確に伝え，人々の備えを促進するようにまですることが重要である（山崎，2013）。

一方，緊急対応段階では，気象情報やニュースで，どのような危険性が迫っているかをわかりやすく解説する役割もある。最近では過去の災害時の映像を流すなど，危険性を伝える工夫がみられる。あるいは気象庁の危険度分布を利用して，リアルタイムに，地域に焦点をあてた解説も行われるようになってきた。たとえば2019年台風19号の時などにも，リアルタイムの洪水危険度分布図を使ったニュース解説が行なわれていた。

他方，最近では，危険性をより強調するために，「強い表現」や「新しい表現」が多用されるようになってきた。たとえば「史上最大級の」とか「経験したことのない」などの強い表現である。ただ「経験したことがない」といっても，それは，その地で観測が始まって以来，という意味であり，「人類がかつて経験したことがない」という意味ではない。あるいは「ゲリラ豪雨」「線状降水帯」「バックウォーター現象」など次々に新しい用語が使われるが，従来から「積乱雲による地域的雷雨」「にんじん雲」「背水」などといわれてきたもので，とくに新しい現象ではない。強い表現は使ううちにインパクトがすり減るし，新たな言葉を作っても何か新しい現象が起きているわけではない。したがってこうした表現の使用は誤解を生まないように慎重にするべきである。

7.4 災害報道と組織

災害報道の背景には組織的・構造的問題もある。たとえば三上（1984；1986）は，日本海中部地震時の調査などをもとに，それを理論的に検討している。それによれば，災害時の報道は，①情報入手が困難，②取材対象が広範囲，③ライフラインの被害が長期化する，④外部からの応援が必要となる，⑤番組・紙面

構成の大幅変更が必要，⑥ 緊急に伝達する必要性がある，などの点で日常と異なっている。その一方で，災害時には，メディア組織内外の目標や手段における不整合（「ストレーン」）が拡大し，マスメディア組織は増大する社会的要請に答えられなくなるという。そのうえで三上は，どのような不整合が生じるかについて，① 取材段階，② 編集・加工段階，③ 送出・伝達に分けて考察している。取材の段階では，マスメディアはアクセスのしやすさから公的組織（気象台・県警・県・市役所など）に情報源を依存するが，必ずしもそれらが情報を迅速に把握しているとは限らないという。たとえば県警本部は各警察署が持つ情報を集約するには時間がかかるし，警察や消防の情報は各組織内で独占されがちであるという。あるいは通信手段の不通で取材が阻害されたり，取材のための機材や人員がうまく動員できないこともある。人材や機材の動員という点では，NHK は DRC の組織類型（1章表1‒6）における既存集団が担う部分が多く，民放地方局よりはうまくいきやすい組織だという。また編集段階の問題としては，Waxman（1973）の研究を引用しながら，災害時には一般の市民からの情報が直接編集者に流れるなど情報の流れに変化が生じ，さらに特別番組などでニュースのニーズが増大するのに対して組織の能力は低下することから，ニュースの選別（ゲートキーピング）の仕方が変化するという。すなわち，いつもは情報のチェックがなされるが，「増大する要請に応じるために，すべての情報をそのまま流してもよい」という創発規範が生まれるという。しかしこうした体制では，正しくない情報が流れてしまう危険性がある。あるいはニュース編集者の価値判断がニュースを歪める可能性もある。たとえば，編集者は人命にかかわるニュースに高い価値を与えやすく，生活情報が軽視されがちであるとか，災害時には犯罪やパニックが起きるという思い込みから，情報の選別に歪みが起きる可能性があるという。他方，送出の段階では，連続特別番組への切り替えや CM のカットなどをする場合，民放ではスポンサーやキー局の了解を得なくてはならないことがある。あるいは災害直後は映像の不足から，揺れの様子や，大きな被害ばかりが繰り返し伝えられ，全体像が伝わらないという問題があるという（三上，1984；1986）。

　こうした組織的・構造的背景から生じる問題は，その後の災害時にも生じている。たとえば取材源の問題では，阪神淡路大震災時に被害情報が遅れたが，それは当初は数人のけが人を確認したという，市役所からの情報ばかりが伝えられていたからである。初動では大まかな被害の大きさが問題で，犠牲者の正確な数は重要ではないことをマスメディアも行政も認識すべきであろう（山本，1997；安富，2012）。あるいは情報をそのまま流してよいといという創発規範もよくみられる。

たとえば東日本大震災時の原発報道では記者会見の垂れ流し報道が批判されたが，ある民放テレビ局の編集者は，通常の災害時には気象庁などは住民のためにすべて隠さず発信してくれるので，そうした前提で臨んでいたという。そのうえでタイムラグが生じる欠点もあるが，記者会見と解説，反対意見などをパッケージにして放送する，通常のニュースの作り方でもよかったかもしれないと回顧している（谷原，2012）。あるいは阪神淡路大震災時，ラジオではリスナーからの情報を次々流したが，本来なら事実確認が必要だが，情報量が膨大で電話も通じない中ではそれは不可能だったので，「××市の〇〇さんによりますと」とクレジットを付けて放送したという（大牟田，2008）。

　また通信の途絶による取材困難や，ライフライン途絶の長期化による放送継続の危機といった組織的・構造的な問題も，東日本大震災時には発生していた（日本災害情報学会，2014）。

　その一方，組織的な困難さはありつつも，東日本大震災時には改善されている部分もあった。たとえば人員や資材の動員だが，かつて民放ローカル局の動員体制は NHK より脆弱といわれたが，東日本大震災時には系列局の応援体制が比較的うまく機能したようである（加藤，2013）。あるいは，人命にかかわるニュースに価値が置かれがちで，被害情報ばかりであるという点については，東日本大震災時には必ずしもそうではなく，時間経過ごとに，地震情報・被害情報→安否情報→生活情報という経過をたどっていたという（藤田，2013）。またローカル局とキー局との役割分担も行われてきた。たとえば日本テレビ系列のローカル局では，自県の津波警報を中心に伝えるために迅速に全国放送をはずれ（「飛び降り」）て，ローカル番組を放送している（谷原，2013）。

7.5　行政とマスメディア

（1）行政とマスメディアとの関係性

　自治体の防災部局は，災害時には取材の殺到などで，マスメディアに悩まされることが多い。その反面，避難指示の伝達など，マスメディアと協力すれば減災につながる面もある。両者のアンビバレント（相反的）な関係性については1980年代にアメリカ（e.g. Wenger, 1985）やカナダ（e.g. Scanlon, et al., 1985；Scanlon, 2006）で研究が始まっているが，Auf Der Heide は両者の関係性を次のように整理している。すなわち，防災部局を悩ませることとして，マスメディアは取材のためにさまざまな資源（説明の手間・現場の案内・交通手段・仕事場・電力など）を要

求すること，誇張や思い込みなどの歪曲報道がなされること，取材活動によって救援活動が妨害されること，などがあるという。他方，防災部局にとってのメリットは，マスメディアが住民に警報や対応方法を伝えること，防災当局も時には警報や有用な情報をマスコミから得ること，マスメディアが被害を伝えることでさらなる犠牲を防いだり助けが必要な人について知らせたりすること，寄付を促進すること，災害への関心を喚起し防災予防対策への理解を促進すること，などがある（Auf Der Heide, 1989）。

　自治体にとっては被災地内の対応が第一であるのに対して，マスメディアには起きていることを広く伝えるジャーナリズムの立場がある。両者には，このような目的のずれもあるが，しかしともに防災機関であり，被害の軽減という共通の目標に対してともに協力し合うべきである（川西，2007；中村，2016b）。ただしそれには，共に相手の特性を理解しながら，対応していくことが必要となる。

（2）報道被害

　では，両者には具体的にどのような問題があるのだろうか。報道される側が何らかの被害を受けることを報道被害というが，災害時の報道被害には，被災者の被害と行政の被害がある。前者には，被災者に対する非人道的な取材や，避難所取材におけるプライバシーの侵害などがある。そして後者には，取材の集中による防災業務への支障，ヘリコプター取材による救助活動への支障，そして行政対応に対する糾弾による職員の萎縮などがある（川西，2007；中村，2016b）。

　取材の集中が防災業務の支障となることは，ほとんどの災害においてみられるが，とくに問題となるのは初動期の電話取材である。災害が起きると市町村の防災部局には各テレビ局・新聞社から次々に取材の電話がかかる。同時に災害時には市民からも被害の通報があるし，避難所開設などの指示も電話で行う必要がある。報道機関からの電話で電話がふさがったり，責任者が電話取材にかかりきりになったりすると災害対策本部の設営にすら支障が出る。対策としては，マスメディア側としては，直後の電話取材は録音取材を基本として短時間で切り上げるようにすること，また行政側としては防災部局以外の部局が電話対応を行うことなどがある。たとえば2017年の九州北部豪雨時に福岡県嘉麻市では，問い合わせ電話は防災課では受けず，隣室の企画課で行ったため，問題は生じなかったという。また同じことを何度も聞かれ，時間を取られてしまうという現象もある。同じ会社でも部局が違ったり，交代要員による人の入れ替わりがあることがその原因である。マスメディアは社内や系列局間で情報を共有し，取材応援要員も頻繁

に交代せず，同じ人ができるだけ長期間活動するなどして，行政の負担を軽減すべきである。

　また，ヘリコプター取材の弊害は，阪神淡路大震災や，2005年JR福知山線脱線事故時などでみられた。ヘリコプターの飛行音は極めて大きく，倒壊家屋の下敷きになった生存者の音をかき消すし，消防隊の無線の音も聞き取れなくなってしまう。海外では発災から一定時間後の飛行を禁止してサイレントタイムを確保する国もあり，日本でもその検討が必要である。ただヘリコプター取材は広域災害の把握には有効なので，一律の規制には否定的な意見もある（廣井，1995）。飛行高度制限を厳守する，捜索場所上空のホバリング撮影はしない，低騒音型のドローンを使うなど，防災活動を阻害しない形の取材方法を確立するべきである。[4]

（3）報道対策

　一方，行政側の報道対策としては，まずマスメディアの特性を理解することが重要である。前述のように，マスメディアはニュース・バリューに基づきニュースを作ろうとし，そのスタイルは事件・事故のスタイルである。そして記者はテレビ・新聞のそれぞれの締め切りに間に合わせることを至上命題としている。行政はこうした特性に合わせた対応をすることで，無用な負担を軽減することができる。

　具体的には，第一に，取材から防災業務の空間と時間を守るための方策がある。たとえば，記者にはプレスルームを提供し防災課内の混乱を避けること，新たな情報は記者の見える場所に張り出すこと，定期的に記者会見をすること，などがある。また問い合わせに対応する職員を決めて，本来業務に支障がないようにすることも有効である。

　第二にポイントを押さえた記者会見や取材対応をすることである。たとえば，Auf Der Heide（1989）によれば，①記者会見には各種資料を用意するなど準備をすること，②「オフレコ」は前提としないこと，③自らのミスを隠そうとはせず誠実に対応すること，④不明な点は推測で答えないこと，⑤専門用語を多用しないなどわかりやすく，かつ，くだけ過ぎない言葉を使うこと，⑥質問には単に聞かれたことに答えるだけでなく，トランジッション・テクニック（初めに質問に対してYES／NOで短く答えた後，こちらが重要と思うことを言う）を使うなどして，伝えるべきことを伝えること，⑦不明確な質問に対しては質問の趣旨を確認すること，⑧取材には1人でなくチームで応じること，⑨メディアは締め切りで動いているので，答えは短く要点を絞ること，などが重要だという。ある

いは安富（2012）は，既存文献も参考にしながら，① 記者発表はテレビ向けには正午前後と夕方，新聞向けには午後2時と午後11時頃が締め切りなので，それに合わせること，② 資料は上級官庁への報告を流用すること，③ 事態が進行中で未確定の場合，これまでわかっている情報と，未確定な情報を分けて提供すること，そして未確定のものについては集約・発表までのだいたいの時間を報告すること，④ 特定の報道機関だけに情報提供をすることは避けること，⑤ 災害対策本部会議を公開にすること，などを提案している。[5]

　第三にこうした対応をするためには平常時の準備が必要である。たとえば防災計画の作成時にマスメディアの意見を取り入れることが考えられる（Auf Der Heide, 1989）。あるいは報道対応訓練もあり，たとえば兵庫県の「人と防災未来センター」では報道対応の図上演習を行っており（川西，2007），また自治体でも，模擬記者会見やマスコミ対応の図上訓練を行っているところもある（安富，2012）。

　いずれにしても災害の各局面において，被害を減少するために何が重要かを第一に考え，行政とマスメディアが協力していくことが重要である。

注
1） Lasswell（1960）は，一般にマス・コミュニケーションの機能には，① 環境の監視，② 環境に反応する場合の社会の構成要素間の相互作用，③ 社会的遺産の伝達の3つがあるというが，Drabek のいう災害時のマスコミの役割は，くしくもこの3つに対応している。すなわち，ラスウェルの「環境監視」は，世の中がどうなっているかを知ることだが，災害が迫っているという警報を知ることはここに含まれる。「社会構成要素間の相互作用」とは，たとえばさまざまな意見を伝えて世論を形成することを意味するが，災害時の「評価の役割」と関係している。そして「社会的遺産の伝達」は災害時の「期待形成の役割」と関係している。

2） これは，マス・コミュニケーション研究の培養効果の概念（e.g. Gerbner, et al., 1976；中村，1999）と類似している。

3） 小城（1997）は阪神淡路大震災時に取材活動を行った地元記者にインタビュー調査をしている。それによると，救助場面に立ち会った記者たちは取材と救助の役割葛藤に直面しつつ，状況に応じて救助と取材の両方を行った記者が多かったようだ。また一部の避難所に取材が殺到する背景には，避難所取材にかけられる手間が少ない中で，初期から取材している避難所は知り合いとなっているので取材が行いやすい，そこに行けば絵になるという安心感がある，他社の記者もいるので取材者の安全を確保しやすい，中継車のセッティングを動かしたくない，新しい情報がなくても避難所中継で放送時間が埋まる，などの事情があるという。

4） ヘリコプター取材の問題は，内閣府などで検討され，マニュアルも作られている（内閣府防災担当，2020）。

5） ただし災害対策本部会議の公開については，会議前に一度全体打ち合わせをすることになり，二度手間になるというおそれがあり，その有効性については検討が必要である。

214

参 考 文 献

Atwood, L. E., 1970, How Newsmen and Readers Perceive Each Other's Story Preferences, Journalism Quarterly, Vol. 47, 2, 296-302.

Auf Der Heide, E., 1989, Disaster Response: Principles of Preparation and Coordination, Mosby, St. Louis. https://b-ok.cc/book/501352/e5d535（2021.1.17閲覧）

デジタル放送研究会, 2012, 「デジタル放送研究会'4」活動報告　検証"東日本大震災"命を救う情報をどう伝えたか――地震発生から1時間――, 災害情報, No. 10, 181-184.

Drabek, T. E., 1996, The Social Dimensions of Disaster., FEDERAL EMERGENCY MANAGE-MENT AGENCY. https://ntrl.ntis.gov/NTRL/dashboard/searchResults/titleDetail/PB99105488.xhtml

Fritz, C. E. and Mathewson, J. H., 1957, Convergence Behavior in Disaster; a problem in social control, National Research Council Disaster Study No. 9. Washington, DC: National Academy of Sciences. https://archive.org/stream/convergencebehav00fritrich/convergencebehav00fritrich_djvu.txt

藤田真文, 2013, ローカルテレビと東日本大震災――全15局の聞き取り調査から――, 丹羽美之, 藤田真文編, メディアが震えた――テレビ・ラジオと東日本大震災――, 東京大学出版会, 35-72.

福長秀彦, 2018, 流言・デマ・フェイクニュースとマスメディアの打消し報道――「大阪府北部の地震」の事例などから――, 放送研究と調査, 68(11), 84-103. https://www.nhk.or.jp/bunken/research/domestic/20181101_5.html

福長秀彦, 2019, 調査研究ノート SNS時代の誤情報・虚偽情報とマスメディアの打ち消し報道――留意すべき事柄を考える――, 放送研究と調査, 69(8), 100-110. https://www.nhk.or.jp/bunken/book/monthly/index.html?p=201908（2021.8.10閲覧）

福長秀彦, 政木みき, 河野啓, 2014, 台風による大雨と初の特別警報――危機の情報はどう伝わったか――, 放送研究と調査 2014年1月号, 2-29. https://www.nhk.or.jp/bunken/summary/research/report/2014_01/20140101.pdf（2021.8.10閲覧）

Galtung, J. and Ruge, M., 1965, The Structure of Foreign News, Journal of Pease Research, 1, 64-90. Also in Tunstall, J., ed., 1970, Media Sociology : a reader, Constable. http://www.ask-force.org/web/Discourse/Galtung-Structure-Foreign-News-1965.pdf

Gerbner, G. and Gross, L., 1976, Living With Television: The Violence Profile, Journal of Communication, Volume26, Issue2, 172-194.

廣井脩, 1982, 災害とマスメディア, 東京大学新聞研究所編, 災害と人間行動, 東京大学出版会, 125-154.

廣井脩, 1986, 災害報道を考える, 新聞研究, No. 415, 59-62.

廣井脩, 1995, 災害時こそ媒体特性生かせ, 新聞研究, No. 526, 74-77.

廣井脩, 1996a, 阪神淡路大震災と災害情報, 1995年阪神・淡路大震災調査報告 -1-, 9-33, 以下に再録：中村功, 廣井脩, 2006, 1995年阪神・淡路大震災における情報伝達と住民の対応――神戸・西宮アンケート調査から――, 災害情報調査研究レポート, vol. 9, 66-152. http://nakamuraisao.a.la9.jp/report9.pdf

廣井脩, 1996b, 災害放送の歴史的展開, 放送学研究, 46号, 7-32.

池田謙一, 1984, 災害時のマス・メディアの活動と機能, 新聞学評論, 33巻, 245-262.

入江さやか, 2018, 平成29年7月九州北部豪雨　防災・減災情報は避難に結びついたか？――被災地

住民の防災情報認知と避難行動調査から──，放送研究と調査，68(11)，2-27. https://www. nhk. or. jp/bunken/research/domestic/20181101_8.html（2021. 8. 10閲覧）

加藤昌宏，2013，東日本大震災を私たちはどう伝えたか──被災地の放送局として──，丹羽美之，藤田真文編，メディアが震えた──テレビ・ラジオと東日本大震災──，東京大学出版会，11-34.

川西勝，2007，減災に貢献できる災害報道・広報の改善に向けた考察と提言，減災報道研究会編，減災に貢献できる災害報道・広報の改善に向けて──人と防災未来センターが実施してきた研究会，研修等を題材に──人と防災未来センター

木村幹夫，2012，東日本大震災時にメディアが果たした役割（〈特集〉災害と情報），情報の科学と技術，62巻9号

小城英子，1997，阪神大震災とマスコミ報道の功罪──記者たちの見た大震災──，明石書店

Lasswell, H., 1960, The Structure and Function of Communication in Society, Schramm, W. Ed., Mass Communications. University of Illinois Press, 117-130.（学習院大学社会学研究室訳，社会におけるコミュニケーションの構造と機能，シュラム，W. 編，新版　マス・コミュニケーション──マスメディアの総合的研究──，東京創元社，66-81）

松山秀明，2013，テレビが描いた震災地図──震災報道の「過密」と「過疎」──，丹羽美之，藤田真文編，メディアが震えた　テレビ・ラジオと東日本大震災，東京大学出版会，73-117.

三上俊治，1984，災害報道の研究　日本海中部地震の事例を中心として，東洋大学社会学部紀要，22(1)，253-304.

三上俊治，1986，災害時におけるマスメディアの活動，東京大学新聞研究所編，災害と情報，東京大学出版会

宮田加久子，1986，災害情報の内容特性，東京大学新聞研究所編，災害と情報，東京大学出版会，185-223.

森田健司，2017，江戸の瓦版の実像（NHK 視点・論点）2017年9月4日放送，解説アーカイブス. https://www.nhk. or.jp/kaisetsu-blog/400/279106.html（2021. 2. 3閲覧）

村上圭子，2011，東日本大震災・安否情報システムの展開とその課題──今後の議論に向けて──，放送研究と調査，61(6)，18-33.

内閣府防災担当，2020，首都直下地震時における救援航空機等の安全対策マニュアル. https://www.japa. or. jp/wp-content/uploads/2020/03/japa_20200313_1.pdf（2021. 8. 10閲覧）

中川和之，2008，新聞・通信社と災害報道，田中淳・吉井博明編，災害情報論入門，弘文堂，190-199.

中森広道，2013，メディアの特性から考える災害と放送の課題，総務省放送ネットワークの強靱化に関する検討会資料. https://www.soumu.go.jp/main_content/000224825.pdf（2021. 8. 10閲覧）

中村功，1999，テレビにおける暴力──その実態と培養効果──，マス・コミュニケーション研究，55号，186-201

中村功，2004，安否情報と情報化の進展，廣井脩編著，災害情報と社会心理，北樹出版，75-101.

中村功，2016a，報道機関の役割，日本災害情報学会編，災害情報学事典，朝倉書店，98-99.

中村功，2016b，報道被害，日本災害情報学会編，災害情報学辞典，朝倉書店，114-115.

中村功，2020a，2015年関東・東北豪雨時の常総市の水害における情報の諸問題，災害情報調査研究レポート 17，93-100. https://www.nhk. or.jp/bunken/summary/research/report/2011_06/20110603.pdf（2021. 10. 10閲覧）

中村功, 2020b, 2016年熊本地震における災害情報の伝達と住民の行動, 災害情報調査研究レポート, No. 17, 101-116. http://nakamuraisao.a.la9.jp/report17.pdf（2021.10.10閲覧）

中村功, 廣井脩, 2006, 1995年阪神・淡路大震災における情報伝達と住民の対応――神戸・西宮アンケート調査から――, 災害情報調査研究レポート, vol. 9, 66-152. http://nakamuraisao.a.la9.jp/report9.pdf（2021.10.10閲覧）

中村功, 中森広道, 福田充, 2012, 東日本大震災時の災害情報の伝達と住民の行動――陸前高田市・南三陸町・仙台市・山元町住民アンケートをもとにして――, 災害情報調査研究レポート, vol. 16, 1-136. http://nakamuraisao.a.la9.jp/higashinihon1.pdf（2021.10.10閲覧）

中村功, 森岡千穂, 2020a, 2018年西日本豪雨時におけるダム情報の伝達と住民の行動, 災害情報調査研究レポート17, 145-215.

中村功, 中森広道, 保科俊, 2020b, 2019年台風19号豪雨災害における災害情報の伝達と住民の行動, 災害情報調査研究レポート17, 55-352.

日本災害情報学会第4次「デジタル放送研究会」, 2014, 研究報告――東北地方太平洋沖地震――命を救う情報はどうなっていたのか. http://www.jasdis.gr.jp/_userdata/06chousa/dttv/hbf-report_dttv4.pdf（2021.8.10閲覧）

小田貞夫, 2004, 災害とマスメディア, 廣井脩編著, 災害情報と社会心理, 北樹出版, 102-122.

大牟田千佐子, 2008, ラジオと災害報道, 田中淳・吉井博明編, 災害情報論入門, 弘文堂, 182-189.

大崎要一郎, 2016, 原発事故と報道――NHK の取材現場から――, 災害情報, No. 14, 41-49.

Quarantelli, E. L, 1981, The command post point of view in local mass communications systems, International Journal of Communication Research 7, 57-73; also Preliminary paper #22, Disaster Research Center, University of Delaware, Newark, 1981. https://udspace.udel.edu/bitstream/handle/19716/374/PP22.pdf?sequence=3&isAllowed=y（2021.8.10閲覧）

Quarantelli, E. L. 1991, Lessons from Research: Findings on Mass Communications System Behavior in the Pre, Trans and Post Impact Periods, University of Delaware Disaster Research Center PRELIMINARY PAPER #160. https://udspace.udel.edu/bitstream/handle/19716/532/PP160.pdf; sequence=3（2021.8.10閲覧）

Scanlon, J., Alldred, S., Farrell A., and Prawzick, A., 1985, Coping with the media in disasters: some predictable problems, Public Administration Review, Vol. 45, 123-133. https://www.jstor.org/stable/3135007?seq=1（2021.8.10閲覧）

Scanlon, J., 2006, Unwelcome Irritant or Useful Ally? The Mass Media in Emergencies, Rodriguez, H., Quarantelli, E. L., and Dynes, R. R., eds., Handbook of Disaster Research, Springer, 413-429.

田中孝宜, 2014, 東日本大震災報道――NHK の初動から72時間の災害報道を中心に――, 放送メディア研究, No. 11, 43-67.

田中孝宜, 原由美子, 2011, 東日本大震災　発生から24時間　テレビが伝えた情報の推移, 放送研究と調査, 61(12), 2-11.

谷原和憲, 2012, テレビの災害報道　出来ること, 無理なこと, パネルディスカッション　第1部「東日本大震災報道の検証」, マス・コミュニケーション研究, No. 81, 20-29. https://www.jstage.jst.go.jp/article/mscom/81/0/81_KJ00008159643/_pdf/-char/ja（2021.8.10閲覧）

谷原和憲, 2013, 東日本大震災の教訓　キー局の震災報道を振り返って, 丹羽美之・藤田真文編, メディアが震えた　テレビ・ラジオと東日本大震災, 東京大学出版会, 118-125.

東京大学新聞研究所「災害と情報」研究班編，1984，「1982年7月長崎水害」における住民の対応

東京大学新聞研究所「災害と情報」研究班編，1985，1983年5月日本海中部地震における災害情報の伝達と住民の対応──秋田県の場合──，東京大学新聞研究所

東京大学社会情報研究所「災害と情報」研究会編，1994，1993年北海道南西沖地震における住民の対応と災害情報の伝達──巨大津波と避難行動──，東京大学社会情報研究所

東京大学大学院情報学環．小野英雄コレクション，地震　N084　「江戸大地震出火」．http://www.lib.iii.u-tokyo.ac.jp/collection/ono_k/2.html#N084（釈文あり）（2021.8.10閲覧）

Waxman, J. J., 1973, Local Broadcast Gatekeeping During Natural Disasters, Journalism Quarterly, 50, 751-758.

Wenger, D., Mass Media and Disasters, Preliminary Paper 98, 1985, Available from: Disaster Research Center, University of Delaware, Newark, Del 19716. http://dspace.udel.edu/bitstream/handle/19716/474/PP98.pdf（2021.8.10閲覧）

Wilkins, L., 1993, The Mass Media, Disasters and Risk: Entwining Communication and Culture, E. L. Quarantelli and Popov, K., eds., Proceedings of the United States-Former Soviet Union Seminar on Social Science Research on Mitigation For and Recovery From Disasters and Large Scale Hazards, Disaster Research Center, University of Delaware, 118-130. https://ntrl.ntis.gov/NTRL/dashboard/searchResults/titleDetail/PB99105488.xhtml（2021.10.10閲覧）

山口勝，2017，4年ぶりの津波警報，NHK が強い口調で避難 "呼びかけ"，放送研究と調査，67(1)，103. https://www.nhk.or.jp/bunken/research/focus/f20170101_2.html（2021.8.10閲覧）

山崎登，2008，テレビと災害報道，田中淳・吉井博明編，災害情報論入門，弘文堂，171-189.

山崎登，2013，防災から減災へ　東日本大震災の取材ノートから，近代消防社

山本康正，1996，災害時の取材・放送活動，放送学研究，46号，57-74.

柳田邦男，1978，災害情報を考える，日本放送出版協会

安富信，2012，減災と情報，コンプラス

横尾泰輔，矢守克也，2017，東日本大震災の初動報道に関する当事者分析──キャスター自身による分析・調査と実践的考察──，災害情報，No. 15-2, 149-159.

8章 避難の理論

8.1 避難の問題

(1) 避難の定義

避難は国語辞書的にいえば「災難を避けて他の所へのがれること」(広辞苑第六版) だが,防災上・研究上は,より厳密に定義する必要がある。すなわち,体育館などで避難生活を行うことや,洪水で取り残されてボートで救出されることも,災難を避けるという意味では避難といえる。しかし警報や避難情報が目指すところの避難は,被災する前に命の危険から逃れる行動で,避難所生活や逃げ遅れた人の救出はそれとは異質の行動である。

たとえば Perry ら (1981) は,避難を時期と継続期間によって 4 つに分類している。すなわち,① 発災前の短期的避難を防護的 (protective) 避難,② 移住など発災前の長期的避難を予防的 (preventive) 避難,③ 発災後の短期的避難を救助的 (rescue) 避難,④ 発災後の長期的避難を再建的 (reconstructive) 避難という (表 8‐1)。時間的には,ここにおける,① 防護的避難が狭義の避難である。一方 Sorensen らは,避難を「現実あるいは予想される脅威やハザードを原因とする,特定エリアからの退出行動」(Sorensen, et al., 2006, p. 183) と定義している。彼らによれば,落雷や強風を避けるために家に留まったり,建物の上層階に「垂直避難」したりすることは,「退避」(sheltering) であり,避難とは区別されている。こうした言説は米災害社会学の基本的な考え方である。本書では,このような時間的・空間的に特定された狭義の避難の定義を採用し「危険を避けるための,安全な場所への被災前の移動」を避難と考えることにする。ここで,自宅上層階への移動は「退避」であり,避難には含まない。

ちなみに日本の災害対策基本法にお

表 8‐1 避難の種類

		避難の期間	
		短期的	長期的
避難のタイミング	発災前	防護的避難	予防的避難
	発災後	救助的避難	再建的避難

出所:Perry, et al. (1981, p. 4)。

表8-2　災害対策基本法における避難の概念

法律用語	解　説
避難のための立退き	生命又は身体を災害から保護し，その他災害の拡大を防止するため（立ち退き避難）
緊急安全確保措置	災害発生時や急迫時に立退き避難がかえって危険な場合の，高所への移動，近傍の堅固な建物への退避，屋内の屋外に対する開口部から離れた場所での退避その他安全確保のための措置
指定緊急避難場所	立退き避難のための施設又は場所（避難場所）
指定避難所	避難に必要な間滞在し，居住場所確保が困難な被災住民が一時的に滞在する施設（避難所）

注：（　）内は通称。

ける避難には，「避難のための立ち退き」（立ち退き避難）と，緊急の場合の「高所への移動，近傍の堅固な建物への退避，屋内の屋外に面する開口部から離れた場所での退避」（緊急安全確保措置）がある（表8-2）。ここで「避難のための立ち退き」や「近傍の堅固な建物への退避」は本書で定義した狭義の避難に該当し，「屋内の屋外に面する開口部から離れた場所での退避」は「退避」にあたる。「高所への移動」は曖昧だが，自宅の上層階への移動などの「退避」を含むものと考えられる。

　また同法では避難先として「指定緊急避難場所」と「指定避難所」を区別して設定している。前者は，津波や水害などの危険から逃れるために，一時的に滞在する場所のことで，屋外の場合もある。他方，後者は学校の体育館など，被災者の生活を維持する場所である。ここにおける避難所は英語ではシェルター（Shelter）と呼ばれている[1]。避難は狭義の避難（自宅外への移動を伴う）に限定したうえで，避難する先は災害種別ごとの「避難場所」とし，屋内にとどまることで難を逃れることには「退避」という言葉を使い，「避難所」は「災害退避所」とするなど，概念や名称を整理した方が，防災上もわかりやすいのではないだろうか。

（2）住民側の問題

　適切な警報や避難指示が適切なメディアでなされても，住民がそれに合わせて避難しなければ，災害情報は活かすことができない。最近の災害では，多くの場合で，被災前に警報や避難情報が出されているが，避難率はまちまちである（表8-3）。たとえば東日本大震災では，東北3県（岩手・宮城・福島）における避難率は，揺れが収まった直後にすぐに避難した人が57％，すぐには避難せず何らか

220

表 8-3　近年の災害時の避難率

	避難率（%）	出　典
2011年東日本大震災	57（直後）31（用事後）11（切迫）（東北3県）	内閣府（2011）
	95（陸前高田市）90（南三陸町） 90（仙台市・名取市）72（山元町）	中村他（2012）
2015関東東北豪雨	54.5*（常総市）67.7**（常総市）	入江（2016）作間（2017）
2017年九州北部豪雨	34.5（朝倉市）	中村他（2020）
2018年西日本豪雨	77.1（西予市）43.2（大洲市） 22.1（広島市）	中村他（2020） 広島市（2018）
2019年台風19号	81.9（長野市）31.8（本宮市）	中村他（2020）

注：*当日中の避難率，**当日から4日間の避難率。

　の行動を終えてから避難した人が31%，津波が襲ってきて避難した人が11%であった（内閣府，2011）。あるいは別の調査（中村他，2012）によると，津波が来る前に避難した人が陸前高田市では95%，南三陸町は90%，仙台市／名取市では90%，山元町では72%であった。このように東日本大震災は，津波前に避難した人が比較的多い災害ではあったが，結果としては2万人近くの犠牲者が出てしまった。あるいは2015年に一級河川の鬼怒川が決壊した関東東北豪雨では，決壊場所近くの常総市では住民の54.5%（入江，2016）あるいは67.7%（作間他，2017）が避難していた。調査によって異なるのは前者が被災当日中，後者が4日間の間に避難した人を聞いているためである。それでも半数程度の人は被災前に避難していたと考えられる。一方，中山間部の急激な水害があった2017年の九州北部豪雨災害では34.5%（朝倉市）の避難率で，2018年の西日本豪雨では，肱川が氾濫した西予市で77.1%，大洲市で43.2%，土砂災害のあった広島市で22%と，避難率はまちまちであった。さらに2019年の台風19号では，千曲川が決壊した長野市では81.9%だったが，安達太良川が決壊した本宮市では31.8%であった。

　避難率は，大地震後の津波や大河川の水害の場合は高く，土砂災害や中小河川の氾濫では低い傾向がある。しかしいずれの災害でも，多かれ少なかれ避難しない人々がいて，犠牲者はそうした中から出ている。そこには災害情報にうまく反応できない，住民側の問題がある。そこで本章では住民の避難対応について，基本的な考え方や理論について検討する。

8.2　警報研究における避難

　警報研究（Warning Research）は米災害社会学の主要な研究分野の１つである。そこでは警報や避難勧告を中心とした避難のメカニズムについて，災害時の事例を基にした多くの実証的・理論的研究がある。

　ここでいう警報とは「災害警報」のことで，「災害の発生をあらかじめ予知し，これにもとづいて住民や組織に警戒を呼びかけ，適切な行動を指示する情報」（廣井，1988, p. 105）である。「災害警報」という用語には，気象官署の出す警報と自治体の出す避難指示などの両方が含まれる。警報研究における警報は災害警報のことを意味している。

（1）警報の過程

　伝統的な警報研究では，警報の受信から避難といった対応行動までの間を，単線的連続過程として考えている。たとえば Lindell ら（1987）は，① ミリング milling（メッセージの確認・情報探索）→ ② 個人的リスクの評価（近接性・被害の確実性と深刻さ）→ ③ 対応の実行の評価（防護の可能性・可能な計画・家族の集合性）といった３つの過程を想定している。あるいは Mileti（1999）は，① 警告を聞く → ② 警告が信頼できると考える → ③ 脅威が存在することを確認する → ④ 警告を個人化する → ⑤ 防護行為が必要かどうかを判断する → ⑥ 防護が実行可能かどうかを判断する → ⑦ 防護行為を決定して実行する，という７段階を想定している（表8‐4）。いずれの段階にも困難が生じ得るが，全ての段階が完了したときにはじめて警報による避難が生じると考えられている[2)]。

表8‐4　警報を受容する段階

① 警報の聴取
② 警報が信頼できると考える
③ 脅威の存在を確認
④ 警報の個人化
⑤ 防護行為の必要を判断
⑥ 防護行為の実行可能性を判断
⑦ 防護行為の決定・実行

出所：Mileti（1999）。

（2）警報対応の諸問題

① Drabek によるまとめ

　一方 Drabek（1986）は，米災害社会学で行われてきた多くの事例研究から，警報と避難にかかわる知見を次のようにまとめている。第一に，警報を受け取った住民は「そんなことは起きないだろう」と，それを信じないこと（disbelief）が一般的であるという（e. g. Drabek, 1969; Perry, et al., 1981）。人は覆すことができないくらいに明白な

危機的状態でなくては自分にとっての危険性を認知しないし，曖昧な情報では，危険は存在しない，と再解釈する傾向があるという（e. g. Quarantelli, 1980）。

　この現象は日本でも見られることで，たとえば2019年の台風19号時に避難勧告・避難指示を聞いた住民のうち，「自分に危険が迫っていることが分かった」という人は長野市で22.0%，本宮市で12.8%しかおらず，逆に「それほど危険なことになるとは思わなかった」とした人が長野市で59.8%，本宮市で57.7%いたのである（表8‐5）。避難勧告という，「お住まいの地域は危険なので逃げてください」という，地域が限定された情報ですら，住民は危険性を信じない傾向があるのである。

　Drabek（1986）によれば，この警報への不信は，危険を示す情報を正常時と同じ枠組みで解釈する「正常化の偏見」（後述）の傾向と一致しているという。

　第二に警報を受けた人々は，メッセージを確認する行動をする。その過程はミリング（Milling：製粉）と呼ばれるが，警報を確認し，より多くの情報を探し，警報が確かであると考えた上で，自分に危険性があるかを判断しようとするのである（e. g. Perry, et al., 1981）。確認には，当局への問い合わせ，周りの人への確認，周囲の観察，潜在的確認（e. g. 交通止めに遭遇して警報の存在を知るなど）があり，確認に成功すれば避難へとつながるとされる。

　第三に，これは本書の6章で述べたことだが，警報メッセージの性質が避難を左右するという。すなわちメッセージが具体的であることはリスク認知を促進し警報の発信源の信頼度が高いほど警報は信じられるという（e. g. Perry, et al., 1982）。

　第四に，警報が避難を促進するにはさまざまな促進・抑制要因があるという。たとえば，過去の災害経験は避難を促進することもあれば，逆に抑制することもある。また，人は家族と一緒に避難しようとするので，家族が離れている状況では避難が抑制される。あるいは運命論を持つ人は避難しにくく，対面的警報伝達

表8‐5　2019年台風19号時，避難勧告・避難指示を聞いて思ったこと

	長野市	本宮市
自分に危険が迫っていることが分かった	22.0	12.8
それほど危険なことになるとは思わなかった	59.8	57.7
危険があることはわかったが，なにか他人ごとのように感じた	22.8	17.9
まだ，大丈夫だろうと思った	28.3	44.9
避難しなくては，と思った	45.7	32.1

出所：中村他（2020）。

は避難を促進する。そして，親戚が近く住んでいることや，警報と周りの状況が一致していること，住民が避難の計画をもっていること，などの要因は，避難を促進するという（Drabek, 1986）。

　② 避難の促進要因・抑制要因

　一方 Sorensen ら（2006）は，それまでの警報研究から，避難の促進要因と抑制要因を表 8‑6 のようにまとめている。この表において，たとえば，物理的手がかりとは大雨や川の増水を直接見聞きすることで，この要因があると避難の可能性が増加し，このことは実証的に支持される程度が高い，ということを表している。ここで，実証的に支持される程度が高い避難促進要因には，周囲の人の避難に向けた言動がある（社会的手がかり），災害についての知識がある，学歴が高い，家族が集結している，親族が多い，地域とのかかわりが緊密，学歴や収入（社会経済地位）が高い，警報伝達手段がパーソナルである，警報メッセージが具体的である，警報の頻度が多い，警報メッセージが一貫している，警報メッセージが明確である，警報の発信源が信頼されている，警報の発信源に親しみがある，などがある。逆に避難を抑制する要因としては，運命論的信念を持っている，少

表 8‑6　避難の可能性を増加・減少させる要因

要　　因	方向	実証的に支持される程度	要　　因	方向	実証的に支持される程度
物理的手がかり	増加	高	性別（女性であること）	増加	中
社会的手がかり	増加	高	子供がいる	増加	中
認知されたリスク	増加	中	ペットがいる	減少	低
危険の知識	増加	高	伝達手段：電気的	混合	低
危険の経験	混合	高	伝達手段：マスメディア	混合	低
教育程度	増加	高	伝達手段：サイレン	減少	低
家族の計画	増加	低	パーソナルな警告	増加	高
運命論的信念	減少	低	脅威からの近接性	増加	低
資源レベル	増加	中	メッセージの具体性	増加	高
家族の集結	増加	高	伝達手段の多様性	増加	低
家族のサイズ	増加	中	頻度	増加	高
親族関係（数）	増加	高	メッセージの一貫性	増加	高
地域とのかかわり	増加	高	メッセージの明確度	増加	高
少数民族のメンバー	減少	中	情報源の信頼度	増加	高
年齢	混合	高	泥棒への恐れ	減少	中
社会経済的地位	増加	高	インパクトまでの時間	減少	中
			情報源への親しみ	増加	高

出所：Sorensen, et al.（2006）。

224

数民族のメンバーである，ペットがいる，警報伝達手段がサイレンである，泥棒への恐れをもっている，被災までの時間が短い，などがある。一方，過去に災害にあった経験や，年齢は，避難に何らかの影響を与えることは明らかだが，影響の方向性は場合により促進的であったり抑制的であったりと，混合しているという。

（3）避難のオーバーフロー・モデル

このように警報研究では，警報から対応行動までの間を，単線的連続過程として想定していたが，避難の実態を理解するには，さらに次の3点を考慮する必要がある（中村，2008）。第一に，危険の認知は，災害警報だけでなく，災害の前兆を感じたり，実際に災害に襲われそうになって行われる場合も多く，警報以外の要素も取り入れる必要がある。第二に，田崎（1986）も指摘するように，避難行動を，危険を感じた個人の意思決定過程に限定して考えるのは不十分で，他の社会的要因も考える必要がある。たとえばDrabek（1969）は避難の理由を4つあげている。その1つは「決心による避難」で，これは危険認知を基にした意思決定による避難に相当するが，あとの3つは社会的要因による避難である。すなわち，「不履行（default）による避難」は，警察に止められて帰宅が果たせなかったようなケースで，「招待による避難」は，親戚から誘われて自宅を離れたケース，そして「妥協による避難」は，家族が不安がったので家庭の和を保つために避難したといったケースである。そして第三に，従来のモデルでは単線的な連続的意思決定過程を前提としているが，意志決定は複雑で，段階が飛んだり，行きつ戻りつしたり，そもそも明確な意志決定がなされない場合もある。実態に合わせて各要素を取り入れるには，むしろ単純なバスケット的なモデルも有用と考えられる。

そこで中村（2008）は警報研究における意思決定過程を取り入れながら，避難に関係する多様な要因の関係性を整理するために足し算式のモデルを提案している（図8-1）。ここではまず，避難の主要因として，「危険の認知」と「社会的要因」を考える（図内□部分）。危険の認知は，災害警報（警報や避難指示）や前兆や災害の直接的来襲によって喚起される。ここで前兆には，津波に先立つ大地震や，洪水や土砂災害につながる豪雨などが含まれる。「危険の認知」は，詳しくみると，大きな危険が起きつつあるという認知と，それが自分に迫りつつあるという認知の2段階がある。災害の危険が大きいとわかることは，いわば災害モードに入る「災害スイッチ」が入った状態である。他方それが自分に迫りつつあるとい

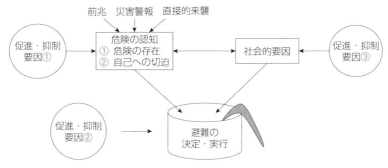

図 8-1　避難のオーバーフロー・モデル

出所：中村 (2008, p. 158)。

う認知は，「個人化 (personalization)」が起きるということである。避難に到るには，自分に危険が迫りつつある，という認識が必要である。

　他方，社会的要因とは，消防団に説得されて危険とは思わなかったがそれに従って避難したとか，車を避難させようと車で高台に行ったら，警官に阻まれて自宅に戻れなくなった（不履行による避難）とか，自治会の役員なので役割として仕方なく避難所に行ったなどが含まれる。こうした「危険の認知」や「社会的要因」のレベルが高まると，避難の「決定と実行」につながる。「危険の認知」と「社会的要因」はいずれの要素でも，総体として十分高まれば避難がおきる。ちょうど，「危険認知」のタンクと「社会的要因」のタンクから避難のバケツに水が注がれ，あふれれば避難が起きる，というイメージである。これはいわば「オーバーフロー・モデル」である。「危険の認知」と「社会的要因」は単独でも働くが，それぞれ影響しあう相関的な関係性もある。たとえば消防の戸別訪問は，説得に従うという直接的効果もあるが，消防が来るくらいなら自宅はよほど危険なのだろう，と危険の認知にも影響する。あるいは逆に，自分でも危険かなと思い，実家に電話したら「避難してきなさい」と誘われた，など危険の認知が社会的要因を促進することもある。

　そして「危険の認知」「決定と実行」「社会的要因」には，それぞれ促進したり，抑制する要因がある（図内の〇部分）。上で述べた Drabek (1986) や Sorensen ら (2006) の記述を基にしながら，危険認知要因，実行・避難の決定にかかわる要因，社会的要因をそれぞれまとめると，表8-7のようになる。

表8-7 避難の促進・抑制要因

① 危険認知を促進・抑制する要因	1. 災害特性（可視性，予測可能性） 2. 災害警報の有無・内容・伝達メディア 3. 災害経験（経験の順機能・逆機能） 4. 正常化の偏見 5. 知識・災害文化 6. 脆弱性の認識（自宅の標高，家の古さ，危険との距離） 7. 社会属性
② 避難の決定・実行を促進・抑制する要因	1. 移動手段の有無・避難先 2. 避難計画の有無　習慣化 3. 災害弱者の存在 4. 家族の集合状況 5. 災害文化 6. ペットの存在 7. その他（発災日時，役割葛藤，災害観，再入場関連の要因）
③ 社会的要因を促進・抑制する要因	1. 地域社会の活力と関与度 2. 防災機関（市町村・消防等）の準備・資源 3. その他（緊密な親戚・友人関係，家族の存在）

出所：中村（2008, p. 163）。

8.3　警報研究の理論的拡張

Drabek（1986）や Sorensen ら（2006）の要約やそれを基にした中村のモデルでは，避難にかかわる諸要因を網羅し，それらの相互関係を明らかにすることはできるが，避難の要因と避難行動の間のミクロな意思決定過程については，明らかではなかった。そうした中で警報研究ではいくつかの理論的拡張の試みがなされてきた。

（1）社会・人文科学の諸概念と防災行動

たとえば Mileti（1999）は，住民の防災行動に影響するメカニズムについて，広く社会・人文科学の諸概念の有用性を検討している。たとえば経済学における「市場経済過程」理論では，十分な情報を基にした合理的意思決定を前提としているが，災害では情報が限られており，モデル通りにはいかないという。また「効用理論」では限定的な情報に基づく合理的行動を想定しているが，人がリスクを過小評価する傾向がある点や緊急時の意思決定についてはうまく適用できないとする。

　一方心理学の「ヒューリスティック」は簡略化された推論についての概念だが，この概念を使うと，大地震を経験した人は地震が起きやすいと推論しやすい（想起発見的ヒューリスティック）とか，最初の情報を基準にして後の情報を判断する傾向（係留と調整）があるので，たとえば不動産購入の際に，先に不動産の利点，後に水害の危険について説明されると後者を過小評価してしまうこと，などが説明できるという。

　また行動経済学でよく使われる「プロスペクト理論」では，人は行為と結果を認識するフレームをもとに，その結果の価値と生起確率を主観的に判断し，それに基づいて意思決定を行うと考える。そのメカニズムによって，人は同じ金額でも利益より損失を過大に評価したり，低頻度の確率をゼロとみなしたりする歪みが生じやすいという。地震保険の購入が進まないのはその例で，意思決定者はコストとベネフィットが正確にわかっていないという。

　さらに社会心理学の「態度理論」では，人々の行動は，信念・価値観・態度から予測できるとする。また何かをしようとする行動意図は，その行動への態度と周りがそれをどう思っているかについての「主観的規範」（Fishbein, et al., 1990）によって決まるとされる。この考えでは，① ハザードや対応について人々は何を信じているか，② 信念が対応に違いをもたらすか，③ 対応を促すために信念をどのように変えられるか，などが重要となるという。

　「情報への注意」に関する心理学では，注意を払う情報は選択的で，既存の態度と矛盾する情報は無視されやすいという。それによれば，居住地域には強い個人的コミットメントがあるので，その危険性に関する情報は住民にとって心理的葛藤を生み無視されやすいという。

　また「コミュニケーション理論」では適切な情報が適切な防災行動を促すと仮定している。これは，先述の警報研究の，警報から避難に至る連続的意思決定モデルのことである。そこでは各段階に影響を与える社会経済的・地域的・心理的要因が研究されてきたが，結果は多様であった。警報研究は，人は防護行為について有効性・コスト・時間的余裕・実行への障害といった4特性から考えており，これらは人々がある対応（たとえばある状況における避難）をどう認識するのかを予測するうえで，有用であるという。

　「習慣」（habit）についてはあまり研究されていないが，説得メッセージは習慣の障害を克服したときのみ効果を発揮するという。認知心理学では，繰り返し遭遇する状況の手がかりによって始動する「自動認知プロセス」と，そうでない「制御認知プロセス」があるという。一般に人は災害に遭遇する頻度は少ないが，

この概念は，どのような手掛かりが自動的反応をもたらすのかを考えるときに有用であるという。これは次節で述べるスキーマやスクリプトと関係していると考えられる。

　他方，「社会的期待」とは，ある状況下で行うべき正しいことへの社会的期待のことで，その規範は集合的な習慣となる。これは，災害による悪影響と対応の効果を慎重に評価するという過程とは異なり，単に周りの人の行動に順応するといった行動のことだという。ここには周りの人が避難したから自分も同調するとか，消防団から避難を促されたのでそれに従うなどが含まれるだろう。

　Mileti のこうした議論から，防災行動の各側面はさまざまな理論からアプローチが可能であることがわかる。

（2）防護行為決定モデル

　一方 Lindell ら（2012）は避難について，これまでの災害社会学の研究をもとにした，防護行為決定モデル（Protective Action Decision Model：PADM）を提唱している（図8-2）。このモデルは，①インプットされる環境的・社会的文脈が，②心理的過程を作動させ，③避難などの防護行動につながる，という3段階の連続過程を想定している。ここで，インプットされる情報には，災害について直接見聞きする「環境的手掛り」，周囲の人の状況を見聞きする「社会的手掛り」，そして警報などの「情報的手掛り」があり，警報の有効性は伝達メディア，メッセージ内容，受け手の特性などによって左右されると考えている。そして第二の心理過程には，①決定前の過程，②脅威・防護行為・関係者についての核心的認識，③防護行為の意思決定の3つの過程がある。決定前過程には，情報への接触，それへの注意，そして理解があるが，これらは特に意識されずに行われる。

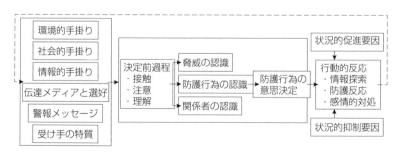

図8-2　防護行為決定モデル

出所：Lindell, et al.（2012, p. 617）。

核心的認識は受け手のスキーマや信念に依存しながら判断に導く過程である。ここで「防護行為についての認識」とは，その行為の有効性やそのための労力に関する認識である。「関係者についての認識」とは，行政・科学者・マスメディア・個人など関係者について，その専門性・信頼性・責任などに関する認識である。ここで責任についての認識とは，たとえば防災の責任は行政にあるとする認識は個人の対策の実施率を下げるというようなことである。そして核心的認知の3過程が達成されると，「防護行為の意思決定」の段階に進む。意思決定は，①リスクの同定（注意すべきリアルな脅威があるのか；通常，人は状況を正常であると定義しようとする），②リスクの評価（自分が防護行為をする必要があるのか；リスクの個人化），③防護行為の探索（防護のために何ができるか），④防護行為の評価（その方法が有効か），⑤防護行為の実行の，5段階から構成される。警報を受け取った人のなかには防護行動をするための情報が不十分と感じる人がいて，行動までの時間があるとみなされると，追加の情報を探すことになる。一般的には，脅威の確かさ・重大さ・切迫性・防護行為へのサポート（e.g. 避難所の準備があるか）についての情報が求められる。そして意思決定を受けた「行動的対応」には，情報検索・防護反応（避難など）・感情に従った対処が含まれている。実行過程には促進要因と抑制要因（避難先・交通手段がないなど）がある。そして新たな環境的・社会的手掛りや警報が認識されると，元に戻るフィードバック・ループが発生する。

　このモデルは，大きく言えば情報の認知 → 態度 → 行動の流れをたどる，個人の意思決定過程に関する，情報処理過程モデルである。そこには警報以外の環境手がかりや社会的手がかりも含まれているし，考えが行きつ戻りつすることを含むフィードバック・ループもある。ただ意思決定の部分に認知過程が再び登場するなど，複雑でややわかりにくい部分がある。

　興味深いことに，Lindell らは本モデル（PADM）と他の心理学理論との関係性について検討している。たとえば本モデルの防護行為への認識は，後述する「合理的行動理論」（TRA）[3) の行為への態度の概念と同じであるという。しかし本モデルでは，他者への同調が避難に影響を与える可能性について述べているものの，TRA で概念化されているようには，主観的規範について明示的には言及していないという。他方，本モデルでは，防護行為の決定にあたってさまざまな要因（環境の手がかり・社会的状況・警告ソースの特性・警告メッセージの特性など）を思慮深く検討するか，それとも行政の避難勧告に疑問も持たずに従うかは，人によって異なっていると考えている。この考え方は「精緻化見込みモデル」（ELM）[4) における説得への中央ルートと周辺ルートに関するアイデアに似ているという。さら

に，本モデルは後述する「防護動機理論」（PMT）[5]とも類似点があるという。すなわち本モデルの「防護行為についての認識」における有効性の概念は「防護動機理論」の有効性概念と類似しているという。しかし本モデルの資源関連特性（費用・時間と労力の必要性・知識と技能・必要とされる協力）は防護動機理論の自己効力概念とは異なっている。というのは，後者は資源のうち主に知識・技能に焦点があるからで，自己効力感の強調は１つしか防護行動がない時には有効だが，本モデルの資源関連特性は複数の防護オプションがある場合にも有効であるという。

　本モデルは，警報研究の単線的モデルを基としながら，さまざまな心理学的モデルを取り込もうとしたものであるといえる。

（３）創発規範理論と避難

　他方，集合行動論の創発規範理論を利用して，警報過程を再解釈しようとする試みもある。創発規範理論は，Turner ら（1957；1987）によって唱えられたものだが，そこではデモや暴動といった群衆的行動において多くの人が同じような行動をするのは，群衆内で新たな規範（創発規範）が生じ，それに人々が同調するためである，と考えている（村本，2010；田中他，2003）。創発規範理論では，通常の慣習が停止するような，なじみのない不確実な状況で人々は状況を再定義することになると考えているが，Wood ら（2017）によれば，警報を受け取る状況とはそうした不確実な状況に相当するという。彼らは創発規範説で「比較的構造化されていない状況での社会的に正当化された意味の追求」（Turner, et al., 1957, p. 59）とされる「ミリング」（Milling）の過程に注目する。これまでの警報研究では警報を周りの人と確認したり，警報を人から受け取った場合のみミリングの過程を見出してきたが，彼らは警報の「理解」「信用」「個人化」「決定」の各段階でミリングが役割を果たしているという。そしてミリングの過程で，より多くの情報を求め，他人と相互作用をすることで，避難などの防護行為が遅れてしまう可能性があるという。こうした検討をした上で，Wood ら（2017）はどのような警報メッセージがミリングの過程を減らし，効果的な避難につながるかを検討している。警報を受け取ると，即従来の規範が揺らぐ，と考える点には疑問があるが，警報が避難につながるには，いずれかの段階で，現在は通常の状態ではない，という状況の再定義が必要になるとはいえるだろう。

8.4　避難の社会心理学

　警報研究では，避難に至る個人の心理過程を扱ってはいるが，警報の出し方など個人を取りまく社会の要因も扱っており，社会学的要素が強い。しかしその理論的拡張の部分では，各場面で心理学的概念の応用可能性が指摘されてきた。そこで以下ではよりミクロな心理学的な視点から避難にかかわるいくつかの理論を紹介する。

（1）認知心理学的モデル

　池田（1986）は「状況の定義づけ」や「スクリプト」といった認知心理学的概念を用いて，災害時の行動を理論化している。すなわち，人間は普段から取り巻く環境から情報を取捨選択し，自分なりに再構成した「状況の定義づけ」に基づいて生活している。通常時であれば人は日常的な情報（たとえば雨）を感じて，うっとうしい天気だなと感じて（解釈して），梅雨だからだな，など原因について考え（帰属し），今日は電車が混みそうだな，などと予期する。しかし災害時に適切な行動をするには，そうした日常から離れて，自らが異常事態にあるという，「状況の再定義」が必要になるという。それには，実際に大雨に遭遇したり，避難指示を聞くといった危機の手がかり情報に接したうえで，そこから危険性を感じ取る知識や情報処理をするキャパシティーを背景に，危険を知覚したり，理解のスクリプトを活性化したり，詳細な情報分析をしたりすることになる（図8-3）。

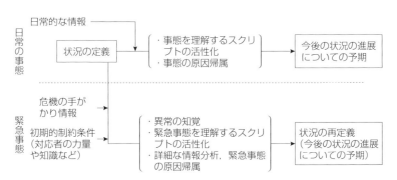

図8-3　災害時の状況の再定義

出所：池田（1986），村本（2010, p. 380）より。

　ここでスクリプト（筋書き）とは認知心理学の用語で，芝居の筋書きのように，定型化された「おきまり」の判断や行為のまとまりのことである。池田は前者を理解スクリプト，後者を行為スクリプトと呼ぶ。たとえば地下鉄に乗るときに，我々は電車のドアが自動ドアであるかどうかをいちいち確かめることはない。乗り降りできる状態になれば自動的に開くものだというスクリプトがあるので，それが自動ドアであるという解釈は，自動的になされ（理解スクリプト），目的地でドアが開いたら，ほとんど何も考えずに乗り降りする（行為スクリプト）。ルーティンな状況では理解のための手がかりがふんだんにあって，スクリプトが活性化されやすく，情報処理が簡略化される。

　こうした中で，危機的状況の再定義には，「おきまり」としての理解スクリプトが活性化されて自動的に状況を再定義する方法と，詳細な状況分析をしてから状況を再定義する方法の2種類がある（池田，1986）。たとえば路上で突然「金を出せ」と言われれば，それは強盗を示す「おきまり」であり理解スクリプトが活発化され，状況の再定義が迅速に行われる。しかし1983年の日本海中部地震時の「五区大津波」という津波警報の警報文では理解スクリプトが活性化されず，重要性が理解されなかった。生起確率が低かったり兆候がとらえにくい危機の場合，状況理解の「おきまり」がなく，詳細な情報分析を要し，状況の再定義が困難になりがちである。対策としては，警報的な情報を繰り返し伝えるとか，過去の具体的事例を提示することでスクリプトに似た手がかり情報を伝えることで，状況の再定義が促進されうるという（池田，1986）。

（２）スキーマと防災行動

　スキーマとは，人がある対象に対して持っている知識の束のことで，各知識は樹系図のようにつながりあっていて，その形状は人によって異なっている。既述のスクリプトは，このスキーマをもとにしているが，スクリプトは時間的順序を要素として持つことと，行動をガイドするという特徴がある（村田，1989）。防災に関するスキーマやスクリプトについては，実証的研究も行われている。

　たとえば田中ら（2013）は，首都直下地震について住民が持つ知識構成を探るために，首都直下地震の不安について自由回答式のアンケート調査をしている。回答をKH Coderという内容分析のソフトを用いて共起関係（ある語とある語が同時に出現すること）を分析したところ，「死ぬ」と言う語と「火災」という語がともに1文に含まれる確率が少なかった。ここから，住民には「火災で死ぬという」可能性が意識されていないことが明らかになったという。ここで分析された

共起関係は集合的な認知なので厳密にはスキーマそのものではないが，集合的にスキーマの構造を探ろうとしたものといえる。

　一方，小林ら（2017）は，2015年の関東・東北豪雨を事例に，住民の持っている知識構造と情報入手や避難意図の関係を調査している。ここで構造化された知識は，「水位は上流の降雨量で決まる」「越水すると破堤の恐れがある」「大河川の水位が上がると支流から排水できなくなる」「川から離れていても浸水することがある」など，各現象がつながりあって生じるという知識の有無から測定されている。その結果，構造的知識を持っている人は，早期に溢水発生情報を入手していた。また，避難しなければならないと思った人の割合は，構造的知識が低い人で少なく，中程度の人で多いなど，構造的知識の有無によって避難意図も異なることがわかった。ここにおける構造的知識は，池田の言う「解釈スクリプト」に相当するが，それが水害情報を解釈し，被害を予見することにつながっているようだ。今後はさらに，こうなったらここに避難する，といったような「行為スクリプト」が形成され活性化されるためにはどのようにすればよいか，といった研究も可能かもしれない。

（3）防護動機理論

　先に Lindell ら（2012）が触れた「防護動機理論」（protection motivation theory）についても，いくつかの実証的研究がある（e. g. Mulilis, et al., 1990; Grothmann, et al., 2006; 柿本他, 2014）。木村（1997; 2002）によれば，「防護動機」とは，ある危険に対する「脅威の評価」とそれに対する「対処の評価」によって形成される，防護行動への意図のことである。「脅威の評価」とは，それがどれだけ危ないのかという判断のことだが，それは基本的には被害の深刻度の認知と生起確率の認知によって形成され，恐怖感も深刻度の認知に影響して間接的に脅威の評価に影響している。他方「対処の評価」は対処行動をとった場合の「有効性」，その対応を自分ができるかという「自己効力感」，そしてその対応をとるための金銭的・時間的・労力的「コスト」の3要因から形成される。ここで「対処の評価」を重視しているところが，本理論の特徴となっている（Grothmann, et al., 2006）。また防護動機は，人に情報が入ってきて対処行為に至る媒介的過程として考えられていて，情報源には言語的説得と観察学習といった環境的なものと，その人のパーソナリティや先行経験があるという（木村, 1997; 2002）。

　この理論は，従来禁煙など健康リスクの軽減問題に使われてきた。たとえば喫煙の危険性に対して禁煙という防護行為に至るまでには，説得などの言語的なも

のと、喫煙していた身近な人がガンになった、などの観察がある。それが喫煙には相当な危険があり、結構な確率で起きるという認識につながり、喫煙の害（脅威）を高く評価する。一方禁煙はガンの軽減に有効だと考えること（有効性の認知）や、自分にもできそうだと考えること（自己効力感）、たいして苦労も要らない（コスト）などと認知すれば、禁煙に対する「対処評価」が高まり、では禁煙してみようか、という防護動機が高まる。そうした動機が禁煙するという対処行動につながる、というわけである。

　この理論も災害研究に導入されている。たとえば Mulilis ら（1990）は、カリフォルニア州の住民に対して、各種の地震についての説明文を読ませて、地震対策が促進されるかを調査した。説明文は防護動機理論にのっとり、地震の発生確率・地震の被害・対策の有効性・自己効力感の4要素をそれぞれコントロールした16通りのものであった。その結果、一部は防護動機理論に沿った結果が生じたが、そうではない結果もあり、防護動機理論の不安定性が明らかになった。あるいは Grothmann ら（2006）はドイツのライン川流域の洪水危険地域の住民に対して、この「防護動機理論」を使ったアンケート調査を行っている。その結果、止水用具の購入や暖房機を低層階に設置しないといった洪水対策の実施を説明する要因として、「脅威の評価」や「対処の評価」が有意に関係していることを見出している。あるいは柿本ら（2014）は2012年の九州北部豪雨災害で被害を受けた阿蘇市と南阿蘇市でアンケート調査を行っている。そこでは予防的避難について架空の避難の呼びかけ文を提示して、避難しようと思うか（避難意図）ということや、2013年に同地域で避難の呼びかけがあった時に実際に避難したか（避難行動）をたずね、それに関連する要因を検討した。その結果、避難意図には、「脅威評価」における「被害の深刻さ」と「恐怖」が、そして「対処の評価」における「自己効力感」と心理的「コスト」（避難生活の不快さの認識）が影響していた。しかし実際の行動には「脅威評価」の影響はみられなかった。仮想状況下の避難意図では防護動機理論が適合したが、実際の行動では適合的でなかったことになる。その原因として、仮想状況下では避難意図が高いにもかかわらず実際には避難した人が少なく、認知構造や意思決定過程の構造が、平常時と緊急時では異なっている可能性があるという。

（4）計画的行動理論

　他方、「合理的行動理論」（Fishbein, et al., 1975）やその改良型の「計画的行動理論」（Ayzen, 1991）をもとにした研究もある。この理論を提唱した Fishbein ら

は，「行動意図」が行動にもっとも大きな影響を与える心理過程であると考えている（Fishbein, et al., 1975）。そして行動意図は，行動に対する「態度」と「主観的規範」によって規定されているとする。ここで「態度」とは，この行動がどのような結果をもたらすのか見込みと，価値についての総合的判断のことで，「主観的規範」とは，周りの人がその行動を望ましいと考えているかについての認知のことである（唐沢，2010）。この理論では，行動そのものではなく行動意図を重視している点と「主観的規範」の要素を重視する点が特徴的である。

　この理論はこれまで健康行動や環境行動の説明に使われてきたが，避難の意図についても調査研究がなされている（e.g. 関谷他，2016；宇田川他，2017；2019；2020；安本，2020）。たとえば宇田川ら（2020）は高知市の津波危険地区でアンケート調査を行い，①「リスク認知」（自宅の建物は，津波に対して危険だと思う，など），②「効果評価」（避難所までたどりつければ命が助かると思う，など），③「実行可能性」（地震の後に，すぐに家から逃げ出しても，無事に避難できる自信がない，など），④「主観的規範」（地震が起きたら，周りの人も私が避難することを望んでいると思う，など），⑤「記述的規範」（強く長い揺れを感じたら，周りの人は，すぐに逃げると思う，など），⑥「コスト」（避難をすると，支障が出てしまう大事なことがあると思う，など）の 6 要因と，津波が起きた時の避難意図の関係を調べている。その結果，「リスク認知」と「主観的規範」の因子が有意に影響を及ぼしていた。そのうえで，地域の防災活動への参加度が高い人や，対処行動をとる責任は自分自身にあると考える「責任帰属認知」を持つ人は「主観的規範」認知が高い傾向があり，防災訓練の参加率の向上が主観的規範意識を高めるのではないかと論じている。別の調査では，たとえば関谷ら（2016）は，「避難に関する規範」（大きな揺れに襲われたら，何が何でもすぐに高台に避難するべきだ，など），「心理的コスト」「リスク認知」が避難意図と関係している，といい，安本ら（2020）の調査では，「規範」因子，「自己責任」因子，避難の経験などが避難意図に影響しているという。

　ここで避難の規範に着目していることは，たしかに興味深い。たとえば筆者が2019年台風19号時に長野市と本宮市で行った調査でも，避難したきっかけとして約1/4の人が「危険になったら避難しなければならないものだと思っていたから」というような規範的理由を挙げていた（表 8‐8）。

　ただ「計画的行動理論」の利用には注意すべき点もある。第一に，避難意図を説明するには，もっと多くの要因が考えられるのではないかということがある。たとえば Ayzen らの理論はそもそも「情報源」と行動をつなぐ媒介的心理過程であり，彼らのいう「情報源」や「態度」にかかわる要因は他にもあると考えら

表8-8　2019年台風19号　避難のきっかけ

	長野	本宮		長野	本宮
避難勧告・指示を聞いたから	61.9	51.9	雨が激しかったので	11.0	25.9
自治会の人に勧められて	31.4	18.5	川の水位が上がってきたのを見て	9.3	11.1
家族や近所の人に勧められて	24.6	29.6	自宅周辺が浸水したのを見て	4.2	3.7
危険になったら避難しなければいけないものだ，と思っていたから	24.6	22.2	半鐘が鳴ったので大変だと思ったから	18.6	—
川があふれた（あふれそうだ）と聞いたから	18.6	14.8	車を高台に避難させようと思ったから	5.1	37.0
川の水位をインターネットで確認して	16.1	3.7	避難しないと近所の人に迷惑をかけると思って	1.7	3.7
消防団員に勧められて	12.7	3.7	停電や断水で生活できなくなったから	0.8	—
近所の人が避難しているのを見聞きして	11.9	7.4	その他	12.7	11.1

出所：中村他（2020）。

れるからである。第二に「計画的行動理論」は行動意図を被説明変数にしているが，意図と実際の行動にはずれがある。たとえば，東日本大震災では平常時の避難意図と実際の避難行動が異なる例が発見されている。すなわち，諫川ら（2012）によると，千葉県御宿町では被災前には95％の人が避難する意思を示していたが，実際に避難した人は41％に過ぎなかった。計画的行動理論はこれまで熟慮や計画が求められる健康行動や環境行動など，平常時の行動の理解に効果を発揮してきた。しかし避難は緊急時の行動であり平常時と異なる心理過程をとる可能性がある（柿本他，2014）。それはたとえばヒューリスティックス・プライミング（先行情報によって記憶の中のある情報が想起されやすくなる現象）や認知バイアスなどの非意識的心理過程も関係しうるのではないだろうか。第三に，調査の際には「避難するべきである」という規範意識と，避難するつもりである，という意図が区別されるように，質問の仕方を工夫する必要がある。すなわち，「避難しなければならない」という規範があるのだから「アンケートで質問されても，避難するつもり，と答えなくてはならない」というトートロジー（同意反語）にならないように注意しなければならない。

　以上紹介してきた心理学的視点は，避難行動過程のそれぞれ一部分を詳細に説明する可能性がある。しかし避難行動全体を説明するわけではないようにみえる。

したがって，避難行動を促進するためには，避難の総合的な流れを扱う社会学的なモデルで関連要素を俯瞰したうえで，場面に応じて必要な心理モデルを照会していくような姿勢が有効なのではないだろうか。

8.5　避難の現実的課題

以上のような，人間行動の一般的理解を目指す諸理論を防災行動に援用する試みの他に，避難にかかわる個別の課題を対象に考え出された，実践的理論もある。

（1）正常化の偏見

① 概念

警報や災害の前兆など危険な情報に接しても，それを危険と感じず，避難に結びつかない，という現象は，災害時によくみられ，防災上大きな問題となっている。既述の警報研究では警報を信じない（disbelieve）という形であられてきた現象だが，こうした態度は災害社会学では「正常化の偏見」（normalcy bias）と呼ばれている。すなわち三上（1982）によれば，正常化の偏見とは「環境からインプットされる情報を日常生活の判断の枠組みの中で解釈しようとし，危険が迫っていることを認めない態度」のことである。社会心理学では，態度には認知・感情・行動という3つの成分があるとされるが（唐沢，2010），正常化の偏見の場合，認知面では警報や避難指示を聞いても「そのようなことにはならない」と危険性を否定すること，感情面では「たいしたことにはなるまい」「自分だけは大丈夫だろう」（廣井，1988）と考える楽観視，そして「避難しない」「逃げ遅れる」といった行動面の3成分から構成されている。

② 歴史

この現象はアメリカの災害社会学では古くから指摘されてきたことである。たとえばFritzは「多くの人は，危険がすぐ近くに存在するという情報を，否定するか信じようとしない。彼らは警報メッセージの中の曖昧性や多義性や不適合性に飛びつき，そのことが状況を楽観的に解釈させる。彼らは，警報メッセージを否定するか確認するか明確化するような，さらなる情報を求める。そして効果的な予防策をとるには遅すぎる時点まで，彼らはしばしば危険の表れを，普通（familar）で正常（normal）な事象の表れとして解釈しつづける」（Fritz, 1961, p. 665）と指摘している。警報だけでなく前兆現象でも同様で，「危険の手がかりをすぐに脅威と定義する人もいるが，他の人はそれらをいまだに警報の兆しあるい

は"正常な"出来事として解釈している。とくに人々が前もって警報を受けていない状況においては，彼らの危険把握は，災害の手がかりを正常あるいは普通の出来事として解釈する傾向によって，しばしば遅れる」(Fritz, 1961, p. 668) という。

ここでは"normarcy bias"という言葉そのものは使われていないものの，趣旨は同じである。ちなみにこの言葉は McLuckie (1973) が使い始めたようで，たとえば Turner は「より起こりやすい反応は"normalcy bias"(McLukie, 1973, p. 22) からくる。これは，警報を信じず，危険を最小化し，状況を楽観的にみることを可能にする情報を，とてもたやすく受け入れるという，人々の傾向である。」(Turner, 1976, p. 182) と記している。日本では同じ Mclukie の出典がアメリカ・科学アカデミー編の訳本 (1976) で紹介されている。

③ メカニズム

正常化の偏見が起きるメカニズムとして，第一にあげられるのが人間の認知心理学的特性である。池田 (1986) によれば，人が緊急事態を示す情報に接した場合，状況の再定義をしなければならないが，人は「予期」に基づいて「状況の定義」をするので，常態という前提が覆されない限り，人はありふれたことが起きると予期して新情報を判断するという。その結果，たとえば突然，火山噴火の爆発音を聞いたとしても，日常の文脈で「ジェット機の音」であろう，と解釈するなど，危険を示す情報であっても状況の再定義につながりにくい，という。

こうした過程を Mikami ら (1985) は 3 段階で説明している。第一に新たな情報を日常的な出来事の中で扱う傾向は，日常生活を効率的にスムースにしている。もし日常生活において，状況を正常であると認知しなければ，我々は常に大量の情報の判断を迫られ過負荷になってしまう。第二に，認知心理学によれば，人は期待したことを知覚し・理解し・記憶するというポジティブ・フィードバック・システム[7]を持っているので，自分が予期したことを認知し，予期を確認するような情報だけを選択する (Snyder, et al., 1981; Tversky, et al., 1977, 1980)。その結果，人は正常なことのみを「見る」ことになる。そして第三に，その結果，人々は異常な出来事の可能性を過小評価するというバイアスがかかり，予期したことと異なる情報を「ノイズ」として扱うか，全く見ることがなくなるという。

筆者も災害の調査の過程でしばしばこうした状況に出会ってきた。たとえば2015年に茨城県常総市で鬼怒川が決壊した際，現場近くに住む住民に話を聞いたことがある。それによると，朝方，川の様子を見るために堤防の上にあがると，川の水が堤防を越えて流れ出していたという。何人かの住民がそこに集まって，

それについて話し合っていたが，ある人は「以前も堤防上端に迫るほどの増水があったが，その時はそのまま収まった」と話していたという。そこでこの住民はそのまま自宅にもどり，昼食を食べ終わったころ，居間で決壊した水に突然襲われ，結局ヘリコプターで救助されることになったという。この住民は，川の水が堤防からあふれているという，危機的な状況に接しながらも，「以前はそのまま収まった」という情報だけを取り入れることで，いつもと変わらないと判断し，悠然と昼食までとっていたのである。危機的な状況への再定義が難しいことを示す例といえる。

　正常化の偏見は，このように認知心理学の観点から説明され，基本的には認知的歪みから発する現象である。しかし，全ての人がいつでも正常化の偏見に陥るわけではない。そこには他にも要因がある。

　正常化の偏見のメカニズムの第二には，知識の欠如が考えられる。というのは，もし，大地震の後には津波が来るかもしれないとか，大雨の時には土砂災害があるといった，自然災害についての一般的知識や，自宅に災害の危険性がある，といった個別的知識があれば，災害を予期する心構えがなされ，警報や前兆が無視されることは少なくなるはずだからである。

　第三に学習のメカニズムがある。たとえば，地域が何度も大雨や台風に見舞われても，自宅に何の被害もなかったとすれば，「うちは安全，大雨で避難しなくても大丈夫だ」，ということが学習されていく。後述する「経験の逆機能」の作用も学習の延長上にあるといえる。これは，かつて軽微な災害を経験した人が，次回も同程度の被害に留まるだろうと想定して，十分な防護行動をとらない傾向である。

　学習と類似しているが，刺激の反復による反応の減少としての，慣れ（馴化：habituation）もある（三橋ら，1974）。危険を示す情報が頻発されたり，長期間継続すると，人々の間に慣れが生じてしまう。たとえば大雨警報とか避難指示などがあまりに頻発されたり，新型コロナウイルスの「緊急事態宣言」が何か月も継続されたりすると緊急性が薄れ，慣れが生じる。

　第四に正常化の偏見の背景には，Festinger（1957）がいう「認知的不協和」理論のメカニズムがあると考えられる。認知的不協和理論は「人間は，自己の認知内部に何らかの矛盾が発生すると不快な状態に陥り，その矛盾を解消しようと試みる」（社会心理学小辞典，p. 188）という考えである。たとえば，喫煙者が喫煙は体に悪いという話を聞いた時，自分が喫煙しているという行為と，それが体に悪いという認知が互いに矛盾するので，その不協和を解消するために禁煙するか，

喫煙は必ずしも体に悪くないという別の考えを採用することで，両者の矛盾を解消しようとするのである。そして認知的不協和を解消しようとする欲求は，① 態度と行動の不一致度が大きいとき，② 行動が公然と行われるとき，③ 行動への労力や金額の投下量が大きいときに，大きくなりやすいという（唐沢，2010）。この原理でいえば，自宅の災害危険性を説得されたとき，大きな労力とコストをかけて入手した家であったり，長年住み慣れた家であれば，危ないと思う態度とそれまでの自分の行動との不一致度が大きくなり，危険性を受け入れることが一層難しくなるだろう。あるいはこれまでずっと大雨時に避難してこなかったとすれば，やはり避難の必要性を認めることに抵抗が生じるだろう。自分自身が自宅を買ったり，そこに長年住み続けてきた大人よりも，子供の方が避難の必要性を受け入れやすいのは，子供ではこうした心理が働きにくいためと思われる。逆に避難訓練や自治会の役員としての責任感などから，たまたま避難をしたとすれば，その行為を正当化するように「危ないから避難したんだ」と，危険性や避難の必要性を認識しやすくなるだろう。

④ 留意点

近年「正常化の偏見」という言葉は人口に膾炙し，災害時の行動を説明する際によく用いられるようになってきた。しかしその使用にあたってはいくつか注意点がある。第一にこの現象は，危険な状況にある人が危険性を感じず避難しないという，単なる油断心理を示しているのではない。そうではなくて，川の越水を見たとか避難指示を聞いたなど，危険を示す情報を知覚したうえで，それにもかかわらず危険性を認識しないという現象を示しているのである。したがって，被災者の危機感の無さを安易に正常化の偏見の結果として説明するべきではない。第二に中村（2008）が指摘するように，これは一連の現象を指し示す言葉である。そこには Mikami ら（1985）が示す認知心理学的な傾向を出発点として，さらに上に述べたさまざまなメカニズムが関係している複合的な現象である。第三に正常化の偏見は，避難しなかったことに対する結果論ではないかという議論がある。すなわち矢守は「避難しなかったという結果がまずあって，それを回顧的に意味づける過程，すなわち，事後における sense-making の過程で，『正常化の偏見』というメカニズムが作動し，それが当事者の事前における decision-making をも説明する概念として転用されていると考えるべきであろう」（矢守，2009a, p. 109）と述べている。たしかに，このように避難しなかったことの結果論として，事前の意思決定を正常化の偏見として後から意味づけするようなことはすべきでない。ただ，表8 - 3と表8 - 5に見られるように，避難率が高くても，すなわち

避難した人でも，情報に接しても危険だと思わなかったという例は多い（結果論なら，避難したのだから危険を感じたと答えるはずである）。また調査者が住民の話を聞くときには，予断を持たず事の顛末を時系列的に聞いていくものなので，正常化の偏見が全て結果論であるとはいえないようである。

（2）経験の逆機能

経験の逆機能については中村ら（2020）が詳細に理論的な検討をしており，以下ではそのエッセンスを述べる。

① 概念

経験の逆機能とは，過去の災害経験が社会にとって適応的な災害対応を減ずることで，具体的には，住民の過去の災害経験が住民の避難などの災害対応行動を抑制するという意味で使われている。たとえば吉井（2016, p. 276）は経験の逆機能について「経験にとらわれるあまり意図とは逆に好ましくない災害対応（避難遅れなど）に結びつくこと」と述べ，中村は単に「過去の災害経験が避難を阻害する」（中村，2008, p. 174）ことと述べている。かつて田崎（1988, p. 200）は，1983年の日本海中部地震の際に，日本海側には津波は来ない，と信じていた人々の避難が遅れた事象を念頭に，災害文化が「常に災害に対して適応的に働くとは限らない。日本海中部地震の例のように，誤った災害文化があり非適応的に機能する場合もある」と述べているが，これは経験の逆機能と類似の現象を指している。

「逆機能」という言葉は，中森（2007, p. 46）も指摘するように，社会学者Merton の用語を援用したもので，経験の逆機能という場合は，その中でも参与者に意識されない「潜在的な機能」である。

経験の逆機能は，災害に関する「予期の構成」に影響することで「正常化の偏見」の作用の一部を担っている。したがって吉井（2016）もいうように，正常化の偏見と経験の逆機能は相補的な関係にあるといえる。

類似の概念に，過去の経験が新たなリスク事態への耐性をもたらす「ベテラン・バイアス」（広瀬，2006）がある。ただこの概念は認知面の影響のみを指し，またポジティブ・ネガティブ両面を指すという点で，経験の逆機能とは異なる点がある。

② 経験の種類と影響

すでに表8‐6でみたように，災害の経験は，後の避難を抑制することもあるし促進することもある。その違いはどこにあるのか。Sharma ら（2012）は，そ

れはどのような経験を災害経験とみなすかによって変わってくるという。

　後の避難に影響を与える災害経験の要素としては，災害の規模・災害の被害・避難した経験・被害を被った経験など，さまざま考えられるが，Sharmaら（2012）によれば，後の避難に影響するのは，ハリケーンのカテゴリーなどの災害の客観的な深刻度ではなく，災害で被った被害であり，さらに被った被害の大きさであるという。彼らは，インドにおける２つのサイクロン時の避難行動を対象に，警報の対応に影響を与える災害経験の要素を特定するための実証的研究を行っている。それによると，災害経験の中でも，①コミュニティー内で過去に災害の死者があったことや，②警告の後にサイクロンが発生したことなどは，後の避難を促進し，③避難所が快適でなかったことは，後の避難を抑制する影響があったという（Sharma, et al., 2012）。

　地域における被害の経験が重要であることについては，2003年十勝沖地震時の吉井ら（2004）の調査にもみられる。すなわち，「これまでの津波経験から，今回は大きな津波は来ないと思い，避難しなかった」と回答した人をみると，「住んでいる地域で災害があったが危ない思いをした人はいなかった」と答えた人が多かったのである（図8‐4）。これはSharmaら（2012）のいうように，災害を経験してもコミュニティーで人的被害がないような場合，過去の災害経験は避難にネガティブに働きやすいことを意味している。

　③メカニズム

　経験の逆機能が生まれるには次のような３段階があると考えられる。第一に，過去の経験から想起される災害の深刻度が，実際の被害より軽微である時に，経験の逆機能が生じる可能性がある。したがって，これまで地域内で犠牲者が出な

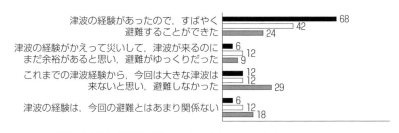

図8‐4　十勝沖地震時，津波経験の種類と避難への影響

出所：吉井他（2004）。

い程度の被害があり，それに対してこれまでにない被害がシミュレーションなど
で予測される場所，いわば「被害ギャップ」がある場所で，経験の逆機能が起こ
りやすくなる。災害の深刻度は細かく見ると，①インパクトの強さ（水害の浸水
深は避難するほど深くないなど），②範囲の広さ（自宅までは津波は来ないなど），③時
間的猶予（地震から津波まで余裕がある）などの種類に分解できる。第二に，過去の
経験から想定される被害に従って対応行動が形成されることで，経験の逆機能が
発生する。すなわち，①インパクトについては，「2階に逃げれば大丈夫」「浸
水から車や家財を守る行動をとろう」など，②範囲については，「うちまでは来
ないから避難しない」など，③時間的猶予としては，「ゆっくり逃げても大丈
夫」「米を炊いてから逃げる」「津波に対して漁船を沖出しする」などの行動であ
る。「大雨」→「軽微な浸水」→「大事なものを2階にあげる」などのスクリプ
トが形成されていると，逆機能的状況判断が補強される。そして第三に，その結
果として，警報や避難指示といった防災情報が軽視され，その効果が減ずると考
えられる。

（3）オオカミ少年効果

①概念

オオカミ少年効果（cry wolf effect）とは，警報や避難指示で予告された災害が
実際には発生しない事態（誤警報）がくり返されると，次に出されたときに，そ
れらが信用されなくなることである（中村，2008）。同じことは，「誤警報による
信頼性の喪失」による「誤警報効果」（false alarm effect）ともいわれ，防災行動
への意欲を減退させる深刻な副作用を意味する（Breznitz, 1984, p. 11）。これは，
誤動作を繰り返している火災報知器が鳴っても「また故障だな」と思い，すぐに
避難しないといった心理として，我々も日常的に経験することである。

気象警報を例に警報発出の有無と悪天候が観測されたかの有無で4分割された
表を描くと，誤警報は警報が発出され，しかも悪天候が観測されなかった左下の
セルに相当する（表8-9）。悪天候が観測されても警報が出されなかった場合は警報の「見逃し」となる（Trainor, 2015; Wilks, 2006）。

アメリカでは特に竜巻警報の誤警報が問題となっている。米国立気象局（NWS）は，警報を発したときに，①

表8-9　誤警報と警報の見逃し

		悪天候警報の発出	
		した	しない
悪天候の観測	あり	的中	見逃し事象
	なし	誤警報	問題なし

出所：Trainor（2015）。

竜巻が発生しなかった，②気象当局が発生を確認していない　③竜巻が予報した場所以外の場所で発生した，④竜巻が予報していない時間に発生した，という場合を誤警報と定義して，発せられた警報総数に対する誤警報の割合を「誤報率」として集計している（Lim, et al., 2019）。

　②事例

　オオカミ少年効果とみられる現象は，わが国でもしばしば発生している。有名なのは1982年の長崎水害の例である。災害当日には，大雨洪水警報が出ていたが，本当に大雨になると思ったのは，警報を聞いた人のうち3割に満たなかった。それは，災害前の2週間ほどの間にすでに4回も大雨洪水警報が出され，何の災害も起きなかったため，警報慣れが起きていたためである（廣井, 1988）。警報は「重大な災害の起るおそれのある旨を警告して行う予報」なので，警報が出されても災害にならなければ，「誤報」とみなされる可能性がある。

　この長崎豪雨を契機に，記録的短時間大雨情報をはじめ，土砂災害警戒情報，大雨特別警報など，警戒度が高い情報が次々と作られてきた。各種警報の全国的発令頻度を見ると，特に大雨警報や土砂災害警戒情報は頻発されている（表8-10）。これを一地点で見ると，たとえば渋谷区では，2013-2020年の8年間で大雨警報が47回も出ており，大雨警報はほとんど日常的な情報になっている。

　一方土砂災害警戒情報は，避難指示の発令基準とされる情報だが，年に全国で1000回以上出ている。しかしその的中率は2011年までの集計では4％程度，2017年の西日本豪雨や2019年の台風19号などの大災害時には4割程度と高くなるが，誤報率は6-9割以上と極めて高い（表8-11）。土砂災害警戒情報もオオカミ少年効果が出やすい情報といえよう。

表8-10　警報等発令回数

年度	大雨特別	大雨	大津波	津波	地震動特別	地震動	噴火居住	噴火火口周辺	土砂災害警戒情報
2019	17	804	0	0	1	8	0	12	1,388
2018	11	748	0	0	3	12	1	16	1,811
2017	3	827	0	0	0	10	0	16	1,729
2016	1	948	0	1	8	22	0	7	1,822
2015	3	739	0	0	1	6	3	14	957
2014	5	858	0	0	1	5	0	14	1,387
2013	3	869	0	0	0	8	0	5	1,596

出所：土砂災害警戒情報については国立情報学研究所北本研究室データベース「気象リスクウオッチ」による http://agora.ex.nii.ac.jp/cps/weather/ 他は各年防災白書による。

表8‒11　土砂災害警戒情報の発令数と的中率

	2008	2009	2010	2011	2017西日本豪雨	2019台風19号
発出数	1,012	906	895	1,442	505	437
的中率（％）	2.3	3.8	4.0	3.8	41	35

出所：2008‒2011は国土交通省，気象庁（2012）より作成。2017‒2018は社会資本整備審議会資料（2020）より作成。

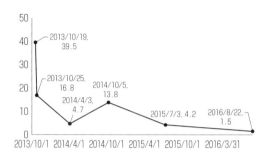

図8‒5　避難勧告と避難率の推移（伊豆大島）
出所：鍛冶屋他（2018）より作成。

　避難勧告とオオカミ少年効果の事例としては，伊豆大島の土砂災害の例がある。当地では2013年に大規模な土砂災害が発生し，その後の3年間で6回の避難勧告が出されている。しかしいずれの場合も土砂災害は起きず，空振りとなった。住民の避難率は1回目は39.5％と高かったものの，その後は16.8％，4.7％と急激に低下している（図8‒5）。避難率の低下には避難所の居心地の悪さなど他の要因もあるが，短期間に避難率が下がったことを考えると，避難勧告の空振りの影響が大きかったとみられる（加冶屋他，2018）。

　あるいは2006年と2007年にオホーツク海沿岸で出された津波警報およびそれに続く避難勧告においても，オオカミ少年効果とみられる現象があった。1回目の警報時は最大で60 cm，2回目は最大で10 cm の海面変動しか起きず，1‒3 m の津波を予告する「津波警報」としては誤警報，避難勧告としては空振りといえる。住民アンケート調査（吉井他，2008）によると，避難勧告対象地域の避難率は1回目は46.7％だったが，2回目は31.8％に低下している（表8‒12）。2度目に避難しなかった人のうち34.5％は，11月に津波警報が出たのに被害がなかったことをその理由に挙げており，誤警報の悪影響がみられる。ただ伊豆大島の例と比べると避難率の低下は少なく，警報が空振りだったと思う人も37.8％と少なめであった。被害はなくとも若干の海面変動があったので，住民は津波警報の発出に

表 8‑12　オホーツク海沿岸の津波警報への対応

(単位：%)

	2006年11月	2007年1月
津波警報聴取率	82.2	81.2
避難勧告聴取率	78.3	65.3
避難率	46.7	31.8
2回の警報は空振りだったと思う	37.8	
次の警報でもたいした被害はないと思う	22.7	

出所：吉井他（2008）。

ある程度納得したのかもしれない。

　③ 検証

　しかし誤警報がなされたときに，いつでもオオカミ少年効果が生じるわけではない（Drabek, 1986；Sorensen, et al., 2006）。アメリカの研究でもオオカミ少年効果が確認されたものと，確認されなかったものがある。

　オオカミ少年効果が確認された研究としては Simmons ら（2009）の研究がある。彼らは，1986年から2004年に全米で起きた竜巻に関する統計データを使って，各竜巻に先立つ 1‑2 年前の，当該地域における誤警報率が各竜巻の死者数・負傷者数にどのような影響を与えたかを調べた。それによると，まず全米における竜巻の誤警報率は，地域によって異なるが，平均すると75％前後と非常に高かった。各竜巻に先行する誤警報率と他の変数（リードタイム・人口密度・収入・発生日時・竜巻の規模など）を入れた重回帰分析をしたところ，誤警報率は竜巻の死者数・負傷者数の増加に有意に関係していた。その程度は，誤警報率の標準偏差が 1 上がると死者数は最大で29％，負傷者数は最大で32％増加するというものだった。

　他方，Trainor ら（2015）は，竜巻が襲った郡（17郡）の住民（804人）に対して，誤警報率の認識や竜巻時に行った防災行動などについてアンケート調査を行っている。その結果，第一に誤警報への評価は住民によって多様であった。すなわち誤警報とはいえ，上空に嵐はあったが地上まで到達しなかっただけだなど，正当な理由があると考えている人もいたし，逆に誤警報は竜巻監視人（spotter）の誤認など正当化されない理由でなされたと考えている人，あるいは警報システムの問題など機械的な問題とみる人などもいた。第二に人々は実際の誤警報率より誤警報の割合を低く認識していた。すなわちいずれの調査地域でも誤警報率は実際は 5 割を超えていたが，65％の人は，誤警報の割合は 2 割以下である，と認識し

ていた。重回帰分析の結果，認知された誤警報率は，予報官への信頼や誤警報への認識の仕方とは負の関係があったが，地域の実際の誤警報率とは有意な関係がなかった。第三に，それにもかかわらず，実際の誤警報率が高い地域の住民は，竜巻時に防災行動をとらない傾向があった。重回帰分析およびロジスティック回帰分析をしたところ，誤警報率が高い地域の人は，防災行動全般，情報探索行動，避難行動のいずれも行わないという有意な関係がみられた。しかし，住民に認知された誤報率と防災行動との関係は見られなかった。ここから，オオカミ少年効果は，認知された誤警報率ではなく実際の誤警報率によって生じていることがわかり，そこには予報官への信頼や誤警報への認識が関係していることが示唆された。

　ところが，Lim ら（2019）の調査では，オオカミ少年効果に否定的な結果がもたらされている。すなわち，竜巻の誤警報について米南東部で調査を行ったところ，人々は実際よりも誤警報の発生率を低く認知しており，誤警報の発生率を高く認知している人ほど，逆に，警報が出たばあいに防護行動（屋内避難・物資調達）をすると答える傾向があったという。そして Lim らはオオカミ少年効果への関心は大げさではないかと言っている。そのほか明確なオオカミ少年効果を確認できなかった実験研究としては，想定質問における竜巻からの避難意図と過去の誤警報受信の経験との関係を調べた Lindell ら（2016）や鉄砲水の警報について調査した Barnes（2006）などがある。ただし，これらは誤警報率の認知をオオカミ少年効果の源としたり，実際の行動ではなく想定災害への行動意図を扱っている点に注意が必要である。

　④ メカニズム

　一般に，オオカミ少年効果には，繰り返し誤警報があり，それを基に住民の誤警報率の認知が形成され，それが警報への信頼の喪失をもたらし，防災行動の減少が起きる，という過程が考えられるが，オオカミ少年効果のメカニズムはそれほど単純ではないようである。すなわち住民の誤警報率の認知は，予報官への信頼や誤警報の原因に対する認識など，他の要素に左右され，正確ではないからである。

　どのような情報の出し方をすれば，オオカミ少年効果を招かないかを考えるとき，誤警報出さないことが第一に重要だが，これらの研究をみると，発表元への信頼感や警報への納得感を高めることも，誤警報率の認知に影響するために，役に立つ可能性がある。実際，誤警報の影響についての実験研究を行った Breznitz（1984）によれば，誤警報の原因と，その改善を説明することによって，

失った信頼を回復することができると述べている。日本では誤警報をした後にその原因を説明することが少ないが，外れた理由をしっかりと説明して，警報への信頼性や納得感を維持することも重要であろう。その他の方法として，LeClercら（2015）は，警報を確率予報的にすることによって，オオカミ少年効果を低減させることができるのではないかとしている。

　またオオカミ少年効果の起こりやすさは，誤警報率だけではなく，大雨警報のように誤報の頻度が高く，また伊豆大島の避難勧告のように誤報の間隔が短くなるほど高くなる一方，津波や台風など予報される災害のインパクトが大きくなるほど低くなるように思われるが，それらの影響はいまだ明らかではない。[9]

（4）行政情報への依存

　近年災害情報が発達する中で，住民が情報に依存し，かえって避難が阻害されるのではないか，という議論もなされている。たとえば片田ら（2005）は2003年の宮城県沖地震の際に，避難しようとは思ったが，「津波警報なしの情報を聞いたから」避難しなかった，という人が一定数いたことから，「過剰な情報依存が住民の自発的判断を阻害している」と述べている。

　こうした情報待ちについては2種類の解釈と解決方法が考えられる。1つの解釈は片田が言うような情報「依存」であり，その解決方法は住民の自発性の向上である。依存の原因として，矢守（2009b）は，行政やマスメディアから「避難せよ」という情報が繰り返し伝えられる間に「避難は災害情報を受け取ってから実施せよ」という「メタ・メッセージ」（暗黙のメッセージ）を伝えることになると指摘している。そしてこの文脈での実証研究も行われている。たとえば佐藤ら（2011）は，住民に土砂災害からの避難を呼びかけるニュースレターを配布して調査を行ったところ，行政情報に接触するほど「災害に関する情報は，行政やマスコミから与えられるもの」と考える人が多くなったという。一方，行政情報接触頻度は，行政からの避難指示がなければ避難を考える必要がない，といった避難の自主性に関しては有意な関係がなかった。あるいは谷口（2013）の調査では，防災行政を信頼している人ほど，「水害に関する情報は，行政やマスコミから与えられるもの」といった行政情報への依存傾向や「行政から避難の指示がなければ，避難するかどうかを考える必要はない」といった非自主性の傾向が強くなることが明らかにされている。

　情報待ちに対するもう1つの解釈は，既述の警報研究的解釈である。すなわち，もともと住民は警報などの危険情報をすぐには信じず（disbelieve），追加情報を

求める（milling）傾向がある。それはメッセージがあいまいだったり発信者への信頼性が低いときに著しくなる，というものだ。2003年の宮城県沖地震の場合も，津波の危険性があいまいで，どうすればよいかのはっきりした指示もない状態だったので，こうした状況にあてはまっていたのかもしれない。するとその対策は，メッセージをより明確化・具体化し，発信者への信頼性をより高めるという方向性になる。

　たしかに，災害の危険が迫っているのに，行政情報を待って避難をしない，というのは問題で，そうした場合には自分で判断をして避難する必要がある。自分の命は自分で守るという自主性は非常に大切である。しかし情報依存を脱却するために，行政情報は信用しない，あるいは行政情報は必要ない，というのもまた極端であろう。災害情報に対する住民の対応にはさまざまな困難があることを理解したうえで，1つひとつそれに対処すると同時に，自主性・積極性を涵養していくといった，多面的な取り組みをしていくことが重要であると思われる。

注
1）　日本の災害救助法では救助について規定しているが，それによると救助には被災者の救出と，被災生活のための衣・食・住の提供が含まれている。したがって災害救助法における救助には，Perry ら（1981）がいう，発災後の短期的避難としての「rescue」と，発災後の長期的避難である「再建的避難」の2つが含まれることになる。
2）　そのほか警戒までの心理過程を表す Janis ら（1977）の葛藤モデルもある。そこでは① 警報に対応しないときに危機が起きるとの認知 → ② 対応したときの危機の認知 → ③ 情報探索が解決をもたらす希望 → ④ 情報探索・考慮のための時間があるとの確信，といった過程を経て警戒・効果的な対応に至る，とされる。
3）　合理的行動理論（TRA）は Fishbein ら（1975）によって提唱された，行動意図が行動にもっとも影響するという理論で，行動意図は「行動に対する態度」と「行動に関する主観的な規範」によって規定されるとする。前者は行動の結果に関する予期（それをするとどのくらいの確率でどのような結果になるのか）と行動の結果への価値判断（その結果得られる効用）に規定される。後者は自分にとって重要な他者がその行動をすべきと考えていると思うかどうかに影響される。これに自分がその行動をとれるのだという「行動統制感」も行動意図に影響する要因として加えたものが「計画的行動理論」である（唐沢，2010）。
4）　精緻化見込みモデル（ELM）は Petty ら（1986）による説得に関する理論である。情報精査の動機づけと能力がある場合はメッセージ内容を入念に吟味する「中心的ルート」のモードに入るが，そうでない場合にはメッセージ以外の送り手の専門性や好感度などを基に判断する「周辺的ルート」という経路をとる（唐沢，2010；今井，2006）。
5）　防護動機理論（PMT）は Rogers（1983）が提唱した説得に関する理論で，脅威の有害さや生起確率と対処行動の効果性が防護動機（対処反応を実行する意思）を喚起するとするものである（木村，2002）。

6）「五区」は，当時気象庁では「東北地方日本海沿岸」を意味していたが，秋田県の関係機関では
その意味がよく分からなかったことがあったという（東京大学新聞研究所，1985）。

7）Rumelhart（1977）は多くの認知心理学の実験結果から，人は「期待するところのものを知覚
し，すでに経験したことに関連付けて理解し，すでに知っていることに適合する事柄を記憶する」
と言う意味で，「人間という有機体がポジティブ・フィードバック・システムである」（Rumelhart,
1977，訳書，p. 251）という。ここでポジティブ・フィードバック・システムとは「ある種の信号
を処理することが，後から入ってくる同種の信号の処理を促進するような処理機構」のことである
（Rumelhart，1977，訳書，p. 330）。

8）ただしここで土砂災害警戒情報は市町村別に集計されているために，気象官署ごとに集計され
た警報の数と単純には比較できない。

9）たとえば及川ら（2016）は研究室内の実験で，気象警報で発災が予想できるゲーム的状況を作
り，高頻度で空振りが多い避難勧告に接した被験者がどう判断するかを調べている。その結果，50
回の実験の中で，避難意図は初めは高まるが，後にはもとの水準に戻ること，そして避難勧告を出
さない（見逃し）時，極端に避難意図が下がることを明らかにしている。この実験は高頻度空振り
情報が，時として出されない（見逃し）時の弊害を明らかにしているが，空振りが多い情報がどの
程度の頻度までなら許容されるのかなども，調べていく価値があるように思える。

参 考 文 献

Ayzen, I., 1991, The Theory of Planned Behavior, Organizational Behavior and Human Deci-
sion Processes, 50(2), 179-211. https://www.researchgate.net/publication/272790646_The_
Theory_of_Planned_Behavior（2021. 10. 10閲覧）

Barnes, L. R., 2006, False alarms: Warning project research findings and warning accuracy
conceptual model, WAS ＊ IS, Presentation. http://www.sip.ucar.edu/wasis/boulder06/ppt/
False%20alarms%20-%20Barnes.ppt（2021. 8. 10閲覧）

Breznitz, S., 1984, Cry Wolf: The Psychology of False Alarms, Lawrence Erlbaum.

Drabek, T. E., 1969, Social Process in disaster: Family Evacuation, Social Problems, Vol. 16,
No. 3, 336-349.

Drabek, T. E., 1986, Human System Responses to Disaster: An Inventory of Social Findings,
Springer Verlag.

Festinger, L., 1957, A Theory of Cognitive Dissonance, Row, Peterson and Company.（末 広 俊
郎監訳，1965，認知的不協和の理論，誠信書房）

Fritz, C., 1961, Disaster, Merton, R. and Nisbet, R., eds., Contemporary Social Problems. Har-
court, 651-695.

Fishbein, M., and Ajzen, I., 1975, Belief, Attitude, Intention and Behavior: an introduction to
theory and research, Addison-Wesley,

Fishbein, M., and Stasson, M., 1990, The Role of Desires, Self-Predictions, and Perceived
Control in the Prediction of Training Session Attendance, Journal of Applied Social Psy-
chology, 20, 173-198.

Grothmann, T., and Reusswig, F., 2006, People at Risk of Flooding: Why Some Residents
Take Precautionary Action While Others Do Not, Natural Hazards, vol. 38, issue 1, 101-
120.

廣井脩, 1988, うわさと誤報の社会心理, 日本放送出版協会

廣井脩, 中村功, 福田充　中森広道　関谷直也, 三上俊治, 松尾一郎, 宇田川真之, 2005, 2003年十勝沖地震における津波避難行動——住民聞き取り調査を中心に——, 東京大学大学院情報学環情報学研究調査研究編, 23号, 東京大学社会情報学環, 1-161.

廣井脩, 田中淳, 中村功, 中森広道, 福田充, 関谷直也, 地引泰人, 森岡千穂, 2007, 2004年台風23号豊岡市豪雨災害における災害情報の伝達と住民の対応, 災害情報調査研究レポート, 31-85.

広瀬弘忠, 2006, リスク認知と受け入れ可能なリスク, 日本リスク研究学会編, リスク学事典（増補改訂版）, 阪急コミュニケーションズ, 268-269.

広島市, 2018, 平成30年7月豪雨災害における避難対策等の検証とその充実に向けた提言. http://www.bousai.go.jp/fusuigai/suigai_dosyaworking/pdf/hiroshimasaisyu.pdf（2021.8.10閲覧）

池田謙一, 1986, 緊急時の情報処理, 東京大学出版会

今井芳昭, 2006, 依頼と説得の心理学——人は他者にどう影響を与えるか——, サイエンス社

諫川輝之, 村尾修, 大野隆造, 2012, 津波発生時における沿岸地域住民の行動——千葉県御宿町における東北地方太平洋沖地震前後のアンケート調査から——, 日本建築学会計画系論文集, 第77巻, 第681号, 2525-2532. https://www.jstage.jst.go.jp/article/aija/77/681/77_2525/_pdf/-char/ja（2021.8.10閲覧）

入江さやか, 2016, 鬼怒川決壊　常総市の住民はどのように避難したのか？——「関東・東北豪雨」における住民の防災情報認知と避難行動調査——, 放送研究と調査, 66(8), 34-65. https://www.nhk.or.jp/bunken/research/domestic/20160801_6.html（2021.10.10閲覧）

Janis, I. L., and Mann, L., 1977, Emergency Decision Making: A Theoretical Analysis of Responses to Disaster Warning, Journal of Human Stress, Vol. 3, No. 2, 35-48.

加治屋秋実, 赤石一英, 横田崇, 草野冨之雄, 関谷直也, 高橋義徳, 2018, 2013年伊豆大島土砂災害後における避難率の低下とアンケート調査等に基づくその原因及び対策の検討, 災害情報, No. 16-1, 37-47, https://www.jstage.jst.go.jp/article/jasdis/16/1/16_37/_article/-char/ja/（2021.10.10閲覧）

柿本竜治, 金華永, 吉田護, 藤見俊夫, 2014, 予防的避難の阻害要因と促進要因に関する分析——防護動機理論に基づいた予防的避難に関する意識構造分析——, 都市計画論文集, 49(3), 321-326. https://www.jstage.jst.go.jp/article/journalcpij/49/3/49_321/_pdf（2021.8.10閲覧）

唐沢穣, 2010, 態度と態度変化, 池田謙一・唐沢穣, 工藤恵理子, 村本由紀子著, 社会心理学, 有斐閣, 137-160.

片田敏孝, 児玉真, 桑沢敬行, 越村俊一, 2005, 住民の避難行動にみる津波防災の現状と課題——2003年宮城県沖の地震・気仙沼市民意識調査から——, 土木学会論文集, 789号, 93-104. https://www.jstage.jst.go.jp/article/jscej/2005/789/2005_789_789_93/_pdf/-char/ja（2021.8.10閲覧）

木村堅一, 1997, 脅威アピールにおける防護動機理論研究の検討, 実験社会心理学研究, 37(1), 85-96. https://ci.nii.ac.jp/lognavi?name=jstg&lang=ja&type=pdf&id=https%3A%2F%2Fdoi.org%2F10.2130%2Fjjesp. 37.85&naid=130001613289（2021.8.10閲覧）

木村堅一, 2002, 脅威認知・対処認知と説得——防護動機理論——, 深田博己編著, 説得心理学ハンドブック——説得コミュニケーション研究の最前線——, 北大路書房, 374-417.

小林秀行, 田中淳, 2017, 災害知識構造が災害対応行動意図に与える影響——平成27年関東・東北豪雨を事例として——, 災害情報, No. 15-2, 137-147. https://www.jstage.jst.go.jp/article/jasdis/

15/2/15_137/_article/-char/ja/（2021. 10. 10閲覧）

国土交通省，気象庁，2012，土砂災害への警戒の呼びかけに関する検討会資料，土砂災害警戒情報の運用成績．https://www.mlit.go.jp/river/sabo/yobikake/01/120725_shiryo3.pdf（2021. 8. 10閲覧）

LeClerc, J., and Joslyn, S., 2015, The cry wolf effect and weather related decision making. Risk Analysis, 35(3), 385-395.

Lim, J. R., Liu, B. F., and Egnoto, M., 2019, Cry Wolf Effect？Evaluating the Impact of False Alarms on Public Responses to Tornado Alerts in the Southeastern United States, Weather, Climate, and Society, Vol. 11, Issue 3, 549-563.

Lindell, M. K., and Perry R. W., 1987, Warning Mechanisms in Emergency Response Systems, International Journal of Mass Emergencies and Disasters, Vol. 5, No. 2, 137-153. http://ijmed.org/articles/303/download/（2021. 8. 10閲覧）

Lindell, M. K., Perry, R. W., 2012, The Protective Action Decision Model: Theoretical Modifications and Additional Evidence, Risk Analysis, Vol. 32, No. 4, 616-632. https://training.weather.gov/wdtd/courses/woc/core/crisis-comms-sm/risk-assess/story_content/external_files/Protective%20Action%20Decision%20Model.pdf（2021. 8. 10閲覧）

Lindell, M. K., Huang, S., K. Wei, H., L. and C. D., Samuelson, 2016, Perceptions and expected immediate reactions to tornado warning polygons. Nat. Hazards, 80, 683-707.

Merton, R. K., 1957, Social Theory and Social Structure, Free press.（森東吾他訳，1961，社会理論と社会構造，みすず書房）

McLuckie, B. F., 1973, The Warning System: A Social Science Perspective, National Oceanic and Atmospheric Administration, United States Department of Commerce, U. S. Government Printing Office.

三上俊治，1982，災害警報の社会過程，東京大学新聞研究所編，災害と人間行動，東京大学出版会，73-107.

Mikami, S. and Ikeda, K., 1985, Human Response to Disasters, International Journal of Mass Emergencies and Disasters, 3(1), 107-132.

Mileti, D., 1999, Disasters by Design: A Reassessment of Natural Hazards in the United States, A Joseph Henry Press book. http://www.nap.edu/catalog/5782.html（2021. 8. 10閲覧）

三橋美典，美濃哲郎，水野高一郎，宮田洋，1974，定位反射の自律反応成分の馴化──その展望──，心理学評論，17巻2号，179-202.

Mulilis, J. P. and Lippa, R., 1990, Behavioral change in earthquake preparedness due to negative threat appeals: a test of protection motivation theory, Journal of Applied Social Psychology 20(8), 619-638.

村本由紀子，2010，集合行動とマイクロ＝マクロ過程，池田謙一，唐沢穣，工藤恵理子，村本由紀子著，社会心理学，有斐閣，374-394.

村田光二，1989，社会的推論，大坊郁夫，安藤清志，池田謙一編，社会心理学パースペクティブ1，誠信書房，61-79.

内閣府，2011，平成23年東日本大震災における避難行動等に関する面接調査（住民）．https://dl.ndl.go.jp/view/prepareDownload?itemId=info%3Andljp%2Fpid%2F6016473&contentNo=4（2021. 8. 10閲覧）

中村功，2008，避難の理論，吉井博明，田中淳編，災害危機管理論入門——防災危機管理担当者のための基礎講座——，弘文堂，153 163.

中村功，中森広道，福田充，2012，東日本大震災時の災害情報の伝達と住民の行動——陸前高田・南三陸町・仙台市・名取市・山元町住民調査をもとにして——，災害情報研究レポート，16, 1-136. http://nakamuraisao.a.la9.jp/higashinihon1.pdf（2021.8.10閲覧）

中村功，中森広道，保科俊，2020，避難行動における「経験の逆機能」について——2019年台風19号災害をきっかけに——，東洋大学社会学部紀要，58(1), 83-102.

中森広道，2007，災害情報の受容とその特性——対応の問題点とその類型化の試み——，社会学論叢，第158号，39-59.

National Academy of Sciences (U. S.), 1975, Earthquake prediction and public policy.（アメリカ・科学アカデミー編，井坂清訳，1976，地震予知と公共政策——破局を避けるための提言——，講談社）

及川康，片田敏孝，2016，避難勧告等の見逃し・空振りが住民対応行動の意思決定に及ぼす影響，災害情報，No. 14, 93-104. https://www.jstage.jst.go.jp/article/jasdis/14/0/14_93/_article/-char/ja/（2021.10.10閲覧）

Perry, R. W., 1982, The Social Psychology of Civil Defense, Lexington, Mass.: Lexington Books.

Perry, R. W., Lindell, M. K., and Greene, M., 1981, Evacuation Planning in Emergency Management, Lexington Books.

Perry, R. W., Lindell, M. K., Greene, M., 1982, Crisis Communications: Ethnic Differentials in Interpreting and Acting on Disaster Warnings, Social Behavior and Personality An International Journal, 10(1), 97-104. https://www.researchgate.net/profile/Michael-Lindell-2/publication/233695335_Crisis_Communications_Ethnic_Differentials_in_Interpreting_and_Acting_on_Disaster_Warnings/links/02e7e53594d1a52347000000/Crisis-Communications-Ethnic-Differentials-in-Interpreting-and-Acting-on-Disaster-Warnings.pdf（2021.8.10閲覧）

Petty, R. E and Cacioppo, J. T., 1986, The elaboration likelihood model of persuasion, Berkowitz, ed., Advances in experimental social psychology, Vol. 19, Academic Press, 123-205. https://richardepetty.files.wordpress.com/2019/01/1986-advances-pettycacioppo.pdf（2021.8.10閲覧）

Quarantelli, E. L., 1980, Evacuation Behavior and Problems: Findings and Implications from the Research Literature. Columbus, Disaster Research Center. http://udspace.udel.edu/handle/19716/1283（2021.8.10閲覧）

Rogers, R. W., 1983, Cognitive and psychological processes in fear appeals and attitude change: A revised theory of protection motivation, Cacioppo B. L. and Petty R. E., eds., Social Psychophysiology a sourcebook, Guilford Press, 153-176.

Rumelhart, D. E., 1977, Introduction to Human Information Processing, Juhn Willy & Sons.（御領謙訳，1979，人間の情報処理，サイエンス社）

作間敦，柏田すみれ，荒木優弥，松尾一郎，関谷直也，2017，平成27年9月関東・東北豪雨における常総市の情報伝達と避難行動，東京大学大学院情報学環情報学研究，調査研究編33号，221-260.

佐藤慎祐，菊池輝，谷口綾子，林真一郎，西真佐人　小山内信智　伊藤英之　矢守克也　藤井聡，2011，災害情報のメタ・メッセージによる副作用に関する研究，災害情報，9, 172-179.

Simmons, K. M., and Sutter, D., 2009, False alarms, tornado warnings, and tornado casualties. Weather, Climate and Society, 1(1), 38-53.

Sorensen J. H., and Sorensen, B. V., 2006, Community Process : Warning and Evacuation, H. Rodríguez, E. L. Quarantelli, and R. R. Dynes, eds., Handbook of Disaster Research, Springer, 183-199.

古畑和孝編, 1994, 社会心理学小辞典, 有斐閣

Sharma, U., and Patt, A., 2012, Disaster warning response : the effects of different types of personal experience, Natural Hazards, 60, 409-423.

社会資本整備審議会資料, 2020, 【検証結果等】近年の土砂災害における課題等を踏まえた土砂災害対策のあり方について（答申）. https://www.mlit.go.jp/policy/shingikai/content/001337968.pdf （2021.8.10閲覧）

関谷直也, 田中淳, 2016, 避難の意思決定構造――日本海沿岸　住民に対する津波意識調査より――, 自然災害科学, 35, 特別号, 91-103. https://www.jsnds.org/ssk/ssk_35_s_091.pdf （2021.8.10閲覧）

Snyder, M., and Gangestad, S., 1981, Hypothesis Testing Processes, New Directions in Attribution Research, 3, 171-196.

田中淳, 土屋淳二, 2003, 集合行動の社会心理学, 北樹出版

田中淳, 地引泰人, 黄欣悦, 山内祐平, 2013, 知識構成過程への介入からみた防災教育の方向, 日本災害情報学会第15回研究発表大会予稿集, 286-289.

谷口綾子, 2013, 住民の自主的水害避難行動を阻害するメタ・メッセージ効果の規定因に関する探索的分析, 北海道河川財団　研究所紀要（XXIV）. http://www.ric.or.jp （2021.8.10閲覧）

田崎篤郎, 1986, 災害情報と避難行動, 災害と情報, 東京大学出版会, 273-299.

田崎篤郎, 1988, 災害文化, 自然災害科学事典, 築地書館, 199-200.

東京大学新聞研究所, 1985, 1983年5月日本海中部地震における災害情報の伝達と住民の対応

Trainor, J. E., Nagele, D., Philips, B., and Scott, B., 2015, Tornadoes, social science, and the false alarm effect. Weather, Climate, and Society 7, 4, 333-352. https://journals.ametsoc.org/downloadpdf/journals/wcas/7/4/wcas-d-14-00052_1.xml （2021.8.10閲覧）

Turner R. H., 1976, Earthquake Prediction and Public Policy : Distillations from a National Academy of Sciences Report [1], Mass Emergencies, 1, 179-202.

Turner, R. H., and Killian L. M., 1957, Collective Behavior, Englewood Cliffs, Prentice-Hall.

Turner, R. H., and Killian L. M., 1987, Collective Behavior (3ed ed.), Englewood Cliffs, Prentice-Hall.

Tversky, A., and Kahnemann, D., 1977, Causal Schemata in Judgements under Unertainty, Technical Report, 1060-77-10, Defense Advanced Research Projects Agency. https://is.muni.cz/el/fss/podzim2019/VPLb1132/um/priklady_z_prednasek/taxi.pdf （2021.10.10閲覧）

Tversky, A., and Kahnemann, D., 1980, Causal Schemata in Judgements under Unertainty, Fishbein, M., ed., Progress in Social Psychology, Laurence Barlbaum, 49-72.

Wilks, D. S., 2006, Statistical Methods in the Atmospheric Sciences, Second Edition Academic Press, MA. https://sunandclimate.files.wordpress.com/2009/05/statistical-methods-in-the-atmospheric-sciences-0127519661.pdf （2021.8.10閲覧）

Wood, M. M., Mileti, D. S., Bean, H., Liu, B. F., Sutton, J., and Madden, S., 2017, Milling and Public Warnings, Environment and Behavior, Vol. 50, No. 5, 535–566. https://www.re-searchgate.net/publication/317242672_Milling_and_Public_Warnings（2021.10.10閲覧）

宇田川真之, 三船恒裕, 磯打千雅子, 黄欣悦, 定池祐季, 田中淳, 2017, 平常時の避難行動意図の規定要因について, 災害情報, 15(1), 53–62. https://www.jstage.jst.go.jp/article/jasdis/15/1/15_53/_pdf（2021.10.10閲覧）

宇田川真之, 三船恒裕, 定池祐季, 磯打千雅子, 黄欣悦, 田中淳, 2019, 平常時の避難行動意図に関する汎用的な調査フレーム構築の試み, 災害情報, No. 17–1, 21–30. http://www.jasdis.gr.jp/_userdata/04paper/back_number/17–half.pdf（2021.10.10閲覧）

宇田川真之, 三船恒裕, 定池祐季, 磯打千雅子, 黄欣悦, 田中淳, 2020, 平常時の津波避難行動意図の規定要因と規範意識の影響――汎用的なフレームに基づく高知市の調査結果から――, 地域安全学会論文集, 36, 83–90. https://www.jstage.jst.go.jp/article/jisss/36/0/36_83/_pdf/-char/ja（2021.8.10閲覧）

矢守克也, 2009a, 防災人間科学, 東京大学出版会

矢守克也, 2009b, 災害情報のダブル・バインド, 災害情報　No7, 28–33.

安本真也, 横田崇, 牛山素行, 石黒聡士, 関谷直也, 2020, 平成30年7月豪雨における西予市での住民の避難行動と避難の意思決定構造, 自然災害科学, Vol. 39, 特別号, 71–85. https://www.jstage.jst.go.jp/article/jndsj/39/S07/39_71/_article/-char/ja/（2021.10.10閲覧）

吉井博明, 2016, 経験の逆機能, 日本災害情報学会編, 災害情報学事典, 朝倉書店, 276–277.

吉井博明, 中村功, 中森広道, 地引泰人, 2008, 2006年及び2007年にオホーツク海沿岸地域に出された津波警報の伝達と住民の対応, 災害情報調査研究レポート, 14, 1–55. http://nakamuraisao.a.la9.jp/ohootuku.pdf（2021.8.10閲覧）

吉井博明, 田中淳, 中村功, 中森広道, 三上俊治, 2004, 2003年十勝沖地震時における津波危険地区住民の避難行動実態, 文部科学省地震調査課委託平成15年十勝沖地震に関する緊急調査研究　津波被害に対する避難行動研究グループ報告書, 東京経済大学,（本報告書の要約は以下の文献にもある：松尾一郎, 三上治, 中森広道, 中村功, 関谷直也, 田中淳, 宇田川真之, 吉井博明, 2004, 2003年十勝沖地震時の津波避難行動, 災害情報, No. 2, 12–23. https://www.jstage.jst.go.jp/article/jasdis/2/0/2_12/_pdf/-char/ja）

9章 ┃ 避難の実際

　本章では4つの災害事例をとりあげ，情報と避難の実態を明らかにした上で，そこにおける問題と対策について検討する。

9.1　東日本大震災

（1）避難の前提条件

① 津波による甚大な被害

　東日本大震災は，2011年3月11日14時46分に発生した「東日本太平洋沖地震」によってもたらされた災害で，津波による被害が大きかった。津波の最大遡上高は大船渡市綾里湾の40.1ｍ[2]といわれ，合同調査グループ（東北地方太平洋沖地震津波合同調査グループ）の調査では，岩手県北部から宮城県の男鹿半島までの沿岸では10ｍから15ｍ，宮城県石巻市以南から福島県にかけては8ｍから9ｍの「浸水高[3]」（潮位からの高さ）となっている（表9-1）。陸上で浸水した深さ（浸水深）は，この「浸水高」から地盤の高さを引いたものになるが，15ｍといえば建物でいえば5階に相当する高さである。実際，たとえば陸前高田市の集合住宅では5階まで浸水し，南三陸では3階建てのビルの屋上に車が漂着するほどの津波であった（図9-1，図9-2）。

　この地震による犠牲者は1万8425人で（警察庁，2021），災害関連死3767人（復興庁，2020）を加えると2万2000人余りに達する。犠牲者のうち1万3135人について検視を行ったところ「溺死」が92.4％，「圧死・損壊死・その他」が4.4％，「焼死」が1.1％，「不明」が2.0％と，犠牲者のほとんどは津波によるものであった（平成23年度版警察白書）。

② 前兆と情報

　今回の津波には，避難のきっかけとなりうる，前兆現象と情報があった。

　前兆現象としては，大きな地震の揺れがあった。最大震度は宮城県栗原市の震度7だが，沿岸地方では宮城県南部から福島県，茨城県南部にかけて震度6強を観測し，その北側の岩手県沿岸南部から宮城県沿岸は震度6弱，さらにその北の

表 9 - 1　　各地の津波浸水高

(単位：m)

三沢	八戸	久慈市小袖港	野田村十府ケ浦	宮古市田老	宮古湾奥	山田湾	大槌湾	釜石市両石港
6.3	6.2	12.1	14.5	15.9	12.2	9.7	12.6	18.3
釜石	綾里湾	大船渡検潮所	陸前高田	気仙沼	南三陸市志津川	石巻市雄勝	女川漁港	石巻市明神町
9.3	16.7	11.8	15.8	12.0	15.9	15.5	14.8	6.6
東松島市宮戸島	塩釜港	仙台新港	若林区荒浜	名取市閖上	岩沼市二の倉	亘理町荒浜	相馬	
8.7	4.9	7.2	9.4	9.1	8.8	7.7	8.9	

出所：「東北地方太平洋沖地震津波合同調査グループ」調査，日本気象協会（2011）より抜粋。

図 9 - 1　　5 階まで浸水した集合住宅（陸前高田市）
出所：時事通信社

図 9 - 2　　3 階の屋上に漂
着した車

（南三陸町）
出所：時事通信社

　岩手県沿岸北部の宮古市や久慈市は震度 5 弱と，いずれも明確な強い揺れがあっ
た。しかもその揺れの継続時間は極めて長かった。石巻市に置かれた震度計によ
ると，震度 4 以上の揺れは 2 分40秒も続いたという（気象庁，2011）。長く続く揺
れは地盤のずれが大きいことを示し，津波の前兆となる。こうした強く，長い揺
れは，津波の明確な前兆であったといえよう。
　第二の避難のきっかけは津波警報である。気象庁は揺れが始まってから 3 分後
の14時49分に岩手県・宮城県・福島県の沿岸に大津波警報を発表した。発表時間
としては迅速であったといえる。ただ，この時の「予想される津波の高さ」は，

表 9 - 2　各地の震度・情報・津波到達時刻（地震発生は14：46）

	震度 [f]	津波警報 [f]	避難指示	津波到達時刻
陸前高田	（6弱）*	14：49 （15：14, 6m〜）（15：30, 10m〜）	（14：49）** [a]	15：23（海岸） 15：27（市役所）[b]
南三陸	6弱	14：49 （15：14, 10m〜）	14：49 [c]	15：25d
仙台	6強	14：49 （15：14, 10m〜）	14：53 [e]	15：26*** [f]
山元	6強	14：49 （15：14, 10m〜）	14：52 [f]	15：50 [g]

注：*隣接の大船渡市の震度，**広報開始時間，***隣接の石巻市検潮所の最大波
出所：a 陸前高田市（2014），b 牛山他（2012），c 南三陸町 HP，d 南三陸町他（2019），e 仙台市（2017），f
　　　内閣府（2020），g 山元町 HP より。

岩手県と福島県で 3 m，宮城県で 6 m と，実際よりかなり低かった。その後，沖
合の津波ブイの観測情報から，予想津波高は15時14分に岩手県・福島県で
「6 m」，宮城県で「10 m 以上」に変更され，さらに15時30分に岩手県・福島県で
も「10 m 以上」に変更された。発表された津波警報は，Ｊアラートの自動送信
や市町村の自主放送により，防災無線を通じて発表後迅速に住民に伝達されてい
る。第三のきっかけは避難指示など自治体からの避難情報である。これは市町村
によって開始時刻は異なるが，陸前高田市や南三陸町では津波警報と同時の14時
49分に，山元町では14時52分に，仙台市では14時53分に避難指示を発表している
（表 9 - 2）。これもかなり迅速であったといえる。

　他方，大津波の到達時刻だが，陸前高田では15時23分，南三陸では15時25分，
仙台では15時26分，山元では15時50分と，いずれも地震から37-64分後，避難指
示から34-58分となっており，避難する時間的余裕は十分にあったことになる。

（2）避難の実態
① 高い避難率
　東日本大震災時の避難については多くの調査がなされている。ここでは筆者ら
が行った調査（中村他，2012）を中心に，政府が行った 3 つの調査（内閣府，2011；
国土交通省都市局，2011；内閣府，2012）を補足的に使い，避難の実態やメカニズム
について検討する。中村ら（2012）の調査は陸前高田市・南三陸町・仙台市・名
取市・山元町の仮設住宅の住民642人を対象にしたもので，内閣府（2011）の調査

は岩手県・宮城県・福島県の仮設住宅の住民870人を対象にしたもの，国土交通省都市局（2011）の調査は青森県から千葉県までの6県の浸水地域の住民1万603人を対象にしたもの，そして内閣府（2012）の調査は岩手県・宮城県・福島県の浸水地域を含む27市町村の住民1万1400人を対象にしたものである。仮設住宅で行われた中村ら（2011）と内閣府（2011）の調査は実際の津波危険性が高い地域の住民だけを対象にしたものだが，国土交通省都市局（2011）と内閣府（2012）の調査は，危険性がより低い地域の住民を含んでおり，結果は対象者によって異なる部分がある。

　多くの犠牲者を出した東日本大震災だが，住民の避難率を調べると比較的高かったといえる。たとえば中村ら（2012）の調査によれば，大津波の前に避難した人は，陸前高田で94.9%，南三陸で89.6%，仙台／名取で90%，山元で71.5%だった。山元町ではやや低いが，4地域全体では86.8%の人が避難していた。一方，地震の直後に「津波が来るかもしれないと思い避難した」という，迅速な避難をした人は，南三陸で42.1%と多いが，陸前高田では26.1%，山元では13.2%と少なく，4地域全体では3割弱であった（図9-3）。

　内閣府（2011）の調査でも似たような結果が出ている。すなわち地震直後に避難した人が57.0%，何らかの行動を終えて避難した人が30.7%，何らかの行動をしている最中に津波が迫ってきた（切迫避難）が10.8%，避難していない人が1.5%だった（図9-4）。切迫避難は津波が迫ってきており，津波の前に避難した

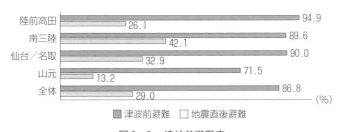

図9-3　津波前避難率

出所：中村他（2012）。

図9-4　避難率

出所：内閣府（2011）。

とはいえないので，事前避難から除くと，避難率は87.7%（直後避難＋用事後避難）となる。

　他方，より広範囲を対象とした調査では避難率はやや低くなっている。すなわち国土交通省都市局（2011）調査では津波前の避難率は63%，内閣府（2012）調査では当日中に津波から避難した人は74.7%であった。

　以上のことから避難率は比較的高かったが，地震直後に避難した人は3割から6割と低くなっていることがわかる。

　② 地震後の行動

　では避難するまでの間，人々は何をしていたのだろうか。中村ら（2012）によれば地震直後の行動で，一番多かったのは屋外に出ることであった（表9‒3）。これは，家屋の倒壊や周りの様子を確認するためで，ある意味当然の行動である。つぎに多かったのは出先から自宅に向かうことだった。これは発災が平日の午後で，仕事・買い物・通院などで自宅外にいた人が多いためである。発災時に自宅にいた人は，中村ら（2012）で63.9%，国土交通省都市局（2011）で59.5%であった。外出時に大地震に遭遇して，「自宅に帰らなければならない」と考える気持ちは理解できるが，本来ならば，津波の危険がある自宅に帰るのではなく，直接近くの高台などに避難するべきであった。第三が状況の確認と安否確認といった情報行動であった。すなわち「家族などの安否を確認するために電話をした」という人が11.5%，「地震に関する情報を得ようとラジオを聞いた」人が11.1%

表9‒3　地震後の行動

（単位：%）

	陸前高田	南三陸	仙台／名取	山元	全体
屋外に出た	66.2	54.9	55.9	55.0	57.9
出先から自宅に向かった	20.4	13.4	20.0	27.8	20.2
家族などの安否を確かめるために電話をした	9.6	13.4	15.9	6.6	11.5
幼稚園や学校などに子どもを迎えに行った	8.9	3.7	6.5	11.3	7.5
近くに住む親や親戚などの様子を見に行った	4.5	8.5	10.0	4.6	7.0
地震に関する情報を得ようとラジオを聞いた	6.4	6.7	21.2	9.3	11.1
自宅の中や外のかたづけを始めた	5.7	7.3	17.6	16.6	11.8
海の様子を見に行った	1.3	4.3	0.6	2.6	2.2
川の様子を見に行った	—	0.6	2.4	0.7	0.9
船の沖出しのために港へ向かった	0.6	1.2	—	—	0.5
津波が来るかもしれないと思いすぐに避難した	26.1	42.1	32.9	13.2	29.0
津波から避難する準備をした	12.7	18.9	17.1	6.6	14.0
避難のために荷物や貴重品をまとめた	1.9	3.7	6.5	6.0	4.5

出所：中村他（2012）。

表9-4　地震後の行動

(単位：%)

外に出て様子をみた	40.0
テレビやラジオで地震情報を知ろうとした	27.7
家族や近所の人に声をかけたり相談したりした	23.1
防災無線から情報を知ろうとした	12.7
インターネットや携帯電話で情報を知ろうとした	6.8
家族などの安否を確かめるために電話・メールをした	23.8
子どもの安否を確認した	11.7
すぐに自宅に戻った	15.0
仕事の同僚や従業員の安否を確認した	6.8
業務上の対応を行った	7.6
来訪者や入所者等を避難させた	2.7
周囲の人を助け出した	5.1
地震後の家の片付けをした	8.9
避難のための準備をした	14.4
何もせず，すぐに避難した	21.3

出所：国土交通省都市局（2011）。

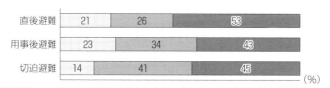

図9-5　安否確認と避難遅れ

出所：内閣府（2011）。

だった（中村，2012）。国土交通省都市局（2011）の調査ではこの割合がより高く，「テレビやラジオで地震情報を知ろうとした」という人は27.7％，「家族などの安否を確かめるために電話・メールをした」という人は23.8％だった（表9-4）。避難の理論からいえば，これは情報確認のためのミリング・プロセスである。また安否の確認は家族が一緒に避難する傾向につながる行動で，いずれも避難を遅らせる要素である。実際，内閣府（2011）の調査によると，直後避難をした人に比べて，用事後避難や切迫避難といった，避難が遅れた人の間では，安否確認をしようとした人が半数を超えていた（図9-5）。

表 9-5 避難した理由

(単位：%)

	全体	陸前高田	南三陸	仙台／名取	山元
以前に津波を経験したので	9.9	13.4	19.0	3.9	0.9
地震の揺れの強さや長さがいつもとは違ったから	50.3	60.4	63.9	37.3	36.1
海や川の水が大きく引いたから	7.7	6.0	12.9	5.9	5.6
家族が避難しようと言ったから	20.6	18.8	17.0	21.6	26.9
近所の人が避難するように言ったから	20.8	15.4	15.6	28.1	25.0
市・町が避難を呼びかけたから	11.8	9.4	21.1	9.2	6.5
大津波警報を聞いたから	19.4	14.8	25.9	22.2	13.0
役場や消防団の人が来て説得されたから	5.4	5.4	5.4	4.6	6.5
実際に津波が来ているという話を聞いたから	5.6	5.4	6.1	3.9	7.4
実際に津波が来るのが見えたから	15.1	14.1	17.0	16.3	12.0
避難訓練などで，いつも避難していたから	5.0	6.0	8.8	3.3	0.9
その他	12.2	10.1	11.6	15.7	11.1

出所：中村他（2012）。

（3）避難のメカニズム

① 避難の理由

中村ら（2012）の調査では，津波前避難の理由としてもっとも多かったのは「地震の強さや長さがいつもと違ったから」であり，全体の50.3％であった（表9-5）。これは揺れという前兆を自ら判断して逃げたのであるから，理想的な避難といえる。なかでもその数字は南三陸で63.9％，陸前高田で60.4％と，リアス海岸地域で高くなっている。それに対して仙台／名取では37.3％，山元では36.1％と宮城県南部では半数近くに下がっている。しかしすでに述べたように，揺れ自体はこうした宮城県南部地域の方がむしろ強かったのである。第二に多く挙げられたのは「近所の人が避難するように言ったから」（20.8％）や「家族が避難するように言ったから」（20.6％）といった周囲の人の勧めである。周囲の人の勧めは有力な避難の促進要因だが，避難を勧める側の住民自身が何らかの要因から避難の必要性を感じていることを前提とするために，避難の原動力というよりは媒介的変数といえよう。また揺れで避難した人が少ない，仙台／名取や山元の方が，南三陸や陸前高田より，他人の勧めで避難した人が多くなっており，周囲の人の勧めで避難するということは，自ら避難を判断できないことの裏返しともいえる。そして第三に多い避難のきっかけは「大津波警報を聞いたから」（19.4％）であった。

なお，避難のきっかけとして揺れを挙げた人が約4割で，周囲の人の勧めと津波警報が2割前後という傾向は，内閣府（2011）や内閣府（2012）の調査でも同様

であった。

　② 避難しない理由

　避難した理由に比べると，避難しなかった理由はさまざまであった。第一に挙げられるのは，津波に対する意識の欠如である。筆者らの調査では，避難しなかった人の理由としてもっとも多かったのは「津波のことは考えつかなかったので」（42.4%）というものだった（表9-6）。これは特に仙台／名取や山元といった南部の地域で多くなっている。津波に度々襲われてきた三陸リアス地域に比べ，こうした地域では津波に対する警戒心がもともと低かったのだろう。避難しない理由の第二は，今回の津波が想定よりも大きな津波だったことである。筆者の調査では「津波が来ないと思われた内陸や高台にいたので」とする人が24.7%おり，国土交通省都市局（2011）の調査でも，避難しようと思わなかった理由として37.5%の人が「海から離れた場所にいた」を挙げている（表9-6）。

　第三は，第二の理由とも関連するが，過去の経験である。国土交通省都市局（2011）調査では「過去の地震でも津波がこなかった」から，とする人が50.6%おり（表9-7），筆者らの調査では「これまでの津波で被害のなかった場所にいた」とする人が8.2%いた（表9-6）。これは経験の逆機能の働きといえよう。第四に家族の安否確認や迎えがある。内閣府（2011）調査ですぐに避難しなかった人に理由を尋ねたところ，「家族を探しにいったり，迎えにいったりした」とする人が21%，「家族の安否を確認していた」とする人が13%いた（表9-8）。そして第五に仕事との役割葛藤がある。内閣府（2011）調査では避難遅れの理由として「仕事があったので」とした人が9%，「避難誘導を行っていた」という人が7%いた（表9-8）。筆者の調査では，陸前高田で「その他」と答えた人が多かったが，その具体的事項の記入欄には「仕事があった」「職場が老人ホームで，置いて動けない」「看護師のため，患者の誘導で間に合わず」「消防のため，呼びかけに回っていた」「仕事先が高台だったため避難しなかった」「その場の責任者の指示。居た場所が避難指定場所だったから」「病院内にて仕事中」など，仕事関連の理由が多かった。実際，消防団員の死者・行方不明者は東北3県で254人に達しており（総務省，2011），同3県の老人福祉施設での死者・行方不明者は，入所者が485人，職員は173人になっている（厚生労働省，2011）。また陸前高田市では，市職員全体の25.1%，111人が犠牲になっている（陸前高田市，2014）。このように消防団・福祉施設従業員・市役所の職員などの犠牲者も多かったのである。これら避難援助者も，危険地域にいる場合は早急に避難できるようにしなければならない。ただ要援護者のいる施設では，避難に限界があり，施設の立地や構造

264

表9-6　避難しなかった理由

(単位：％)

	全体	陸前高田	南三陸	仙台／名取	山元
津波のことは考えつかなかったので	42.4	25.0	5.9	58.8	53.5
津波が来ないと思われた，高台や内陸にいたので	24.7	37.5	58.8	0	18.6
昭和35（1960）年のチリ地震津波や明治・昭和の三陸地震津波など，これまでの津波で被害のなかった場所にいた	8.2	0	17.6	11.8	4.7
市や町が作った防災マップ（ハザードマップ）に津波が来ないと示されていたので	0	0	0	0	0
市や町から避難の呼びかけを聞かなかったので	9.4	0	5.9	23.5	7.0
津波警報を聞かなかったので	10.6	0	5.9	29.4	7.0
海の水が大きく引くなどの前兆がなかったので	2.4	0	5.9	0	2.3
防波堤や防潮堤を超えるような大きな津波は来ないと思ったので	5.9	0	5.9	5.9	7.0
津波の高さが3mとか6m程度と聞き，危険とは思わなかったので	4.7	0	5.9	11.8	2.3
津波が来ると言われていた時間になっても大きな津波が来なかったので	0	0	0	0	0
昨年2月のチリの地震（チリ中部沿岸の地震）で大津波警報が出されたが，実際は大きな津波が来なかったので	3.5	0	5.9	11.8	0
防波堤や防潮堤で海の様子がわからなかったので	1.2	0	0	5.9	0
家族に，小さい子ども，高齢者，体が不自由な人など自力での避難がむずかしい人がいたので	4.7	0	0	17.6	2.3
外出していて自宅の様子を見に行こうとしたので	1.2	0	0	0	2.3
車など避難する手段がなかったので	0.0	0	0	0	0
いざとなったら二階以上に逃げればよいと思っていたので	10.6	0	17.6	23.5	4.7
その他	32.9	62.5	29.4	17.6	34.9

出所：中村他（2012）。

表9-7　避難しようと思わなかった理由

(単位：％)

過去の地震でも津波がこなかった	50.6	防潮堤など津波を防ぐ施設で防げると思った	6.6
海から離れた場所にいた	37.5	家族または近所の人が大丈夫だと言った	4.9
様子を見てからでも大丈夫だと思った	15.4	津波警報の津波の予想高さが高くなかった	3.5
津波の恐れのない高台にいると思った	11.0	最初に観測された津波の高さが小さかった	2.4

出所：国土交通省都市局（2011）。

表 9-8 避難が遅れた理由

(単位：%)

自宅に戻った	22	海から離れた場所にいた	3
家族を探しにいったり，迎えにいったりした	21	体が不自由で，すぐに避難できなかった	3
家族の安否を確認していた	13	津波警報の津波の予想高さが高くなかった	2
過去の地震でも津波が来なかった	11	防潮堤など津波を防ぐ施設で防げると思った	2
地震で散乱した物の片付けをしていた	10	同僚などの安否を確認していた	2
津波のことは考えつかなかった	9	家族または近所の人が大丈夫だと言った	1
様子を見てからでも大丈夫だと思った	9	体が不自由な家族がいて，すぐ避難できなかった	1
仕事があったので	9	高台や高層の建物が近い場所にあるので	1

出所：内閣府（2011）。

表 9-9 避難の手段

	全体	陸前高田	南三陸	仙台／名取	山元
歩いて避難した	27.8	37.6	37.4	22.2	9.3
走って避難した	4.8	6.0	10.2	1.3	0.9
車で避難した	63.2	52.3	49.0	70.6	87.0
その他	4.1	4.0	3.4	5.9	2.8

出所：中村他（2012）。

から対策をしていかなくてはならないだろう。

③ 車避難の危険性

　避難の際に，車が使われることも多いが，車避難は危険である。警察庁によると，宮城県内で発見された遺体のうち車内で発見された人の割合は6.1％であった（中央防災会議，2012）。車から流出した人も含めると被害者はもっと多かったはずである。調査でも，車で避難した人が，特に平野部（男鹿半島以南）で多かったことがわかる。たとえば中村ら（2012）の調査では，初めに避難に使った手段として車を挙げた人は，全体では63.2％であったが，仙台／名取では70.6％，山元では87.0％に達した（表9-9）。あるいは国土交通省都市局（2011）の調査では，津波襲来直前の避難において，車による避難が全体の51.2％と約半数を占め，平野部では59.8％とさらに多かった。同調査によれば，車避難では移動の28.3％が「渋滞して車が動かない状態だった」とされ，平野部ではその割合は48.1％と急上昇している。実際，石巻などの都市部では車の多さや停電による信号の消灯により，激しい渋滞が起き，津波に流されて被害にあった人が多かった。

266

対策は車を使わず徒歩で避難することだが，現実にはなかなか実行されない。たとえば大震災の翌年の2012年に同地域に津波警報が出され，多くの人が避難したが，この時，石巻市では総延長40kmに及ぶ大渋滞が発生したという（日本経済新聞2013.3.5）。石巻市がこの時車で避難した住民に理由を調査したところ，「車を守りたい」「要援護者が居る」「運転中だった」「寒いから」「距離的に遠い」などさまざまな理由があげられていた（石巻市，2013）。前年に車避難で大きな犠牲を出した石巻市ですらこのような状態なのである。車避難の危険性は水害時にもあてはまり，昔から指摘されてきた（高橋他，1987）。しかし，特に車社会が定着している地方では，その解決は容易ではない。

④ 避難のタイプ

筆者らの調査では自らの避難のタイプをたずねている。もっとも多いのは，「大きな地震を感じたら何も考えずに避難する」タイプで，全体の46.7%だった（表9‐10）。なかでも南三陸はその割合が59.1%と高く，逆に山元では29.8%と南三陸の半分だった。リアス海岸地域の津波意識の高さといえるが，これは地震→ 津波 → 避難という一連のスクリプトが活性化したことによる避難のパタンである。次に多いのは「津波警報などの情報を考慮して避難を決める」タイプである。全体では20.1%を占め，地域による差はみられなかった。これは池田（1986）のいう，「詳細な状況分析してから状況を再定義する」タイプ，あるいはMileti（1999）のいう「制御認知プロセス」による避難である。第三は11.8%を占める「避難しようか迷い情報や周囲の人に背を押されて避難する」タイプだが，

表9‐10 津波避難のタイプ

	全体	陸前高田	南三陸	仙台／名取	山元
大きな地震を感じたら，何も考えず，すぐに避難するタイプ	46.7	48.4	59.1	48.2	29.8
津波警報や避難勧告など，情報を考慮して，避難するかどうか決めるタイプ	20.1	21.0	18.9	19.4	21.2
避難しようか迷っているうちに，津波警報や近所の人の勧めなどに背を押されて，避難するタイプ	11.8	12.1	7.9	11.8	15.9
避難しようか迷っているうちに，逃げ遅れるタイプ	5.6	5.7	1.8	7.1	7.9
津波のことは思い浮かばないで，逃げ遅れるタイプ	6.7	3.8	1.2	10.0	11.9
ここは大丈夫だと確信して，逃げ遅れるタイプ	7.0	5.1	7.3	2.9	13.2
その他	2.0	3.8	3.7	0.6	0

出所：中村他（2012）。

表9-11 年齢別避難のタイプ (χ^2;p<0.01)

	20代	30代	40代	50代	60代	70代〜
大きな地震を感じたら，何も考えず，すぐに避難するタイプ	43.3	34.7	33.3	**47.5**	**51.3**	**55.3**
津波警報や避難勧告など，情報を考慮して，避難するかどうか決めるタイプ	**30.0**	**25.3**	**33.3**	**25.5**	14.7	8.8
避難しようか迷っているうちに，津波警報や近所の人の勧めなどに背を押されて，避難するタイプ	13.3	13.3	12.6	9.2	12.7	11.9
避難しようか迷っているうちに，逃げ遅れるタイプ	0	9.3	4.6	5.7	6.7	4.4
津波のことは思い浮かばないで，逃げ遅れるタイプ	10	6.7	3.4	6.4	6.7	8.2
ここは大丈夫だと確信して，逃げ遅れるタイプ	3.3	5.3	9.2	5.7	6.7	8.8
その他	0	5.3	3.4	0	1.3	2.5

出所：中村他（2012）。

山元で多く，南三陸で少なくなっていた。第四の「避難しようか迷っているうちに逃げ遅れる」タイプは全体の5.6％とあまり多くなかったが，南三陸では1.8％と特に少ない。また山元や仙台／名取では「津波のことは思い浮かばないで，逃げ遅れる」タイプが1割以上見られた。これらは津波避難意識と逆の関係がある。一方，ここは大丈夫だと確信して逃げ遅れるタイプは全体の7.0％と比較的少数であった。

避難のタイプを年齢別にみると，「大きな地震を感じたら何も考えずに避難する」タイプは50代以上の高年齢層で多く，「津波警報などの情報を考慮して避難を決める」タイプは50代以下の若い層で多かった（表9-11）。高年齢層ではとっさの判断で避難を決める人が少ない代わりに，これまでの経験をもとにパタン化した避難行動をとる傾向があることがわかる。高齢層は柔軟な情報処理能力が低下する代わりに，ある程度の用心深さをもって決まりきった行動をとる傾向があるようだ（詳細は本章4節）。したがって高齢者には自発的な情報処理を要する避難よりも，パタン化した避難を定着させるような啓発活動のほうが効果的かもしれない。

⑤ 津波警報の効果

筆者らの調査では，大津波が襲う前に津波警報を聞いたか，をたずねている。全体では52.3％の人が津波警報を聞いており，地域別にみると，南三陸町の聴

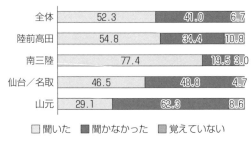

図 9-6　津波警報聴取率

出所：中村他 (2012)。

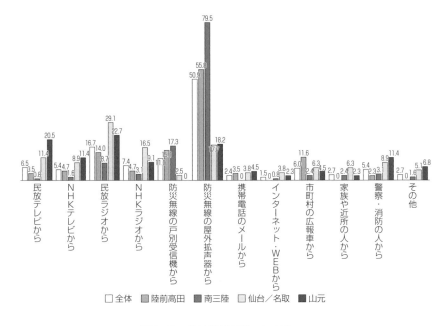

図 9-7　津波警報を聞いたメディア

出所：中村他 (2012)。

取率が77.4％ともっとも高く，一方，山元町では29.1％ときわめて低かった（図9-6）。

　大津波警報を聞いた手段でもっとも多かったのは「防災無線の屋外拡声器」で，聴取した人全体の50.9％が同報無線の屋外拡声器から聞いていた。その割合は

特に南三陸町で79.5％と高率で，陸前高田でも55.8％の人が同報無線の屋外拡声器から聞いていた。大地震の後は屋外に出る人が多いので，津波警報の伝達には，同報無線の屋外拡声器が有効であるといえる（図9‑7）。

　南三陸や陸前高田で津波警報を聞いた人が多かったのは，防災無線から聞いた人が多かったからである。逆に津波警報の聴取率が29.1％と低い山元町では，防災無線から聞いた人が18.1％と低かった。これは名取市と山元町で同報無線が機器的に不具合を起こしたからである（5章参照）。次いで多くの人が聞いたメディアは，民放ラジオが16.7％，防災無線の戸別受信機が11.0％，NHKラジオが7.4％となっている。ちなみに，緊急速報メールで津波警報が速報されるようになったのは，東日本大震災の翌年の2012年からである。中村ら（2012）は，地震直後の避難の有無に関係する要因を明らかにするために，ロジスティック回帰分析を行っている。その結果，津波警報の聴取，自宅から海までの距離，および調査地域で1％以下の明確な有意水準が得られた（表9‑12）。すなわち，警報を聞いた人ほど逃げる確率が上がり，オッズ比をみると1.996倍になっている。オッズ比とは独立変数が1単位増加すると従属変数が一方（この場合は1＝避難した）になる確率がどれだけ高くなるかを示すものである。ここでは，投入したすべての要因の影響を考慮しても，大津波警報を聞いた人は聞かない人に比べて約2倍の確率で地震直後に逃げているということを意味している。

　次に関係していたのは「自宅から海までの距離」である。係数をみると距離が離れるほど避難しなくなるという負の関係がみられた。「歩いて10分以内」を基準にしたときの有意確率およびオッズ比をみると，「歩いて20分以内」F7(1)は有意差がなく，「歩いて30分以内」F7(2)および「歩いて30分以上」F7(3)で有意差があった。オッズ比はそれぞれ0.37と0.29である。これは自宅から海までの距離が20分まではそれほど避難率が下がらないが，20分以上になると，地震後すぐに避難する確率は，海に近い人の1/3程度になるということである。

　第三に有意だったのは「調査地域」であった。ここでは初めの項目である「陸前高田」を基準に比較している。有意差が見られるのは山元町CHIKU3(3)のみで，陸前高田に比べると山元町では直後避難する確率が0.52倍に減少することがわかる。

　一方，「ハザードマップを見たか」や「家族や地域の人から津波の体験談を聞いたか」などは，直後避難とは関係性がみられなかった。

表9-12 直後避難に関係する要因

	B(係数)	標準誤差	Wald	自由度	有意確率	EXP(B)オッズ比
警報を聞いたか Q7X(1)	.691	.206	11.264	1	**.001**	1.996
ハザードマップを見たか Q27X(1)	-.132	.282	.220	1	.639	.876
ハザードマップ危険度認知			2.533	2	.282	
ハザードマップ危険度認知(1)	.004	.421	.000	1	.992	1.004
ハザードマップ危険度認知(2)	.453	.394	1.325	1	.250	1.574
体験談を聞いたか Q26X(1)	.054	.252	.046	1	.830	1.056
自宅から海までの距離 F7			14.508	3	**.002**	
F7(1)	-.152	.223	.465	1	.495	85.9
F7(2)	-.995	.368	7.308	1	**.007**	**.370**
F7(3)	-1.238	.413	8.976	1	**.003**	**.290**
性別 F1(1)	.101	.194	.268	1	.605	1.106
年齢 F2			5.790	5	.327	
F2(1)	-.319	.515	.382	1	.537	.727
F2(2)	-.320	.499	.411	1	.521	.726
F2(3)	.312	.462	.455	1	.500	1.365
F2(4)	.005	.463	.000	1	.992	1.005
F2(5)	.178	.463	.148	1	.701	1.195
調査地域 CHIKU3			15.530	3	**.001**	
CHIKU3(1)	.370	.262	2.002	1	.157	1.448
CHIKU3(2)	.485	.277	3.058	1	.080	1.625
CHIKU3(3)	-.654	.332	3.871	1	.049	**.520**
定数	-1.334	.667	4.006	1	.045	.263

出所：中村他（2012）。

（4）避難の特性と対策

　このように東日本大震災では，地震の揺れという前兆は明瞭で，前兆から津波までの時間も30分以上あり，避難は可能な災害であった。しかも地震の揺れは各自に及んでいたので，危機は他人事ではない，という「個人化」も進みやすく，正常化の偏見も起こりにくい状況であった。また発災は昼間で，雨も降っておらず避難を妨げる条件も少なかった。

　情報面でも津波警報や避難情報は迅速に出され，発出面の問題は少なかった。津波警報における予想津波高の伝達には改善の余地があったが，これについては

予測精度の向上や緊急速報メールの利用などで改善が図られつつある。

　以上の好条件もあり，住民の行動面では，避難率は比較的高く，避難した人は，地震の揺れ・周囲の声かけ・津波警報をきっかけに避難していた。しかし地震直後に避難した人は多くはなかった。避難を抑制した要因はさまざまで，津波を思いつかなかったという津波に対する意識の低さ，想定外の津波に対して内陸や高台で大丈夫であろうという意識，これまでの経験からここまでは来ないであろうという経験の逆機能，家族の出迎えや安否確認，外出先からの帰宅，介護従事者や行政職員の仕事関連の役割葛藤などがあった。

　対策としては，想定外をなくすために大災害に対する被害予測を行い，それに基づいた避難意識の向上を図ることが基本であるが，くわえて安否確認をスムーズにできるようにすること，家族の出迎えをなくすようにすること，仕事との役割葛藤をなくすことなど，さまざまな対策が必要となる。ただ意識や行動の変容だけでは限界もあり，安全なまちづくりなど，避難に頼らない対策も重要であるといえる。

9.2　西日本豪雨とダム情報

（1）避難の前提条件

　次に，ダム情報による避難について，2018年西日本豪雨時の愛媛県西予市と大洲市の事例をもとに検討する[4]。ダムの下流では，その湛水効果によって，大雨時にも川の増水が抑制されている。そのため住民は洪水の前兆である川の増水を直前まで察知することができない。しかし湛水力に限界が来て，ダムからの大量放流が始まると急激な洪水が起きるために，避難にはダム操作の情報が極めて重要になる。ダム関係でもっとも重要な情報は，「異常洪水時防災操作」（以下「ただし書き操作」[5]）関連の情報と，それをもとに市が出す避難指示である。

　4章でみたように，当時西予市では，避難指示が7日の午前5時10分に発表され，同報無線の戸別受信機と屋外拡声器および消防団の戸別訪問によって住民に伝えられた（表9‒13）。西予市は同内容を5時35分と6時1分にも同報無線で放送している。そのメッセージは表9‒14のようなものであった。一方，国土交通省の野村ダム管理事務所は，5時15分に川沿いに設置したスピーカーを通じて，今後急激に水位が上昇する旨の警戒を呼びかけている（表9‒15）。

　一方，西予市の下流に位置する大洲市では，6時18分に鹿野川ダムの管理事務所が，川沿いのスピーカーを通じて，急激な増水への警戒を呼びかけている（表

表9‐13　住民に伝えられた情報の時系列一覧

時刻	主体	事　項	伝達方法	内容
〈野村ダム・西予市〉				
5：10	市→住民	避難指示を発表（5：35・6：01にも放送）	同報無線（戸別・屋外），戸別訪問	(C)
5：15	ダム→住民	緊急放流を住民に広報	スピーカー	(A)
6：20	ダム	異常洪水時防災操作を開始		
〈鹿野川ダム・大洲市〉				
6：18	ダム→住民	緊急放流を住民に広報	スピーカー	(B)
7：30	市→住民	避難指示発表	同報無線（屋外）戸別訪問	(D)
7：35	ダム	異常洪水時防災操作開始		
8：43	市→住民	避難指示発信	緊急速報メール	(D)

出所：国土交通省四国地方整備局（2018a）より作成。

表9‐14　市役所からの避難指示のメッセージ内容

〈西予市〉
西予市災害対策本部からお知らせします。肱川が氾濫する恐れのある水位に達しましたので，野村地区に避難指示を発令しました。野村中学校，野村小学校及び野村公民館を避難所として開設しています。ただちに避難を開始してください。また避難所への避難が危険な場合は，近くの安全な場所に避難するか，屋内の高いところに避難してください。（繰り返し）
〈大洲市〉
こちらは，防災大洲市役所です。大洲市災害対策本部から，避難指示をお知らせします。肱川の水位が上昇し，堤防を越えることが予想されます。今回の水位は，過去最大の水位で，これまで浸水していない場所も，浸水の恐れがあります。直ちに，避難所に避難するか，高い所へ避難せよ。

出所：国土交通省四国地方整備局（2018c）より。

表9‐15　ダム管理者からの放流警報のメッセージ内容

〈野村ダム〉
こちらは，野村ダム管理所です。現在，洪水調節を行っておりますが，ダムへの流入量は今後も一層増加することが予想されますので，緊急のダム操作に移行する予定です。下流河川の水位が急激に上昇するおそれがありますので厳重な警戒をおねがいします。
〈鹿野川ダム〉
鹿野川ダムよりお知らせします。ダムは現在洪水調節中ですが，ダムの流入量は今後も一層増加することが予想されるため，異常洪水時の操作に移行する予定です。川の水が急激に増えますので，厳重に警戒してください。もう一度繰り返します。

出所：国土交通省四国地方整備局（2018b）より。

9‑13)。また大洲市からは、7時30分に避難指示を同報無線の屋外拡声器と消防団の戸別訪問により伝えている（表9‑13）。

　6章でも述べたが、これらのメッセージは、「ダムが満水に近づき緊急の放流をするため、洪水が発生する」、といったハザードに対する「明確さ」に欠けるものであった。ただ、大洲市の呼びかけには「過去最大の水位」とか「高い場所に避難せよ」などの緊迫感をもった表現があり、その効果が注目される（表9‑14）。

　なお、ダムの放流量に従った浸水シミュレーションはなされておらず、西予市では洪水用の防災マップも作られていなかった。西予市ではダムの建設以来大きな洪水もなく、大雨による住民の自発的避難は期待できない状況だった。

（2）避難の実態

　これらダム情報に対する住民の反応を明らかにするために、筆者らは両市の住民にアンケート調査を行っている。調査の対象者は、西予市および大洲市の仮設住宅の住民79人（西予市35人、大洲市44人）である（中村他、2020a）。

　避難状況を聞くと、被災前に自宅から避難した人は西予市で77％、大洲市では43％であった（図9‑8）。特に西予市では8割近くの人が避難しており、事前に避難した人は比較的多かったといえる。

（3）避難のメカニズム
① 避難のきっかけ

　事前避難した人に避難のきっかけをたずねたところ、「消防団員、市の職員、警察官などに勧められて」という人が61％ともっとも多かった（図9‑9）（当時戸

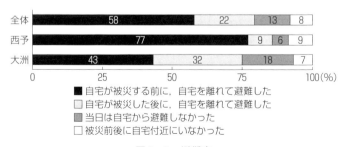

図9‑8　避難率

出所：中村他（2020a）。

別訪問したのは主に消防団なので以下，消防団等と述べる）。次いで「川の水位を見て」が33%，「自宅付近が浸水したのを見て」が30%，「家族や近所の人に勧められて」が30%であった。これを見ると消防団などの勧めがもっとも有効な手段であったことがわかる。

　このとき，西予市では消防団員77人が912戸を訪問して避難の呼びかけを行ったという（愛媛新聞2018.9.14）。消防団の呼びかけには不思議な説得力がある。というのは，危ないという認識がないままに消防団に説得されて行動した人が相当数居たのである。たとえば西予市のある住民はアンケートの自由回答欄で次のように答えている。「まさか，自分宅がと思いましたが，消防の方がしらせていただいたので早目に避難した。（中略）自分の宅は3階なので避難しないと思ったのですが高齢なので組内の方にめいわくをかけてはいけないと思い消防の方の通りにしました」ここには，地域の規範には従わなくてはいけないという規範意識のほか，せっかく訪ねてきたのだからそれに報いたいという返報意識など，パーソナル・コミュニケーションの効果がみられる。Lazarsfeld ら（1948）はこれを「信念のない説得」（persuasion without conviction）といっている。8章で述べた

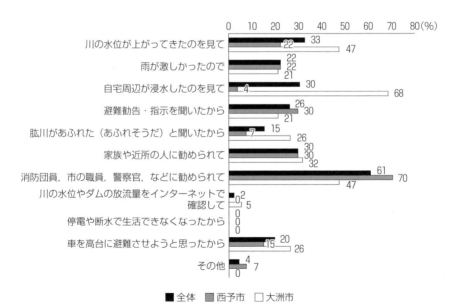

図9-9　事前避難した人の避難のきっかけ

出所：中村他（2020a）。

「オーバーフロー・モデル」（図 8 - 1 ）によれば，これは「社会的要因」による避難に相当する。

　西予市と大洲市の回答を比べると，西予市では消防団等に勧められて，という人が70％であったのに対して大洲市では47％と少なかった。逆に大洲市では68％ともっとも多くの人が「自宅付近が浸水したのを見て」としている。大洲市では消防団の勧めが不十分であったために逃げ遅れ気味になったのである。その背景には，避難指示の発表が，西予市では「ただし書き操作」の 1 時間10分前であったのに対して，大洲市では 5 分前と，消防団が巡回する時間が不足していたことがある（表 9 - 13）。これが西予市と大洲市の避難率の差につながっているのである。

　② 情報の影響

　筆者らの調査によれば，ダム管理者からの放流情報を聞いた人は西予市・大洲市ともに 3 割程度に過ぎなかった。一方，避難指示の聴取率はやや高く，西予市で43％，大洲市で50％だった（表 9 - 16）。放流情報の聴取率が低いのは，ダム事務所が設置したスピーカーが川沿いにしか設置されておらず，自宅に音が届きにくかったためである。

　聴取の有無と事前避難の有無をクロス集計して，情報の影響をみたところ，放流情報を聴取した人の避難率は60％，しなかった人の避難率は61％と，放流情報に避難促進効果はみられなかった。一方，避難指示は，聞いた人の避難率が77％，聞かなかった人の避難率が50％と，聞いた人の避難率が30％ほど高くなっており，避難を促進したといえそうだ（図 9 - 10）。

　情報の影響をさらに確かめるために，事前避難の有無を従属変数に，放流情報の聴取・避難指示の聴取・事前の自宅の洪水危険性の認識の有無・地域などを独立変数としてロジスティック回帰分析を行った。その結果，避難指示を聞いた人や，西予市の人は，有意に避難する確率が高くなることがわかった（表 9 - 17）。ここからも，たしかに避難指示は避難を促進させているといえる。

　放流情報・避難指示を聞いた人に，それを聞いた時にどう感じたかを尋ねた。

表 9 - 16　避難情報の聴取率

（単位：％）

	ダムの放流情報	市の避難指示
西予市	34	43
大洲市	32	50

出所：中村他（2020a）。

すると，放流情報を聞いた人は，「いつもと同じ程度の放流だと思った」という人が，西予市で58％，大洲市で64％と多くなっていた（表9‐18）。「緊急のダム操作」で「水位が急激に上昇する恐れがあります」という放流情報の表現では，異常事態であることを伝えられなかったために，避難促進効果がなかったものと考えられる。他方，避難指示を聞いた人も「危険性があることがわかった」という人は2割前後と少なく，こちらも危険性は伝わっていなかった。「氾濫する恐れのある水位に達しましたので」（西予市）とか，「水位が上昇し堤防を越えることが予想されます」（大洲市）という避難指示の表現では，危険性が伝わらなかっ

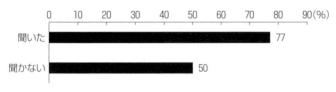

図9‐10 避難指示の聴取と避難率

出所：中村他（2020a）。

表9‐17 避難に関連する要因(1)-ロジスティック回帰分析

	B（係数）	標準偏差	Wald	自由度	有意確率	オッズ比
放流情報	−1.368	0.754	3.290	1	0.070	0.255
避難指示**	2.059	0.771	7.131	1	0.008	7.834
自宅への洪水危険性の認識	0.831	0.744	1.247	1	0.264	2.296
地域***	2.568	0.703	13.338	1	0.000	13.043
定数	−3.634	1.075	11.431	1	0.001	0.026

：$p < 0.01$，*：$p < 0.001$

注：調査数は少ないものの，このモデルの適合度は以下の通りで，適合度は良いと評価できる。Omnibus test：$p < .001$，Cox & Snell R2乗：0.290，Hosmer & Lemeshow：$p \geq 0.05$，正解率：77.8％。

出所：Nakamura, et al.（2019）。

表9‐18 避難情報を聞いた感想

（単位：％）

	ダムの放流情報		市の避難勧告・指示		
	よく聞き取れなかった	いつもと同じ	危険性があることがわかった	避難の必要性を感じた	「避難せよ」で緊迫感を感じた
西予市	42	58	13	53	27
大洲市	36	64	27	46	50

出所：中村他（2020a）。

たのだろう。しかし避難指示を聞いた人は「避難しなくては」と感じた人が西予市で53％，大洲市で46％と半数程度いた。危険性は感じなくても，避難指示には従わなくてならない，という規範意識が働いたとものと考えられる。また大洲市では「『避難せよ』という表現を聞いて，緊迫感を感じた」という人が50％いた。いつもと違う命令調の表現は，緊迫感を伝えるのに一定の効果があったといえる。

　次に避難指示を聞いたメディアを聞いたところ，西予市では「消防・警察・役場の人から直接聞いた」という人が60％と圧倒的に多かった（表9-19）。一方大洲市では同報無線の屋外拡声器，緊急速報メール，「消防・警察・役場の人」がほぼ同数で並んでいた。

表9-19　避難指示を聞いた手段　MA.

（単位：％）

	戸別受信機	屋外拡声器	緊急速報メール	消防等から直接	人づて	テレビ	その他
西予市	27	13	0	60	7	7	20
大洲市	0	55	41	41	14	14	5

出所：中村他（2020a）。

表9-20　事前避難に関連する変数(2)-ロジスティック回帰分析

	B（係数）	標準偏差	Wald	自由度	有意確率	オッズ比
放流情報の聴取	−0.686	0.896	0.586	1	0.444	0.503
戸別受信機による避難指示聴取	19.840	18913.978	0.000	1	0.999	413509581.300
屋外拡声器による避難指示聴取	−1.006	1.521	0.437	1	0.508	0.366
緊急速報メールによる避難指示聴取	0.336	0.931	0.130	1	0.718	1.399
消防団等による避難指示聴取*	2.417	1.161	4.334	1	0.037	11.210
人づてによる避難指示聴取	2.427	1.858	1.707	1	0.191	11.326
テレビによる避難指示聴取	1.033	1.841	0.315	1	0.575	2.808
CATVによる避難指示聴取	−19.693	40192.970	0.000	1	1.000	0.000
自宅の洪水危険性の認知	1.316	0.804	2.678	1	0.102	3.730
地域**	2.110	0.721	8.560	1	0.003	8.250
定数	−0.686	0.896	0.586	1	0.444	0.503

*：p<0.05，**：p<0.01

注：調査数は少ないものの，このモデルの適合度は以下の通りで，適合度は良いと評価できる。Omnibus test：p<.01，Cox & Snell R2乗：0.303，Hosmer & Lemeshow：p≥0.05，正解率：77.8％。

出所：Nakamura, et al.（2019）。

　さらに伝達メディアによって避難促進効果が異なるかを確かめるために，事前避難の有無を従属変数にして，各メディアからの避難勧告聴取の有無などを独立変数としたロジスティック回帰分析を行った（表9‐20）。分析の結果，避難指示が伝達されたメディアのうち，「消防・警察・役所の人」によって伝えられた経路のみが有意であり（p<0.05），そのオッズ率は11.2であった。戸別受信機による効果はオッズ比では非常に高かったが，このメディアで聞いた居住者はわずか（4人のみ）であったため，統計的には有意ではなかった（p>0.05）。こうしたデータは，消防団の呼びかけの有効性を示している。

（4）課題と対策

　ダムの放流による洪水は，前兆現象がつかみにくく，情報が頼りになる。しかし今回，放流情報はスピーカーの能力が低く，十分に伝達されず，また聞こえた人にも危険性が伝わらなかった。それをカバーしたのが消防団による避難指示の伝達だった。多変量解析で，避難指示を消防団から伝えられた場合だけに避難が促進されたことからもこれはいえる。避難指示は，危機感は伝えられなかったが，避難の必要性は喚起していた。それが消防団によって伝えられることによって，規範意識や地域に迷惑はかけられないといった，危険の認知とは別の，社会的要因が働いたと考えられる。

　その一方でさまざまな問題もあった。Mileti ら（2015）によれば警報に対する人々の対応段階は，① 警報発令までの時間，② 警報周知の時間，③ 住民の対応行動始動までの時間の3つの時間区分に分けられるというが，今回はそれぞれの段階に問題があった。すなわち，第一段階の問題としては，自治体が「ただし書き操作」の予告を受けてから避難指示を出すまでに時間がかかってしまったことがある。第二の段階としては，第一段階の避難指示の出し遅れが，消防団が呼びかけをする時間を短くしてしまった。またダム管理者の放流警報や自治体の避難指示が住民にうまく伝わらなかったというメディアの問題もある。第三段階の問題としては，警報を受け取った住民でも危機感を持つことがなかったという問題がある。

　第一段階の対策としては，Mileti ら（2015）は，自治体の防災担当者は住民の対応行動のリストを作り，洪水危険度のレベルを設定し，その判定基準（しきい値）を作ることを推奨している。たとえば，①「ただし書き操作」の予告の有無と予測される放流量による氾濫の規模による危険レベルを設定し，② それに従った警告レベルを設定し，③ その段階によりどの範囲の住民が避難するべき

かをあらかじめ決めておくのである。これらのことによって警報発令の遅れを防ぐことができるだろう。

　第二段階の対策は，周知のために多様なメディアを駆使して伝達することである。一般的には防災無線と緊急速報メールが主要メディアであるが，今回は特に消防団の戸別の呼びかけが有効だった。ただ，それが機能したのはこの地域の地域社会が活発で人々のそれへの関与が高かったためで，都市部ではこの方法は使いづらい。

　そして第三段階の対策には，適切なメッセージ内容を早い段階から頻繁に流すことがある（Mileti, et al., 2015）。今回であれば，まずはダムが満水であるとか，放流で住宅が浸水するといった，より明確で具体的なメッセージが必要であった。そして警戒の放送は危機の直前だけでなく，「ただし書き操作」に至る前の段階から順次行うべきで，放送の頻度も，西予市で3回，ダムの放流情報は1回だけだったので，不十分なものであった。さらに，ダムの放水量を考慮した浸水シミュレーションをもとに防災マップを作るなどして，あらかじめ洪水への啓発活動を行っておくことも，迅速な避難には必要である。

9.3　西日本豪雨時の広島市土砂災害

　次に同じ2018年西日本豪雨時の広島市の土砂災害について述べる。

（1）避難の前提条件

　2018年の西日本豪雨では，広島市で深刻な土砂災害が発生した。市内では死者24人，全壊家屋111棟の被害となった。特に安芸区の被害は大きく，18人の犠牲者が出ている（図9‑11）。災害発生時刻は，たとえば土石流で6人が亡くなった安芸区矢野東地区では，7月6日の19時50分頃であった（朝日新聞2018.8.6）。

　土砂災害の前兆現象には，事前の大雨があるが，広島市では前日の朝から雨は降っていたが，それは1時間あたり15mm程度と，特に激しい雨ではなかった。とこ

図9‑11　広島市安芸区矢野東地区の土石流被害
（筆者撮影）

ろが被災当日の夕方17時台には市内中心部では30 mm，18時台は45 mm 程度と
雨は次第に強くなっていった（広島地方気象台，2018）。場所によってはより激しく，
市内安芸区では18時台に72 mm の雨となった（広島市，2018）。今回は，だらだら
と降り続く雨の後に激しい雨が降るという，危機感を持ちにくい降雨であったと
いえる。

　安芸区で出された情報をみると，まず被災当日の14時5分には土砂災害警戒情
報が出された（表9‐21）。広島市ではこの情報により14時8分に「避難準備・高
齢者等避難情報」を発出している。内閣府のガイドラインでは土砂災害警戒情報
を避難勧告の発令基準と例示しているが，2017年に改訂された広島市の発令基準
では，土砂災害警戒情報が発令されても県の危険度メッシュ情報で「2時間後に
基準値超過」（赤）の表示がされているときには，「避難準備・高齢者等避難情
報」を出すことになっており，これは市の基準通りであった。

　その後17時56分にメッシュ情報で「1時間後に基準値超過」（紫）の表示がな
されたのを確認して，市は18時5分に避難勧告を発表した（表9‐21，図9‐12）。

表9‐21　広島市（安芸区）被災経過

日時	事　項
7/6　14：05	土砂災害警戒情報
14：08	避難準備・高齢者等避難開始情報
17：56	土砂災害危険度メッシュ1時間後超過確認
18：05	避難勧告
19：40	大雨特別警報
19：43	避難指示（緊急）
19：50頃	土砂災害発生

出所：広島市（2018）より作成。

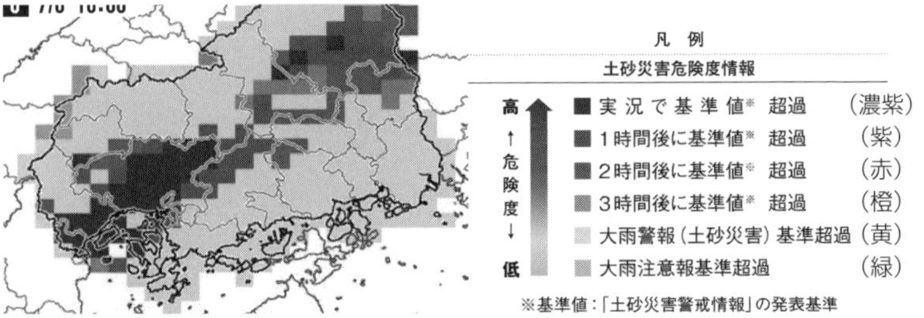

図9‐12　発災直前（7/6 18：00）の広島県土砂災害危険度メッシュ情報
出所：広島県（2019）。

　さらに19時40分に大雨特別警報が発表されたのをきっかけに，市は19時43分に避難指示を出している。いずれも市の発令基準に沿ったものであった。避難勧告の発令は，発災の1時間45分前で大雨で避難しにくい状態ではあったが，時間的には間に合っていたといえる。

（2）避難の実態

　今回の避難については，広島市（2018）が市内の土砂災害警戒区域および土砂災害危険箇所に住む住民858人にアンケート調査を行っているので，その結果から避難の実態をみていく。市の調査によれば，被災当日の避難率は22.1%であった（図9-13）。しかしそのうち避難先は，自宅の上階が34.2%，自宅外に避難した人は61.5%であった。ここから自宅外に避難した人は回答者の13.6%に過ぎないことになる。しかも避難した人にその時刻を尋ねると，19時40分以前に避難した人は55.2%と半数にとどまっており，発災前に自宅外に避難した人はさらに少ない。危険地域でも，避難は低調だった。

　避難の理由でもっとも多いのは61.6%の人が挙げた「雨の降り方などで身の危険を感じたから」であった（表9-22）。18時台の大雨が避難の引き金となっていた。他方，情報として挙げられた理由は「避難指示」が36.3%，「大雨特別警報」が33.4%「避難勧告」が31.1%で，情報は避難の役に立っているものの，避難の決め手とはなっていないようであった。

　各種避難情報の入手率をみると，避難指示・高齢者等避難開始情報は64.5%，

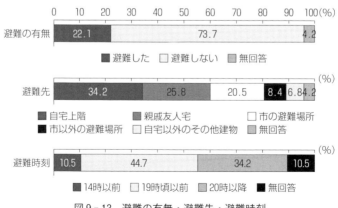

図9-13　避難の有無・避難先・避難時刻

出所：広島市（2018）より作成。

避難勧告は77.7％，避難指示は70.3％と，避難情報は比較的よく伝わっていたといえる。

　避難情報の中でもよく伝わっていた避難勧告について，その入手メディアをみると，もっとも多かったのはテレビ（55.6％）で，次いで緊急速報メール（31.5％），市の防災メール（17.0％）だった（表9-23）。テレビが多かったのは，当日は大規模な停電がなく，避難勧告が出たのが夕食時で，大雨を心配してテレビをつけて情報を得ようとした人が多かったためと考えられる。一方緊急速報メールはすべての携帯電話に伝わっているはずだが，そこから避難勧告を知った人が少なめだったのは気になるところである。

（3）避難のメカニズム

　市の調査で，避難しなかった理由として，もっとも多く挙げられたのは「被害に遭うとは思わなかった」（53.3）であった（表9-24）。次いで多かったのが，「避難するほうがかえって危険だと思った」（37.2％），「雨の降り方や川の水位から安全と判断した」（38.6％），「今まで自分の居住地が災害に遭ったことがなかった」（38.0％），「近所の人は誰も避難していなかった」（35.9％），「いざとなれば2階などに逃げればよいと思った」（30.1％）などで，それぞれ1/3程度の人が挙げ

表9-22　避難の理由

（単位：％）

雨の降り方で身の危険を感じた	61.6	大雨特別警報	33.4
家族の勧め	25.3	避難勧告	31.1
近所の人・消防団の勧め	23.7	近所の人が避難を始めた	12.6
避難指示	36.3	土砂災害警戒情報	26.8
ネットで雨量や水位を見た	18.4	避難準備・高齢者等避難開始情報	15.3

出所：広島市（2018）より作成。

表9-23　避難勧告入手手段

（単位：％）

テレビ	データ放送	ラジオ	市の防災メール	緊急速報メール	屋外スピーカー	サイレン	屋内受信機
55.6	8.2	5.0	17.0	31.5	9.0	4.7	4.8
防災受信機	市HP	市防災ポータル	Twitter	Facebook	防災アプリ	家族から	地域の人から
2.1	2.3	2.7	0.9	0.6	7.1	9.4	12.9

出所：広島市（2018）より作成。

表9‑24 避難しなかった理由

(単位：%)

被害に遭うと思わなかった	53.3	自宅外の安全なところにいた	7.9
避難するほうが危険と思った	37.2	近所が避難していなかった	35.9
雨の降り方や推移から安全と判断	38.6	避難場所の滞在が不安	16.3
今まで災害にあったことがなかった	38.0	すでに危険な状態だった	6.8
いざとなれば2階に逃げればよいと判断	30.1	誰からも避難を勧められない	13.3
メディアの雨量水位情報から安全と判断	25.6	避難情報を知らなかった	4.9

出所：広島市（2018）より作成。

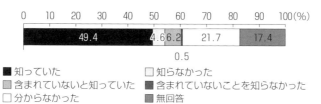

0.5

■知っていた　□知らなかった
■含まれていないと知っていた　■含まれていないことを知らなかった
□分からなかった　■無回答

図9‑14 自宅が土砂災害警戒区域に含まれることの認知

出所：広島市（2018）。

ていた（表9‑24）。このように避難しなかった理由をみると，何か確固とした理由があって避難しなかったというよりは，なんとなく被害に遭うとは思わなかった，という人が多かったようである。

　その背景には，自宅の危険性についての認識が欠如していたことがある。同調査では自宅が「土砂災害警戒区域」に指定されていることを知っていたかを尋ねているが，警戒区域に指定されている住民（563人）についてみると，指定されていることを知っていた人は49.4％と半数しかいなかった（図9‑14）。土砂災害警戒区域の設定時には住民説明会なども行われているので，この認知率は少ないといえる。一般に土砂災害のほとんどは土砂災害警戒区域（または土砂災害危険箇所）で発生しているので[6]，住民は自分がそうした危険な場所に住んでいることを認識することが大事である。実際，市の調査でも土砂災害に指定されていることを知っている人の避難率は19.1％であったのに対し，認知していない人は15.8％と低くなっている（広島市，2018, p. 27）。

（4）課題と対策

　一般に土砂災害からの避難は難しいものだが，今回もそれを痛感させられる災害だった。広島市は，1999年や2014年にも大規模な土砂災害があり，土砂災害の常襲地域である。そこで近年，避難情報の改善や土砂災害警戒区域の設定などさ

まざまな努力がされてきた。その結果，今回，避難勧告や避難指示については適切に発令され，住民にかなりの程度伝達することもできた。しかしそれにもかかわらず避難率は，屋内避難を含めて約2割，自宅外避難は1割程度と低調であった。

　その主な原因は，自宅が被害に遭うとは思わなかったという，土砂災害に対する危機意識の欠如であった。土砂災害警戒区域に指定されていることを認識している人も約半数と低調であった。もっとも，指定されていることを知っている人でも知らない人に比べて避難率は5％程度しか高くなく，警戒区域の認知だけでは避難の促進には十分とはいえない。

　土砂災害常襲地域でしかも自宅が土砂災害警戒区域に指定されているのに，なぜ危機意識が生まれないのか。それは第一にこれまで自宅が土砂災害に遭ってこなかったためであろう。たとえ近所で土砂災害が起きていても，あるいは起きていればなおさら，あの時大丈夫だったのだから自宅は安全だと考えるのである。広島市の調査では自主防災会の会長にヒアリング調査もしているが，ある人は避難しなかった理由として「同じ地区内でも8.20豪雨災害で被害に遭わなかった場所に住んでいるため，今回も避難の必要はないと思っていた[7]」と述べている（広島市，2018，p. 28）。土砂災害には，たとえ隣家でも被害の有無が分かれることがあるという局地性があり，それが津波や洪水と異なるところである。

　そのうえ土砂災害の長周期的な性格も危機感を生みにくくさせる。土砂災害は一度発生するとその場所はしばらく土壌が安定して，何十年も何事もなく経過することが多い。それはつまり，低地の水害のように高頻度に低被害の災害が発生することがなく，いきなり致命的な災害となるということである。

　広島県はたびたび土砂災害に襲われてきたので，県内には少なくとも38基の水害碑が建立されているという（藤本他，2016）。しかしそうした碑の多くは住民に顧みられることがなかった。実際，筆者が今回土石流の被害があった広島県坂町に住むある住民に聞いたところ，「明治時代，義父の子供時代に，ここで土石流があったと聞いたことがある。その時の石碑があるというが，場所はわからない」と言っていた。その時以来そこで何も起きていなければ，それは単なる昔話に過ぎなくなるのかもしれない。実際，今回住宅に被害を受けた広島市安佐北区のある住民に話をうかがったところ，「100年前に同じ場所で土砂崩れがあったっていうけど，100年前だからね。孫が小学校から地図を持ってきて，見たら，うちが危険地域に入っていて『へぇー』と思ったことがあった」と他人事のように語っていた。まるで，100年も起きていない出来事は，自分の人生には関係のな

い出来事である，と感じられているようだった。

　対策としては第一に，土砂災害に対する危機感を醸成することが必要である。避難情報はそのうえで避難のタイミングを知るためのものである。土砂災害，特にかつて山津波と呼ばれた土石流の危険性は，直感的には理解しにくい。というのは崖から離れた，斜度の緩い，開けた傾斜地であっても，谷筋から流れてきた土石流に襲われ，家が全壊する可能性があるからである。なぜ自宅が土砂災害警戒区域に指定されているのか，その危険性について丁寧に説明して，理解してもらうことが重要である。その際，過去の土石流の映像を見てもらうことも有効だろう。そのうえで遠くなくても谷筋の延長上から離れた場所に避難場所を確保するようにすることである。たとえば大きな被害のあった安芸区の矢野東の現場近くには駐車場のあるコンビニがあったので，そこに一時的に車中待機することもできたかもしれない。

　第二に消防団などによる戸別訪問がある。土砂災害避難の数少ない成功例には，消防団などによる避難の呼びかけがあった。たとえば2005年の台風14号では九州各地で土砂災害が発生したが，筆者らが鹿児島県・宮崎県・大分県の10か所で調査をしたところ，全体で45.3％の人が避難していた。避難のきっかけとしてもっとも多く挙げられたのは，58.6％の人が挙げた「役場・消防・警察の人から勧められて」であった（廣井他，2006；中村，2008）。なかでも高千穂町・椎葉村・山之口町（現都城市）などでは避難率が64％から96％と特に高かったが，そうした地域では避難勧告を消防などから聞いた人の割合が48％から64％と高かった。ただ広島市のような都市部では，地域社会の凝集性が低いために，戸別訪問にも限界があるかもしれない。

　そして第三は，土砂災害における避難のむずかしさを考え，避難に頼らず，構造的強化や・土地の利用制限などを行うことである。1999年の広島土砂災害を契機に作られた土砂災害防止法では，特に危険な区域を「土砂災害特別警戒区域」に指定している。この特別警戒区域では，土砂災害の衝撃力に耐えられるよう建築物の構造が規制されたり，移転の勧告がなされるようになっている。2020年末現在，全国に約64万か所の土砂災害警戒区域があり，そのうち約52万か所が特別警戒区域に指定されている。これを厳格に活用し，今後，土砂災害の危険地域に建つ住宅そのものを減少させることが重要である。

9.4　2019年台風19号

（1）避難の前提条件

　2019年台風19号は，東日本各地で洪水や土砂災害を起こし，87人（関連死除く）の犠牲者を出した。ここでは千曲川が氾濫した長野県長野市と安達太良川が氾濫した福島県本宮市に注目し，水害避難について考察する。[8] 長野市では全壊家屋869棟という大規模な水害があり，２人の犠牲者があった。一方本宮市では全壊家屋257棟の物的被害があり，７人の犠牲者が出ている。両市の被害を比較すると，本宮市では長野市の1/3の全壊家屋数にもかかわらず，長野市の３倍以上の犠牲者を出したことになる。同じ災害におけるこの差は，両市における避難行動

表9‐25　長野市被災経過

日　時		事　項
10/12	15：30	大雨特別警報発表（含む長野市）
	18：00	避難勧告（穂保地区を含む千曲川沿い）
	21：00	千曲川氾濫注意水位を超える
	23：40	避難指示（千曲川沿い）
10/13	0：00	千曲川氾濫危険水位を超える
	0：45	避難指示（豊野・赤沼地区）
	1：15	千曲川氾濫発生情報
	3：20	大雨特別警報解除
	6：30	決壊を確認

出所：毎日新聞2019.10.14。

表9‐26　本宮市被災経過

日　時		事項
10/12	14：00	避難準備・高齢者等避難開始情報（市内全域）
	19：50	大雨特別警報（含む本宮市）
	20：00	避難勧告（本宮１区～本宮９区，阿武隈川流域）
	22：15	避難指示（本宮１区～本宮９区，阿武隈川流域）
10/13	0：50	避難指示（市内全域）
	1：00頃	阿武隈川で氾濫発生
	1：05	災害発生情報（下町より越水）市長による防災無線の呼びかけ
	4：10	災害発生情報（至る所で冠水）

出所：NHK NEWS WEB, 2019.10.25および内閣府（2019）より。

の差に起因している。

　というのも，この台風は勢力が強いということで，上陸前から異例の警戒態勢が敷かれていた。たとえば気象庁では上陸の3日前から警戒を呼びかける記者会見を行っていた。そのうえ上陸前日の会見では「伊豆に加えて関東地方でも土砂災害が多発し，河川の氾濫が相次いだ，昭和33年の狩野川台風に匹敵する記録的な大雨となるおそれもあります」と，過去に大きな被害をもたらした「狩野川台風」を例に出して，警戒を呼びかけていた。

　さらに気象警報や避難情報も適切に発出されていた。たとえば長野市で千曲川が氾濫したのは10月13日の午前1時15分頃で，堤防が決壊し大きな被害が発生したのは13日の朝6時過ぎであったが，大雨特別警報が前日の15時30分に，長野市の避難勧告は前日の18時に，避難指示は前日の23時40分に出されていた（表9‑25）。

　一方，本宮市の安達太良川が決壊して大きな被害となったのは，13日の午前3時頃であった（日テレ news. 2019. 11. 12）。それに対して，大雨特別警報は前日の19時50分に出され，避難準備・高齢者等避難開始情報が前日の14時，避難勧告が前日の20時，避難指示が前日の22時15分に出されていた（表9‑26）。いずれの市でも被災の7時間以上前に避難勧告が出されており，避難のための時間的余裕は十分にあったことになる。さらに両市とも氾濫時には雨はほとんど降っておらず，避難の妨げになる気象状況ではなかった。

（2）避難の実態

　避難の実態を探るために，筆者らは長野市と本宮市において住民アンケート調

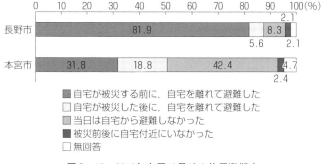

図9‑15　2019年台風19号時の住民避難率

出所：中村他（2020b）。

査並びに聞き取り調査を行った（中村他，2020b）。アンケート調査の対象者は，346人で，229人（長野市214人，本宮市132人）から回答を得た。

　調査結果でまず注目されるのは，被災前の避難率である。被災前に自宅を離れて避難した人は，長野市では81.9％，本宮市では31.8％であった。長野市の避難率は本宮市の2.5倍であった（図9‐15）。長野市で住宅被害が大きかったわりに本宮市より人的被害が少なかったのは，この事前避難率の差が原因となっている。

　避難しなかった理由をたずねたところ，「いざとなったら2階に逃げればよいと思ったから」という回答が長野市では45.0％だったのに対し，本宮市では73.1％に達していた（表9‐27）。本宮市で避難率が低いのは，洪水の浸水深を低く見積もっていたためと考えられる。さらに本宮市では「これまでの水害では逃げなくても大丈夫だったから」という人が44.2％おり，長野市の25.0％に比べて多くなっている。本宮市では，たとえ浸水したとしてもこれまでの経験から2階までは達しない程度の浸水に収まるだろう，と考えた人が逃げ遅れていたのである。もっとも，今回の浸水の深さは決して想定外のものではなかった。本宮市のハザードマップによれば，今回調査をした舘町地区では，2‐5mの浸水が想定

表9‐27　2019年台風19号時，事前避難しなかった理由

(単位：％)

	長野	本宮		長野	本宮
突然水が襲ってきて避難する余裕がなかった	35.0	34.6	避難所が遠くて，そこまで行くのが危険だと思った	20.0	1.9
川があふれたことを知らなかった	15.0	17.3	浸水で車が動かせなくなった	5.0	21.2
川が決壊するとは思わなかった	70.0	67.3	いざとなったら2階に逃げればよいと思った	45.0	73.1
避難をするほうがかえって危ないと思った	45.0	21.2	これまでの水害では逃げなくても大丈夫だった	25.0	44.2
避難が必要なほど大きな災害ではないと思った	35.0	34.6	寝ていて逃げ遅れた	5.0	7.7
避難勧告・指示が出ていることを知らなかった	10.0	1.9	雨が止んできたので大丈夫だと思った	5.0	30.8
しっかりした堤防があるので大丈夫だと思った	50.0	32.7	避難をするのがむずかしい家族がいて，避難しにくかった	15.0	5.8
自宅が浸水の可能性がある地区にあるとは知らなかった	—	1.9	ペットがいたので避難をためらった	20.0	13.5
			「避難準備」の情報だから，まだ逃げなくて大丈夫だと思った	5.0	3.8

出所：中村他（2020b）。

されていた。これは実際の浸水深とほぼ同じレベルであった。

　他方，避難のきっかけや避難情報の聴取率については両市に差はなかった。すなわち，避難のきっかけでもっとも多かったのは「避難勧告・指示を聞いたから」で，長野市で61.9%，本宮市で51.9%であった（8 章表 8 - 8）。避難のきっかけとして多くの人が挙げた「避難勧告・避難指示」だが，避難指示を聞いた人は長野市で49.6%，本宮市で64.7%，避難勧告を聞いた人は長野市で66.0%，本宮市で55.3%と，いずれも両市の間に大きな差はなかった。

（3）避難のメカニズム
① 水害経験の差と経験の逆機能[9]

　両市の差には，過去の水害経験の差が関係している。かつて本宮市で顕著な被害をもたらしたのは，1986（昭和61）年の水害である。この災害で福島県全体では 3 人の犠牲者があったが，本宮市では犠牲者がなかった（国立防災科学技術センター，1887）。本宮市舘町地区の安達太良川沿いには，この時の浸水深を示す看板があるが，その高さは腰の高さ程度のものであった（図 9 - 16）。アンケートでも91.8%の人がこの水害を知っていた。ある住民（住民①）の話によると，そのときの水深は 1 階の床くらいまでであったという（表 9 - 28）。そしてその住民は「その経験があだとなった」と言っている。また住民②は「今まで何回か水害があったが，車庫までは来なかった」（表 9 - 28）と話すが，比較的軽微な水害の体験は調査中あちこちで聞かれた。筆者らのアンケートでも「昭和時代の経験（昭和61年の洪水など）があだとなって，避難が遅れた」と回答した人が，長野市で9.0%，本宮市で21.2%いた。こうしたことから，本宮市では過去の軽微な災害経験が避難の障害となる，「経験の逆機能」の現象がみられたといえる。

　他方，長野市の過去の水害経験はより深刻である。有名な水害は1742（寛保 2）年に千曲川が氾濫した「戌の満水」と呼ばれる大水害で，今回調査した長沼地区（大町・穂保・津野・赤沼）では294戸の家屋が流失し，168人の犠牲者が出ている（内閣府 HP）。長沼地区にはこのときの水深を示した水位標がいくつかあるが（図 9 - 17），それらが示す浸水深は，津野地区の妙笑寺で3.3 m，赤沼地区で5.3 mの深さであった（山田他，1985）。長沼地区ではその後もたびたび深刻な水害に見舞われている。両市の避難率の差はこうした水害経験の深刻さの違いが原因していると考えられる。

　前章で，災害を経験してもコミュニティーで人的被害がないような場合，経験は避難にネガティブに働きやすいという，Sharma ら（2012）の研究を紹介した

図9‐16　安達太良川沿いの水位標
（筆者撮影）

図9‐17　長野市の水位標
出所：千曲川河川事務所HP。

表9‐28　本宮市の水害経験（住民聞き取り）

・昭和61年の8.5水害というのがあって，その経験があだとなった。その時は床くらいまでの浸水
　だった。14時過ぎに近くの小学校に避難したときはガラガラで避難者は少なかった。その時，雨は
　強かったが，浸水はまだ来ていなかった。（本宮市住民①）
・車を高台においてから，3階建の1階の物置が半分くらいまで浸水した。
　サイレンが鳴ったのは午後11時頃。防災無線で「避難してください」と言っていたが，家は2階が
　居間だから，そのままいた。今まで何回か水害があったが，車庫までは来なかった。（本宮市住民
　②）

出所：中村他（2020b）。

が，今回の場合まさにそれがあてはまる。すなわち本宮・長野両市とも過去に水
害を経験していたが，長野市の長沼地区では大きな人的被害を被っていたのに対
して，本宮市の舘町地区では人的被害を経験していなかったのである。本宮市で
は軽微な災害経験があだとなり，避難を抑制する経験の逆機能が作用したと思わ
れる。

　②経験の逆機能の例

　経験の逆機能は，災害時にはしばしばみられる（8章参照）。筆者が最初に経験
の逆機能の例に出会ったのは，1993年の北海道南西沖地震の調査においてであっ
た。この地震では，直後に発生した津波が，北海道奥尻島および北海道渡島半島
の沿岸（島牧村・瀬棚町・北桧山町・大成町・熊石町）を襲い，231人の犠牲者が生じ
た。その10年前の1983年には日本海中部地震が発生し，北海道の同地域で津波の
被害が出ており，その経験は基本的には津波からの避難を促していた。しかし，
日本海中部地震の時には津波が到達したのが地震30分後だったのに対して，北海
道南西沖地震では早い所で5分後に到達したために，その経験が災いして逃げ遅
れた人も少なくなかったのである。筆者も参加したアンケート調査では，「日本

表 9 - 29　台風23号で逃げ遅れた人の証言

A：(昭和) 54年か，52年か，平成 2 年か，(水害が) チョコチョコあったもんでね。そのうちの一番大きいのが大体このテーブルの上20センチぐらい上に上がりました。これが最高でした。(中略)
Q：じゃ，土間からいうと 1 メータぐらい。
A：約そんなもんですな。 1 メータちょっとぐらいかな。で，そのぐらいは覚悟しておりました。その雨の量で。だけど感覚的にはそんなもんじゃなくて水の増える量が，もう何回も経験しておりますけど，その入り口まで来たやつは今までに。石ころを置いてどのくらい 1 時間で上がるかとかね。そういう経験をしてきておりますので。(中略) それの感覚があるもんだから大丈夫だろうと思ったんだけど，水のあがってくる量が早かったですね。(中略)
A：もうね，これはかなりの水の量になるんではないかという心配があったから，懸念があったから，物をあげなくちゃいけない。だから避難しようかという考えは一つも無かったですね。

出所：廣井他 (2007, p. 74, 78)。

海中部地震の経験から，津波が来るまでかなり余裕があると思った」と回答した人が奥尻町で9.8%，大成町で12.5%，島牧村で26.6%，熊石町で17.4%いた。さらに「津波は早く来るが，服を着たり車に荷物を積んで逃げるくらいの余裕はあると思った」という人が奥尻町で18.4%，大成町で46.1%，島牧村で21.0%，熊石町で38.9%いたのである (廣井他，1994)。そうした人の割合は，日本海中部地震で深刻な被害を出した奥尻町 (死者 2 人・全壊 5 棟) よりも，以前被害の少なかった渡島半島沿岸の町で高くなっていた。

　水害でも経験の逆機能はしばしばみられる。たとえば2004年の台風23号では豊岡市の円山川が氾濫し，多くの人が逃げ遅れた。この地域では円山川支流の小規模な洪水がしばしばあり，車を避難させたり，家財を高い所に上げる経験が繰り返されていた。そのため本川の決壊というこれまでにない深刻な事態に，うまく対応できなかったのである。浸水で自宅に 2 晩閉じ込められたある住民は，これまでの水害の経験から畳や家電製品を上階にあげることに集中し，避難することは考えなかったという (表 9 - 29)。こうした住民はけっして少数派ではなく，住民アンケート調査によると，「今までの水害は今回ほどではなかったので，今回もたいしたことにはならないだろうと思っていた」という人が86.6%もいたのである (廣井他，2007)。

　あるいは2018年の西日本豪雨災害で洪水の被害を受けた倉敷市真備町でも，経験の逆機能がみられた。ある住民は，息子に避難を促されたにもかかわらず，浸水しはじめてなお，頑なに避難を拒んでいた。同地では1976年にも水害があり，それより深く浸水することはないだろうと思っていたということである。その住民が撮影したビデオには，これまでの浸水経験から，逃げるほどの深さにはなら

表 9 - 30　西日本豪雨災害時の倉敷市真備町の例

（録画画面から）
息子「着替える余裕もねぇよ，外は。はよ，逃げよう。死んだら終わるで」 父「死ぬわけねぇが」 息子「そう言って何人死んどるん？」 父「死にやせん」 息子「だって，まだ水来るんで」 父「来る言うて，土手を越えるわけなかろうが」 息子「じゃけど，潮が上がってきたら川が……」 父「おまえ，アホじゃないか。潮が上がっても 1 メートルじゃ。ここは関係ない。おまえは基本が分 　かってない」

出所：廣瀬（2018）。

ないと，避難の勧めを拒む父親と避難を促す息子との会話が記録されていた（表
9 - 30）。

（4）経験の逆機能の背景と対策
① 経験の逆機能の背景
　経験の逆機能には次のような背景がある。第一に，そもそも災害というものは，大きな災害の発生頻度は少なく，小さな災害の頻度が多い，という性質を持っていることがある。とくに水害の場合はそれが顕著で，低地では内水や支流の氾濫による小規模の水害がしばしば発生する一方，本川の決壊による大水害は頻度が少ない。
　第二に，都市開発とそれに伴う人口移動などにより，過去の災害経験が受け継がれにくくなっていることがある。長い周期で発生する大災害は，人口移動が少ない長野市長沼地区のような農村部では，コミュニティーの記憶として受け継がれやすいが，高度成長期を中心に新たに開発された宅地では，小災害しか経験していないので，経験の逆機能が生じやすい。これは言いかえれば災害経験がコミュニティーの経験から単に個人の経験になっている結果といえる。2019年の台風で犠牲者の出た本宮市舘町地区や川崎市溝の口地区などは，典型的な新興住宅地であった。[10] さらにダムや堤防の整備により，中・小災害さえも減少している。しかもその管理は地域社会から行政という外部機関に移行しているので，ますます災害の脅威を感じにくくなっている。
　第三に地域の高齢化がある。経験の逆機能は高齢者に表れやすい。たとえば，今回の筆者らの調査で，本宮市では「昭和時代の経験があだとなって避難が遅れ

表9‐31　経験があだとなった

（単位：％）

	20代	30代	40代	50代	60代	70代	80代以上
長野	0	0	0	20.8	17.5	2.3	0
本宮	0	0	14.3	9.1	36.4	23.1	14.3

出所：2019年台風19号調査。

た」と答えた人は，60代・70代の高齢者に多かった（表9‐31）。

　老年心理学によると，人の知能には，経験や学習から獲得された「結晶性知能」（言語能力など）と，新しい情報を獲得し・処理し・操作する「流動性知能」があり，人は高齢になると「結晶性知能」は比較的維持されるが，「流動性知能」は劣ってくるという（Horn, et al., 1967）。実際，Lichtenbergerら（2009）の実証的研究によれば，「言語能力」（結晶性能力）は加齢によってあまり低下しないが，「知覚推理」，「処理速度」，「ワーキングメモリー」（短期記憶）は低下するという。山中（2018）によれば，これを日常生活にあてはめて考えると，高齢になると，① 状況を理解したり物事に取り組むスピードが遅くなり，② 2次元3次元の視覚的操作が苦手となり，③ 物事を同時に処理することが苦手になる一方，④ これまで培った知識や経験はかなりのレベルで維持されるという。そして高齢者はこうした能力低下をカバーするために，無意識的にさまざまな方策を実践している。たとえば，物事をじっくり考えず一部の情報だけで直感的に判断したり，自分に好ましくない側面を無視したり（山中，2018），あるいは過去に蓄積してきた経験や知識（結晶性知能）を使うことで，新しい問題を処理する能力（流動性知能）の低下をカバーしようとするという（Salthouse, 2004；西田，2019）。考えてみれば災害時の避難とは，多くの新たな情報をもとに即時に判断を下さなければならないタスクであり，高齢者の苦手とする分野である。それをこれまで蓄積した経験によって乗り切ろうとすれば，経験の逆機能にもつながりやすくなるとうわけである。

　以上のようないくつかの背景により，現代社会では経験の逆機能が起きやすくなっているのである。

　② 対策

　こうした構造的な背景もあり，経験の逆機能の解消は簡単ではないが，どのような対策が可能であるのかについて触れておく。

　第一に，防災担当者が経験の逆機能の弊害を頭に入れた，重点的な対策を講じることである。それにはまず経験の逆機能が発生しやすい場所を同定することが

必要である。具体的には，ハザードマップの被害想定に比べて軽微な被害があった地域を「経験とのギャップエリア」として指定することである。なかでも想定水深が5m以上の地域における2階屋や，想定水深3m以上の地域における集合住宅の1階や平屋住宅などがある地域は，被害が大きくなりがちなので特に注目する必要がある。さらに過去の大災害の経験が継承しづらい新興住宅地にも注意が必要である。

　次にそのエリアには，直近の経験にとらわれず，ハザードマップのレベルを基準に，防災行動を考えてほしいことを特に啓発すべきである。具体的には，水にかかわる災害では，浸水の範囲および浸水深について，また津波については地震からのタイムラグ・速度・引き波があったなど，直近の被災を基準にしてはならないことを強調するべきだろう。その際，近年の温暖化や東日本大震災などを取り上げ，100年に一度，1000年に一度の災害が起きうることを説明することも有効であろう。

　第二に，経験の逆機能を起こしやすい高齢者への配慮が必要である。山中（2018）によれば，高齢者の能力低下に対応するためには，「補償を伴う選択的最適化理論」（selective optimization with compensation）を援用することが有用だという。すなわち，高齢者にとって難しい作業をする場合，① ゆっくり時間をかけ（処理速度の低下に配慮），② 1つずつ片付け（ワーキングメモリー低下に配慮），③ 視覚的にシンプルな題材を使用（知覚推理力低下に配慮）するとよいという。避難指示の例でいえば，① 時間の余裕をもって水位の上昇などから早めに伝え，② 持ち物・避難先・移動手段・被害の推定・避難の要否・避難のタイミングなどをいっぺんに判断させるのではなく，1つひとつ解決していけるようにし，③ 防災無線といった音声だけでなく，携帯電話などにシンプルな概念図を送ることで知覚推理力の低下を補う，などということである。

9.5　避難のむずかしさと多様な原因

　以上，津波・ダム直下の水害・土砂災害・台風による水害と4つの事例を見てきたが，いずれにしても，前兆となる現象・災害予測情報・避難情報などが，なかなか迅速な避難につながらない様子が明らかになった。

　避難の様相は多様で，避難の障害となる原因も異なっていた。すなわち，東日本大震災では明確な前兆現象や津波警報のために避難率は高かったが，宮城県南部地域における津波意識の低さ，家族の安否確認，仕事との役割葛藤などから避

難が抑制された。また西日本豪雨時のダム情報では，避難指示を契機とした消防団の声かけで避難率は高くなったものの，被害想定の欠如や避難指示発出の遅れなどにより避難が遅くなっていた。あるいは広島の土砂災害では，避難情報は迅速に発令され伝達もされたものの，土砂災害への危機意識が低く，避難率が低かった。そして台風19号の水害では，避難率は場所により異なり，経験の逆機能が避難率を抑制していた。

　このように，災害因の性質，情報の伝達，住民の危機意識，地域的特性などさまざまな要因が各災害の避難に関係しており，その解決方法もさまざまである。

　8章で述べた避難の諸理論は，ある災害の解決には有用だが，別の災害にはあてはまらない。各災害において理論を検証することは学問的には重要なことだが，各災害の教訓を引き出し，将来の災害に備えるためには1つの理論にこだわらず，場面にあわせたアクチュアルな問題意識を持ち，複数の視点から検討していくことが重要である。

　注
1）　津波の高さには，①津波到達時の潮位から潮位観測所で観測した潮位までの高さである「津波高」，②津波到達時の潮位から津波の痕跡までの高さである「浸水高」，③地盤から津波の痕跡までの高さである「浸水深」，④津波到達時の潮位から津波が斜面を遡上した到達点までの高さである「遡上高」がある。
2）　東北地方太平洋沖地震津波合同調査グループHP，現地調査結果，https://coastal.jp/ttjt/index.php?%E7%8F%BE%E5%9C%B0%E8%AA%BF%E6%9F%BB%E7%B5%90%E6%9E%9C（2021.10.10閲覧）
3）　注1参照。
4）　本節の西日本豪雨時のダム情報についての記述は，Nakamuraら（2019），中村他（2020a）をもとに再構成したものである。
5）　異常洪水時防災操作は「ただし書き操作」ともいわれ，ダムの水位がサーチャージ水位（増水時ダムに貯めることができる最高水位）を超えると予測されるときに，放流量を流入量まで増加させる操作である。この操作が開始されると，ダムは水を貯留する能力を失い始め，水がサーチャージ水位に達したとき，ダムは水を貯留する能力を完全に失う。ただし書き操作開始後の大量の放流は，しばしば下流の洪水を引き起こす。西日本豪雨では，8つのダムでこの操作が行われ，そのうち3つのダムの下流で洪水が発生した。
6）　たとえば西日本豪雨時の土砂災害による死者・行方不明者107人のうち約9割（94人）は土砂災害警戒区域（または土砂災害警戒箇所）内で被災している（国土交通省資料，2018）。
7）　ここで8.20土砂災害とは2014年の土砂災害のことである。
8）　本節は中村他（2020b）の一部をもとに加筆・修正したものである。
9）　本節の経験の逆機能については，中村他（2020c）をもとに再構成したものである。
10）　住民によれば本宮舘町は昭和の末に作られた分譲住宅地で，1972年代の地図をみると水田地帯

であった。一方，村山（1987）によれば，川崎市溝の口の平瀬川下流は，もともと下作延と呼ばれる水害常襲地であったが，1956年に市営住宅ができて以降，宅地化が進行したという。村山が当時転入の理由をアンケート調査したところ，ライフサイクル上，居住スペースの拡大に迫られていたり，通勤・通学の便が良いわりに地価・家賃が安かったためとした人が多く，他方，水害の危険性については，ほとんど考慮されなかったという。

参 考 文 献

千曲川河川事務所 HP, 洪水の歴史，千曲川の洪水水位標．https：//www.hrr.mlit.go.jp/chikuma/shiru/kouzui/suii/index.html（2021.8.10閲覧）

中央防災会議，2012，防災対策推進検討会議　津波避難対策検討ワーキンググループ　第6回会合資料，自動車で安全かつ確実に避難できる方策　（補足資料）．http：//www.bousai.go.jp/jishin/tsunami/hinan/6/pdf/2.pdf（2021.8.10閲覧）

藤本理志，小山耕平，熊原康博，2016，広島県内における水害碑の碑文資料，広島大学総合博物館研究報告　8, 91-113. https：//ir.lib.hiroshima-u.ac.jp/files/public/4/43829/20170818101630936499/BullHiroshimaUnivMuseum_8_91.pdf（2021.8.10閲覧）

復興庁，2020，東日本大震災における震災関連死の死者数（令和2年9月30日現在調査結果）．https：//www.reconstruction.go.jp/topics/main-cat2/sub-cat2-6/20201225_kanrenshi.pdf（2021.8.10閲覧）

廣井脩，伊藤和明，中村功，中森広道，宇田川真之，1994，1993年北海道南西沖地震における住民の対応と災害情報の伝達，東京大学社会情報研究所「災害と情報」研究会，1-372.

廣井脩，田中淳，中村功，中森広道，福田充，関谷直也，地引泰人，森岡千穂，2007，2004年台風23号豊岡市豪雨災害における災害情報の伝達と住民の対応，災害情報調査研究レポート，3, 1-85. http：//nakamuraisao.a.la9.jp/2004typhoon23.pdf（2021.8.10閲覧）

廣井脩，中村功，中森広道，関谷直也，国土交通省河川局砂防部，2006，2005台風14号豪雨災害における災害情報の伝達と住民の対応，災害情報調査研究レポート，8, 1-103. http：//nakamuraisao.a.la9.jp/2005typhoon14.pdf（2021.8.10閲覧）

廣瀬正樹，2018，災害時の「まさか」はなぜ起きるのか──正常性バイアスの恐ろしさ──，Yahoo!ニュース2018.9.27. https：//news.yahoo.co.jp/feature/1097（2021.8.10閲覧）

広島地方気象台，2018，平成30年7月3日から8日にかけての台風第7号と梅雨前線による大雨について．https：//www.jma-net.go.jp/hiroshima/siryo/20180709_sokuhou.pdf（2021.8.10閲覧）

広島県土木建築局砂防課，2019，平成30年7月豪雨．https：//www.sabo.pref.hiroshima.lg.jp/portal/sonota/sabo/pdf/234_H30_7gouusaigai.pdf（2021.8.10閲覧）

広島市，2018，平成30年7月豪雨災害における避難対策等の検証とその充実に向けた提言．http：//www.bousai.go.jp/fusuigai/suigai_dosyaworking/pdf/hiroshimasaisyu.pdf（2021.8.10閲覧）

Horn, J. L., and Cattell, R. B., 1967, Age differences in fluid and crystallized intelligence. Acta Psychologica, No. 26, 107-129. https：//www.sciencedirect.com/science/article/abs/pii/000169186790011X?via%3Dihub（2021.8.10閲覧）

石巻市総務部防災対策課，2013，平成24年12月7日の津波警報時の検証，戸別アンケート調査，https：//www.city.ishinomaki.lg.jp/cont/10106000/0001/20130311153606.html（2021.8.10閲覧）

警察庁，2021，平成23年（2011年）東北地方太平洋沖地震の警察活動と被害状況．https：//www.npa.go.jp/news/other/earthquake2011/pdf/higaijokyo.pdf（2021.8.10閲覧）

国土交通省 HP, 東日本大震災からの津波被災市街地復興手法検討調査のとりまとめについて, A：津波被災の状況を把握する調査. https://www.mlit.go.jp/toshi/toshi-hukkou-arkaibu.html（2021. 8. 10閲覧）

国土交通省四国地方整備局, 2018a, 野村ダム・鹿野川ダムの操作に関わる情報提供等に関する検証等の場（とりまとめ）参考資料. http://www.skr.mlit.go.jp/kasen/kensyounoba/matomesankou.pdf（2021. 8. 10閲覧）

国土交通省四国地方整備局, 2018b, 第 1 回　野村ダム・鹿野川ダムの操作に関わる情報提供等に関する検証等の場資料, 平成30年 7 月19日. http://www.skr.mlit.go.jp/kasen/kensyounoba/setsumeisiryou.pdf（2021. 8. 10閲覧）

国土交通省四国地方整備局, 2018c, 第 2 回　野村ダム・鹿野川ダムの操作に関わる情報提供等に関する検証等の場資料, より有効な情報提供や住民への周知のあり方について. http://www.skr.mlit.go.jp/kasen/kensyounoba/02setumei0202.pdf（2021. 8. 10閲覧）

国土交通省資料, 2018, 平成30年 7 月豪雨災害の概要と被害の特徴. https://www.mlit.go.jp/river/shinngikai_blog/hazard_risk/dai01kai/dai01kai_siryou2-1.pdf（2021. 8. 10閲覧）

国土交通省都市局, 2011, 東日本大震災の津波被災現況調査結果（第 3 次報告）——津波からの避難実態調査結果（速報）——. https://www.mlit.go.jp/common/000186474.pdf（2021. 10. 10閲覧）

国立防災科学技術センター, 1887, 1986年 8 月 5 日台風10号の豪雨による関東・東北地方の水害調査報告. http://dil-opac.bosai.go.jp/publication/nied_natural_disaster/pdf/27/27.pdf（2021. 8. 10閲覧）

厚生労働省老健局, 2011, 東日本大震災への対応【介護保険・高齢者福祉関係】. https://www.mhlw.go.jp/stf/shingi/2r9852000001q8my-att/2r9852000001q8of.pdf（2021. 8. 10閲覧）

気象庁, 2011, 報道発表資料　平成23年（2011年）東北地方太平洋沖地震時に震度計で観測した各地の揺れの状況について. https://www.jma.go.jp/jma/press/1103/25a/201103251030.html（2021. 8. 10閲覧）

Lazarsfeld, P. F., Berelson, B., and Gaudet, H., 1948, The People's Choice, Columbia University Press, 157.

Lichtenberger, E. O., and Kaufman, A. S., 2009, Essentials of WAIS-IV assessment, John Wiley & Sons.

Mileti, D., 1999, Disasters by Design: A Reassessment of Natural Hazards in the United States, A Joseph Henry Press book. http://www.nap.edu/catalog/5782.html

Mileti, D. S., and Sorensen, J. H., 2015, A Guide to Public Alerts and Warnings for Dam and Levee Emergencies, United States. Army. Corps of Engineers. https://www.hsdl.org/?abstract&did=810121（2021. 8. 10閲覧）

南三陸町 HP, 東日本大震災による被害の状況について-3/9. http://www.town.minamisanriku.miyagi.jp/mob/index.cfm/freshsimple,181,html（2021. 8. 10閲覧）

南三陸町, 東北大学災害科学国際研究所, 2019, 南三陸町東日本大震災職員初動対応等検証報告書. https://www.town.minamisanriku.miyagi.jp/index.cfm/6,22334,c,html/22334/20190716-111531.pdf（2021. 8. 10閲覧）

村山良之, 1987, 都市化に伴う水害常襲地の形成——川崎市の例——, 東北地理, Vol. 39(3), 147-160. https://www.jstage.jst.go.jp/article/tga1948/39/3/39_3_147/_pdf/-char/ja（2021. 8. 10　閲

298

覧）

中村功，2008，災害警報の発令と伝達，吉井博明，田中淳編，災害危機管理論入門——防災危機管理担当者のための基礎講座——，弘文堂，164-169.

中村功，中森広道，福田充，2012，東日本大震災時の災害情報の伝達と住民の行動——陸前高田・南三陸町・仙台市・名取市・山元町住民調査をもとにして——，災害情報調査研究レポート，No. 16, 1-136. http://nakamuraisao.a.la9.jp/higashinihon1.pdf（2021.8.10閲覧）

Nakamura, I. and Morioka, C., 2019, Effect of Communication Regarding Dam Operation on the Evacuation of Residents: a Case Study of the 2018 Inundation of the Hijikawa River in Japan, Geosciences, 9(10), 444. https://doi.org/10.3390/geosciences9100444（2021.8.10閲覧）

中村功，森岡千穂，2020a，2018年西日本豪雨災害時におけるダム情報の伝達と住民の行動——愛媛県肱川流域のダム情報と避難——，災害情報調査研究レポート，No. 17, 145-216. http://nakamuraisao.a.la9.jp/report17.pdf（2021.8.10閲覧）

中村功，中森広道，保科俊，2020b，2019年10月台風19号豪雨災害における災害情報の伝達と住民の対応，災害情報調査研究レポート，No. 17, 255-352.

中村功，中森広道，保科俊，2020c，避難行動における「経験の逆機能」について——2019年台風19号災害をきっかけに——，東洋大学社会学部紀要 58-1, 83-102.

内閣府，2018，平成30年7月豪雨による水害・土砂災害からの避難に関するワーキンググループ「平成30年7月豪雨の概要」．http://www.bousai.go.jp/fusuigai/suigai_dosyaworking/pdf/sankosiryo1.pdf（2021.8.10閲覧）

内閣府，2011，平成23年東日本大震災における避難行動等に関する面接調査（住民）．https://dl.ndl.go.jp/view/prepareDownload?itemId=info%3Andljp%2Fpid%2F6016473&contentNo=4（2021.8.10閲覧）

内閣府，2012，調査の結果：東日本大震災における地震・津波時の避難に関する実態調査．http://www.bousai.go.jp/jishin/tsunami/hinan/tyousakekka.html（2021.8.10閲覧）

内閣府，2019.12.18，令和元年台風第19号等による災害からの避難に関するワーキンググループ（第1回）資料4，現地調査・ヒアリング結果

内閣府，2020，平成23年（2011年）東北地方太平洋沖地震（東日本大震災）について（第161報）．https://www.fdma.go.jp/disaster/higashinihon/items/161.pdf（2021.8.10閲覧）

内閣府HP，平成26年度モデル地区の取組，長沼地区（長野県長野市）．http://www.bousai.go.jp/kyoiku/chikubousai/H26model.html（2021.8.10閲覧）

日本気象協会，2011，平成23年（2011年）東北地方太平洋沖地震津波の概要（第3報）青森県〜福島県の津波高・浸水高および青森県〜千葉県の浸水状況．https://web.archive.org/web/20170623015840/http://www.jwa.or.jp/news/docs/tsunamigaiyou3.pdf（2021.8.10閲覧）

西田裕紀子，2019，高齢期における知能の加齢変化，公益財団法人長寿科学振興財団HP．https://www.tyojyu.or.jp/net/topics/tokushu/koureisha-shinri/shinri-chinouhenka.html,（2021.8.10閲覧）

陸前高田市，2014，陸前高田市東日本大震災検証報告書．https://www.city.rikuzentakata.iwate.jp/soshiki/bosaika/bosai_shobo/higashinihondaishinsaikensyouhoukokusyo/4644.html

仙台市，2017，東日本大震災仙台市復興五年記録誌，第1部 震災の概況．https://www.city.sendai.jp/shinsaifukko/shise/daishinsai/fukko/5nenkiroku.html（2021.8.10閲覧）

Salthouse, T. A., 2004, What and when of cognitive aging? Current Directions in Psychological Science, 13, 140–144. https://journals.sagepub.com/doi/10.1111/j.0963-7214.2004.00293.x（2021. 8. 10閲覧）

Sharma, U., and Patt, A., 2012, Disaster warning response : the effects of different types of personal experience, Nat Hazards, 60, 409–423.

総務省，2011，東日本大震災を踏まえた大規模災害時における消防団活動のあり方等に関する検討会第 1 回資料　2011. 11月24日

髙橋和雄，髙橋裕，1987，クルマ社会と水害——長崎豪雨災害は訴える——，九州大学出版会

牛山素行，横幕早季，2012，タイムスタンプデータによる津波到達直前の陸前高田市内の状況の推定，自然災害科学，31-1, 47–58. https://www.jsnds.org/ssk/ssk_31_1_47.pdf（2021. 8. 10閲覧）

山田啓一，田辺淳，1985，千曲川における寛保 2 年（1742） 8 月大洪水の考察，第 5 回日本土木史研究発表会論文集，121–127. https://www.jstage.jst.go.jp/article/journalhs1981/5/0/5_0_121/_pdf/-char/ja（2021. 10. 10閲覧）

山元町 HP, 2019，東日本大震災および津波の被害状況．https://www.town.yamamoto.miyagi.jp/site/fukkou/324.html（2021. 8. 10閲覧）

山中克夫，2018，高齢者の知能，松田修編，最新老年心理学——老年精神医学に求められる心理学とは——，ワールドプランニング，15–26.

10章 パニック・流言・安否情報

　パニック・群集・流言・暴動・クレーズ（熱狂的流行）・流行・社会運動・世論など，規範の統制があまり効かない非組織的な社会的相互作用は，「集合行動」と呼ばれる（三上，1994；Smelser, 1963）。災害情報はこの集合行動と深いかかわりがある。というのは，パニックや流言は災害時の社会的混乱をもたらし，円滑な避難を阻害する危険があり，災害情報はそれを抑制する役割があるからだ。しかし逆に，行政がパニックの発生を過剰に危惧し，危険を示す情報発信を躊躇し，被害を拡大してしまう側面もある。さらに，集合行動の研究は災害情報学の学問的基礎の1つにもなっている。そこでここでは，集合行動の中でも特に災害に関係のある，パニック・流言，そして集合的な通信輻輳が関係する安否情報について，その理論・実例・課題を検討していく。

10.1　パ ニ ッ ク

（1）パニックとは
① パニック概念の多様性
　パニックは，日本語で言えば恐慌であり，恐れ，慌てることによる混乱を意味している。パニックが何らかの混乱を表すことは確かなのだが，日常語としても学術用語としても，多様な意味で使われているので，整理が必要である。
　そもそもパニックという言葉はギリシャ神話の牧神パン（Pan）に由来している。パンは陽気で少し淫蕩な性格だが，昼寝を邪魔されると大声で怒り，家畜や人を突然の恐怖に陥れた。静かな夏の午後に大きな音とともに突然襲ってくる恐怖を人々はパンのしわざ，すなわち「パンの驚愕」と考えていた（Graves, 1955；Schwab, 1925）。羊の群れが突然おびえ出すのは，まさにパンの驚愕によるものであった。古代ギリシャ時代のマラトンの戦いで，優勢だったペルシャ軍が突然敗走したこともパンの仕業と考えられ，このことが集合現象としてのパニックの語源だとされる（三上，1988）。他方，パンの驚愕をもたらす能力を個人的な驚愕反応を表す言葉として使ったのが，精神分析学創始者の Freud（1949）であった

（広瀬，1998）。このように考えると，パニックは語源的には，突然の恐怖の喚起という心理的側面と，それが同時に多くの個体にもたらされるという集団的側面の両方を持っているといえる。

　ところで現代の日常語としての「パニック」を，混乱が起きる範囲によって整理してみると，「個人パニック」「集団パニック」「社会パニック」そして「疑似パニック」の４つに分類できる[1]（図10‐1）。個人パニックは個々人に起きる混乱で，心理的混乱と行動的混乱がある。危機的な状況に直面して，恐怖・驚愕・焦りなどの心理的混乱が起きることは，日常語では「頭が真っ白になる」とか「パニクる」などといわれる。個人パニックには，茫然自失となり動けなくなったり，慌てて右往左往したりといった，行動的混乱もある。他方，混乱が個人内にとどまらず，居合わせた人々が集団的なパニック（集合パニック）を起こすこともある。そこには，人々が我先に出口に殺到するような逃走パニック，1973年のトイレットペーパー・パニックのような希少な資源に人々が殺到する獲得パニック，不安にかられた人々の間に広がる流言蜚語，興奮した人々による暴動，「チューリップ・バブル」や「ええじゃないか」[2]のような熱狂的な流行（クレーズ）などが含まれる。さらに，その場にいる人の範囲を通り越して，社会的に起きるものが社会パニックである。そこにはまず1929年に起きたような深刻な経済不況（経済恐慌）が含まれる。そのほか交通や通信の途絶による混乱もパニックといわれるし，物資不足による混乱もある。また危機に際して，略奪や暴行など犯罪が多発する

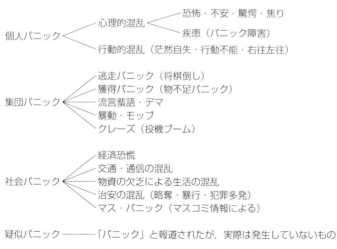

図10‐1　日常語としての「パニック」の分類

こともパニックといわれる。さらに『宇宙戦争[3]』といったフィクション番組を事実と思った人々が混乱するような，マスコミ情報による混乱を「マス・パニック」という。そして最後に疑似パニックがある。これは，実際には混乱は起きていないにもかかわらず，マスコミが「パニック」が発生したと報じるケースである。有名なものに，1981年に平塚市が誤って東海地震の警戒宣言を防災無線で流した際に，パニックが起きたと報道された事件がある（廣井，1988）。

　② パニックの定義

　しかし社会学・社会心理学では，パニックはより狭い現象を指す言葉となっている。すなわちパニックは単なる心理的混乱ではなく，集合的な逃走現象を指している。たとえば Smelser はパニックを「ヒステリー的信念にもとづく集合的逃走」（Smelser, 1963, 訳書，p. 167）と定義し，Quarantelli は「自己コントロールの喪失によって特徴づけられた，没社会的で非理性的逃走行動につながるところの深刻な恐怖反応である」（Quarantelli, 1954, p. 272）としている。

　日本でもこの考え方は受け継がれており，たとえば廣井はパニックを「群衆や大衆など，一時的で偶発的な集団［組織的な集団と区別して「集合体」という］が，予期しない突発的な危険から逃れようとして行う非合理的な逃走行動」（廣井，1987，p. 177）であるとしている。集合的逃走現象のみをパニックとして扱う理由について，廣井は2つの理由を挙げている。第一は集合現象としての逃走行動は，圧死やけが人など多数の犠牲者を出す現象であるため，その被害を防止することが重要だからである。それに対して災害時の恐怖や錯乱といった情動反応は，防ぎようがないし，集合的逃走の心理的背景とはなりうるが，必ずしも被害の増大に結びつかない。第二に，社会的混乱については，パニックと呼んでもよいが，物資を求める群集の殺到，狂気にかられた集団的暴行，交通や通信の混乱などは，発生条件も影響も異なるので，同一に議論することはできないという（廣井，1987）。

　これに対して三上は，パニックを「生命や財産に対する直接的かつ切迫した危険を認知した不特定多数の人々が，危険を回避するために，限られた脱出路もしくは希少な資源に向かってほぼ同時に殺到することによって生じる社会的混乱」（三上，1988，p. 42）であると定義し，買いだめや取り付け騒ぎなど，希少な資源に向かう殺到についても，パニックに含めている。

　さらに藤竹（1974）は，パニックには，散在する人が放送を聞いて混乱するようなマス・パニック，逃走パニック，買いだめのような獲得パニックがあり，パニックや流言蜚語はいずれも，差し迫った緊急事態におけるあいまいな状況にお

いて生ずるとし，社会的パニックも加えている。

　何をパニックとするかは，対象とする現象がパニックの特質やメカニズムでどの程度説明できるのか，にかかわっている。したがってその範囲は個々の議論をみていかなければわからない。しかしここでは基本的に，狭義の定義を採用し，パニックは集合的逃走のことであると考え，論を進める。

（2）パニックの理論
① 群衆論

　ではパニックの特徴にはどのようなことが考えられるのか。もっとも古典的な考え方は，その非合理的な人間性を強調する，群衆論の見方である。すなわちLe Bon（1895）によれば，群衆においては，感情や観念が同一方向に向けられることによって，集団精神が生まれ，精神の感染と暗示の作用が働き，人は本能的な野蛮人のようになり，「文明の階段を幾つもくだってしまう」（Le Bon, 1895, 訳書, p. 35）という。また群衆は衝動的で興奮しやすく，その感情は単純で誇張的であり，多数を頼んで不可抗的な力を感じ，暴力的になるという。Le Bon はこうした性質は，物理的密集状態にいる人ばかりでなく，社会全体が群衆的な性格をおびてきた群衆の時代にもあてはまると論じている[4]。群衆論では，感情の感染とリーダーの暗示の作用によって，群衆は衝動的・非合理的・暴力的・感情的性質を持つと考えられている。

　あるいは安倍（1974）によれば，人は突然の脅威に接すると茫然自失となり慌てふためき，幼児のようになる。それが集団となると周囲の人の行動と同じ方向に駆り立てられるという。彼はネズミを使った実験を行い，1匹では火災から逃げられるのに複数になると物理的・心理的な混乱が起き，1匹も逃げることができなかったとして，パニックの性質を説明している。

　こうした群衆の非合理的なイメージは，一般にも受け入れられてきた。たとえば兵庫県警察は雑踏警備の手引き書の中で，群集は「組織性がなく，その匿名性ゆえに理性が低下しやすく，異常な雰囲気に巻き込まれると，さらに無責任性，無批判性や暗示にかかりやすくなる」（兵庫県警察, 2002, p. 17）としている。

　こうしたパニック像にあてはまりそうな例は，たしかに存在している。たとえば1903年に起きたアメリカ・シカゴのイロキオス劇場の火災がある。ここでは舞台の幕から出火し，誰かが「火事だ」と叫んだが，主役が舞台から「まだ危険はありません。落ち着いてください」と呼びかけ，音楽を続けた。しかし出口から遠い2階席の客が一斉に出口に殺到しパニック状態となった。火事そのものはす

ぐに消し止められたものの，群集の圧力で押しつぶされたり，2階から飛び降りるなどして，結局602人もの犠牲者が出る惨事となった。とくに2階から1階に降りる階段の曲がり角では多くの人が重なり合って倒れていたという（藤竹，1974；三上，1988）。もし皆が落ち着いて順序よく逃げていれば，こうした事態は避けられたのであった。

　あるいは1972年の千日デパートビル火災時には，7階という，飛び降りたら到底助からないような高所から，他の人につられるように多くの人が飛び降りたり，救助袋に人が殺到して袋の入り口を開けられなかったりしたことで多くの犠牲者が出たことがあった（安倍，1974）。

　② 災害社会学的理論

　・パニック神話

　これに対して Quarantelli はかなり異なった見方をしている。彼は住宅地の爆発事故・航空機墜落事故・地震などの事例を分析して，パニックの特徴を次のように描いている。すなわち，パニック参加者は，たしかに直接的な命の危険を感じ，関心の焦点は将来の危険にあり，生き残りには素早い対応が必要であると感じていた。しかし彼らにとって危機は明確で，危険な場所を理解していたので，逃走行動は常に危険から離れる方向で行われた。それはある場合にはもっとも適切な行動であった。そして逃走は反社会的というより通常の社会関係が無視される没社会的なものであったという（Quarantelli, 1954）。他方，彼によれば災害時にこうしたパニック的逃走が起きるのは稀であり，災害時には必ずパニックが発生するという考えは神話（パニック神話）にすぎないという。そしてその後の災害研究からは，危機に際して人々はパニックを起こすのではなく，むしろ危険な状態にとどまることが多く，避難する時にも他人のことを全く考えないというより，家族などが助け合って避難すること，またパニックが起きた場合でも，それは局所的で参加者は少なく一時的であること，などがわかったという（Quarantelli, et al., 1972）。研究者たちは半世紀にわたって広範囲に災害時のパニックを探索してきたが，逃走パニックが発生した例は100に満たなかったという（Quarantelli, 2008）。また廣井も「ここ十年ほどのあいだ調査研究をした災害でも，パニックが起こったという話は一度も聞いたことがない」（廣井，1986a，p. 62）と述べており，日本でも，後述する少数の事例を除いて，災害時にパニックが起きることは稀であるといえる。

　たとえば1983年の三宅島噴火の時には，噴火後2時間たらずで溶岩が1500人の住民が住む阿古地区に迫った。海岸線を走る国道は溶岩で閉ざされ，残された脱

出路は1つしかなく，これにも溶岩流が迫っていた。こうした危機的な状況にもかかわらず住民はパニックを起こすことなく，迅速に避難している。その理由は，この地区には日頃から緊密な人間関係があり，避難時にも規範が維持されたので，規律ある避難ができたと考えられている（田崎，1986）。

・パニックの成立条件

災害時にパニックが稀にしか生じないのは，その発生にはさまざまな条件が必要だからである。たとえば Quarantelli はパニックが発生する条件として，①自己や重要な他者に大きな脅威が差し迫っているという認識，②脅威からの脱出が可能であるという信念，③他の方法では脅威に対処できないという無力感と助けることのできる特定の他者がいないという感覚，の3つを挙げている。さらに発生可能性を高める要素として，①社会的つながりのない見知らぬ人の集合体であること，②劇場やナイトクラブなど，パニックを誘発する可能性があると以前から人々に考えられてきた状況であることの2つを挙げている（Quarantelli, 2008）。あるいは廣井（1987）は，パニックの発生条件として，①危険が突発的に発生すること，②その場所から脱出しなければ生命が助からないという認識を人々がもつこと，③脱出口があること，④その脱出口が限られていること，の4つを挙げている。そしてパニックはこのすべてがそろったときのみ発生するという。それゆえ，地震時にパニックが発生するのは，火災が発生するときや，脆弱な建物が崩壊する危険があるときなど，特殊な場合だけであろうと述べている。

実際，助かるための脱出口がない航空機事故や潜水艦事故では，人々はあきらめてしまいパニックは起きないし，学校や会社など規範が保たれやすい場所では，パニックは起きにくいのである。

・パニック神話の弊害

その一方で，災害時にパニックが起きやすいと考える「パニック神話」は，弊害をもたらしている。もっとも深刻なのは行政機関がパニックを恐れ，危険情報の発出を躊躇することである。たとえば1991年の雲仙普賢岳の噴火時には，火砕流が発生し43人が亡くなったが，「火砕流」という語が過剰な危機感をもたらすのではないか，という心配から，気象庁は「小規模な火砕流」が発生したと発表し，危険情報の発出を躊躇する姿勢があった（廣井他，1992；中央防災会議，2007）。あるいは既述の2018年西日本豪雨時の西予市でも，夜間避難時の混乱を恐れ，避難指示の発令が遅くなってしまった。

さらに2003年に米ロードアイランド州のナイトクラブで起きた火災では，たい

ていの客は夫婦や友人などのグループで来ており，グループサイズが大きくなるほど，また仲間との距離が離れているほど負傷率や死亡率が高かった。仲間を探すのに手間がかかり死亡率が高くなったのである。限界状態でも社会的紐帯が機能しており，自己中心的な群集とはならなかったが，そのことがかえって犠牲を広げたのである（釘原，2015）。ここから，パニックを恐れてゆっくり避難させるよりも，避難を急がせたほうが良い場合もあることがわかる。

　さらに Tierney（2003）は，米国の9.11同時多発テロに際してパニック神話が再生産され，災害対策上の悪影響をもたらしたという。すなわちパニック神話が，危機管理分野に影響を広げようとする軍産共同体が主導する，中央集権的「指揮・命令モデル」（command and control model）を正当化し，そのことが住民の積極的な役割を防災計画から排除することにつながるとしている。

　・パニック神話の強化・再生産

　このパニック神話が，大衆文化や災害報道によって強化・再生産されている。パニック映画を分析した Quarantelli（1980）によれば，『アミューズメント・パーク』『ポセイドン・アドベンチャー』『タワーリング・インフェルノ』などの映画では，お互いを押しのけ逃走するシーンがあり，『ソドムとゴモラ』などでは無方向性の逃走シーンがあった。さらに『アニマル大戦争』や『大地震』ではレイプや殺人未遂などの反社会的行動が描かれているという。

　あるいは Fischer によれば，テレビのソフトニュースや現地のインタビューが，災害行動について誤ったイメージを作っているという。たとえば1988年のハリケーン・ギルバート時のテレビ番組は，全体的には正確な報道ではあったが，パニック・略奪・価格のつり上げといった，逸脱行動の神話を補強するような報道もみられた。とくに全国ニュースでは，実用的情報より印象深い話を取り上げる傾向があり，記者の思い込みが報道に現れやすい傾向があったという（Fischer, 2008）。

　最近では，『群衆都市』や『群衆シミュレーター』など，スマートフォンゲームでも，群集を扱ったものがある。そこでは群集が，非人間的な人間の塊として描かれ，恐ろしい群集のイメージを強化しているようにみえる。

　③ 集合行動論

　パニックには他の集合行動の理論も関係している。たとえば三上は Le Bon や Quaranteli に加えて，Smelser（1963）の「価値付加モデル」や Brown（1965）らの「合理的選択モデル」について詳しく検討している（三上，1983；2004）。ここで「価値付加モデル」は，次の6つの決定因が積み重なっていくことで集合行動

が形成される，とする考え方である。第一の決定因は「構造的誘発性」で，集合行動を発生させるような，災害の危険性・脱出の困難性・相互コミュニケーションの容易さといった，一般的な社会構造条件のことである。第二は「ストレーン」（緊張）で，たとえば何らかの直接的脅威の知覚のことである。第三は「一般化された信念」で，ストレーンの源泉や解消策を示す共有化された信念のことで，パニックの場合は「ヒステリー的信念」である。第四は「きっかけ要因」で，不安に確証を与える，爆発とか炎上といった出来事である。第五は「逃走への動員」で，他の人につられて逃げ出すといったことを含む原初的リーダシップのことである。そして第六が「社会統制」で，もし社会統制が有効に働くならばパニックは抑えられることになる。

　他方「合理的選択モデル」では，パニックの原因は恐怖などの情動ではなく，不安定な「報酬構造」が状況に埋め込まれているからだ，と考える。たとえば劇場火災の場合，自分だけが出口に行けば助かる（報酬―大），皆が順番通りに逃げれば多少のやけどはしても助かる（報酬―中），他人が出口に殺到し，自分が順番を待っていたら助からない（無報酬），全員が出口に殺到したら助からない（無報酬）となる。このように報酬の構造が他者に依存する不安定なものであることが，皆が我先に殺到する，といったパニックを引き起こすという。Brown（1965）はこれを囚人のジレンマ理論で説明している。すなわち上記のような利得構造において，自分の利益だけを考えて判断をするならば，もっとも利得が高い行動は出口に急行することであり，それは全体としてみれば全員が助からないという最悪の結果になる（三上，1983）。このように，いわば「正直者が馬鹿をみる」的な状況が，パニックのもとになっている，というわけである。

　あるいは Miller（1985）は，集合行動の理論として上記のほかに「創発規範理論」や McPhail ら（1973，1983）の「SBI アプローチ」（Social Behavioral Interactionist）をつけ加えている。「創発規範理論」は，集合行動を，通常の慣習が停止する状況で誕生する，新たな規範によって説明する（本書8章参照）。これは特に略奪行動の説明などには有効な概念である。すなわち，災害時に物資が極度に欠乏しているような状況において，他人の財産をいわば被災者の「共通の財産」であると再定義し，そうした規範に基づいて略奪が行われるという解釈である。ただ，たとえば「火事だ，逃げろ」というかけ声で出口になだれ込む現象を，創発規範だけで説明するのは，やや無理があるように思える。

　他方 SBI アプローチは，集合行動を，手がかり（cue）あるいは指示（instruction）の結果としての社会的行動としてとらえ，イベントなど日常的集群（gathering）と同じ枠組みで説明しようとしている（土屋，2003）。非常時の避難行動を理性的な「離散」過程の一種ととらえ，その混乱は煙・ノイズ・狭い出口による密集といった要因によると考えている（Miller, 1985）。SBI アプローチは群集内の共通性の原因を，感情の感染や規範の共有ではなく，さまざまな手がかり要因に基づく社会的行動に求めようとしている。たしかに，群衆論における感情の感染は，イメージはしやすいものの，具体的に成員間でどのように感情が感染するのかは明らかではない。その点，SBI は集合行動参加者相互間の関係性を明らかにする可能性がある。

④ 工学的パニック研究

他方，工学的なパニック研究もある。たとえば戸川（1973）は，新宿駅の終着ホームにおける下降階段の入り口付近の乗客の流れを観察し，群集行動の特徴をとらえようとした。その結果，通勤客の場合，幅1mあたりを1秒間に通過する人数（流動性係数）は1.5人であったという。この値は現在でも建物の設計やシミュレーションに使われているが[5]，これを超えるような人流が発生すると滞留が生じ，パニックが発生する危険がある。また多方向から出口に人が押し寄せると，出口の前にアーチ状の人の壁，すなわち「アーチ・アクション」が形成され，人が全く通り抜けられなくなってしまう[6]（戸川, 1973）。アーチ・アクションは人の密度が 8-10人/m^2 に近づくと生じ，また大量の人が進もうとして密度が13人/m^2 以上になると，1人が倒れると連鎖的に多くの人が倒れこむ「群集なだれ」[7]が起きるとされる（釘原, 1995）。実際，11人が死亡した2001年の明石花火大会歩道橋事故では群集なだれが起きたが，その際には13-15人/m^2 の群集密度があり，その中の人には幅1mあたり300-540kg もの圧力が加わったという（明石市, 2002）。

また，火災時の避難行動研究によると，人はビルの火災時に次のような経路で避難する傾向があるという。すなわち，① もと来た道を戻ろうとする「帰巣性」，② 日ごろから慣れ親しんだ経路をとろうとする「日常導線志向性」，③ 明るい方向を目指す「向光性」，④ 開かれた感じのする方向に逃げる「向開放性」，⑤ 目につきやすい経路をとろうとする「易視経路選択性」，⑥ 最寄りの経路をとろうとする「至近距離選択性」，⑦ まっすぐな階段や通路を選ぶ／突きあたるまで直進する「直進性」，⑧ わずかな危険でも遠ざかろうとする「本能的危険回避性」，⑨ 安全と思われた経路に向かう「理性的安全志向性」，⑩ 多くの人が逃げる方向を追う「付和雷同性」である（室崎, 1982；1993）。しかしこれらが常にみられるわけでなく，避難者の質・危険の切迫性・建物の形状などによって，ど

の傾向は現れるかは異なっているという。

　さらに実験やコンピュータ・シミュレーションで群集の特性を探る研究もある。たとえば釘原（1995）は実験室の心理実験で，集合サイズや恐怖が大きくなるほど脱出率が低下することを確かめている。あるいは森山ら（2009）は実際の大規模地下街を使った避難実験を行っている。そこでは，誘導灯の意味がわからず避難出口を素通りしたり，直進通路が横道に比べて広いＴ字路では直進してしまい路地側の避難口を見落とす，といった現象が見いだされている。

　シミュレーションの方式には，群集を流動とみなす「物理モデル手法」，確率を使った単純なルールに従って空間を格子領域に分割したセルの状態を計算する「セル・オートマトン法」，そして多数の自立した主体（エージェント）の動きからボトムアップ式に集合体を構成する「マルチエージェント・シミュレーション」などがある（堀，2005）。マルチエージェント・シミュレーションは最近盛んに行われているが，たとえば山田ら（2013）はターミナル駅地下空間における避難シミュレーションをしている。その結果によれば，誘導対策をしないと出口付近で大きな滞留ができて全員避難まで25分かかるが，避難誘導で出口を均等に利用する対策をすると避難時間が15分に短縮されるという。

（3）パニックの実例
① 関東大震災

　前述のように災害時にパニックが起こることは稀であり，そのことはわが国でも例外ではないが，数少ない例として有名なのが，1923年の関東大震災である。この震災における犠牲者のほとんどは火災によるものであったが，中でも大きな被害を出したのは本所（現墨田区）の被服廠跡広場であった。その面積は２万430坪と，サッカー・フィールドでいえばおよそ9.5個分の広さを持つ，広大な広場であった。しかしそこに家財道具を持って避難した多くの人々が火災旋風に襲われ，ここだけで約３万8000人の死者を出したのである（内閣府，2006）。

　パニックは，まず市街地で火災に追われた人々が被服廠跡に逃げ込む際に発生している。南北両方向からの群集が被服廠跡広場の手前で激突し，群集なだれが発生している。その模様は，当時内務省がまとめた『大正震災志』という書物に，厩橋税務署の官吏の手記として掲載されている（表10‑1）。

　多くの人々が被服廠跡広場に流入し，そこで第二のパニックが発生した。図10‑2は宮城前広場の避難者の写真だが，避難者が流入した被服廠跡も似たような過密状態であった。密集した被災民に今度は火災旋風が襲い，人々が逃げまどう

表10‐1　関東大震災時の被服廠跡広場前の混乱

火は本所全部に拡り渡ったのか向島方面へ逃げた人が急にワアッと叫びながら逆戻りして来るその物凄さ，両国方面から逃げ走って来る群集と見る見る中に大衝突をして，何とも云われぬ大混乱否大戦争を安田邸の前で引き起しました。男も女も力の弱い者は大抵踏み倒され踏みにじられ川に堕るものは数知れませんでした。（中略）この大衝突した人々は誰叫ぶともなく被服廠へと叫びだしたので，皆安田邸の横へ折れて，ドットなだれをうち乍ら，引き潮の如く被服廠跡へと流れ走り行きました。

出所：内務省社会局編（1926）大正震災志　上，p. 358（https://dl.ndl.go.jp/info:ndljp/pid/981915）

図10‐2　関東大震災時，宮城前広場に避難した人々
出所：東京都復興記念館所蔵。

ことになった。吉村（1973）はその模様を住民の手記から，**表10‐2**のように描写している。それによると，火災旋風から大群集が一斉に逃げるために，巻き込まれたら踏みつぶされて殺されるような状態で，躓いたわが子すら見捨て，倒れた死体を踏みつけながら群集と共に逃げざるをえなかったという。ここでも逃走に際して将棋倒し，ないし群集なだれ的現象が発生したとみられる。

　ただ詳細を見ると，典型的なパニック像とはやや異なる部分もある。すなわち形態的にみれば，限定された脱出可能な出口に殺到しているわけはなく，面的な脅威に対して面的に逃走している。心理的にみると，ヒステリー的に逃げまどうというより，物理的な危険を避けるために，やむなく逃げている感がある。また結果をみると，仮に冷静に順序良く避難したとしても，助かる可能性は増えなかったように思われる。これまでのパニック理論は建物火災をモデルにした部分が多いので，あてはまらない部分も出てくるようだ。

　ちなみに逃走パニックではないが，関東大震災では略奪行為もあった。たとえば横浜の税関倉庫では，9月2日から略奪が始まり，9月5，6日には大半の物が持ち去られたという。略奪を行ったのは飢餓に苦しむ被災者と暴徒であった（中央防災会議，2008）。はじめは被災者が米など食料のみを持ち出していたが，のちに荷車で機械類まで持ち出す者が現れたという（奥平，1983）。また小田原・国

表10-2　被服廠跡広場における逃走現象

> ガスに点火でもしたように，荷物が一時に炎を上げ始めたのです。と同時に，それらが旋風に乗って舞い上がり，飛び交い始め，人の群れの中に落下するのです。悲鳴が所々で起き，人々が次々に倒れてゆきます。私は息苦しくなったので，地面に顔を伏せると呼吸が楽になることに気づきました。私は，炎の間を逃げまどいながら，息が苦しくなると地面に伏して息を吸いました。そのころには，すでに息絶えた人の体が所々に転がっていて衣服から炎が起こっていました。そのうちに，後方から火勢が強くなったらしく，「わーッ」と言う叫び声がして，大群衆が私のほうに迫ってくるのが見えました。それは何千という人の数で，体をぶつけ合いながら狂ったように駆けてきます。踏みつぶされましたら殺されることははっきりしていますので，地面近くの空気を吸って走り出しました。その時，横を走っていた三十歳前後の夫婦の連れていた子供が，なにかにつまずいて倒れ，母親が抱き起そうと立ち止まりました。が，夫は妻の手を強引に引っ張り子供を置き去りにして走って行ってしまいました。子供はおそらく後方に追っていた大群衆に踏み殺されたに違いありませんが，子供を抱き起したりすればその母親も押し倒されたと思います。いずれにしても恐ろしい光景でした。

出所：吉村（1973, pp. 57-58）。

府津・真鶴の各駅では貨物の略奪も生じていた（中央防災会議，2008）。その背景には，救援が遅れ，物資の欠乏が著しかったということがある。そうした中で食べ物は持ち去ってもよい，という創発規範が生まれ，その後便乗的窃盗が起きたのかもしれない。

② 宮城県沖地震

1978年の宮城県沖地震ではパニックは起きなかったが，いくつかの不特定多数収容施設において，パニック寸前の事例がみられた。廣井ら（1993）の聞き取り調査によると，あるデパートの地下階では，多くの客が揺れに驚いて声を上げたり，泣き出したり，しゃがみ込んだりして混乱状態になったという。しかし従業員の「落ち着くように」という声かけや，非常口への誘導がなされ，出口に人が殺到するようなことはなかった。あるいはある女子大学では学生が悲鳴を上げ，外へ出ようとして入り口に集まったという。近くにいた教職員が「外はガラスが降って来るから危ない」と静止すると，学生はそれに従ったという。さらに市営バスでは揺れに驚いた乗客が「ドアを開けてくれ」「おろしてくれ」などと口々に騒いだという。運転手が車内放送で，外に出るより車内のほうが安全であること，安全を確認したら必ず降ろすこと，などを呼びかけたところ，乗客たちも落ち着いたという。幸いにも宮城県沖地震ではパニック的逃走は起きなかったが，地震時に地下街で火災が発生するなど，条件がそろえばパニックが起きる可能性があることが示唆された。

③ ビル火災

　自然災害ではないが，逃走パニックはビル火災ではしばしばみられる。たとえば1972年の千日デパートビル火災では，7階のキャバレーにいた181人のうち118人が犠牲となっているが，客やホステスがまずはエレベータ前に殺到し，その後すでに閉鎖されていた隣ビルへの通路前，更衣室前などへと右往左往しながら窓際に集まった。その過程で体力のないホステスや酔客が煙に巻かれて死亡している。窓際にたどり着いた人は，はしご車によって救助されたが，煙や高温に耐えかねて飛び降り，12人が亡くなり，救助袋の使い方が悪く馬乗りになって滑り降りたため，途中で落下する人が続出し11人が亡くなっている（室崎，1982）。逃げ道が次々に閉ざされる中，塊となって右往左往する客やホステスは，パニック状態であったとみることができよう。

④ 群集事故

　これも災害ではないが，催し物の際に群集事故がしばしば発生している。たとえば2001年に明石市の花火大会で起きた群集なだれ事故では，会場の海岸へ向かう客と帰路についた客が歩道橋上で押し合いになり，群集なだれが発生し，死者11人負傷者247人の大事故になった。ボトルネックとなる歩道橋に誘導体制がなかったこと，橋上で花火を見物する人が出て進めなくなったこと，階段下に夜店がありそれが通行を妨げたこと，などが混乱の原因となった（明石市，2002）。その他有名な群集事故としては，1954年の皇居一般参賀時の「二重橋事件」（死者16人），1956年の餅まき時の「弥彦神社事件」（死者124人），1979年の高校野球時に起きた「甲子園球場事件」（死者2人）などがある。

⑤ 獲得パニック

　獲得パニックは逃走パニックではないが，群集なだれという点では逃走パニックと似たところがある。1973年のオイルショックをきっかけに，トイレットペーパーがなくなるという流言が流れ，全国各地で買いだめ騒ぎが起きた（図10 - 3）。そうした中，尼崎市の生協では200人の客が開店と同時に店内に押し入り，将棋倒しが発生して高齢女性が足を折る大けがをしている（毎日新聞

図10 - 3　トイレットペーパーの買いだめ騒動
出所：毎日新聞社／時事通信フォト。

1973.11.3）。災害時にも救援物資に群集が群がり群集事故が発生する可能性はあるが，近年日本ではそのような例は報告されていない。

⑥　ハリケーン・カトリーナ

　略奪は逃走パニックではないが，関連現象として1つ例をあげておく。2005年のハリケーン・カトリーナでは，ルイジアナ州のニューオーリンズでは水害が発生し，大きな被害となった。逃げ遅れた市民に対する救援が大幅に遅れたために，現地の生活・治安状況が悪化し，先進国では珍しく略奪事件が発生している。NBCニュースなどでは，住民がウォールマートから物を運び出すシーンを映し出していた。中には拳銃を腰に下げた女性警察官が靴を物色しているシーンすらあった（https://www.nicovideo.jp/watch/sm13859456）。当時現地に住んでいた日本人の話では，ウォールマートなどは，被災者に無料で食料品をもっていかせていたともいうが，Fischer（2008）は，略奪はあったが，それはより正確に言えば「生活を支えるための物資の流用」であったという。ここでは，必需品なら持ち去り可である，との創発規範ができていた可能性がある（ただしその後便乗した非必需品の窃盗も起きている）。Fischerはこれまでの災害研究では，大都市における事例が少ないこともあり，先進国では災害時の略奪は稀であるとされてきたが，それはあるタイプの社会で，あるタイプの災害においては稀である，ということだと指摘する。たとえばバージン諸島のセントクロイ島では1985年のハリケーン・ヒューゴの際に略奪があったが，その背景には災害が起きる前から，ギャングの存在・盗難に対する人々の寛容性・警察の腐敗・貧困・必要のための物資の流用といった社会情況があったという。Fischerはカトリーナの際にも似たようなことがあったのではないかと論じている（Fischer, 2008）。Smelserは逃走パニックにおいて，「構造的誘発性」を指摘していたが，略奪においてもその背景となる構造的誘発性がありそうだ。関東大震災時の略奪の背景にも，第一次大戦後の経済恐慌や基本的な治安状況など構造的誘発性があったのかもしれない。

（4）パニック対策

　以上のことから，災害時にパニックが発生し，避難に支障をきたす，ということは基本的には稀であるといえる。その原因は，パニックの発生には条件があり，災害時にそれらがなかなかそろわないからである。むしろ危惧するべきは，大衆文化によって広まったパニック神話によって，当局が危険情報の発出を躊躇し，避難が遅れることである。したがって特に災害の初期段階では，パニックを恐れず危険情報を迅速に出すことが必要である。

　ただ，一度大きな被害が出た後では，状況はやや異なる。たとえば2004年のスマトラ島沖地震津波の後では，津波が再来するといった流言や誤報が流れ，インド・スリランカ・インドネシアなどの各国で避難騒ぎが起き，交通事故なども発生している。したがって，被災後に人々の間に恐怖感が広まっている中では，情報発信は慎重にする必要がある。

　また，関東大震災の被服廠跡やビル火災におけるパニック事例をみると，迫りくる煙や炎に対して致し方なく逃げている部分もあった。それへの対策は，まずは延焼防止や避難路の確保といった物理的な対策を取るべきで，避難誘導対策はそれが前提となる。たとえば，国土交通省が地下街の避難対策としてまとめたガイドライン（国土交通省，2020）では，耐震化・非構造部材の落下防止・混乱防止のための避難誘導・浸水対策の4つが挙げられているが，ハード対策がまず重視されている。避難誘導対策としては，避難計画の作成・避難シミュレーションの実施・避難訓練の実施・誘導設備の整備などを挙げている。このガイドラインでは特にシミュレーションを重視しているようだが，いずれの対策もいかに実態に合わせて有効に実施していくかがカギといえよう。

10.2　流　　言

（1）流言とは

① 流言の定義

　流言の定義は研究者によって異なるが，ごく簡単に定義すれば，人づてに伝わる，証拠が確かでない情報伝達のことである。たとえばオールポートとポストマンは流言を「人から人へ（通常は口コミで）伝えられる，真実の証拠が示されない，特定の（あるいは時事的な）テーマについての，所信の陳述」（Allport, et al., 1947 p. ix）と定義している。ここでポイントとなるのは，人づてというコミュニケーション・チャンネルと，証拠が確かでないという情報の質である。情報チャンネルについてターナー（Turner, 1994, p. 244）は「多くの場合マスメディアの助けを借りた，人から人へのコミュニケーション」と，マスコミを含めている一方，橋元（1986, p. 229）は「口から口へという口頭チャンネルを通じて伝えられるコミュニケーション」と聴覚的コミュニケーションであることを強調している。もちろん流言はパーソナル・コミュニケーショが基本であるが，マス・コミュニケーションも流言の開始と拡散に一定の役割を果たすことが多いので，それを含めて考えるほうが現実的であろう。また最近ではSNSで流言が伝わることが多

いので，聴覚コミュニケーションに限定する必要もないと思われる。他方，情報の質に関しては，廣井（1986, p. 156）は，流言を「人から人へと伝えられる虚偽の情報，あるいは誇張された情報」とし，虚偽の情報であるとしている。ただ，単なる憶測がたまたまあたることもあるし，軍隊における流言は正確なことが多いという研究もあり（木下，1977；Turner, 1994），必ずしも情報が虚偽である必要はない。橋元（1986）は未確認情報の定義として，① 真偽について根拠がないこと，② 情報のソースが報道のように真偽の責任を負っていないこと，③ 直接の伝聞先が情報源と異なり，最初の情報とのずれが検証されていないこと，などを挙げているが，「根拠のない情報」も同定することは，案外難しい。

　流言と似た言葉に「うわさ」がある。英語では両方とも "rumor" だが，うわさは，内容が個人的で，広がる範囲も日常的人間関係の範囲に収まるのに対して，流言は，社会的内容で伝達範囲も通常の人間関係を超えるなど，両者を区別する研究者もいる（e.g. 清水，1937；藤竹，1974；廣井，1988；2001）。しかし木下（1977）は，豊川信金倒産の流言など，社会情報的な内容でも，普段の人間関係を通して広がることや，身近な事件でも広く伝わることがあるとし，両者の区別には意味がないという。たしかに，流言のメカニズムについては両者に明確な区別できないように思われるが，流言は社会にとって好ましくない「社会的逆機能」を持つのに対して，うわさにはそのような逆機能はないものが多いという議論もある（廣井，1988, p. 6）。したがって両者は基本的には同じなのだが，社会的影響の大小について論じる場合には，両者の区別も無意味とはいえないだろう。

　他方，流言に似た言葉に「デマ」がある。これは Demagogie の略で，誰かが何らかの目的のために意図的に誤情報を流すものであり，自然発生的にできる流言やうわさとは異なっている。また「ゴシップ」という語は，個人，特に有名人についての私的生活に関する話題が主で，これも流言とは異なっている（橋元，1986）。以上，各論者の流言関連用語を整理すると**表10‒3**のようになる。

　② 流言の類型

　流言とは，災害時ばかりでなく平常時にも流れるもので，深刻なものからそうでないものまでさまざまな種類がある。たとえば Allport ら（1947）は，流言を流言拡散に要する時間によって，① ゆっくり広がる「這うような流言」，② 急激に広がる「急性の流言」，③ 間欠的に広がったりおさまったりする「潜水的な流言」の３つに分けている。ここで災害時の「近いうちにまた大地震が来る」といった流言は「急性の流言」である。「地震雲が出た」といった流言は平常時にも間欠的に流れ，これは「潜水的な流言」といえる。他方，Shibutani（1966）は，

表10-3　流言関連用語の整理

	全体を指す用語	社会情報的	意図的	身近なもの
Allport ら（1947）	rumor （デマ*）	rumor （デマ*）	rumor （デマ*）	rumor （デマ*）
Rosnow ら（1976）		rumor	Rumor	gossip
清水（1937）		流言蜚語		噂話
藤竹（1974）		流言蜚語		うわさ
廣井（2001）		流言	デマ	うわさ
木下（1977）	噂さ	流言	デマ	流言
橋元（1984）		流言・うわさ	デマ	流言・うわさ／ゴシップ**
川上（1997a）	うわさ	流言	デマ	ゴシップ

*南博（1952）による翻訳によるもの，**人に関するもの
出所：中村（2001）

情報欲求が極めて強い場合に急激に形成されて，通常の人間関係を越えて広がる
「一時的流言」と，情報欲求が中程度の場合に通常の人間関係に沿って伝わる
「熟考的流言」とを区別している。廣井はこの Shibutani の分類を参考に「噴出
流言」と「浸透流言」を区別している。噴出流言は，壊滅的被害のあった災害時
などに，社会規範が一時的に消滅する状況で，日常的コミュニケーション・ネッ
トワークを越えて猛烈なスピードで広がる流言である。他方，浸透流言は，被害
が比較的軽微で社会規範が残っている状況で，日常的コミュニケーション経路を
通じてじわじわと浸透する流言である。長崎水害や日本海中部地震の時には「災
害がまた起きる」という流言が発生したが，被害はそれほど破壊的でなく，これ
は浸透流言であったという。それに対して，関東大震災時に流れた「朝鮮人が放
火・暴行をしている」という流言や，濃尾地震時の「津波が襲来する」という流
言，大正桜島噴火時の「毒ガスが発生した」という流言などは，噴出流言だとい
う（廣井，1988）。そしてコントロール不能な避難騒ぎや暴行など，大規模な社会
的混乱を引き起こす流言は，大災害時に起きる噴出流言のみで，これはめったに
発生しないという（廣井，1988）。

　他方，流言の背景にある心理による分類もある。たとえば Knapp（1944）は戦
時流言を分析し，「敵にはもう石油が不足している」など，願望から生まれる
「願望流言」，「真珠湾の艦隊は全滅したらしい」など，恐怖心から生まれる「恐
怖流言」，「カトリック教徒たちは徴兵逃れを画策している」など，集団間の分裂
を招く「分裂・攻撃流言」があるという。Allport ら（1947）はこれに，好奇心を

背景に作られる「好奇流言」を加えた4分類を挙げている。この中で災害時によく問題となるのは，「恐怖流言」で，関東大震災時の朝鮮人流言などはそれに「分裂・攻撃流言」の要素も併せ持っているといえる。

　災害時の流言の内容については，橋元（1986）が5つに分類している。第一は，「災害の前兆・予言に関するのもの」で，たとえば「占い師が地震を予言していた」というようなものである。第二は「災害・被害の原因に関するもの」で，たとえば「阪神淡路大震災は明石海峡大橋の工事が原因だ」というようなものである。第三は「災害直後の混乱に関するもの」で，関東大震災時に流れた「朝鮮人流言」がこれにあたる。第四は「被災地周辺で広まる被災状況に関するもの」で，海外で流れた「東日本大震災で日本が全滅した」というような流言である。そして第五に「災害再発予測に関するもの」で，典型的には「また大きな地震が来る」というようなものである。とくに最後の災害再来流言は，災害後には必ず発生し，流布量も他に比べて圧倒的に多くなっている（橋元，1986）。

（2）流言の理論
① 心理学的理論
　流言のメカニズムについては心理学的説明と社会学的説明の2つがある。前者でもっとも有名なのは Allport ら（1947）のモデルで，流言は伝達時の歪みによって生じる，という考えだ。歪みの方向性は，① 話が単純化していく「平均化」，② 話のある部分だけが強調して語られる「強調」，③ 話し手の認知や感情に従って歪む「同化」の3つがある。そして流言の流布量（Rumor）は主題の重要性（importance）と曖昧さ（ambiguity）との積に比例するといいい，$R \sim i \times a$ という図式で表される。この図式によれば，重要性や曖昧さのどちらかでもゼロになれば流言は発生しない，ということになる（Allport, et al., 1947）。

　同化の概念にみられるように，心理学的には，流言は人間の心理が表面化したものと考えられ，前述の「願望流言」「恐怖流言」「攻撃流言」「好奇流言」の分類は，この心理的メカニズムの具体化といえる。他方，Festinger（1957）は，インドの大地震時の流言を研究した Prasad（1950）を参考にしながら，地震の被害がない周辺地域で誇張された被害の流言が発生したのは，地震を恐れる住民が，自らの「不安」と自らの周辺には「被害がないという事実」のギャップを埋めるため，すなわち「認知的不協和」を解消するためであったと論じている。

　さらに木下は，これまでの実験的研究をもとに，流言の発生・伝達・変容について総合的に検討している。それによると，流言は，その主題に関心の高い人，

状況の曖昧さを認知している人，不安など心的緊張を持つ人，活動性・攻撃性などの性格因子を持つ人，批判能力の低い人などの間で発生しやすいという。また社会的には，共通の関心をもつ集団内，不況・戦争・災害などの社会的緊張のある社会，情報が不足している社会などで流言が生じるという。さらに伝達の段階としては，豊川信金の倒産流言にみられるように，日頃の人間関係を通じて伝わることが多く，その主題に関心のある人を通じて伝わり，凝集性の高い集団で伝わりやすく，集団に階層構造がある場合は下位の者から上位の者に伝わるという。また流言には平均化・強調化・同化の傾向があるが，現実の社会では，平均化とは逆に詳細化や正確化がおこることがあるという（木下，1977）。

　災害時の流言伝達心理については，橋元（1986）は次のように説明している。すなわち災害時には，① 災害の原因，② 周囲の被災状況，③ 具体的行動指針，④ 将来の状況推移などについての情報欲求が生じるが，マスコミはせいぜい地震の規模や場所といった災害の原因くらいしか情報提供してくれず，流言の受け手側には情報ニーズが高まっている。それに対して流言の伝達者側は，災害時の自らの不安を背景に，① 不安を昇華しようとする心理（自分の気持ちを適応的な行動に置き換えたい），② 他者と同じ気持ちを共有することで運命共同体的安堵を得ようとする心理，③ 得た情報の真偽を確かめたい心理，④ 先に情報を得たことを誇示し，他者に行動指針を与えようとする心理があり，こうした心理から災害流言が広まるという。

　② 社会学的理論

　一方，社会学的考えでは，流言を個人の心理から説明するのではなく，社会的相互行為として説明しようとしている。たとえばShibutani（1966）は，流言は言葉の歪曲ではなく，あいまいな状況で情報に対する欲求が高まっているにもかかわらず制度的ニュースがそれを満たさないとき，人々によって集合的に作り出された「即興的なニュース」（improvised news）である，という。すなわち流言は参加者各人がそれぞれ異なった役割をはたす相互行為であり，そこには，情報を単に伝達するだけの「伝達者」，情報の意味を解釈する「解釈者」，情報に疑問を呈し証拠を求める「懐疑者」，複数の解釈や行為から1つを選び支持する「主役」あるいは「扇動者」，そしてただ聞くだけだが考慮すべきアピールの対象となる「聞き役」などがいるという。

　あいまいな状況が流言に重要である，という認識はAllportらと同じであるが，そうした状況を，何らかの形で定義するための集合的過程として流言を理解する点が異なっている。Shibutaniによれば，同様の社会学的考えはTurnerにもみ

られるという。Turner は創発規範理論の観点から，流言を「規範的に適切な，状況の集合的定義の形成過程である」（Turner, 1964, p. 398）とみている。あるいは清水（1937）も著書『流言蜚語』の中で次のように言う。情報「a と c があるからにはどうしても両者の間に b がなければならぬ。b があってこそ，a–b–c という具合に一つの統一ある全体に接することができる。しかし誰も b を見たものはなく，当局も b について発表しているわけではない。しかし a と c とを統一するためには b が必要である。b を作り上げる必要がある」（清水，1937，復刻版 p. 32）この，情報ニーズが満たされない中で，一貫した理解をもたらす情報を，集合的に生み出すことが流言であるという考えは，Shibutani の「即興的なニュース」と同様である。藤竹（1974）は，流言の多くは「××という話を聞きましたか」という疑問形のスタイルをとり，情報の有効性を検証するコミュニケーションが流言であるという。その過程で内容が人々にもっとも妥当だと思われる解釈に収斂し，正確さを増すこともあるという。この指摘も Shibutani 的な流言の社会的側面をよく表している。

　一方 Rosnow ら（1976）は，噂やゴシップを社会的交換の概念から説明している。すなわち，流言を伝達することは商品の提供と同様に，注目を浴び，称賛され，地位を上げるといった報酬を受けることにつながる。門外漢にわからないゴシップは集団の閉鎖性を誇示し，うわさは贈答品のように集団内の地位の確保につながり，反対派を非難するうわさは内部の結束を図る手段となるという。

　災害時の流言を考えると，主に不安心理を背景に，なぜこのような被害となったのか，これからどうなるのかに対する情報が欠如する中で，それへの回答を集合的に模索する中で流言が形成・伝達されるのだと考えられる。廣井（1986b）も言うように，流言は個人心理の次元に還元することはできず，また認知面に偏る Shibutani の議論もそれだけでは不十分で，心理的側面と社会的側面の両面を総合的論じることが必要といえる。

（3）災害流言の実例
① 噴出流言の例（関東大震災）

1923年の関東大震災では，壊滅的被害を背景に，噴出流言が発生し，それが朝鮮人に対する虐殺事件を引き起こした。警視庁資料（1925）によれば，警察は，地震当日 9 月 1 日の午後には「朝鮮人が放火をしている」という流言を把握し，翌 2 日になると，「朝鮮人が放火，井戸への毒薬投入，婦女暴行をはたらき，爆弾や銃を持って集団で神奈川方面から東京に襲来する」といった流言を記録して

図10‐4　関東大震災時の自警団（麻布付近）
出所：毎日新聞社提供。

いる（中央防災会議，2008）。警視庁は当初，これを事実とみなして，厳戒態勢を敷いたが，2日の夜になって虚報であることがわかり，翌3日には「不逞鮮人の妄動の噂盛んなるも右は多くは事実相違し訛伝に過ぎず，鮮人の大部分は順良なるものに付き之を迫害し，暴行を加える等無之様注意され度し」とするチラシを配布して，流言を抑えようとした（大畑他，1986；中央防災会議，2008；正力，1999）。事実，司法省の報告書でも朝鮮人の暴動について「一定の計画の下に脈絡ある非行を為したる事跡を認めがたし」と結論づけている。しかしこの流言を信じた，自警団・陸軍・警察などが多くの朝鮮人を虐殺する大惨事を起こした（図10‐4）。虐殺された朝鮮人の数はいまだ詳らかではないが，正式に殺人で起訴された事件だけで233人，朝鮮総督府の推定で813人，崔の調査では2607-3559人余りが殺害されたとされる（中央防災会議，2008）。

　一見荒唐無稽なこの流言だが，発生にはそれなりに理由はある。たとえば火災旋風で飛ばされた火が火種のないところに次々と火災を起こしたが，それが放火とみなされた可能性がある。また地震で井戸水が濁ったり，以前のコレラ騒動の際に消石灰で井戸を消毒した記憶が井戸への投毒イメージのもとになったかもしれない。あるいは火災により各地でガスや薬品の爆発が起きていたがこれを爆弾と誤認した可能性もある（中央防災会議，2008）。その一方で，1919年には三・一運動をはじめとする朝鮮独立を求める暴動が朝鮮半島各地で起きていた。この流言はこうしたさまざまな出来事を統一して理解するために，人々の間で自然に形成された，Shibutani のいう "improvised news" であったと理解することができる。

　② 情報の歪曲による流言（阪神淡路大震災）

　1995年の阪神淡路大震災の時には，地震再来流言が流れている。それにはさまざまなバージョンがあるが，「震度6の地震がまた来る」とか「今後マグニチュード8が来る」などというものが多かった。当時は計測震度計による震度7の速報はなく，当初，本震の震度は「震度6」とされており，「震度6」とは本

震並みの揺れを意味した。それに恐れを抱いた人々により，気象台や消防には問い合わせの電話が殺到した。廣井（1996）の調査によると，神戸市で66％，西宮市で53％の住民がそうした話を聞いたという。しかも流言を聞いた人のほとんどの人が（神戸市で88％，西宮市で83％）少なからずそれを信用していたのである。この流言の一因は，政府の地震予知連絡会が，余震の見通しとして「マグニチュード6クラスもありうる」と発表したことにあり，「マグニチュード6」が「震度6」と誤解されて伝わった可能性がある（廣井，1996）。廣井によれば，流言には自然発生的に生じる本来の流言と，行政の発表が伝達されるうちに流言化するものとの2種類があり，大災害後に被災者が不安を持っている時には，行政機関の情報発信には慎重な配慮が必要だという。今回の例では「マグニチュード」といった一般市民にわかりにくい言葉があり，使う際には十分な説明が必要であった（廣井，1996）。同様の例は1978年の伊豆大島近海地震の後に起きた「余震情報パニック」でも見られた。この時も「マグニチュード6」程度の余震の発生可能性がある，との情報が変容して流言となった。これは単なる知識不足による誤解ともいえるが，Allport 的にいえば，不安を背景にして，「マグニチュード6」が「震度6」にランクアップした「強調」とも解釈できる。

　その後，2016年には政府の地震調査研究推進本部（2016）は，余震情報の発表の仕方を大幅に変更している。具体的には，大地震後の地震活動の見通し情報について，①「最初の大地震と同程度の地震に注意すること」を基本とする，②「余震」という言葉は使わず「地震」という言葉を使う，③マグニチュードではなく震度を使う，ということである。これは，熊本地震や東日本大震災など，本震 → 余震タイプではなく，前震 → 本震タイプの地震が続いたことへの対策である。こうした情報発表はたしかに地震の現状を反映しているのだが，「災害再来流言」の観点でみると，そうした流言を助長する可能性がある。ここで特に危惧されるのは，津波を恐れた住民の避難騒ぎを誘発しないかということである。地震の発生日時までは現在の科学では予測できないことや，想定震源域から考えると津波の危険性は少ないことなど，わかる範囲で流言や混乱を防止する情報をあわせて発信するべきだろう。

　流言は Shibutani の言うような社会的相互作用により自然発生的に形成されることが基本だと思われるが，なかには阪神淡路大震災や余震情報パニックのように，情報の歪曲が流言の形成に作用することもあるようだ。

　③ ネット流言（東日本大震災・熊本地震・北海道胆振東部地震）

　インターネットの発達後，メールや SNS でも盛んに流言が流れるようになっ

た。災害流言ではないが，筆者は2001年にメールで広まった「携帯ワンギリ流言」について調べたことがある（中村，2001）。この流言は「携帯電話に着信した電話番号にかけなおすと，それだけで10万円の請求が来る」という内容で，一般市民から企業に至るまで広く広まった。流言を収集分析したところ，メールの流言には次のような特徴があった。すなわち，① 繰り返し送信の間隔が短くかつ一度に多くの人に送信するので，拡散スピードが極めて速い，② 内容はコピーされるために基本部分は変化せず，話が簡略化される「平均化」は起きにくい，③ 逆に信ぴょう性を高める尾ひれがついたり，自分の状況に合わない部分を微修正する変化がみられる，④ メールは部外者から見えないため誤謬が指摘されにくい，⑤ 危険を警告する情報内容はそもそも否定がしにくい（安全であることを証明しにくい），⑥ 偽情報であることがわかりにくく企業やマスコミも誤情報の拡散に手を貸すことがある，といったことである。こうしたメール流言の特徴の多くは SNS の災害流言にも共通したものがある。

東日本大震災や熊本地震では Twitter で発信された流言が話題となった。すなわち東日本大震災では，「コスモ石油製油所火災の黒煙により有毒な雨が降る」「性犯罪や略奪行為が多発している」「外国人窃盗団が出ている」などさまざまな流言があり（荻上，2011），熊本地震では「近くの動物園からライオンが放たれた[9]」「イオンモールが燃えた」などの流言が流れた。これらは，口づてで広まっていた流言が Twitter に流れてきたものと，Twitter の発言がネットニュースなどのマスメディアで広がった「メディア流言」の２種類があり，熊本地震の「ライオン流言」は後者である。筆者が熊本市と益城町でアンケートをしたところ，この流言を聞いた手段はネットニュース（46.3%）と口づて（48.1%）が多く，Twitter（13.0%）や LINE（7.4%）は少なかった（中村，2016）。すなわち前震の翌日15日には Yahoo ニュースで「ライオン逃走，井戸に毒……。地震関連デマ。『業務妨害際になりうる』と弁護士」という記事が流れており，この「〜というデマがネットで流れている」という記事をネットニュースで知った人が，周りの人に伝えた，というのが真相のようである。さらに2020年には新型コロナウイルス感染症の影響で「トイレットペーパーが不足する」という流言が流れ，各地でトイレットペーパーが売り切れる事件も発生した。[10]

2018年の北海道胆振東部地震では，また地震が来る，といった地震再来流言が広まり，それによる避難騒ぎが発生している[11]。筆者が胆振東部地域と札幌市で調査をしたところ，この流言を聞いた人は51.0%で，聞いた人の38.2%が本当だと思っていた。聞いた手段は「LINE」（46.1%），「口づて」（44.1%），Twitter（30.4%）

表10-4　胆振東部地震時 LINE で広がった流言

> 皆さん大丈夫でしょうか。自衛隊からのメッセージです。
> 震災に関しての注意事項
> 熊本地震では翌日が本震でした。東日本大震災でも2日前に震度6弱の地震が起こっています。
> 家にいる方
> 断水を見越して，鍋，やかん，風呂などに水をためておいてください。備蓄食料が十分でなければ早めに購入しておいてください。南海トラフでは1週間分備蓄することが求められています。
> 高所にあり落下すると危険そうな物は床に下す等の対応をしてください。もし停電した場合，避難する際にはブレーカーを落としてから避難して下さい。電気が復旧した際に，傷んでいる電線から発火の可能性があります。ガスの元栓も十分に注意してください。また今回の地震ですが横ずれ断層形の地震らしく東日本大震災，熊本地震と同じようです。今回の地震が余震の可能性が大らしく，48時間以内に本地震来る可能性が非常に高いみたいなので，これからが1番気を付けないと報告がありましたので，皆さまくれぐれもおきをつけください。

出所：苫小牧民報（2018.9.12）。

と，主に LINE というクローズドなメディアで伝わっていた（中村他，2020）。表10-4は典型的な LINE メッセージで，そこでは「自衛隊からのメッセージ」と公的な情報であることが示され，地震時の一般的な注意事項の後に，48時間以内に本震が来る可能性が高いなどと，まことしやかな内容となっていた。

　避難騒ぎが起きたのは胆振地方の中心都市，苫小牧市である。苫小牧市役所への聞き取りによれば，地震から2日たった9月8日の夕方，「これから9時くらいに大きな地震が来る」「自衛隊，消防が言っている」などという流言が市内で広まり，市役所への問い合わせが殺到し，多くの人が避難所へつめかけたという。さらに津波を警戒して避難する車で高台への道も渋滞した。そこで市は8日の午後8時頃から HP や Facebook で「現在 SNS で，根拠のない情報が拡散されていますのでご注意ください」と流言の打ち消し情報を発信している。しかし高台の駐車場は避難した約100台の車で満車となり，市の避難所では250人余りが一夜を明かしたという（中村他，2020）。

　この地震では，その他の流言も流れている。それらにも各所から打ち消し情報が出されている。たとえば「携帯電話が途絶する」という流言については，オンラインメディアの J-Cast が地震当日の11時57分に「ドコモ携帯が使えなくなるというデマ拡散　広報担当者が否定」という記事を配信しており，「市内全域で断水する」という流言については札幌市水道局が「SNS 等で水道に関する誤った情報が拡散されておりますが，以下の情報が正しい情報ですので，ご注意ください」と自身の HP で否定している。こうした打ち消し情報がどの程度効果を上げたのかは，よくわからない。しかし福長（2019a）によれば，苫小牧市による否

定情報が出て以降の8日午後9–11時では，「苫小牧で地鳴り」というTwitterの投稿数は122件あったが，そのうちの68％は，「デマ」と否定したり，市の公式コメントを引用するなど，流言に否定的なものだったという。Twitter上では打消し情報は比較的迅速に拡散したようである。

　今回のようにLINEで広まった流言は，メール流言と自然発生的な口づたえ流言の2つの性格をあわせ持つと考えられる。第一にLINEでは口づたえより拡散が速く一気に広がる。第二にメールのようにクローズドな空間で生成・拡散されるので外部からの否定が効きにくい。第三にTwitterのように匿名ではなく知り合い同士のやり取りなので，口づたえと同様の流言の心理が働きやすい。たとえば不安な気持ちを親しい人と共有することで運命共同体的安堵を得られる，というようなことがある。実際，筆者の調査でも，今回流言を聞いた人のうち19.7％の人は「不安を他の人と共有でき，少し安心した」と答えている。あるいは親切心から知り合いに耳寄りな情報を提供することで，自らの株を上げられる，という心理もあるかもしれない。ネット社会で迅速な打ち消し情報が発信されるようになったことは進歩といえるが，災害後の流言の発生や拡散を抑えるのは，今なお難しいことのようだ。

（4）流言対策

　以上，流言の理論と実例を見てきたが，防災上の観点から課題と対策をまとめると次のようになる。第一に，災害時には必ずといってよいほど流言が発生するが，それには恐怖や不安を中心とした心理的側面と，欠如した情報を集合的に補おうとする社会的側面がある。したがって原理的には，不安心理を低減し，住民が知りたい情報を十分に伝えれば，流言発生を抑えることができる。

　第二に，しかしながらこれを達成することは容易ではない。災害時の恐怖感情の低減はもちろん難しいし，ニーズを満たすための情報提供は，そもそも正確な情報がない場合もある。たとえば災害がまた来るか否かや，その発生日時など，はっきりしたことは誰にもわからないのである。

　第三に，これまでの災害流言とその社会的影響を考えたとき，「浸透流言」が多く，破壊的な被害をももたらす「噴出流言」は稀であることを想起する必要がある。しばしば発生する地震の再来流言や犯罪多発流言などは，たしかに揺れを警戒して多くの住民が車内避難したり，警察や行政の負担を増やす悪影響があるが，それらが大きな被害につながることはなかった。問題となるは噴出流言で，特に津波や噴火の際にみられる避難騒ぎは問題である。避難騒ぎは，北海道胆振

東部地震でもあったが，スマトラ島沖津波時の避難騒ぎでは交通事故により死者も出ている（朝日新聞2005.3.31）。また雲仙普賢岳噴火時にも，テレビスタッフの宿泊先変更が「マスコミも逃げだした」という誤解となり，「眉山が崩壊する」という流言を生み，避難騒ぎとなった。幸い日本では事故にまでは至っていないが，流言により混乱した避難が起きないようにする工夫が求められる。

　第四に，これまでなされてきた流言対策の効果を評価・検討すべきである。流言対策には，① 流言を否定・禁止する，② 正しい情報を流す，③ 受け手のリテラシーを高める，④ 状況そのものを変えるなどの方法がある。第一の手段である流言の否定・禁止は，実はもっとも古典的な手段である。たとえば関東大震災時には，流言防止のチラシがまかれ，流言を流布した者に最高80年の懲役を課す「治安維持令」が作られ，警察が流言を取り締まった。また雲仙普賢岳の流言には島原市が，東日本大震災の犯罪流言には警察署が，流言を打ち消すチラシを配布している。最近では北海道胆振東部地震のように，多様な発信源が web ページや SNS を使って流言を否定している。さらに熊本地震時には偽計業務妨害罪で逮捕者も出ている。しかし，流言の否定と禁止には限界がある。それは，そもそも流言の否定や禁止は，被災者の不安や情報ニーズに答えていないからである。またマスメディアによる大規模な否定はかえって流言を広げる危険があり，タイミングを図る必要があるとの意見もある（福長，2019b）。さらに流言の否定は，否定する者が利害関係者とみなされると，逆効果になる恐れすらある（川上，1997b）。たとえば「政府系のメディアだから，政府に都合の悪い『本当のこと』（＝流言）を否定しているに違いない」などとられる可能性がある。2021年に新型コロナウイルス感染症のワクチンを危険視する流言が流れ，ワクチン担当大臣がこれを「デマ」として否定したが，政府はワクチン接種を推進するまさに利害関係者なので，この否定は逆効果の危険をはらむものであった。

　第二の手段である正しい情報を潤沢に流すことは，状況の曖昧さを低下させ，流言を抑える王道の手段である。ただ，特に将来の見込みについては正確な情報があるとは限らない。実際，現在の大地震後の政府の発表は，地震の再来可能性を強調しており，曖昧性を低減する情報とはなっていない。またインターネットには多くの情報が流れているが，その質は玉石混交で，情報の潤沢さが必ずしも曖昧さを終息させることにはなっていない。さらに SNS で正しい情報を流しても流言ほど広がらない可能性がある。たとえば Vosoughi ら（2018）は2006年から2017年に流されたツイートの内容を分析しているが，偽情報は正しい情報よりもはるかに大人数に，多段階に，迅速に拡散していたという。北海道胆振東部地

震時にも流言の最盛期に，疑問を呈したり打ち消すような情報のツイートがあったが，流言の数に負けて，そうした情報が埋没する「悪貨が良貨を駆逐する」現象が起きていた（中村他，2020）。

　第三の方法は，流言に惑わされないように住民の情報リテラシー（情報活用能力）を向上することである。方法としては先に挙げた橋元による未確認情報の定義から，① 真偽についての根拠を確認する，② 情報のソースが責任を負っているか確認する，③ 直接の伝聞先が情報源と異なるか確認する，ことなどが考えられる。しかし，たとえば表10–4のような流言をみると，① 根拠はこれまでの地震時の実例となっていて問題なくみえる。② 情報ソースは「自衛隊」という公的組織でこれも問題なくみえる。③ 情報源は自衛隊だが，伝聞先は LINEをやり取りする知り合いと，両者は異なっていた。しかし公的情報をリツイートやコピー・ペーストする場合もある。したがってこの情報が偽であるとは，簡単には見抜きにくいところがある。そこで，「災害再来流言」など典型的な災害流言の特徴を周知しておいて，それに備えるということも考えられる。これは新型コロナウイルス感染症関連の流言や，南海トラフ地震に関する情報の意味づけなど，新しい事態については対応が難しいが，ある程度役に立つかもしれない。さらに不安や恐怖の中でも「情報は常に疑え」というような，あいまいな状況に対する基本的な態度を育成しておくことも有効かもしれない。

　第四には曖昧な状況そのものを変えるという方法がある。たとえば物資不足の流言の場合には，実際に店頭に潤沢な物資を積み上げて，安心させる方法である。1973年や2020年のトイレットペーパー不足時には，「物資は十分にある」との情報が盛んに流されたが，情報だけでは流言は終息しなかった。情報ではなく，実態により状況そのものを変える必要があるのである（藤竹，1974，p. 165；Shibutani，1966，訳書 p. 265）。

　いずれにしても流言が一度蔓延した後では，これを収束させることは難しい。まずはできるだけ曖昧な状況を生まないように，早め早めに人々が必要とする情報を提供することが重要である。

10.3　安 否 情 報

（1）安否情報の重要性
① 通信の途絶
災害時に家族や知人の安否確認ができなくなるのは，主に電話などの通信が繋

がらなくなるからである。通信不通の原因には，設備的なトラブルと，通信集中による輻輳の2種類がある。たとえば阪神淡路大震災では，被災地域内の固定電話144万加入のうち，28万5000回線が電話局内のバッテリー故障で停止し，さらに19万3000回線が家屋倒壊による断線で不通となった（廣井他，1996）。さらに神戸局への固定電話の着信が通常の50倍にも達し，激しい輻輳が発生した。また東日本大震災の時にも，停電や津波による通信ケーブルの切断そして電話局舎の水没などにより，固定電話が約120万回線停止し，携帯電話基地局が4社合計で1万4890局が停波した。基地局停波の最大の原因は長時間の停電であった。さらに通信集中により，固定電話で最大80-90％，携帯電話で最大70-95％の通信規制がかけられた（表10-5）。携帯メールはドコモで最大30％の規制と，音声通話よりはつながりやすかったが，着信通知が遅延する現象が起き，被災地では通じにくいという声が多かった。これらのため，被災地では安否の確認が著しく困難になった。筆者が被災地（陸前高田・南三陸・仙台／名取・山元）で調査したところ，家族全員の安否がわかったのは，当日は32.4％，翌日が24.5％，3日目が17.1％，4日目が6.1％，5日目以降が18.4％と，半数近くの人は3日目以降になってようやく家族の安否を確認できたのであった（中村他，2012）。

　他方，2016年の熊本地震では，固定電話の設備被害はほとんどなく，携帯電話は最大344局が停波したものの，設備被害は少なかった。輻輳も au の携帯音声が最大35％の通信規制をかけた程度で軽微であった。

　これまでの災害時の通信状況を，携帯電話（音声）についてみると，阪神淡路大震災時には「全く利用できなかった」という人が3割程度と，ある程度つながっていたが，携帯電話が普及した中越地震や東日本大震災では半数以上の人が「全く利用できなかった」と疎通が困難となっていた（図10-5）。熊本地震では設備被害が軽微なこともあり，通信状況は比較的良くなっている。

表10-5　東日本大震災時の通信障害

		NTT	KDDI	ソフトバンク
携帯電話	停波基地局	6,720	3,680	3,786
	通話通信規制	90%	95%	70%
	メール通信規制	30%	なし	なし
固定電話	通信規制	90%	90%	90%
	回線障害	1006,000（含 ISDN）	141,000	310,000
インターネット	回線障害	513,000	349,000	145,000

出所：総務省（2011）より作成。

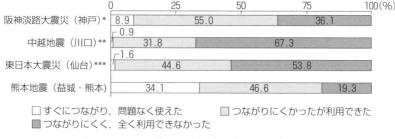

図10‑5　災害当日の携帯電話（音声）の疎通状況

出所：*廣井他（1996），**中村他（2005），***橋元他（2012）より作成。

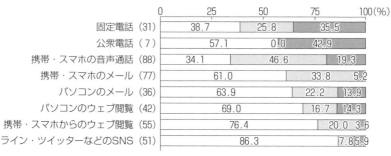

図10‑6　熊本地震時の疎通状況

出所：中村（2017）。

　もう１つの通信障害の原因は輻輳だが，最近ではメールや SNS などの IP 通信が使われるようになり，その弊害が緩和されつつある。たとえば熊本地震の時には携帯からの SNS や web 閲覧は，音声通話よりつながりやすくなっていた（図10‑6）。

　しかし，深刻な設備被害が想定される南海トラフ地震のような巨大災害や，激しい輻輳が予想される大都市の災害では，通信の途絶が予想され，安否確認がうまくできない事態になることが危惧される。

　② 安否情報とは

　安否情報は，災害の被害を受けた可能性が想定される個人または集団について，無事であるか否かについての情報である。そこにはそれを依頼する情報も含まれる。さらに広義には，被災者宅の物的被害や避難先・連絡先など，安否に関連し

表10‒6　安否情報の領域

←	狭義の安否情報		→←	安否関連情報	→
	死亡／負傷情報	無事情報	連絡依頼	物的被害情報	避難先情報
個人	a	c	e	g	i
集団	b	d	f	h	j

出所：中村（2004）。

た事項を含んでいる（表10‒6）。

　災害情報の中でも安否情報は重要度が高い情報の1つだ。それは第一に，人々の情報ニーズが極めて高いからである。これまでの災害でも，安否情報は余震情報とならなんで，震災時にもっともニーズの高い情報であった（7章表7‒7）。親しい人の安否は被災地内外の人々の安心にとって不可欠で，そのニーズは，平日昼間など家族が散在している状況で特に大きくなる。第二に，迅速な安否情報の伝達は適切な避難に結びつく。東日本大震災の時にもみられたことだが，家族の安否確認行動は避難を遅らせる1つの要因であった（9章）。また帰宅困難時に家族の無事が確認できれば，危険を冒して無理に帰宅せず，安全な職場などにとどまることも可能になる。そして第三に，安否確認ができれば被災地への人の過集中（convergence）を抑制することができる。たとえば阪神淡路大震災の時には，親族・知人の安否を気遣う人が被災地に集中し，市内の大渋滞を招く一因となっていた。

　③ 安否情報の原則

　・知る権利

　以上のような現実的問題に加えて，そもそも災害時になぜ安否情報を伝達しなければならないのかの原則について，さらに検討しておく。日本も加入している「ジュネーブ諸条約」は，武力攻撃時の文民の保護について定めたものであるが，その「追加議定書Ⅰ」では，「家族がその近親者の運命を知る権利」（第32条）を尊重することが定められている。この原則は戦時だけでなく，災害時にもあてはまると考えられる。すなわち災害時に家族が近親者の生死・負傷状況・行方について知ることは，人権上，当然の権利なのである。災害対策基本法（第86条の15）でも，都道府県知事は被災者の安否に関する照会があったときは，回答することができるとし，自治体が安否情報を提供することが規定されている。ただしここには「当該安否情報に係る被災者又は第三者の権利利益を不当に侵害することのないよう配慮するものとする」と，ただし書きがついている。ここで，誰にどのような情報を伝達するべきなのか，という問題が浮上してくる。それについて

表10‑7　照会者と提供する安否情報の範囲（災害対策基本法施行規則）

照会者	提供する情報
同居親族	被災者の居所，負傷・疾病の状況，連絡先その他安否の確認に必要と認められる情報
同居以外の親族，勤務先の関係者など	負傷・疾病の状況
友人，知人など	安否情報の有無

「災害対策基本法施行規則」（第8条の3）では，照会者を3種類に分け，回答する安否情報の範囲を限定している。すなわち，①同居の親族には，被災者の居所，負傷もしくは疾病の状況または連絡先その他安否の確認に必要と認められる[12]情報までの全てを提供し，②同居以外の親族や職場関係者には，負傷または疾病の状況を提供し，③知人その他には，保有している安否情報が有るか無いかのみを知らせることとなっている（表10‑7）。ただし，被照会者本人が同意すれば安否情報の提供範囲・提供内容は広げることができる。このように照会者によって提供する安否情報に制限を設けることは基本的には合理的と思われるが，この規定はやや厳格過ぎるところがある。たとえば親族を同居親族に限ってしまうと，単身赴任者や別居中の学生などは含まれず，ジュネーブ条約の「近親者」の権利とも齟齬が生じる。あるいは近所の人や友人には，生死の区別すら提供されない。

・公表の問題

　安否情報提供先に密接に関係するのが，公表の問題である。安否の公表には，個人情報の保護と公表による公益性や国民の知る権利の確保といった，相反する側面がある。すなわち，公表によって，①救出・救助活動が効率化する，②事実が明確化し国民の知る権利にこたえる，といったメリットがある反面，①DVやストーカーの被害を招く，②葬祭業者の営業活動や債権の取り立てが起きる，③周囲から好奇の目で見られたりメディア取材を受ける，などのデメリットがありうる（全国知事会，2021）。現在，安否公表の可否に関する国の法律はなく，その判断は各都道府県にゆだねられている。現状では，①親族の同意があり，②住民基本台帳の閲覧制限がない（ストーカーやDVの被害を受ける恐れがある者以外）という条件を満たす人についてのみ，安否を公表する県が多いようである。しかし特に同居していない家族や親類の同意確認には手間と時間がかかってしまう（e.g. NHK，2018.9.12）。そのため行方不明者については，捜索の効率性を高めるために，緊急の場合には家族の同意を確認できない場合でも公表する県もある。

表10‐8　被災者の氏名公表の実例

災害事例	氏名公表の実態	影響
2021年熱海市土石流災害	市は災害2日後，行方不明者64人の氏名を公表した。	翌日の夜までに44人の無事が確認された。
2018年西日本豪雨（岡山県）	遺族の同意得られた死者について公表。行方不明者は救助のため原則公表，家族から非公表の申し出がある時は公表せず。	公表により不明者の情報が集まり，救助活動が円滑化した。
2018年西日本豪雨（広島県）	遺族の同意得られた死者について公表。行方不明者は，被災の可能性が高く捜索の対象になっている者は非公表，被災可能性が不明の者は公表	公表した行方不明者は翌日までに生存確認できた
2018年西日本豪雨（愛媛県）	死者は遺族の同意を得て順次全員を公表。行方不明者は家族の同意得られず非公表。	遠方の親族・知人が安否確認でき，行政への照会が減少。実感が増し，犠牲者への哀悼の意につながった。遺族への連絡には手間取る。
2018年北海道胆振東部地震	遺族の同意が得られた死者について市町村が公表	
2011年東日本大震災（岩手県）	死者の氏名・年齢・性別・住所を公表（遺族が希望しない場合を除く）	
2011年東日本大震災（宮城県）	避難所ごとに避難者の氏名・住所を公表	
2011年東日本大震災（福島県）	避難所ごとに避難者の氏名・住所を公表	
2004年中越地震	非公表	
1989年台風19号（長野県）	遺族の同意得られた安否不明者・死者の氏名公表。県は山岳事故などと同様に公表の姿勢であった	行方不明者の氏名は報道の独自取材で判明。家族から県に抗議の電話があった。

出所：全国知事会（2020），山形県（2018）より作成。

　たとえば2018年の西日本豪雨時，岡山県では行方不明者について原則公表し，家族の申し出があった人だけを非公表としていた。2021年の熱海市の土石流災害では，市は2日後に行方不明者64人の氏名を公表し，翌日には44人の無事が確認されている（表10‐8）。さらに東日本大震災の際には，宮城県や福島県は避難所の避難者の氏名や住所を（大字以下を省略して）公表していた（山形県，2018）。これは家族などの安否確認，捜索に役立てるためであった。いずれにしても，現状のように家族の同意を必要条件としていたのでは時間がかかるし，そもそも家族や親族に，被災者の安否を知らせないということを決める権利があるのかという問題

もあり，さまざまな必要性に答えるためには何らかの工夫が必要であろう。

・安否情報の4原則

　こうした事情を勘案すると，安否情報の伝達には，次のような4つの原則を考えることが適切であろう。第一に，近親者や近しい人には安否を知る権利があり，安否を伝えるべきである。第二に，どのような人がそれにあたるかは，判断が難しい。親族の同意といっても，どの親族に尋ねるべきか，その人に公表の可否を決める権利があるのか，不明である。そこで通常時であればその人に容易にアクセスできる人，たとえば氏名，住所，携帯電話番号などを知っていることなどによって判断するべきであろう。第三に，その上で安否を知られたくない人の権利は尊重されるべきである。第四に，死者・行方不明者の公表については，住民基本台帳の閲覧制限など特別な事情がない限り，迅速に公表するべきである。公表は行方不明者の捜索に資するし，氏名がなく死者数だけが公表されると，周辺で安否を気遣う人々は自分の近親者ではないかと心配が募り，安否の不確定性がかえって高まるからである。公表の際はプライバシーを尊重して，地区名と名字のカタカナのみにするなどといった工夫をすることも可能であろう（西日本豪雨時の広島県の例）。

（2）安否情報の実例
① 関東大震災

　関東大震災は被害が甚大であったため，安否情報のニーズも大きかった。通信・交通手段が完全に途絶したので，行方不明の家族を探すために，不明者の住所・名前を記した「のぼり」を持って被災地を歩きまわる人で行列ができたり，駅や避難場所におびただしい数の尋ね人の張り紙が張られたりした。新聞が復旧してからは，「尋ね人」の広告が盛んに出された。そんな中で東京帝国大学の学生ボランティアによって作られた「東京罹災者情報局」の活動は注目される。彼らは，焼け残った家の住民の名前，死傷者の名前，迷子，避難者の避難先などを市内各所を回って調べ，罹災者名簿を作り，郵便を通して問い合わせに回答した。1か月余りの間に3万6000通余りの回答をしたという（廣井，1987）。

　時代は下り電話が家庭に普及するようになってからは，安否確認の主役は電話になった。しかし電話の家庭普及と同時に通話が殺到してつながらなくなる輻輳が発生するようになった。災害時の電話の輻輳が初めて問題となったのは1960年のチリ地震津波の時であった（松田，1960）。

② 阪神淡路大震災

　阪神淡路大震災の時にも，安否情報の伝達は困難を極めた。上述のように固定電話は設備被害や輻輳が激しく，公衆電話は災害時優先電話なのでつながりやすかったが，利用者が殺到して電話機内に硬貨がいっぱいとなり，使えなくなってしまった。インターネットも端末に接続されたモデムが停電で使えず，基幹回線も障害で停止した。たとえば関西ネットワーク相互接続協会の神戸 NOC（Network Operation Center）は被災でダウンし，研究機関のネットワークも神戸大学や大阪大学の停電や回線断で機能を停止した（樽磨他，1996）。さらに被災地外のNTT や気象庁のウエブサイトもアクセス集中でダウンしてしまった。しばらくすると避難所には特設公衆電話が設置され，多くの人が利用したが，避難所など目立つ場所に安否情報の張り紙をするといった，前時代的な方法も使われた（図10‐7，図10‐8）。

　この阪神淡路大震災を教訓に作られたのが，1998年から始まった「災害用伝言ダイヤル」（171）である。これは被災者の電話番号をキーにメッセージを録音して伝える一種のボイスメッセージで，輻輳時にも比較的つながりやすい仕組みとなっている。インターネットでは，WIDE や通信総合研究所などにより「被災者情報登録検索システム」（IAA）なども開発された。これは自らの安否をサーバに入力し，それを他の人が検索できる，今の安否情報システムの原型的なシステムであった。さらにその後，2004年からは携帯電話の「災害用伝言版」が始まっている。これは，被災者がスマートフォンのアプリから安否を登録し，確認する側が被災者の電話番号を入力して登録されたメッセージを閲覧するシステムである[13]。

図10‐7　避難所の特設公衆電話　　図10‐8　市役所に張り出された
（ともに筆者撮影）　　　　　　　　　　　　張り紙

③ 東日本大震災

　東日本大震災ではさまざまな安否情報サービスが運用された。その中でもっともよく利用されたのは，携帯電話の災害用伝言板で，被災1か月の間に5社合計で346万の登録があった。ついで利用が多かったのは固定電話の災害用伝言ダイヤル（171）で，同期間に272万の登録があった（村上，2011）。ただ筆者らの調査によると，被災地では「伝言ダイヤル」や「伝言板」を使った人は4.8％と，現地で使った人はそれほど多くなかった（中村他，2012）。

　他方，インターネットの安否情報システムも起動した。もっとも利用されたのはグーグルの「パーソンファインダー」で，1か月で60万超の登録があった。またNTTの「web171」は8万3800の登録があった（村上，2011）。両方とも名前や電話番号をもとに被害状況を入力したり閲覧するシステムだが，グーグル・パーソンファインダーは，放送局，携帯電話の災害用伝言版，警察の死亡者名簿，新聞社など，他機関が集めた情報を積極的に取り込んだ点に特徴がある。ただ，当時筆者が実際に使ってみると，なかなかヒットせず，登録数が十分だったとはいえないようだ。

　また同じグーグルは「避難所名簿共有サービス」も運用していた。これは，避難所の避難者名簿を携帯のカメラで撮影したり，FAXで送り，グーグルの写真共有サービスPicasaで公開するものだった。これなら通信が途絶した現場からの情報でも通信圏内に移動後にアップロードすることができるし，一人が作業をすれば，避難所全員の情報を発出することができるので，迅速に多人数の情報を載せることができる。この状態のままでは検索はできないが，住所がわかれば付近の避難所の名簿を探せばよいので，一定の機能は果たせたようだ。その後ボランティアが画像情報を読み取り，情報をパーソンファインダーに入力することも行われた。

　一方あまり知られていないが，政府も「安否情報システム」を運用している。これはそもそも武力攻撃事態を想定して総務省の国民保護室が運用しているものだが，大災害時にも使われる。システムとしては市町村が死傷者や避難者の情報を入力し，総合行政ネットワーク（LGWAN）通じて全国の行政機関が情報を共有するものだ（総務省，2018）。情報を知りたい人は総務省消防庁のwebページ（https://fdmaanpi.anpiinfo.fdma.go.jp/）から，知りたい相手の情報がシステムに入力されているかを確認し，最寄りの行政機関の窓口で詳細を確認する（総務省，2018）。東日本大震災では被災7県で運用され，総務省の国民保護室が代行して4月25日までに16万件の情報が入力された（村上，2011）。しかし特に広報される

ことはなく一般の利用はなかったようである。

　さらに Twitter では，「#anpi」などのハッシュタグを入れてつぶやき，他方，検索者が同文字で検索すると，安否に関する情報が出てくるという工夫もなされた。しかしこれも被災地からの登録はあまり多くなかったようだ。[14)]

　こうした，東日本大震災時の安否情報連絡の困難さを背景に，LINE が2011年6月にサービスを開始したといわれる。LINE ではメッセージを読んだだけで「既読」がつくので，とりあえずの生存を確認できる利点がある。

（3）安否情報対策

　メールや SNS といったパケット通信が出てきたことで，かつて問題だった輻輳による通信途絶はある程度避けることができるようになってきた。しかし安否情報の問題はまだ残っている。第一に，相変わらず災害時には設備被害があり，モバイル通信基盤そのものが使えなくなる危険は残っている。その場合は，パーソンファインダーのようなインターネット型の安否情報システムも被災地では使えなくなってしまう。第二に，被災者が死亡あるいは負傷するなどして，連絡ができない場合，通信を確保するだけでは問題は解決しない。そして第三に，通信基盤が生きていた場合でも，音声通話は輻輳でできなくなる可能性が高い。安否関連情報（表10‐6）のような詳しい状況は声で確認したいという需要もあり，実際，熊本地震時にもっとも利用されたのは携帯電話の通話であった（中村他，2020）。

　対策としては，まず通信インフラ，特にモバイル通信のインフラを強化することがある。これは安否情報伝達の前提条件である。とくに携帯基地局停波への対策は重要で，バッテリーの増強や大ゾーン局（通常より広い範囲をカバーする基地局）の設置などが必要となる。また 5G や 6G で使われる高周波数の電波は，大容量・高スピード化が可能な反面，障害物の影響を受けやすく到達距離が短いので，十分な災害対策が必要である。事業者間の厳しい競争の中で，費用のかかる災害対策の強化をすることはなかなか難しい。政府は，事業者が共通に行うべき対策の指針を示すなど，積極的に対策を促進するべきだろう。

　その上で，各種の安否情報システムをうまく活用する利用面の対策をとるべきである。安否システムはあってもうまく活用されていないことが多いからだ。たとえば，災害用伝言版や災害用伝言ダイヤルは徐々に使われるようになってきたが，被災地での利用はまだ低調である。普段使われていないシステムは使いにくいとか，相手が使うとは思えないといった問題もある。あるいは総務省の「安否

情報システム」については，周知不足やシステムでは情報の有無しかわからないといった問題がある。これからもさまざまな安否情報システムができるであろうが，安否情報の４つの原則をもとに，被災者の安否をできるだけ得やすいような仕組みにするべきである。また同時に安否を知らせることのメリットとデメリットを明らかにし，公表についての人々の理解を促進したり，法律を整備していく必要もある。

　安否情報システムの活用で，情報を引き出す時の問題よりさらに難しいのは，どのようにシステムに安否情報を入力するのか，ということである。被災地は基本的に多忙なために，なかなか情報が入力されない。たとえば総務省の「安否情報システム」は情報を被災市町村が入力することになっていたが，実際には総務省の本庁で代行入力していた。災害用伝言版や伝言ダイヤルも被災者自身が自分の情報を入力しなくては機能しない。安否情報は，多くの人についてできるだけ簡単・確実に入力されることが求められる。その点 LINE は，メッセージの「既読」によって生存情報が自動的に入力されるので優れている。あるいはグーグルの「避難者名簿共有サービス」はボランティアが避難者名簿を写真撮影することで，多く人の安否を一気に入力することができた。ただ避難署名簿の公表は，個人情報保護の問題から，今後は難しくなるかもしれない。安否を知られたくない人は避難所名簿記入時に偽名を使うなど，その意思を尊重する仕組みをあらかじめ検討しておくことが必要である。情報の入力は，LINE の既読のように自動的に行われること，避難所運営上の必要や警察による検視作業など，安否情報を集約する義務や利益を得る人が作業をすること，現地のボランティアや被災地外の人など余力のある人が代行すること，などが有効と考えられる。

　いずれにしても安否情報は，システムの開発だけでなく，システムの周知・利用の習熟・入力の仕組みの確保・個人情報の問題など，活用のための社会的問題を解決していくことが求められている。

注
1）　三上（1988）や廣井（1987）の述べる事例などをもとに分類した。
2）　「チューリップ・バブル」は，17世紀のオランダで起きたチューリップへの熱狂的投機ブームのことで，「ええじゃないか」は，幕末の社会不安を背景に，東海・近畿・四国地方で発生した，狂乱的集団舞踏現象のことである。
3）　『宇宙戦争』は1938年に米 CBS ラジオが放送した番組。火星人がアメリカに襲来し，米軍が敗れるというあらすじのラジオドラマで，Cantril（1940）によれば一部の人がこれを事実だと思い，泣き叫んだり神に祈ったりしたという。

4）　Le Bon は，感染と暗示によって作られる群衆は，感情的であるがゆえに，単純な論理を好み，強い権力には屈服すると主張する。それゆえ指導者は誇張し，断言し，反復するべきで，思想は感情（心象）にまでする必要があるという。藤竹（1985；1990）はこうした Le Bon の議論はヒットラー，ムッソリーニ，レーニンといった専制的政治指導者に影響を与えたと論じている。

5）　建築基準法施行令に基づく国土交通省の告示（階避難安全検証法に関する算出方法等を定める件）でも，流動係数は 1 m あたり 1 分間90人として算出することとされている。

6）　最近の駅の階段では，階段入り口の両端にそれぞれ縄などを張って両端が力点にならないようにしてアーチ・アクションを防いでいる。

7）　将棋倒しは一方向に倒れるのに対して，群集なだれは多方向，ときには渦を巻くように倒れることもある。また将棋倒しは 5 人 /m^2 でも生じるが群集なだれは10人 /m^2 以上でないと生じないとされる（明石市，2002）。

8）　「震災後に於ける刑事事犯及之に関連する事項調査書」姜徳相，琴秉洞編，1963，現代史資料（6）関東大震災と朝鮮人，みすず書房，に翻刻（中央防災会議，2008）

9）　この流言は動物園の業務を妨害したという偽計業務妨害で捜査され，神奈川県に住む投稿者が面白半分に流したとして逮捕されたが，起訴はされていない（毎日新聞西部版2017.3.23「『ライオン逃走』うそ：起訴猶予に」）

10）　これは2020年 2 月上旬にシンガポール・台湾・香港で流れた流言がネットニュースで紹介され，Twitter やテレビで話題となった流言である。福長（2020）の調査によれば，この流言の情報源はテレビ（37％）がもっとも多く，次いで電話や口伝て（21%），web サイト（17％）であった。これも主にマスコミで広まった「マスコミ流言」であった。トイレットペーパーを買いだめした人は全体の 8 ％，買いだめをしようとした人は 9 ％と少なかったが，買いだめをした人は「デマだと分かっていたが信じた人が買えば不足すると思った」とか「売り場からトイレットペーパーがなくなっているのを見て不安になった」とした人が多かったという（福長，2020）。

11）　胆振東部地震の流言については中村他（2020）の一部をもとに加筆・修正したものである。

12）　生死の別は「負傷・疾病の状況」に含まれると思われる。

13）　確認は PC などからでもでき，登録がない場合は登録を促すメールが送られるサービスもある。しかし安否の登録はキャリアメール利用者しかできない。

14）　たとえば「anpi レポート」（http://anpi.tv/）によると #anpi による登録は約8000件で，そのほとんどが安否を問い合わせるツイートであったという。

参 考 文 献

安倍北夫，1974，パニックの心理，講談社

明石市明石市民夏まつり事故調査委員会，2002，第32回明石市民夏まつりにおける花火大会事故調査報告書．https://www.city.akashi.lg.jp/anzen/anshin/bosai/kikikanri/jikochosa/dai32hokoku.html（2021.8.10閲覧）

Allport, G. W. and Postman, L., 1947, The Psychology of Rumor.（南博訳，1952，デマの心理学，岩波書店）

Brown, R., 1965, Social Psychology, Free Press.

Cantril, H., 1940, The invasion from Mars: a study in the psychology of panic, Princeton University Press.（斎藤耕二，菊池章夫訳，1971，火星からの侵入――パニック状況における人間心理――，川島書店）

338

中央防災会議 災害教訓の継承に関する専門調査会, 2006, 1923関東大震災報告書－第 1 編－.
　http：//www.bousai.go.jp/kyoiku/kyokun/kyoukunnokeishou/rep/1923_kanto_daishinsai/in
　dex.html#document1（2021.8.10閲覧）

中央防災会議 災害教訓の継承に関する専門調査会, 2007, 1990-1995 雲仙普賢岳噴火報告書.
　http：//www.bousai.go.jp/kyoiku/kyokun/kyoukunnokeishou/rep/1990_unzen_funka/（2021.8.
　10閲覧）

中央防災会議, 災害教訓の継承に関する専門調査会, 2008, 1926関東大震災報告書【第 2 編】.
　http：//www.bousai.go.jp/kyoiku/kyokun/kyoukunnokeishou/rep/1923_kanto_daishinsai_2/in
　dex.html（2021.8.10閲覧）

Festinger, L., 1957, A Theory of Cognitive Dissonance, Row, Peterson and Company.（末永俊郎
　監訳, 1965, 認知的不協和の理論――社会心理学序説――, 誠信書房）

Fischer, H., W. Ⅲ, 2008, Response to Disaster：Fact vs. Fiction & It's Perpetuation：The So-
　ciology of Disaster, Third Edit, University Press of America.

Freud. S., 1949, Group Psychology and the Analysis if the Ego, Hogarth Press.（井村恒郎, 小
　此木啓吾訳, 1970, 集団心理学と自我分析, フロイト著作集 6, 人文書院, 195-253）

福長秀彦, 2019a, 北海道胆振東部地震と流言の拡散――SNS 時代の拡散抑制を考える――, 放送研
　究と調査, 69(2), 48-70. https://www.nhk.or.jp/bunken/research/domestic/20190201_9.html
　（2021.8.10閲覧）

福長秀彦, 2019b, SNS 時代の誤情報・虚偽情報とマスメディアの打ち消し報道――留意すべき事柄
　を考える――, 放送研究と調査, 69(8), 100-110. https://www.nhk.or.jp/bunken/book/
　monthly/index.html?p=201908（2021.8.10閲覧）

福長秀彦, 2020, 新型コロナウイルス感染拡大と流言・トイレットペーパー買いだめ――報道のあり
　方を考える――, 放送研究と調査, 70(7), 2-24. https://www.nhk.or.jp/bunken/research/
　domestic/pdf/20200701_8.pdf（2021.10.10閲覧）

藤竹暁, 1974, パニック――流言蜚語と社会不安――, 日本経済新聞社

藤竹暁, 1985, 大衆論 2　我が闘争と群集心理学, 青年心理, No. 53, 132-145.

藤竹暁, 1990, 大衆政治の社会学, 有斐閣

Graves, R., 1955, The Greek Myth, A. P. Watt & Son.（高杉一郎訳, 1962, ギリシャ神話　上巻,
　紀伊國屋書店）

釘原直樹, 1995, パニック実験――危機事態の社会心理学――, ナカニシヤ出版

釘原直樹, 2015, 緊急事態におけるパニック発生説の真偽, 対人社会心理学研究, 15, 1-6.

橋元良明, 1986, 災害と流言, 東京大学新聞研究所, 災害と情報, 東京大学出版会, 225-272.

橋元良明, 中村功, 関谷直也, 小笠原盛浩, 山本太郎, 千葉直子, 関良明, 髙橋克巳, 2012, 被災地
　住民の震災時情報行動と通信不安――仙台・盛岡訪問留置調査――, 東京大学大学院情報学環紀
　要 情報学研究 調査研究編, No. 28, 1-64.

広瀬弘忠, 1998, 生と死の境で生き残る人, 命を失う人, 講談社

廣井脩, 1986a, 災害報道を考える, 新聞研究, 1986年 2 月号, 59-62.

廣井脩, 1986b, 災害と日本人――巨大地震の社会心理――, 時事通信社

廣井脩, 1987, 災害報道と社会心理, 中央経済社

廣井脩, 1988, うわさと誤報の社会心理, 日本放送出版協会

廣井脩, 1996, 阪神・淡路大震災と災害情報, 東京大学社会情報研究所「災害と情報」研究会編,

1995年阪神・淡路大震災調査報告書-1-, 9-33.

廣井脩, 2001, 流言とデマの社会学, 文藝春秋

廣井脩, 吉井博明, 山本康正, 木村拓郎, 中村功, 松田美佐, 1992, 平成三年雲仙岳噴火における災害情報の伝達と住民の対応, 平成3年度科学研究費重点領域研究（1）災害時の避難・予警報報システムの向上に関する研究報告書

廣井脩, 中森広道, 1993, 不特定多数収容施設における地震時の人間行動——地震パニックは起こったか（1978年宮城県沖地震の場合）——, 災害時の避難・予警報システムの向上に関する研究, 平成3・4年度文部科学研究費重点領域研究「自然災害の予測と防災力」研究結果報告書, 310-331.

廣井脩, 伊藤和明, 黒田洋司, 中村功, 中森広道, 川端信正, 1996, 1995年阪神・淡路大震災調査報告‐1‐, 東京大学社会情報研究所

堀宗朗, 犬飼洋平, 小国健二, 市村強, 2005, 地震時の緊急避難行動を予測するシミュレーション手法の開発に関する基礎的研究, 社会技術研究論文集, 3巻, 138-145. https://www.jstage.jst.go.jp/article/sociotechnica/3/0/3_0_138/_pdf/-char/ja（2021.8.10閲覧）

兵庫県警察, 2002, 雑踏警備の手引き. https://www.police.pref.hyogo.lg.jp/zattou/index.htm（2021.8.10閲覧）

地震調査研究推進本部地震調査委員会, 2016, 大地震後の地震活動の見通しに関する情報のあり方. https://www.jishin.go.jp/main/yosoku_info/gaiyo.pdf（2021.8.10閲覧）

川上善郎, 1997a, 転送されるうわさ——電子ネットワークの中のうわさ——, 川上善郎, 佐藤達哉, 松田美佐, うわさの謎——流言, デマ, ゴシップ, 都市伝説はなぜ広がるのか——, 日本実業出版社, 62-96

川上善郎, 1997b, セレクション社会心理学16 うわさが走る——情報伝播の社会心理——, サイエンス社

警視庁, 1925, 大正大震火災誌, 警視庁

木下富雄, 1977, 流言, 池内一編, 講座社会心理学3 集合現象, 東京大学出版会, 11-86.

国土交通省都市局, 2020, 地下街の安心避難対策ガイドライン（令和2年3月改訂）. https://www.mlit.go.jp/toshi/toshi_gairo_tk_000062.html（2021.8.10閲覧）

Knapp, R., 1944, A psychology of rumor, Public Opinion Quarterly, Volume 8, Issue 1, Spring, 22-37.

Le Bon, G., 1895, Psychologie des foules, Alcan.（櫻井成夫訳, 1993, 群衆心理, 講談社）

松田孝造, 1960, チリ地震津波三陸沿岸を襲う, 電信電話業務研究, 124号, 88.

Mcphail, C., and Miller, D., 1973, The Assembling Process: A Theoretical and Empirical Examination, American Sociological Review 38(6), 721-735. https://www.researchgate.net/publication/240286358_The_Assembling_Process_A_Theoretical_and_Empirical_Examination（2021.10.20閲覧）

Mcphail, C., and Wohlstein, R. T., 1983, Individual and Collective Behaviors Within Gatherings, Demonstrations, and Riots, Annual Review of Sociology 9(1), 579-600. https://www.researchgate.net/publication/234838254_Individual_and_Collective_Behaviors_Within_Gatherings_Demonstrations_and_Riots（2021.10.20閲覧）

三上俊治, 1983, パニック理論の回顧, 東洋大学社会学部紀要, 20号, 125-154.

三上俊治, 1988, 自然災害とパニック, 安倍北夫, 三隅二不二, 岡部慶三編, 自然災害の行動科学,

福村出版, 40-57.

三上俊治, 1994, 集合行動, 古畑和孝編, 社会心理学小辞典, 有斐閣

三上俊治, 2004, 災害情報とパニック, 廣井脩編著, 災害情報と社会心理, 北樹出版, 55-74.

Miller, D., 1985, Introduction to Collective Behavior, Waveland Press.

森山修治, 長谷見雄二, 小川純子, 佐野友紀, 神忠久, 蛇石貴宏, 2009, 大規模地下街における避難
　　行動特性に関する実験研究, 日本建築学会環境系論文集, 第74巻, 第637号, 233-240.

村上圭子, 2011, 東日本大震災・安否情報システムの展開とその課題, 放送研究と調査, 第61巻6号,
　　334-348. https://www.nhk.or.jp/bunken/summary/research/report/2011_06/20110603.pdf
　　(2021.10.10閲覧)

室崎益輝, 1982, ビル火災, 大月書店

室崎益輝, 1993, 建築防災・安全, 鹿島出版会

内務省社会局編, 1926, 大正震災志　上, 358. https://dl.ndl.go.jp/info:ndljp/pid/981915 (2021.8.
　　10閲覧)

中村功, 2001, 現代の流言──「携帯ワンギリ広告」の例──, 松山大学論集, 13-5, 295-333.
　　https://matsuyama-u-r.repo.nii.ac.jp/?action=repository_uri&item_id=983&file_id=21&file_
　　no=1 (2021.8.10閲覧)

中村功, 2004, 安否伝達と情報化の進展, 廣井脩編, 災害情報と社会心理, 北樹出版, 75-101.

中村功, 2011, 東日本大震災時の情報の流れと相互作用──携帯メディアとソーシャルメディアを中
　　心に──, 新聞研究, (723), 75-78. http://nakamuraisao.a.la9.jp/shinbunkenkyuu.pdf (2021.
　　8.10閲覧)

中村功, 2016, 熊本地震と通信の諸問題, 日本災害情報学会大会予稿集

中村功, 2017, IP時代の災害と通信──熊本地震における通信の疎通状況とその背景──, 東洋大
　　学社会学部紀要, 54巻2号, 33-49. http://id.nii.ac.jp/1060/00008671/ (2021.8.10閲覧)

中村功, 田中淳, 2005, 新潟中越地震に関する住民アンケート調査──小千谷・川口一般住民調査編,
　　災害情報調査研究レポート──, 1, 213-283.

中村功, 中森広道, 福田充, 2012, 東日本大震災時の災害情報の伝達と住民の行動──陸前高田・南
　　三陸町・仙台市・名取市・山元町住民調査をもとにして──, 災害情報研究レポート, 16, 1-
　　136. http://nakamuraisao.a.la9.jp/higashinihon1.pdf (2021.8.10閲覧)

中村功, 中森広道, 2020, 2018年北海道胆振東部地震と災害情報, 災害情報調査研究レポート, 17,
　　217-253. http://nakamuraisao.a.la9.jp/report17.pdf (2021.8.10閲覧)

NHK, 2018.9.12, 特集記事 政治マガジン, 不明者の氏名公表なぜ差が出た, https://www.nhk.or.
　　jp/politics/articles/feature/8358.html (2021.8.10閲覧)

荻上チキ, 2011, 検証：東日本大震災の流言・デマ, 光文社

奥平俊蔵, 1983, 不器用な自画像──陸軍中将奥平俊蔵自叙伝──, 柏書房

大畑裕嗣, 三上俊治, 1986, 関東大震災下の「朝鮮人」報道と論調（上）, 東京大学新聞研究所紀要,
　　35号, 31-97.

Prasad, J., 1950, A Comparative Study of Rumors and Reports in Earthquake, British Journal
　　of Psychology, Vol. 41, 129-144.

Quarantelli, E. L., 1954, The Nature and Condition of Panic, American Journal of Sociology,
　　Vol. 60, No. 3, 267-275.

Quarantelli, E. L., 1980, The Study of Disaster Movies: Research Problems, Findings and Implications, University of Delaware Disaster Research Center Preliminary Paper #64. https://udspace.udel.edu/bitstream/handle/19716/447/PP64.pdf?sequence=5&isAllowed=y （2021. 8. 10閲覧）

Quarantelli, E., 2008, Conventional beliefs and counterintuitive realities, Social Research: An International Quarterly, 75, 873-904.

Quarantelli, E. L. and Dynes, R. R., 1972, Images of disaster behavior: Myth and Conseｰ quences, Preliminary Paper 5, Department of Sociology Disaster research Center, Ohio State University.

Rosnow, R. L. and Fine, G. A., 1976, Rumor and Gossip: the social psychology of hearsay, Elsevier.（南博訳, 1982, うわさの心理学——流言からゴシップまで——, 岩波書店）

Schwab, G., 1925, Sagen des klassischen Altertums, Levy & Müller, Stuttgart.（角信雄訳, 1966, ギリシャ・ローマ神話Ⅲ, 白水社）

Shibutani, T., 1966, Improvised News – A Sociological Study of Rumor, The Bobbs-Merrill Company.（廣井脩他訳, 1985, 流言と社会, 東京創元社）

正力松太郎, 1999, 米騒動や大震災の思い出, 正力松太郎悪戦苦闘〈人間の記録〉, 日本図書センター

清水幾太郎, 1937, 流言蜚語, 日本評論社（復刻版, 筑摩書房, 2011年）

Smelser, M. J., 1963, Theory of collective behavior, Macmillan Co.（会田彰, 木原孝訳, 1973, 集合行動の理論, 誠心書房）

総務省, 2011, 大規模災害等緊急事態における 通信確保の在り方について, 通信と震災—— ISP の集い in 仙台——. https://www.jaipa.or.jp/event/isp_mtg/sendai/111111_soumu.pdf （2021. 8. 10閲覧）

総務省国民保護運用室, 2018, 安否情報システムを利用した安否情報事務処理ガイドライン. https://www.fdma.go.jp/mission/protection/item/protection001_14_anpi_Gaido.pdf （2021. 8. 10閲覧）

田崎篤郎, 1986, 災害情報と避難行動, 東京大学新聞研究所編, 災害と情報, 東京大学出版会, 274-299.

樽磨和幸, 蛯名邦禎, 大月一弘, 田中克己, 1996, 神戸大学からの報告, 電子情報通信学会誌, Vol. 79, No. 1, 15-19.

Tierney, K., 2003, Disaster Beliefs and Institutional Interests: Recycling Disaster Myths in the Aftermath of 9-11, Clarke Lee ed. Terrorism and Disaster: New Threats, New Ideas, Elｰ sevier, 33-51.

土屋淳二, 2003, 「集まり」の形成と行動環境——S. B. I. アプローチ——, 田中淳, 土屋淳二, 集合行動の社会心理学, 北樹出版, 124-142.

戸川喜久二, 1973, 群衆行動と群衆解析, 安田三郎編, 数理社会学（社会学講座17）, 東京大学出版会, 45-162.

Turner, R. H., 1964, Collective behavior, Faris, R. E. L., ed. Handbook of modern sociology, Rand McNally & Company, 382-425.

Turner, R. H., 1994, Rumor as Intensified Information Seeking: Earthquake Rumors in China and the United States, R. Dynes, D. and Tierney, K. J., ed, Disasters, Collective Behavior and Social Organization, Associated University Presses, 244-256.

Vosoughi, S., Roy, D. and Aral, S., 2018, The spread of true and false news online, Science, 359.6380, 1146-1151.

山田武志，大森高樹，廣井悠，福井潔，2013，群集シミュレーションを用いたターミナル駅地下空間における避難安全確保対策の検討，地下空間シンポジウム論文・報告集，18，137-144.

山形県，2018，情報公開・提供の検証，見直し第三者委員会（第5回会議）資料，テーマ5．災害が発生した場合の公表について．https://www.pref.yamagata.jp/documents/1010/te-ma5.pdf（2021.8.10閲覧）

吉村昭，1973，関東大震災，文藝春秋

全国知事会，2021，災害時の死者・行方不明者の氏名等公表に係るガイドライン（案）．http://www.nga.gr.jp/ikkrwebBrowse/material/files/group/2/2021052707_shiryo4.pdf（2021.8.10閲覧）

全国知事会危機管理防災特別委員会，2020，災害時の行方不明者・死者の氏名等公表の取扱いに関する調査結果．http://www.nga.gr.jp/ikkrwebBrowse/material/files/group/2/05-4%20shiryou5-3%20yukuefumeisyasisyanosimeitoukouhyoutyousaketuka.pdf（2021.8.10閲覧）

お わ り に

　災害情報の研究はわが国では1970年代の後半から盛んに行われるようになってきた。背景にはその頃，東海地震説（1976）・宮城県沖地震（1978）・長崎豪雨（1982）などのイベントが続発したことがある。それまでの防災はハード対策を中心に行われていたが，このころから情報の重要性が認識されるようになってきた。その後，阪神淡路大震災や東日本大震災を経て，ソフトな防災対策もずいぶん行われるようになった。具体的には，ハザードマップ・危険度メッシュ情報・警報のレベル化・緊急速報メール・防災アプリ・Ｊアラート・呼びかけ放送の重視等々がつぎつぎと実現されてきた。かつてに比べれば災害情報は大きく進歩している。ところが実際の災害時には避難がなかなか進まず，大きな被害が引き続き発生している。現在，災害対策は１つの曲がり角に来ているといえる。

　本書でたびたび示してきたように，災害情報による避難には，さまざまな困難がある。それはおもに災害情報のコミュニケーションが社会的なものであることに起因している。しかしその困難性は何も今に始まったことではなく，研究者の間ではかねてより指摘されてきたことである。避難を一気に進めるような夢のような方法はなく，難しさの原因を１つひとつ解決していく姿勢が，今こそ求められているのである。

　その一方で，避難には限界があることも認識するべきである。災害情報による避難はあくまでも防災活動の一部である。避難が困難な状況であれば，土地の利用規制など，避難を必要としない他の方法も考えるべきであろう。それも災害情報を活かす方向性の１つである。

　本書では網羅的な記述を心がけたが，まだまだ足りない部分がある。とくに近年主流となっているSNSの役割は，十分に議論することができなかった。この分野は変化が著しいために，基本を重視する本書では，あえて触れなかったこともある。これについては今後の課題として別の機会に論じていきたい。

　本書は，筆者が勤務する大学における授業「災害情報論」の講義ノート，およびこれまでかかわってきた災害調査報告をもとに，大幅に加筆修正して書かれたものである。調査の多くは東京大学社会情報研究所（現：大学院情報学環）の「災害と情報研究会」や日本災害情報学会の調査団の一員として行ったものである。本書は，調査の機会を与えていただいた同研究会及び同学会なくしては成立しえ

なかった。

　本書は多くの人々のおかげによるものである。まず感謝したいのは私の師である。直接の師としては大学時代の藤竹暁先生と大学院時代の廣井脩先生がいらっしゃる。両先生とも偉大な社会学者・社会心理学者である。藤竹先生からは社会学の面白さを学び，廣井先生からはこの研究分野の魅力，研究の視点，社会的重要性など多くのことを学んだ。本書でも両先生の著作をしばしば引用させていただいたが，改めて読み返してみると，筆者がそれに付け加えることは何もないと，たびたび感じたものである。

　もう一方の師は，被災地で出会った人々である。住民の方は被災時の状況を生々しく語り，アンケートにも丁寧に答えていただいた。あるいは自治体職員の方々はお疲れのところ率直に対応状況を語っていただいた。私はこれらの人々を研究対象というより，師と感じている。私が災害について知っている大事なことのほとんどはこれらの人々から聞いたことだからである。

　他方，本書で参照させていただいた多くの研究の著者の方々にも感謝したい。それらから多くのことを学び，本書はそうした研究の知見によって支えられている。

　最後に，本書の執筆は，ちょうど新型コロナウイルス感染症によるテレワークで自宅に蟄居していた時期と重なる。そんな中，執筆環境を整えてくれた家族に感謝したい。

　　2021年10月

中村　功

索　引

重要度の高い頁については太字で表した

〈アルファベット〉

CAP　**143**, 152, 154
CMAS　**146**, 152
DIG　70, 72
DMAT　25
DRC 組織類型　**7**, 10, 209
FEMA（危機管理庁）　22, 42, 146
Instagram　**151**, 152, 158
IPAWS　**151**, 152, 153
IPDC　148
IP 告知端末　148
J アラート　**145**, 150, 258
L アラート　**143**, 144, 150
LINE　151, **322**, 323, 324, **335**
Net119　139
PDCA サイクル　73
PTSD　30, 166
SBI アプローチ　307
SNS　122, **139, 140, 151**, 152, **155**, 158, 187, 203, 321, 322, **325**, 328
PWS　**146**, 166
Twitter　139, **151**, 162, 203, **322**, 324, 335
WEA　**150**, 156, 173
XML　**143**, 152, 154

〈ア　行〉

アーチアクション　308
アラート　**97**, 111, 159, 187
安全な聖地　84
安否情報　41, **202**, 326, 328, 329
安否情報の公表　**330**
安否情報サービス　324
安否情報の 4 原則　332
安否放送　202, 203
異常洪水時防災操作　**116**, 127, 295
一貫性（メッセージの）　159, 172
一斉送信システム　144
稲むらの火　66
イノベーションの再発明　125

イベントツリー　53
EU 洪水指令　32
インパクト　17, **153**, 243
運命論　**86**, 87, 222
エコーチェンバー　159
X バンド MP レーダー　114
遠地津波に関する情報　107
応急対応段階　25, 40
大雨警報　**112**, 239, 244
大雨警報（浸水害）　101, 113
大雨警報（土砂災害）　**103**, 104, 112
　　大雨警報（土砂災害）の危険度分布　105, 135
大雨特別警報　244
大雨特別警報（浸水害）　101
大雨特別警報（土砂災害）　104
オオカミ少年効果　**243**, 246, 247
オーバーフロー・モデル　224
屋外拡声器　141, 155, 160, 268
送り手の信憑性　174, 176

〈カ　行〉

外国人への伝達　156, **185**
火災時避難経路の選好　308
学習　239
拡大集団（expanding group）　7
獲得パニック　301, **312**
拡張集団（extending group）　7
確率論的地震動予測地図　46
がけ崩れ　12
火山ハザードマップ　52
火事場泥棒　27
鹿島の神　84
過集中（convergence）　**206**, 209, 329
カタストロフィー（catastrophe＝大災害）　8
価値付加モデル　306
学校教育　60
カラミティー（calamity＝惨禍）　8
瓦版　204

346

頑健性（robust）　34, 154, **156**
監視要員の動員　125
感染症　14
関東大震災　11, 86, 309, **319**, 325, 332
危機管理　**21**, 42
キキクル　135
危険な聖地　84
危険の認知　**224**, 225, 278
記者会見　26, 126, 195, 210, **212**
技術的・人為的災害　9, 14
絆　31, 88
既存集団（established group）　7
規範意識　277
ギャップエリア　243, **294**
救助　23, 25, **40**
強制性（メディアの）　155, **156**, 158, 167
行政情報への依存　248
恐怖の喚起　**176**, 233
局所拡大症候群　206
記録的短時間大雨情報　**97**, 133, 134
緊急安全確保　**97**, 100
　緊急安全確保措置　113, 219
緊急地震速報　106
緊急事態（emergency）　8
　緊急事態管理（emergency management）
　　21
　大規模緊急事態（mass emergency）　8
緊急速報メール　**145**, 146, 150, 151, 155, 156,
　165, 269, 277
緊迫感（メッセージの）　174, **181**, 182, 189,
　277
グーグル・パーソンファインダー　324
具体性（メッセージの）　171, **178**, 223
クライシス・マネジメント（crisis manage-
　ment）　21
クレーズ　301
車避難　265
クロスロード　76
群衆論　303
群集なだれ　**308**, 309, 312, 337
群集事故　312
警戒期　40
警戒区域　97
計画雨量　38
計画的行動理論　**234**, 236, 249

経験の逆機能　**241**, 262, **289**, 290, 292
携帯メール　146
系統主義的カリキュラム　65
警報　96
警報エコシステム　**150**, 151, 159, 197
警報研究　171, **221**, 226, 237, 248
警報の頻度　**172**, 223
ゲートキーピング　209
結晶性知能　293
欠如モデル　**74**, 88
減災　34
顕著な大雨に関する気象情報　113, 135
広域災害医療情報システム　141
豪雨災害
　九州北部豪雨災害　103, **122**, 165, 194, 211,
　　220
　新潟・福島豪雨災害　115
　西日本豪雨災害　**126**, 165, 176, 180, 271,
　　279, 292
構造的誘発性（集合行動の）　**307**, 313
洪水　12
洪水警報　101, 135
洪水警報の危険度分布　**102**, 113, 123
洪水リスク管理（FRM）　33
行動指示　98, 111, **171**, 172, 177
合理的行動理論　229, 234, **249**
合理的選択モデル　307
高齢化　**292**, 294
高齢者等避難　97, 100
誤警報効果　243
個人化（personalization）　**173**, 221, 225, 230
コスト・ベネフィット　**32**, 34, 36, 227
5段階のステップ　98, 149
個別性（メディアの）　155, **156**
戸別受信機　**141**, 155, 157, 162
戸別訪問　**148**, 158, 271, 285
コミュニケーションの2段階の流れ　159
コミュニティーFM放送　148

〈サ　行〉

災害（disaster）　4, 8
災害因（agent）　**4**, 11
災害下位文化　**77**, 78, 89
災害観　85, **86**
災害救助法　6

災害警報　　221
災害情報　　38
災害神話　　**26**, 42, 304
災害対策基本法　　**4**, 9, 21, 23, 97, 113, 193, 219, 329, 330
災害文化　　**77**, 79, 81, 84, 241
災害報道　　**193**, 204, 208, 306
　　災害報道の役割　　193
　　災害報道のパタン　　204
災害名称　　5
災害ユートピア　　31
災害用伝言ダイヤル　　333
災害用伝言版　　333
災害予測情報　　**96**, 112, 199
災害の定義　　4
サステナビリティー　　37
サステナブル　　34
シェイクアウト（訓練）　　70
ジオターゲティング　　**153**, 156, 165
指揮・命令モデル（command and control model）　　26, **306**
事故（accident）　　7
自助・共助・公助　　35
地震　　11
　　熊本地震　　51, 200, 202, 322, 327
　　南海トラフ地震　　47
　　　南海トラフ地震臨時情報　　107
　　北海道南西沖地震　　31, 195, **290**
　　北海道胆振東部地震　　322, 323
　　宮城県沖地震　　311
地震調査研究推進本部　　11, **38**, 46, 321
自然災害　　9
実践共同体　　74, 77
指定河川洪水予報　　96, **101**, 102, 113, 146
指定緊急避難場所（避難場所）　　219
指定避難所（避難所）　　29, 213, **219**, 245
自動認知プロセス　　227
シミュレーション（被害の）　　243, 273
シミュレーション（群集の）　　309, 314
社会教育施設　　71
社会的証明（説得における）　　159
社会的要因（避難の）　　**224**, 225, 226, 275
蛇抜け　　84
重要変更（警報の）　　112
主観的規範　　227, 235

準備（preparedness）　　22
状況の定義づけ　　230, **231**, 232, 238, 239, 266, 319
上限効果　　114
消防団　　80, 89, 148, 159, 262, **274**
情報ニーズ　　200
食品事故　　14
集合行動　　300, 306
集合的逃走　　302
初動　　23
資料保存型（社会教育施設）　　71
新型コロナウイルス感染症　　**10**, 14, 88
新興住宅地の脆弱性　　**292**, 294, 295, 296
信じないこと（disbelief）（警報の）　　221
浸水深　　256
浸水想定図　　55
浸水高　　256
信念のない説得　　274
新聞　　140, **201**, 332
水害碑　　284
水防団　　80
スキーマ　　232
スクリプト　　228, 231, **232**, 266
　　行為スクリプト　　232
　　理解スクリプト　　232
ストックとフローの情報　　98
スネーク曲線　　135
スマトラ島沖地震津波　　314, 325
正確性（メッセージの）　　172
生活情報　　**201**, 209, 210
制御認知プロセス　　227, 266
脆弱性（リスクへの）　　**16**, 17, 18, 19, 53
正常化の偏見　　**237**, 238, 239, 240, 241
精神論　　**86**, 87
精緻化見込みモデル　　**175**, 229, **249**
正統的周辺参加論　　74
石碑　　83
雪害　　14
説得研究　　159, 174
戦術　　23
線状降水帯に関する情報　　113
選択的接触　　158
戦略　　23
想定最大規模降雨　　38
創発規範　　**29**, 209, 311, 313

創発規範理論　**230**, 307, 319
創発集団（emergent group）　7
即興的なニュース（improvised news）　**318**,
　320

〈タ 行〉

対応（response）　22
対応型図上演習　72
大規模火災　14
体験学習型　72
態度　**75**, 227, 229, 235, 237, 240
退避（sheltering）　113, **218**, 219
台風　12
　台風19号（2019年）　29, 55, 106, 163, 222,
　　235, **286**, 293
　台風23号（2004年）　291
高潮注意報・警報　109
高潮特別警報　109
ただし書き操作　116, 295
立ち退き避難　219
竜巻　14
略奪　9, **28**, 307, 310, 313
略奪神話　27
ダムの決壊事故　14
ダム情報　126, 271
タンク・モデル　102, 139
地域防災計画　40
地区防災計画　40
知識ギャップ仮説　73, 114
地図情報　173
地すべり　12
注意報　96
長期評価　11, 38, **46**, 48, 51
通信インフラ事故　14
通信障害　327
伝え方のノウハウ（防災無線の）　174
伝えるべき内容（避難情報の）　171
津波警報　**107**, 160, 195, 197, 199, 245, **257**
　津波警報の効果　267
　大津波警報　107
津波注意報　107
津波てんでんこ　81, 82
ディスクレパンシー　176
停電対策　156, 157
低頻度巨大噴火　54

低頻度大災害　36
出来事のニュース性　204, 205
データ放送　**143**, 150, 167, 196, 197, 203, 282
デペンダビリティー　154
デマ　315
テレビ　**139**, 151, **194**, 197, 201, 202, 282
天譴論　86
電話音声伝達システム　147
電話取材　211
トイレットペーパーの欠品騒ぎ　10, **312**, **322**,
　326, 327
当局の見方（"command post" point of view）
　207
道具的（instrumental）特性（災害文化の）
　78
統合化（防災対策の）　36
同報無線　**141**, 143, 155, 160, 181, 269, 271
討論型図上訓練　72
ドーナッツ化現象　206
特別警報　**96**, 112, 146, 194, 244
土砂災害　12
　広島市土砂災害　279
　広島土砂災害　118
　土砂災害警戒区域　38, 285
　土砂災害警戒情報　**104**, 105, 106, 112, 119,
　　127, 132, **244**
　土砂災害警戒情報の精度　**106**, 111, 245
土壌雨量指数　104
土石流　**12**, 106, 121, 279, 285
トランジッション・テクニック　212

〈ナ 行〉

慣れ（馴化）　239
ニュース・バリュー　**204**, 205, 212
認知心理学的モデル　231
認知的不協和　29, **239**, 240, 317

〈ハ 行〉

暴露（exposure）（リスクへの）　**17**, 18, 25,
　37
パーソナル・メディア　**158**, 159, 223
ハザード（hazard）　**4**, 8, 16, 17, 18
ハザードマップ　32, 36, 52, 55, 59, **68**, 151,
　269
発災対応型訓練　70

発災・避難救助期　40
発令基準のガイドライン　100, 113, 117, 132
発令基準の具体化　117, 132
パニック　**300**, 302, 303, 305, 309, 313
パニック神話　199, **304**, 305, 306
ハネムーン状態　31
ハリケーン・カトリーナ　313
氾濫
　外水氾濫　12
　内水氾濫　12
　氾濫開始相当水位　102
　氾濫危険情報　102
　氾濫警戒情報　102
　氾濫発生情報　102
被害ギャップ　243, 294
東日本大震災　4, 68, 160, 177, 197, 199, 200,
　206, **256**, 259, 268, 270, 322, 324, 327
被災者支援システム　141
被災者受動性神話　30
避難　218
避難勧告　**97**, 104, 112, 184
避難勧告慣れ　122
避難先神話　29
避難指示　97, 99, **100**, 103, 112, 113, 184, 194,
　275, 281
避難情報　**97**, 98, 100, 113
避難所　→指定避難所
避難所取材　211
避難所取材名簿共有サービス　334
避難の促進要因・抑制要因　223
避難率　219, 258
被服廠跡広場　309
ヒューリスティック　227
　ヒューリスティックス・プライミング
　236
表現スタイル（避難情報の）　171
表出的（expressive）特性（災害文化の）
　78
FAX による一斉配信　118
ブーメラン効果　175
輻輳　**145**, 155, 327, 328, 332, 333
物価高騰神話　30
復旧（recovery）　22
プッシュ型の支援　25
プロスペクト理論　227

文化　78
噴火　13
　噴火警戒レベル（噴火警報）　109
　噴火シナリオ　52
　噴火速報　111
紛争災害　15
紛争に基づく出来事　9
平均化　317
ヘリコプター取材　212
返報性　159
防護行為決定モデル　228
防護的避難　218
防護動機理論　230, 233
防災　21
防災アプリ　147
防災基本計画　35, **40**
防災教育　23, 25, 40, **59**, 139
防災教育のパラドックス　73
防災行政無線　**141**, 142, 158, 162
防災訓練　70
防災計画の原理　42
防災ゲーム　76
防災研修　72
防災情報システム　143
防災情報提供システム　143
防災の哲学　32
防災副読本　67
防災放送アプリ　147
防災マップ　52, **68**, 269
防災ラジオ（280MHz）　148
放送法　193
報道対策　212
報道被害　211
ポートフォリオ　33
ポジティブ・フィードバック　238
補償を伴う選択的最適化理論　294
ホットライン　129, 140

〈マ　行〉

マグニチュード　**11**, 184, 321
水神　80
ミリング（milling）　221, **222**, 230, 261
民主的（洪水対策）　34
明確さ（メッセージの）　172, 180
命令調（避難呼びかけの）　181, 277

350

メッシュ情報（洪水・土砂災害の）　**105**, 113,
　　121, 122, 124, 125, 126, 133, 280
メッセージの順序　173
メッセージの長さ　173
メディアスクラム　206
メモリアル型（社会教育施設）　71
モニタリング　172

〈ヤ　行〉

夜間の避難　128
　夜間避難の危険性　122, 305
役割葛藤　213, 226, **263**, 271
やさしい日本語　186
Yahoo! 防災速報　157, 167
予警報　96, 97, 98
余震情報　184, 321
呼びかけ放送　197, 198
予報　96
予防（mitigation）　**22**, 23, 38, 46

〈ラ　行〉

ラジオ　199, **201**, 203, 204
リスク　16
　洪水リスク管理　33
　リスク・ベース　33
　リスク・マネジメント（risk management）
　　21
　リスクマップ　32, 55

リスク社会　2
リスク評価　38, 46
リバース911　152
流域雨量指数　102
流域治水条例　36
流言　203, **314**, 315, **317**, 324, 325
　強調（流言の）　317
　災害再来流言　**317**, 320, 326
　社会的交換（流言の）　319
　浸透流言　316
　朝鮮人流言　203, 317, **319**, 320
　同化（流言の）　317
　ネット流言　321
　噴出流言　316, 319
流言の打ち消し報道　203
流動性係数　308
流動性知能　293
両面的提示　175, 189
レジリエンス　18
レベル化　100
　警戒情報のレベル化　111
連続する知識ギャップ　114

〈ワ　行〉

ワークショップ　70, **71**, 76, 77
ワーニング　**97**, 111, 134
わかりやすさ（メッセージの）　172, 182
輪中　79

《著者紹介》

中村　功（なかむら　いさお）

1965年東京生まれ，87年学習院大学法学部政治学科卒業，94年東京大学大学院社会学研究科博士課程単位取得退学，松山大学人文学部専任講師・助教授を経て，2003年東洋大学社会学部助教授，2004年より東洋大学社会学部教授。

著作
『災害情報と社会心理』（共著）北樹出版，2004年
『災害社会学入門』（共著）弘文堂，2007年
『災害危機管理論入門』（共著）弘文堂，2008年
『災害情報論入門』（共著）弘文堂，2008年
『災害情報学辞典』（共著）朝倉書店，2016年

災害情報と避難
──その理論と実際──

2021年12月15日　初版第1刷発行	＊定価はカバーに表示してあります

著　者　中　村　　　功 ©

発行者　萩　原　淳　平

印刷者　江　戸　孝　典

発行所　株式会社　晃　洋　書　房

〒615-0026　京都市右京区西院北矢掛町7番地
電話　075 (312) 0788番㈹
振替口座　01040-6-32280

装丁　尾崎閑也　　　　印刷・製本　共同印刷工業㈱

ISBN978-4-7710-3567-6